Dirk Becker

Einstieg in Linux Mint 22

Rheinwerk
Computing

Liebe Leserin, lieber Leser,

Sie möchten die Welt jenseits von Windows erkunden, wissen aber noch nicht genau, ob Linux das Richtige für Sie ist. Und überhaupt, Linux? Das klingt so kompliziert!

Keine Angst, denn mit Ihrer Neugierde bringen Sie die wichtigste Voraussetzung schon mit. Linux Mint 22, das übrigens den Namen »Wilma« trägt, ist perfekt für den Ein- und Umstieg geeignet. Das Mint-Entwicklerteam hat sich nämlich auf die Fahnen geschrieben, ein Linux zu erschaffen, das nicht nur schnell, frei und virensicher ist, sondern auch äußerst benutzerfreundlich und wirklich für alle geeignet. Und sie haben diesen Vorsatz nicht nur gefasst, sondern ihn auch in die Tat umgesetzt.

Doch bei aller Einsteigerfreundlichkeit: Linux Mint ist ein Linux, also ein Betriebssystem, bei dem die Dinge eben etwas anders funktionieren als bei den vertrauten Systemen von Microsoft oder Apple. Hier kommt Dirk Becker ins Spiel, der Ihnen Schritt für Schritt und mit vielen Tipps und Tricks zeigt, wie Sie die Linux-Distribution ganz einfach einrichten, für Ihre tägliche Arbeiten nutzen und verwalten. Schon bald werden Sie mit einem Linux-System arbeiten, das ganz auf Ihre persönlichen Bedürfnisse abgestimmt ist! Schöpfen Sie alle Vorteile von Linux Mint aus und erfahren Sie, warum Linux gerne auch als »mächtiges« Betriebssystem bezeichnet wird.

Bevor Sie sich in die Lektüre stürzen, noch ein kurzer Hinweis in eigener Sache: Dieses Buch wurde mit großer Sorgfalt lektoriert und produziert. Sollten Sie dennoch Fehler finden oder inhaltliche Anregungen haben, scheuen Sie sich nicht, mit mir Kontakt aufzunehmen. Ihre Fragen und Änderungswünsche sind jederzeit herzlich willkommen.

Ihr Christoph Meister
Lektorat Rheinwerk Computing

christoph.meister@rheinwerk-verlag.de
www.rheinwerk-verlag.de
Rheinwerk Verlag · Rheinwerkallee 4 · 53227 Bonn

Auf einen Blick

Wir hoffen, dass Sie Freude an diesem Buch haben und sich Ihre Erwartungen erfüllen. Falls Sie Anregungen, Wünsche und Kommentare haben, lassen Sie es uns wissen: **service@rheinwerk-verlag.de**.

Informationen zu unserem Verlag und Kontaktmöglichkeiten finden Sie auf unserer Verlagswebsite **www.rheinwerk-verlag.de**. Dort können Sie sich auch umfassend über unser aktuelles Programm informieren und unsere Bücher und E-Books bestellen.

Autor Dirk Becker
Lektorat Christoph Meister
Typografie & Layout Vera Brauner
Satz Typographie & Computer, Krefeld
Herstellung Stefanie Meyer
Covergestaltung Mai Loan Nguyen Duy
Coverbild Fotolia: 52957147 © Oleksiy Ilyashenko
Druck Beltz Grafische Betriebe, Bad Langensalza

FSC www.fsc.org MIX Papier | Fördert gute Waldnutzung FSC® C089473

Dieses Buch wurde mit mineralölfreien Farben auf FSC-zertifiziertem Papier aus nachhaltiger Waldwirtschaft gedruckt. Der Umwelt zuliebe verzichten wir zusätzlich auf die Einschweißfolie. Hergestellt in Deutschland.

Bibliografische Information der Deutschen Nationalbibliothek:
Die Deutsche Nationalbibliothek verzeichnet diese Publikation in der Deutschen Nationalbibliografie; detaillierte bibliografische Daten sind im Internet über *http://dnb.dnb.de* abrufbar.

ISBN 978-3-367-10093-4

6., aktualisierte Auflage 2024, 4. Nachdruck 2026

Rheinwerk Verlag GmbH • Rheinwerkallee 4 • 53227 Bonn
service@rheinwerk-verlag.de

Inhalt

Materialien zum Buch

Auf der Webseite zu diesem Buch stehen folgende Materialien für Sie zum Download bereit:

- **Linux Mint 22 Wilma zum Ausprobieren oder Installieren**

Gehen Sie auf *www.rheinwerk-verlag.de/5873*. Klicken Sie auf den Reiter MATERIALIEN. Sie sehen die herunterladbaren Dateien samt einer Kurzbeschreibung des Dateiinhalts. Klicken Sie auf den Button HERUNTERLADEN, um den Download zu starten. Je nach Größe der Datei (und Ihrer Internetverbindung) kann es einige Zeit dauern, bis der Download abgeschlossen ist.

Vorwort

Käna Heerd nòò gehen: Holl da Linux unn net Windows!
Gegen den Strom schwimmen: Linux statt Windows!

Dieses Buch soll allen, die sich nicht oder nur sehr wenig mit Linux auskennen, auf einfache Art und Weise die Installation, Einrichtung und Nutzung eines Linux-Systems erklären. Zur Auswahl kam hierbei *Linux Mint*, da dieses eines der am häufigsten eingesetzten Linux-Systeme im Arbeitsplatz- bzw. Desktop-Bereich ist. Zudem ist die Oberfläche von Linux Mint – gerade für Interessenten, die aus einer Windows-Umgebung stammen – sehr einfach zu erlernen.

Dass Linux Mint die richtige Wahl zu sein scheint, erkenne ich auch an dem Erfolg dieses Buches. Es ist inzwischen die sechste, überarbeitete Auflage. Die erste Auflage begann mit Linux Mint 12. Die vorliegende Auflage wurde erneut komplett überarbeitet und an die Version 22 angepasst. Dabei habe ich auch verschiedene Wünsche von Leserinnen und Lesern mit übernommen und diverse neue Themen integriert.

Aufbau des Buches

Das Buch ist als Schulungsbuch aufgebaut; Sie erlernen Kapitel für Kapitel den Umgang mit Linux Mint. In Kapitel 1, »Einführung«, erfahren Sie Genaueres über das Ziel und die Zielgruppe dieses Buches, und ich erläutere einige allgemeine Grundlagen zu Linux. Danach zeige ich wichtige Vorbereitungsarbeiten, die natürlich bei jedem Leser und jeder Leserin unterschiedlich sein können. In den weiteren Kapiteln folgen verschiedene Installationsmöglichkeiten, Beschreibungen der Anwendungen und schließlich einige Tipps und Problemlösungen. Ich greife dabei häufig auf Bilder bzw. Screenshots zurück, was in der Erstauflage ein wenig kritisiert wurde (jedoch nicht von denjenigen, die mit dem Buch gelernt haben). Da es meiner Meinung nach gerade für den Einstieg (also die Zielgruppe dieses Buches) einfacher ist, ein Bild zu erkennen und zu vergleichen, als zeilenweise (Beschreibungs-)Text zu lesen, habe ich dies so belassen. Ich hoffe, die Kritiker und Kritikerinnen akzeptieren diese Entscheidung.

Über den Autor

Vorab möchte ich ein paar Worte über mich verlieren, damit Sie wissen, wer diese Linux-Mint-Einführung für Sie geschrieben hat. Mein Name ist Dirk Becker, allerdings werden mich viele Bekannte eher unter meinem »Mädchennamen« Dirk Bender kennen. Ich bin gebürtiger Saarländer, was Sie auch an den Anleser-Texten sehen, und wohne inzwischen in einem kleinen Ort in Frankreich, direkt an der Landesgrenze zum Saarland, nur einen Steinwurf von Luxemburg entfernt.

Ich interessiere mich schon seit 1983 für Computer (die damals eigentlich noch *Homecomputer* genannt wurden). Ausgelöst wurde diese wahre »Sucht« durch eine von meinem damaligen Klassenlehrer initiierte Computer-AG. Diese Arbeitsgemeinschaft fand in meinem letzten Schuljahr 1983/84 statt. Der Lehrer führte uns damals am »Volkscomputer« VC 20 in die Programmiersprache Basic ein. Kaum aus der Schule, erwarb ich einen VC 20 zusammen mit einer Datasette, um erste eigene (größtenteils absolut unnötige) Programme zu schreiben. Dem Volkscomputer folgte kurze Zeit später der allseits bekannte Commodore 64. Mit diesem begann auch mein technisches Interesse zu wachsen. Die Bauanleitungen und Basteltipps in den Zeitschriften »Happy Computer« und »64'er« mussten einfach getestet werden: vom »Profi-Reset-Taster« bis zum eigenen EPROM-Programmiergerät. Das Einzige, was ich verpasst habe, war ein Akustikkoppler – und das bereue ich bis heute.

Den Wechsel vom Homecomputer zum PC vollzog ich erstmals im Jahre 1989, als ich an einer SINIX- und Cobol-Schulung bei Siemens teilnahm. SINIX war ein von Siemens entwickeltes Unix-Derivat. Ich erwarb damals einen gebrauchten 286er, den ich zum Lernen und Schreiben der Übungsprogramme nutzte. Parallel besaß ich zu dieser Zeit noch immer meinen Commodore 64. Nach der Schulung verkaufte ich den 286er wieder – und vergaß leider die Cobol-Programmierung. Aber mein Interesse an Unix war geweckt. Vor allem deshalb, weil mir das Betriebssystem MS-DOS auf dem 286er im Gegensatz dazu nahezu lächerlich vorkam.

1992 schnupperte ich dann »Amiga-Luft«. Ich fragte mich häufig in Erinnerung an den 286er, warum so viel über diese IBM-kompatiblen PCs geredet wurde – und vor allem, weshalb sie so teuer waren. Sie waren meiner Meinung nach dem Amiga in fast allen Belangen unterlegen. Dennoch kaufte ich mir, bedingt durch den Besuch einer Technikerschule, einen 80486DX mit einer sagenhaften 100-MByte-Festplatte und Windows 3.1. Erstmals konnte ich, ähnlich wie bei Unix, nun auch auf PCs Anwendungen im Hintergrund ausführen, und das sogar mit einer grafischen Oberfläche. Allerdings kehrte die Ernüchterung nach der zehnten oder elften Neuinstallation, die allesamt infolge der ständigen Abstürze notwendig geworden waren, schnell zurück. Im Anschluss daran schaffte ich mir verschiedene, nicht weiter erwähnenswerte Standardrechner an, die mit Betriebssystemen ausgestattet waren, deren Stand heute als überholt bezeichnet werden kann.

Ich interessierte mich natürlich gleich von Anfang an auch für Linux. Mitte der 90er-Jahre stieß ich erstmals selbst auf dieses freie Unix-Derivat. Seit 2001 habe ich unter *www.64-bit.de* eine Website, auf der fast ausschließlich deutsche Linux-Dokumentationen zu finden sind. Inzwischen habe ich privat auf *allen* Rechnern Linux installiert.

Beruflich verwalte ich zurzeit eine Serverlandschaft mit vielen Linux-Systemen (meist Debian und Proxmox), mehreren Windows-Domänencontrollern und einigen Windows-Arbeitsplätzen. Zusätzlich sind viele CNC-Maschinen ins Netzwerk eingebunden. Die meisten Serversysteme sind virtualisiert und laufen auf verschiedenen physischen Servern. Es existieren Firewalls (Palo Alto) mit VPN-Zugang, Groupware-Server, Dokumentenmanagementsysteme und natürlich ein umfangreiches ERP-System mit Betriebsdatenerfassung. Die Ablage der Systeme und Daten erfolgt auf einem professionellen Storagesystem.

Warum dieses Buch?

Jetzt habe ich ein wenig über meinen Weg in die Computerbranche erzählt. Aber wieso schreibe ich ein Buch? Nun – ich habe mir angewöhnt, zu Software und Problemfällen, die ich neu erlerne oder auf die ich stoße, immer eine eigene Dokumentation (früher meist im Linux-HowTo-Format) zu schreiben. Einige dieser Dokumentationen sind auf meiner Website zu finden, und manche davon sind auch durchaus weit verbreitet (u. a. ein iptables-, OpenVPN- und Mailserver-HowTo über *sendmail* und *qmail*). Durch meinen Freund Dennis Zimmer, der selbst Autor beim Rheinwerk Verlag ist und bereits mehrere Bücher über VMware geschrieben hat, kam ich auf die Idee, aus einer dieser Dokumentationen ein Buch zu machen. Aufgrund der Aktualität des damaligen Themas fiel die erste Entscheidung auf OpenVPN. Da dieses Buch ein Erfolg war, hatte ich den »Mut«, weitere Bücher zu schreiben. Das zweite handelte von VirtualBox. Beide Bücher erschienen auch als zweite Auflage – was bei EDV-Büchern einen enormen Schreibaufwand bedeutet, da sehr viele Änderungen und Neuerungen berücksichtigt werden müssen. Nach zwei Jahren Ruhe wollte ich unbedingt wieder ein neues Buch schreiben. Nach Recherchen und verschiedenen Auswertungen fiel die Entscheidung auf *Linux Mint*. Und aufgrund des Erfolges wurde ich in die glückliche Lage versetzt, auch diesen Titel für eine inzwischen sechste Auflage fachlich und inhaltlich zu überarbeiten.

Ich hoffe, dass Ihnen mein Buch beim Einsatz von Linux Mint hilfreich ist. Sollten Sie dennoch Kritik oder Verbesserungsvorschläge haben, dann lassen Sie es mich bitte wissen. Ich werde dann versuchen, diese in die nächste Ausgabe mit aufzunehmen bzw. die entsprechenden Passagen dahingehend zu überarbeiten.

Danksagung und Grüße

Bedanken möchte ich mich bei dem »Linux-Team«, das in mehreren Sitzungen Linux Mint installierte, testete und mir damit Informationen für das Buch lieferte.

Schöne Grüße auch an unsere Freunde Jenny und Jörg, die zwar aus der Pfalz kommen, aber ohne die wir Saarländer niemals erfahren hätten, warum man im Hotelbadezimmer das schön gefaltete erste Blatt Toilettenpapier immer wegwerfen soll.

Meine Frau und ich danken auch Uwe, bei dem wir sehr häufig lecker gegessen und getrunken haben, schöne Stunden verbrachten und uns immer auf den Scheidebecher freuen.

Dirk Becker

linuxmint@64-bit.de

Kapitel 1
Einführung

Watt da Baua nitt kennt, esst a nett ...
Alternativen sind nicht immer schlecht – meist sind sie nur ungewohnt.

Sie werden mithilfe dieses Buches Kenntnisse über *Linux* im Allgemeinen erlangen, und Sie werden speziell Linux Mint installieren und genauer kennenlernen. Am Ende der Lektüre können Sie die Standardanwendungen nutzen und bei Bedarf weitere Anwendungen installieren. Ich werde Ihnen für verschiedene Windows-Anwendungen entsprechende Linux-Alternativen nennen. Aber auch für Windows-Anwendungen, für die es keine direkten Linux-Alternativen gibt, stelle ich Ihnen Ausweichlösungen vor, mit denen Sie vertraute Windows-Anwendungen unter Linux nutzen können. Des Weiteren werde ich Ihnen erläutern, wie Sie Ihre vorhandenen Bilder, Dokumente usw. in Linux migrieren.

Wie lese ich dieses Buch?

Das Buch ist als *Praxisbuch* aufgebaut, in dem Sie Schritt für Schritt den Umgang mit Linux Mint erlernen. In fast jedem Kapitel beschreibe ich Funktionen, Einstellungen, Werkzeuge usw., auf die ich mich in den folgenden Kapiteln wieder berufen werde. Daher ist es wichtig, dass Sie das Buch komplett lesen, ohne etwas zu überspringen. Das gilt besonders für die Kapitel 1 bis Kapitel 6, in denen Sie u. a. die Installation und Grundlagen zu Linux Mint erlernen. Zudem sollten Sie Kapitel 8, »Weitere Funktionen, Tipps und Tricks«, nicht auslassen.

Natürlich können Sie aber Inhalte überspringen, wenn Sie sie aus anderen Zusammenhängen bereits kennen; außerdem weise ich Sie vor manchen Stellen darauf hin, dass bestimmte Informationen optional sind und für das Verständnis späterer Inhalte nicht zwingend gelesen werden müssen.

1.1 Über die Entwicklung dieses Buches

Ich habe alle Punkte dieses Buches persönlich auf mehreren verschiedenen Systemen getestet. Dazu zählen:

- ein aktueller Asus-PC mit Windows 10
- ein Lenovo ThinkPad T440p
  (ein *Altgerät* für spezielle Notebook-Eigenschaften und WLAN)
- ein aktuellerer Thinkpad P14s (für aktuelle Notebook-Hardware)
- ein Zotac Barebone (u. a. für Tests mit WLAN, HDMI und S/PDIF)
- verschiedene virtuelle Maschinen unter VirtualBox

Zudem habe ich eine Schulung durchgeführt, bei der sieben Teilnehmer Linux Mint auf ihren eigenen (teilweise exotischen) Geräten installiert haben. Der Sinn war es, den Ablauf im Buch zu prüfen und natürlich Informationen über Problemfälle zu sammeln, um diese mit den passenden Lösungen in das Buch zu integrieren.

Allerdings gab es so gut wie keine Probleme, außer bei einem System, das ziemlich langsam bzw. veraltet war. Die Installation lief ohne größere Hindernisse ab, und die Hardware (WLAN-, Netzwerk- und Grafikkarten) wurde sauber erkannt. Ich machte mir bereits Sorgen, nicht genügend Informationen für Kapitel 9, »Fehlerbehebung und Problemlösungen«, zu erhalten.

Sie sehen also, dass ich mir große Mühe gegeben habe, nicht nur ein »theoretisches« Buch zu schreiben. Ich will, dass Sie zufrieden sind und schlussendlich mithilfe dieses Buches zu Linux wechseln können, wenn Sie das möchten. Allerdings muss ich darauf hinweisen, dass es natürlich »Einschränkungen« gibt. Ich kann in diesem Buch nicht alles beschreiben, was es zu Linux Mint oder gar zu Linux insgesamt zu sagen gäbe. Dann würde das Buch viele Tausend Seiten umfassen und wäre naturgemäß für einen Einstieg nicht mehr geeignet. Ich habe mich daher ausschließlich auf die Themen konzentriert, die Sie benötigen, um mit Linux Mint loszulegen.

1.2 Für wen ist dieses Buch gedacht?

Wer gehört zu der Zielgruppe dieses Buches? Im Grunde alle, die Interesse an Linux haben und speziell Linux Mint kennenlernen oder darauf umsteigen wollen. Linux-Kenntnisse benötigen Sie dazu keine! Grundlegende Computerkenntnisse sollten jedoch vorhanden sein. Wenn Sie also bereits gängige Aufgaben – wie das Surfen im Internet, das Verfassen von E-Mails oder Briefen, die Organisation und gegebenenfalls Bearbeitung von Multimediadateien wie MP3s, Fotos oder Videos – unter Windows, dem Mac oder einer anderen Linux-Distribution ohne größere Probleme erledigen und nun mit dem Gedanken spielen, Ihr bisheriges Betriebssystem durch Linux Mint zu ersetzen, dann ist dies natürlich von Vorteil.

Sie kennen das »Problem« sicherlich: Sie kaufen sich einen Rechner, ein Notebook o. Ä., und es ist bereits ein kommerzielles Betriebssystem vorinstalliert – in der Regel das gerade aktuelle *Microsoft Windows*. Dann ist das Gerät noch voller Testversionen, die zur vollwertigen Nutzung zuerst einmal »freigeschaltet«, sprich bezahlt werden müssen. Einige Nutzer gehen daher, um in den Genuss einer voll funktionsfähigen Programmversion zu kommen, den Weg über sogenannte *Raubkopien* und installieren Microsoft Office beispielsweise mithilfe der Lizenz eines Kollegen. Auch nach der Veröffentlichung einer neuen Windows-Version und anderen Anwendungen wird diese Lösung immer wieder angewandt.

Oder Sie haben einen Rechner, der in die Jahre gekommen ist und auf dem die aktuellste Windows-Version nicht mehr oder nur schleppend lauffähig ist. Hier könnten Sie also eine ressourcensparende und dennoch aktuelle Alternative brauchen.

Ein weiterer Aspekt ist die zunehmende Unsicherheit im Internet – sei es durch Kriminelle oder leider auch in- und ausländische Geheimdienste. Seit den Enthüllungen durch *Edward Snowden* suchen immer mehr Anwender nach Alternativen zu den Closed-Source-Lösungen (meist amerikanischer Unternehmen), die zwangsweise Hintertüren enthalten. Auch werden die meisten Hackerangriffe über Massenmails mit Viren vorwiegend gegen Microsoft Windows und dessen Office-Paket geführt.

Für all diese Fälle ist Linux eine passende Lösung. Es ist (fast) virenfrei und wird bedeutend seltener angegriffen als Microsoft Windows – vor allem im Privatbereich. Auch die Tatsache, dass der Quellcode in den meisten Fällen offen verfügbar ist, gibt eine gewisse Sicherheit vor den Hintertüren für Geheimdienste. (Ein absichtlich eingebauter Zugang würde sehr schnell von einem oder einer der weltweit tätigen Linux-Entwickler und -Entwicklerinnen entdeckt.) Zudem ist Linux in vielen Versionen bzw. Distributionen frei verfügbar, außerdem sind fast alle Anwendungen (vor allem im Privatbereich) ebenfalls kostenlos.

Nach der Installation haben Sie ein System mit vielen wichtigen Alltagsanwendungen (Office-Anwendungen, Zeichenprogramme, Musik hören, Videos schauen usw.). Dadurch müssen Sie nicht, wie in Windows, zuerst jede Menge Anwendungen herunterladen und installieren, um es überhaupt verwenden zu können. Zudem stehen Ihnen Tausende Anwendungen in einer praktischen Anwendungsverwaltung zur Verfügung und können damit problemlos installiert werden. Viele von Ihnen werden dieses Prinzip aus den App Stores ihres Mobilgerätes kennen.

Auch auf älteren PCs oder Notebooks kann Linux häufig weiterhelfen, da es meist ressourcensparender ist als Windows. Dies trifft allerdings nicht für alle Versionen zu. Hier gilt natürlich auch: Je mehr »Schnickschnack« wie z. B. 3D-Effekte enthalten sind, desto mehr Ressourcen werden auch für Linux benötigt.

Übrigens sind zur Installation und Nutzung keine großen Vorkenntnisse in der EDV notwendig. Sie haben bereits an Rechnern mit Windows gearbeitet oder im Internet gesurft und schon einmal einen USB-Stick verwendet? Das reicht, um Linux zu installieren und kennenzulernen. Wenn Sie zudem wissen, was eine Netzwerkkarte ist oder wie Sie Ihren Internetrouter über Ihr Netzwerk erreichen, dann wird dies natürlich einige Schritte zusätzlich erleichtern.

Administratoren aufgepasst ...

Dieses Buch ist *nicht* für Administratoren gedacht! Ich werde nicht auf Samba, Apache oder dergleichen eingehen. Verschiedene systemnahe Punkte werde ich zwar ansprechen, aber nur so weit, wie es für die private Nutzung oder zur einfachen Einbindung und Konfiguration an einem Arbeitsplatz notwendig ist.

Wenn Sie also Administrator sind und vertiefendes Wissen benötigen, dann empfehle ich Ihnen, sich gezielt nach Literaturangeboten für Administratoren umzusehen (z. B. unter *https://www.rheinwerk-verlag.de*).

1.3 Linux

Linux ... einige von Ihnen haben sicherlich bereits davon gehört und vielleicht sogar entsprechende Grundkenntnisse. Aber ich werde dennoch kurz auf die Entstehung eingehen, damit Sie sich einen kleinen Überblick verschaffen können, und dann zu Linux Mint kommen.

Linux hat leider immer noch den Ruf, ein Betriebssystem für Hacker oder *Nerds* (also Computerfreaks) zu sein. Dies ist allerdings schon seit Langem nicht mehr der Fall. Wenn wir von Serversystemen absehen, muss man nur noch selten in einer Konsole kryptische Befehle eingeben, um etwas zu konfigurieren oder zu starten. Auch wird als K.-o.-Kriterium immer die angeblich mangelnde Kompatibilität genannt. Aber auch hier hat sich bereits vor Längerem einiges getan. Zu Treiberproblemen kommt es meist nur bei absolut neuer Hardware und neuen Chips oder sehr »exotischen« Geräten.

In seinen Anfängen war Linux jedoch ein reines Konsolensystem, ohne grafische Oberfläche (GUI, *Graphical User Interface*). GUIs wurden erst im Nachhinein entwickelt und vor allem immer mehr verbessert. Dabei kam es auch zu einer großen Vielfalt an Oberflächen. *KDE*, *GNOME*, *Xfce* und natürlich *Cinnamon* und *MATE*, die von Linux Mint stammen, sind nur einige von ihnen. Die Funktionen (3D, Animationen o. Ä.) der GUI entscheiden im Übrigen auch darüber, ob Linux auf einem älteren bzw. langsamen Rechner eingesetzt werden kann.

Konsole

Auch wenn Linux Mint zu 99 % über die grafische Oberfläche gesteuert werden kann, werde ich Ihnen dennoch den Umgang mit der Konsole (auch *Terminal* genannt) näherbringen. Wenn man Probleme hat und z. B. in Foren nach Rat sucht, wird dort häufig empfohlen, diese in der Konsole zu beseitigen. Daher ist es auch für Laien sinnvoll, die Nutzung der Konsole ein wenig zu kennen.

Seinen Ursprung hat Linux bei *Linus Torvalds*, der in seiner Studienzeit ein eigenes Unix-ähnliches Betriebssystem entwickelte. Dieses kleine System gab er in einer Newsgroup frei und bat um Unterstützung. Diese gab es ziemlich schnell und auch sehr umfangreich. So wurde der Kern verbessert, und immer mehr Anwendungen wurden entwickelt oder sogar von Unix nach Linux portiert. Der Name für Linux wurde, soweit mir bekannt ist, ebenfalls in einer Newsgroup vorgeschlagen und setzt sich aus dem Vornamen Linus und dem Betriebssystemnamen Unix zusammen.

Streng genommen bezeichnet der Begriff *Linux* jedoch nicht das Betriebssystem, sondern den *Kernel*. Der Kernel ist der zentrale Bestandteil eines Systems – also der *Betriebssystemkern*. Ein Kernel ist allein nicht wirklich nutzbar. Erst durch die Erweiterung mit verschiedenen Hilfsprogrammen wird daraus ein Betriebssystem. Eine solche Sammlung aus dem Kernel und mehr oder weniger vielen Hilfsprogrammen bezeichnet man als *Linux-Distribution*. Allerdings versteht man unter *Linux* umgangssprachlich in der Regel die verschiedenen Linux-Systeme bzw. Linux-Distributionen.

1.4 Linux-Distributionen und -Derivate

Inzwischen sind einige Linux-Distributionen erhältlich. Die Frage, welche »die beste« sei, lässt sich natürlich nicht beantworten. Es gibt Distributionen, die für den Serverbereich gedacht sind, manche für spezielle Geräte und viele für Arbeitsplatzrechner.

Bekannte und verbreitete Linux-Distributionen sind u. a.:

- Debian
- Gentoo

- Red Hat
- Fedora
- Arch

Die meisten Distributionen zeichnen sich dadurch aus, dass eine große Anzahl von Anwendungen in sogenannten *Paketmanagern* (auch Anwendungsverwaltung, Paketverwaltung o. Ä.) angeboten wird. Diese sind vergleichbar mit den App Stores für Mobilgeräte. Anwender müssen dadurch nicht mehr, wie in den Anfängen von Linux, die Anwendungen umständlich selbst kompilieren (bzw. aus dem Quellcode in eine Anwendung übersetzen). Fast immer gibt es auch *Livesysteme*, um sie ohne Installation zu testen, und fast alle besitzen eine oder mehrere grafische Standardoberflächen.

Nach der Installation ist eine Distribution in den meisten Fällen fertig für das Einsatzgebiet eingerichtet. Eine Desktop-Version enthält Office-Anwendungen (meist LibreOffice), Grafik-, Multimediaprogramme usw. Eine Serverversion enthält Webserver (Apache) oder Hilfsanwendungen für die Dateifreigabe (Samba). Der Nutzer muss nur noch die entsprechende Feinarbeit durchführen (Netzwerk einrichten usw.).

1.4.1 Debian

Debian ist eines der ältesten Systeme und zugleich das meistverbreitete – vorwiegend im Serverbereich. Ein Hauptgrund seiner Verbreitung dürften die hohe Stabilität und das sehr gut durchdachte Paketmanagement sein. Auch ich setze es beruflich wie auch privat auf vielen Serversystemen ein.

Debian existiert seit Langem in mehreren Varianten. Die wichtigsten sind:

- **Oldstable**: Die Vorgängerversion der aktuellen, stabilen Debian-Version nennt man Oldstable.
- **Stable**: Die aktuelle, stabile Version ist die Stable-Version. Diese wird meist auf Serversystemen eingesetzt.
- **Testing**: Die Version Testing ist die Nachfolgeversion der aktuellen Stable-Version. Meist ist diese bereits sehr stabil (und kann als Arbeitsplatzversion genutzt werden). Sie enthält aktuellere Versionen der Anwendungen.
- **Unstable**: Hier werden neue Versionen von Anwendungen zunächst geprüft, bevor sie in die Testing-Version übernommen werden. Diese Version sollte auch nur zu Testzwecken installiert werden.

Viele bekannte Derivate stammen von Debian ab, wobei die meisten nicht von der Stable-, sondern von der Testing-Version abgeleitet wurden.

1.4.2 Derivate

Nach und nach entstanden aus einigen Distributionen *Derivate* (»Abkömmlinge«). Das Ziel war u. a., andere Standardoberflächen anzubieten oder die Systeme an andere Ziele bzw. Bedürfnisse anzupassen (als Media Player oder Firewall usw.). Dabei wurden die Vorteile der Originale genutzt, und es musste nicht von Grund auf neu begonnen werden. In vielen Fällen nutzt das Derivat auch die Paketquellen des Originals und erhält so dessen Aktualisierungen.

Derivate werden gelegentlich auch als *Fork* bezeichnet, wobei ein Fork eher auf die Softwareentwicklung zutrifft. Wenn sich aus einem bestehenden Projekt, aus welchen Gründen auch immer, plötzlich zwei oder mehrere Projekte entwickeln, nennt man diese einen *Fork* (dt. »Gabelung«) des Originalprojekts. Linux-Distributionen, bei denen es sich um Derivate anderer Systeme handelt, sind u. a.:

- Ubuntu
- openSUSE
- Mandriva
- Linux Mint

Das wohl bekannteste Derivat ist *Ubuntu* von *Canonical*, das von Debian abstammt. Lange Zeit war Ubuntu die meistverbreitete Linux-Distribution für Desktops.

Auf weitere Details bei den Distributionen und Derivaten gehe ich nicht ein – damit könnte ich ein ganzes Buch füllen. Wer sich jedoch für weitere Informationen interessiert, der findet bei Wikipedia jede Menge detailliertes Wissen über die Entstehung von Linux:

- *https://de.wikipedia.org/wiki/Linux*
- *https://de.wikipedia.org/wiki/Linux-Distribution*

1.5 Grafische Oberflächen

Im Laufe der Jahre wurden für Linux die verschiedensten grafischen Oberflächen (GUIs) entwickelt. Manche setzen auf Effekte und benötigen daher entsprechende Hardware, andere favorisieren Schlichtheit und sind dadurch auch für »schwächere« Systeme geeignet.

Fast alle Distributionen bieten mehrere dieser Oberflächen zur Installation an. Standardmäßig wird jedoch meist nur eine bevorzugt.

Einige bekannte grafische Oberflächen sind:

- KDE
- GNOME
- Unity
- Xfce
- MATE
- Cinnamon

Der Vorteil dieser großen Auswahl an Oberflächen ist, dass für die meisten Anwenderinnen und Anwender bzw. »Geschmäcker« eine passende vorhanden sein dürfte. Zusätzlich müssen Sie sich nicht, wie bei anderen Betriebssystemen, mit einer vorgegebenen Oberfläche zufriedengeben.

Laien müssen hier natürlich zunächst die richtige finden – was man auch als Nachteil betrachten kann. Hier kommt es häufig vor, dass sich jemand für Linux interessiert, sich dann aber für eine unpassende Version entscheidet und danach eben enttäuscht von den Funktionen oder dem Aussehen ist.

Für die Oberflächen gibt es dann meist eine große Anzahl von Anwendungen, die für ebendiese geschrieben sind. Sie wurden in der gleichen Programmierumgebung entwickelt und haben dadurch das *Look & Feel* der entsprechenden GUI. Dies bedeutet jedoch nicht, dass die Anwendungen inkompatibel mit anderen Oberflächen wären. Sie können Anwendungen, die für GNOME entwickelt wurden, auch unter KDE nutzen und umgekehrt.

1.5.1 KDE

KDE ist eine seit 1996 entwickelte und weitverbreitete Oberfläche für Linux (siehe Abbildung 1.1). Beliebte Distributionen, bei denen KDE als Standardoberfläche eingesetzt werden, sind u. a. Kubuntu und Mandriva.

KDE bietet sehr viele Einstellmöglichkeiten, was Ihnen als Benutzer hohe Flexibilität bietet. Des Weiteren gibt es viele Möglichkeiten, mit *Arbeitsflächendesigns* und *Fensterdekorationen* das Aussehen zu verändern.

Ich selbst setze KDE auf Tablet-PCs ein, da ich mir durch diese vielen Einstellmöglichkeiten die Oberfläche genau nach meinem Geschmack und passend für den Tablet-PC einrichten kann.

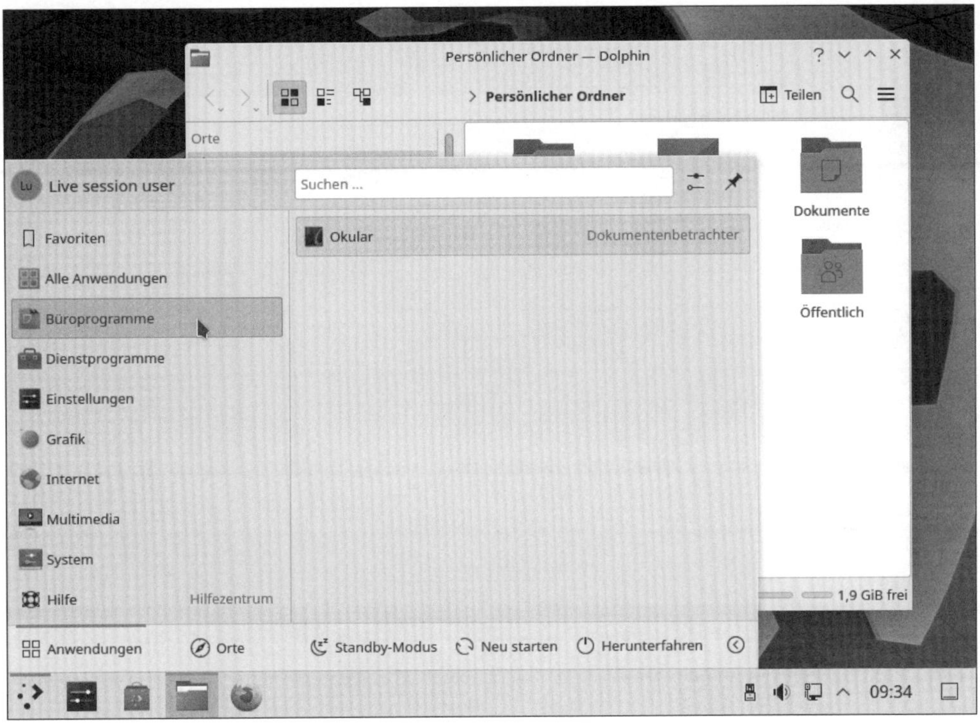

Abbildung 1.1 KDE unter KDE neon

1.5.2 GNOME

Die Entwicklung von GNOME begann unmittelbar nach dem Start von KDE. GNOME sollte einfach zu bedienen sein. Einstellmöglichkeiten gab es daher, im Gegensatz zu KDE, nur die notwendigsten. GNOME war während der Version 2 auch lange Zeit meine »Lieblingsoberfläche« unter Ubuntu.

Mit GNOME 3 (siehe Abbildung 1.2) wurde dann ein neues Bedienerkonzept eingeführt, das gerade für Linux-Neulinge noch einfacher sein soll. Hierüber gingen die Meinungen jedoch auseinander, und GNOME verlor viele seiner Anhänger (es gab hierzu auch lange Zeit heftige Diskussionen in Newsgroups, an denen sich auch Linus Torvalds beteiligte).

Allerdings ist GNOME seit (in etwa) der Version 3.12 wieder auf einem »Weg der Besserung« und inzwischen auch wieder die Standardoberfläche unter Ubuntu.

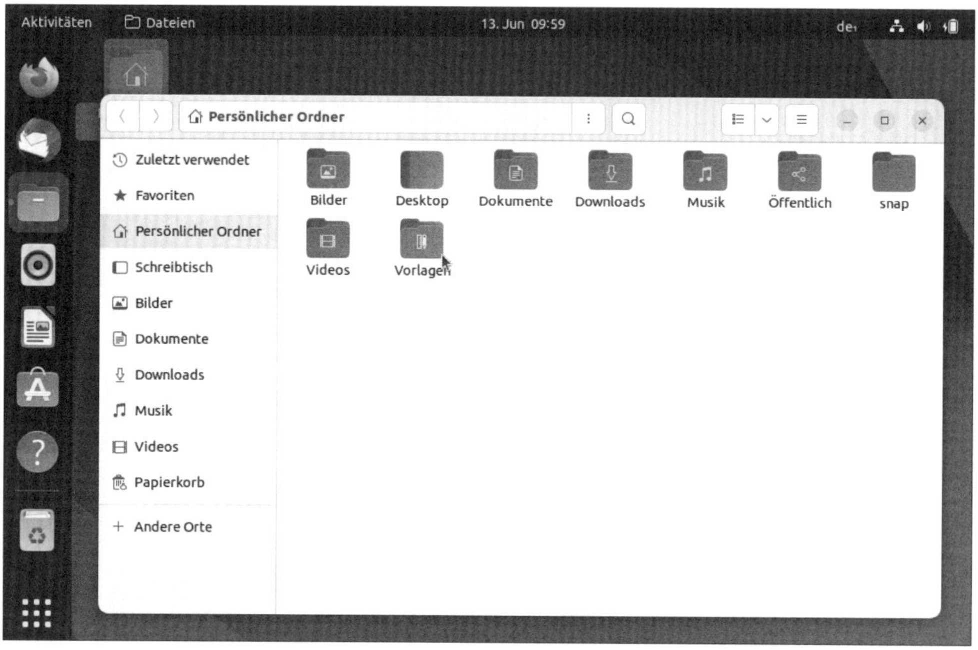

Abbildung 1.2 GNOME unter Debian 10

1.5.3 Unity – Lomiri

Wie bereits erwähnt, war das von dem Unternehmen Canonical entwickelte Ubuntu lange Zeit die meistgenutzte Linux-Distribution für Desktops. Die Standardoberfläche war dabei, bis zur Version 10.10, der beliebte GNOME 2 (bis Version 2.32). Im Jahr 2010 veröffentlichte Canonical eine neue grafische Oberfläche: *Unity* (siehe Abbildung 1.3). Der Hintergrund war u. a., dass die Version 3 von GNOME auf sich warten ließ und es einige Diskrepanzen zwischen Canonical und dem GNOME-Team gab.

Unity war von Canonical selbst entwickelt worden und sollte mit bereits vorhandenen GTK+-Programmen (die meist für GNOME geschrieben wurden) verwendet werden. Diese neue Desktop-Oberfläche stieß jedoch aus verschiedenen Gründen auf Kritik. Einige bemängelten die notwendigen 3D-Funktionen der Grafikkarte (woraufhin noch eine 2D-Version erschien, die jedoch inzwischen nicht mehr weiterentwickelt wird), andere kritisierten die Lizenzbestimmungen, und viele Benutzer konnten sich, ähnlich wie bei der mit Windows 8 eingeführten Kacheloberfläche, nicht mit dem Aussehen anfreunden. Dadurch verlor auch Ubuntu viele Anhänger (zu denen auch ich zählte).

Unity wird von Canonical jedoch seit 2017 nicht mehr weiterentwickelt, da Ubuntu ja wieder den GNOME-Desktop nutzt. Allerdings ist die Entwicklung nicht eingestellt worden – sie wurde von einer Community übernommen. Dabei wurde Unity zunächst in *Lomiri* umbenannt, inzwischen wird der Name *Ubuntu Unity* verwendet. Das ist auch der Name einer offiziellen Variante von Ubuntu, die diese Oberfläche weiterhin standardmäßig nutzt. Weitere Informationen finden Sie unter *https://ubuntuunity.org/*.

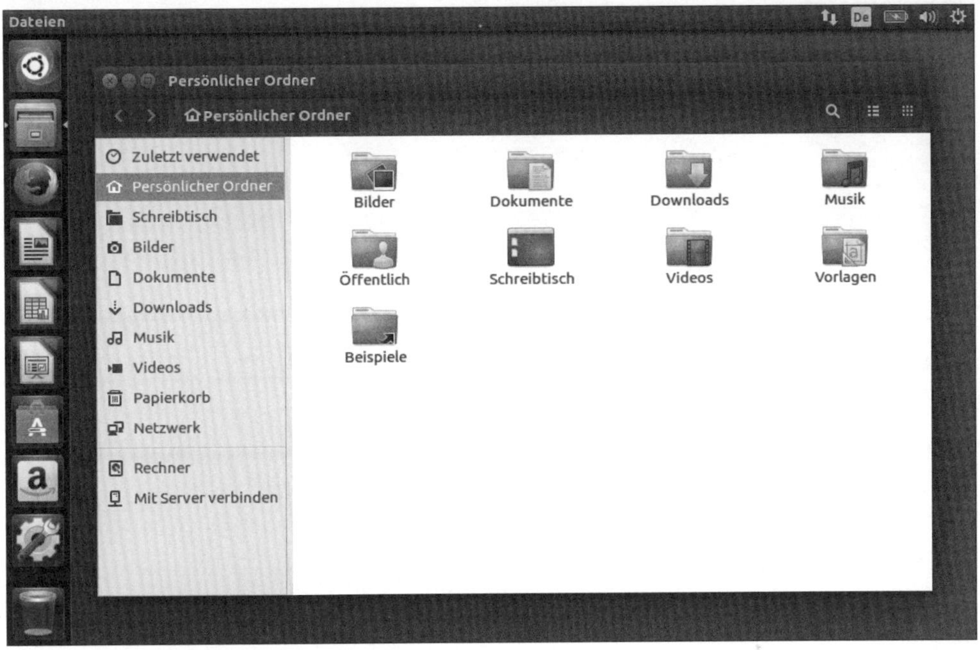

Abbildung 1.3 Unity unter einem (älteren) Ubuntu-Livesystem

1.5.4 Xfce

Xfce ist eine schlanke und modular aufgebaute Oberfläche. Diese Oberfläche eignet sich daher u. a. für Systeme, die weniger Ressourcen und/oder keine 3D-Funktionen zur Verfügung stellen, oder auch für Systeme, bei denen die Ressourcen für die Hintergrundanwendungen genutzt werden sollen und daher die grafische Oberfläche weniger wichtig ist. Ich nutze Xfce z. B. auf den meisten (Debian-)Serversystemen.

Aufgrund der Diskrepanzen zu GNOME 3 wurde Xfce eine Zeit lang die Standardoberfläche bei Debian, das zuvor GNOME 2 verwendet hatte. Seit geraumer Zeit können Sie sich jedoch bereits bei der Installation von Debian für eine von mehreren Oberflächen entscheiden (u. a. KDE, GNOME und Xfce).

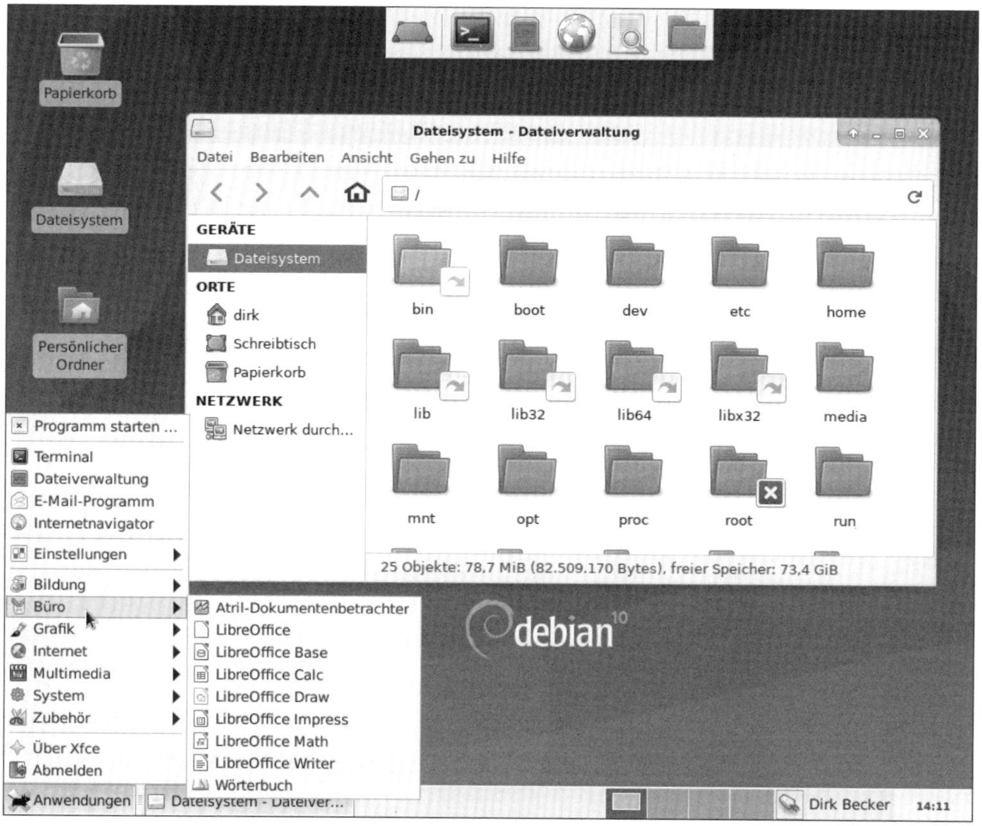

Abbildung 1.4 Xfce unter Debian 10

Falls Sie ein altes System nutzen und beim ersten Test feststellen, dass es zu Problemen kommt, würde ich Ihnen die Xfce-Version von Linux Mint empfehlen (darauf werde ich Sie im späteren Verlauf nochmals hinweisen).

1.5.5 MATE

Als der Support von GNOME 2 auslief, wurde aus GNOME 2 ein Fork unter dem Namen *MATE Desktop Environment*, kurz MATE, weiterentwickelt.

Seit der Version 12 ist MATE (siehe Abbildung 1.5) ein Bestandteil von Linux Mint und kann als eigenständige Mint-Version genutzt werden. Weitere Distributionen, die MATE in ihren Paketquellen anbieten, sind unter anderem *Sabayon Linux*, *Fedora*, *openSUSE* und *Debian*.

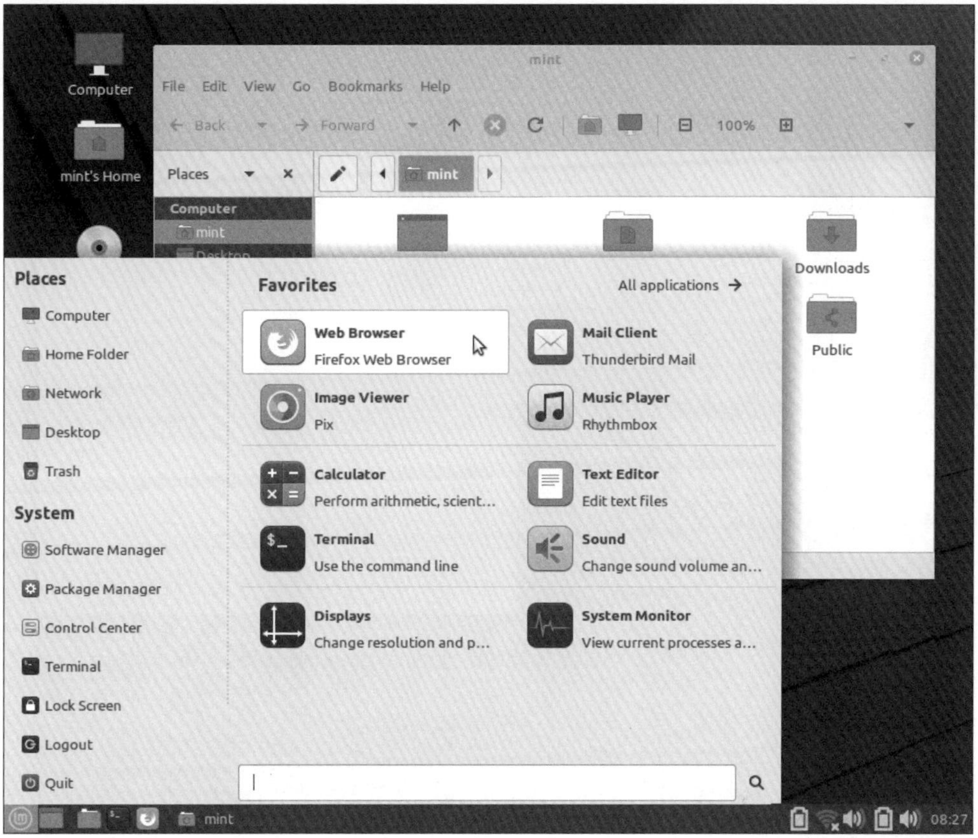

Abbildung 1.5 MATE unter Linux Mint 20

1.5.6 Cinnamon

Da die Oberfläche des neuen GNOME 3 von vielen Anwendern abgelehnt wurde, nahm sich das Linux-Mint-Team dieses Problems an und entwickelte eine Oberfläche, die ein Fork der GNOME-Shell wurde: *Cinnamon*. Sie ist seit der Version 13 in Linux Mint enthalten und sozusagen die Standardoberfläche (es werden auch Linux-Mint-Versionen mit MATE und Xfce angeboten).

Cinnamon enthält die Neuerungen und Vorteile von GNOME 3, bietet diese aber unter einer Oberfläche an, die der bewährten und beliebten Oberfläche von GNOME 2 ähnelt. Es wurden auch einige der Kritikpunkte von GNOME 3 »entfernt« (u. a. gibt es wieder eine Taskleiste).

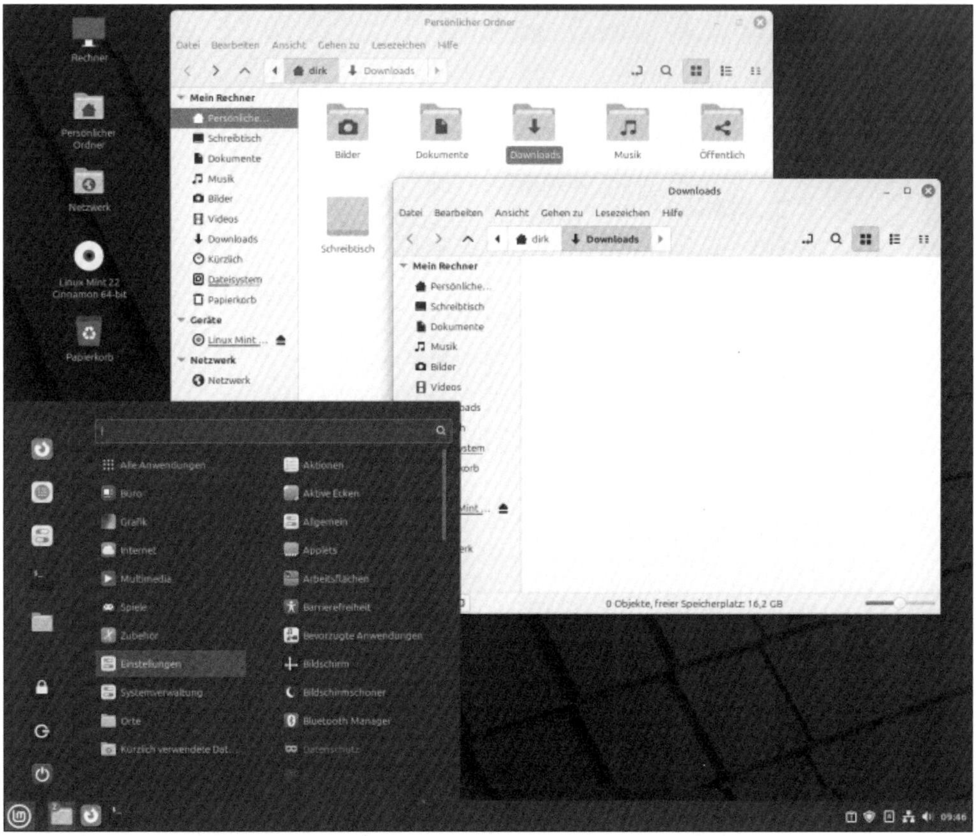

Abbildung 1.6 Cinnamon unter Linux Mint 22

1.6 Darf ich vorstellen? Linux Mint!

Wie in Abschnitt 1.4.2 bereits erwähnt, war das von dem Unternehmen Canonical entwickelte Ubuntu lange Zeit die meistgenutzte Linux-Distribution für Desktops. Als Unity die Standardoberfläche von Ubuntu wurde, suchten viele Anhänger nach etwas Neuem. Auch GNOME 3 wurde von vielen Anwendern abgelehnt. Dadurch kam es 2010/2011 zu der Situation, dass viele Benutzer die Distribution wechselten oder zumindest nicht deren Standardoberfläche nutzten (wenn es sich um Unity oder GNOME 3 handelte).

Diese Tatsachen verhalfen auch *Linux Mint* zu seinem Durchbruch. Ich wechselte zu dieser Zeit noch zu Kubuntu, einer von Ubuntu abstammenden Distribution mit der KDE-Oberfläche. Viele andere, vor allem Freunde der GNOME-2-Oberfläche, wechselten jedoch zu Linux Mint. Das Entwicklungsteam von Mint übernahm die Unity- bzw. GNOME-3-Oberfläche nicht als Standard, sondern setzte zunächst weiterhin auf GNOME 2. Ab Version 13 wurden dann Versionen mit MATE (der GNOME-2-Fork) und Cinnamon (der GNOME-3-Fork) eingeführt.

Linux Mint existiert in zwei Varianten:

- als ein Derivat von Debian – *Linux Mint Debian Edition* (LMDE)
- als ein Derivat von Ubuntu in wiederum drei Versionen

1.6.1 Linux Mint Debian Edition – das Debian-Derivat

Die von der Debian-Distribution abstammende Mint-Version ist eine besondere Version: Es handelt sich um ein sogenanntes *Rolling Release*. Dies bedeutet, dass diese Version immer auf dem aktuellsten Stand ist und keine neuen Versionen installiert werden müssen. Sie beruht auf der Debian-Testing-Edition.

Rolling Release

Bei einem *Rolling Release* werden das installierte System und die Anwendungen kontinuierlich aktualisiert. Dadurch gibt es von diesen Systemen meist keine Versionsnummern, sondern nur sogenannte *Snapshots* (Systemstände). Es kommt also (normalerweise) nicht vor, dass eine neue Version erscheint, die auch eine Neuinstallation des Systems nach sich zieht.

Aufgrund der häufigeren Aktualisierungen erfordern Rolling-Release-Versionen tiefer gehende Linux-Kenntnisse, da es häufiger zu (Kompatibilitäts-)Problemen kommt bzw. manuelle Eingriffe notwendig werden.

Weitere Linux-Distributionen, die diese Methode verwenden, sind u. a. *KDE neon, Arch, PCLinuxOS* und *Sabayon*.

Das Mint-Team pflegt diese Version, um sicherzustellen, dass keine hundertprozentige Abhängigkeit von Ubuntu besteht. Für den Fall, dass Ubuntu einmal eingestellt werden sollte, kann ohne allzu großen Aufwand auf die Debian-Version gewechselt werden.

Linux Mint Debian Edition verwendet als Standardoberfläche ebenfalls Cinnamon.

1.6.2 Das Ubuntu-Derivat

Ich befasse mich in diesem Buch nur mit dem Derivat von *Ubuntu*. Dieses ist auch die »Hauptvariante« von Linux Mint. Das Mint-Team übernahm dabei viele Eigenschaften von Ubuntu, hat jedoch bereits einige proprietäre Anwendungen und Codecs mit an Bord. Die meisten Distributionen, allen voran Debian, setzen nur auf freie Software und bieten diese Programme standardmäßig nicht an. Nutzer müssen sie von Hand, teilweise aus fremden Quellen, nachinstallieren. Diese strikte Haltung ist vertretbar, da Patentklagen oder Abhängigkeiten verhindert werden sollen. Allerdings trifft sie gerade bei Windows-Benutzern zumeist auf Unverständnis.

Proprietäre und freie Software

Als *proprietäre Software* (auch *Drittanbieter-Software*) bezeichnet man Anwendungen, bei denen eine Veränderung nicht erlaubt und auch nicht möglich ist. Häufig dürfen solche Anwendungen auch nicht frei weitergegeben werden. Der Quellcode ist meist nicht einsehbar (*Closed Source*). Proprietäre Software ist im Grunde das Gegenstück zu der in Linux verwendeten *freien Software (Open Source)*.

Die Community von Linux Mint vertritt die Meinung der freien Software nicht komplett und setzt auf verschiedene proprietäre Anwendungen. Dadurch ist diese Distribution besonders interessant für Windows-Anwender. Sie müssen sich nicht bemühen, um proprietäre Anwendungen wie z. B. MP3-Codecs zu installieren. Wenn bei der Installation eine Internetverbindung besteht, können sie jedoch mit installiert werden. Ohne Internetverbindung können Sie dies später nachholen.

Das Derivat von Ubuntu wird mit mehreren grafischen Oberflächen angeboten:

- Cinnamon
- MATE
- Xfce

Bis einschließlich Version 18.3 wurde auch noch eine Version mit KDE angeboten. Leider wurde diese, aufgrund entwicklungstechnischer Gründe, mit Version 19 eingestellt. Allerdings kann man KDE auch noch manuell nachinstallieren.

1.6.3 Linux Mint Cinnamon 22 Wilma

Sie werden im Folgenden *Linux Mint Cinnamon 22 »Wilma«* installieren und kennenlernen. Dies ist die aktuelle Version mit Long-Term-Support (LTS). LTS bedeutet, dass Sie für die Version 22 bis mindestens April 2029 Aktualisierungen erhalten und erst dann »gezwungen« sind, eine neue Version zu installieren. Sicherheitsaktualisierungen werden jedoch häufig länger verteilt. Wilma stammt von *Ubuntu 24.04* mit dem Codenamen *Noble Numbat* ab.

Für den Fall, dass inzwischen neuere Versionen angeboten werden, müssen Sie beachten, dass eine neue Version natürlich auch in einigen Bereichen (zumindest zum Teil) von den Beschreibungen in diesem Buch abweicht. Linux Mint hat sich in der Vergangenheit aber durch große Stabilität ausgezeichnet und auf Experimente verzichtet. Das Erscheinungsbild hat sich in den letzten Versionen kaum geändert, höchstens wurden die Farben der Icons oder andere Details angepasst. Und diese Änderungen ließen sich stets mit wenigen Mausklicks wieder rückgängig machen.

Kapitel 2
Wichtige Vorbereitungen

Uffgepasst, unn erscht moll gucken ...
Vorbereitung ist alles, denn Sicherheit geht vor.

Bevor wir mit der Installation von Linux Mint beginnen, müssen wir zuerst feststellen, »woher« Sie kommen und was Sie tun wollen. Des Weiteren sollten Sie für manche Punkte wissen, welche Anwendungen Sie zurzeit einsetzen und wo Ihre Daten gespeichert sind.

Aus Erfahrung weiß ich, dass viele Anwender leider keine oder nur eine ungenügende System- oder Datensicherung durchführen. Eigentlich ist dies für mich unfassbar. Manche nehmen einfach das Risiko in Kauf, dass durch einen Festplattendefekt alle Bildersammlungen unwiederbringlich weg sind. Da ich verhindern will, dass Sie am Ende ohne Daten dastehen oder ein vorhandenes System nicht wiederherstellen können, gehe ich etwas genauer auf eine Sicherung des Systems und auf die Sicherung der Daten ein.

2.1 Voraussetzungen

Ein wichtiger Punkt zu Beginn ist, festzustellen, ob das System, auf dem Sie Linux Mint installieren wollen, überhaupt dazu geeignet ist, und zu entscheiden, welche Version Sie einsetzen wollen.

2.1.1 Die Systemvoraussetzungen

Die minimalen Systemvoraussetzungen sind ziemlich gering:

- mindestens 20 GByte freier Festplattenspeicher
- 2.048 MByte Hauptspeicher

Dies ist jedoch auch wirklich die *Minimalvoraussetzung*. Zum Arbeiten mit Büroprogrammen und zum Surfen im Internet ist die Minimalvoraussetzung »ausreichend«. Aber einige Funktionen werden mit einem solchen System nur schleppend oder sogar überhaupt nicht funktionieren (z. B. Videos in hoher Qualität und die 3D-Effekte). Falls

Sie ein System mit diesen oder ähnlichen Eigenschaften einsetzen wollen, denken Sie darüber nach, statt Cinnamon die Version Linux Mint Xfce zu verwenden (siehe auch Abschnitt 8.9, »Linux Mint Xfce statt Cinnamon«).

Um Mint mit Cinnamon wirklich effektiv nutzen zu können, sollten Sie ein System mit mindestens folgenden Eckdaten besitzen:

- mindestens 40 GByte freier Festplattenspeicher
- 4 GByte Hauptspeicher
- eine 3D-fähige Grafikkarte
- eine Internetverbindung (möglichst auch bei der Installation)

Beim Festplattenspeicher müssen Sie natürlich eventuelle Daten mit einplanen. Wenn Sie viele Multimediadateien in Linux Mint übernehmen möchten, benötigen Sie auch entsprechend mehr Festplattenspeicher.

Im Folgenden gehe ich davon aus, dass in Ihrem System nur eine Festplatte eingebaut ist und Sie diese zur Installation nutzen. Wenn Sie die Möglichkeit haben, eine weitere einzubauen, bietet sich dies vor allem bei einer parallelen Installation (Dual-Boot) von Linux Mint an.

2.1.2 32- oder 64-Bit-Version?

Bis Version 19 war es wichtig, zu wissen, welche Architektur von Linux Mint zum Einsatz kommen soll: die *32-Bit-* oder die *64-Bit-Version*. Grundsätzlich empfahl ich immer, sich für die 64-Bit-Version zu entscheiden. Nur bei älteren Rechnern war eine 32-Bit-Version notwendig. Inzwischen wird von Linux Mint und vielen anderen Distributionen jedoch keine 32-Bit-Version mehr unterstützt. Das bedeutet, dass Linux Mint auf einem *sehr* alten System nicht mehr installiert werden kann.

Wenn Sie Linux Mint auf einem Rechner mit vorinstalliertem Windows 8 oder neuer installieren (unabhängig davon, ob parallel oder als alleiniges System), wird die 64-Bit-Version auf jeden Fall funktionieren.

Windows 8, Windows 10 oder Windows 11?

Im Folgenden werde ich versuchen, Windows 8, Windows 10 und auch Windows 11 nur getrennt zu erwähnen, wenn dies wirklich notwendig ist. Ich beziehe mich vorwiegend auf Windows 10, da die Versionen 8 bzw. 8.1 nur noch sehr selten im Einsatz sind und die Version Windows 11 noch nicht so weit verbreitet ist. Wenn Sie jedoch eine dieser Versionen nutzen, gelten die Punkte, die Windows 10 betreffen, natürlich auch bei Ihnen. Denken Sie auch bei einer Suche im Index daran.

Falls Sie ein altes System verwenden und unsicher sind, ob es bereits 64 Bit unterstützt, prüfen Sie den Prozessor. Unter Windows erfolgt dies durch die Eingabe des folgenden Befehls in der Eingabeaufforderung:

```
wmic cpu get architecture
```

Ist die Ausgabe `0`, **müssten** Sie die 32-Bit-Version verwenden – die es ja nicht mehr gibt. **Eine Installation ist dann leider nicht möglich**. Bei einer `6` oder einer `9` unterstützt dieser Prozessor 64 Bit (siehe Abbildung 2.1).

Abbildung 2.1 Dieser Rechner ist kompatibel mit der 64-Bit-Version.

2.2 Wie möchten Sie Linux Mint installieren?

In diesem und dem folgenden Kapitel werde ich verschiedene Methoden zum Kennenlernen und Installieren von Linux Mint beschreiben. Sie müssen sich nun Gedanken darüber machen, welche der Installationsmethoden für Sie infrage kommt. Das Endziel sollte hierbei eigentlich sein, dass Mint Ihr bisheriges System vollständig ersetzt. Eine parallele Installation zu Windows empfehle ich nur in Ausnahmefällen.

Ich gehe dabei auf folgende Methoden ein:

- ein Start mit einem *Livesystem* (auch zum Testen des Zielsystems)
- eine Installation als *alleiniges System* (auf dem Zielsystem)
- eine Installation in einer *virtuellen Maschine*
- eine *Dual-Boot-Installation*, parallel zu Windows

2.2.1 Das Livesystem

Mit dem Start des *Livesystems* testen wir u. a. zunächst den Bootvorgang auf dem Zielsystem, und Sie können sich einen ersten Überblick über die Oberfläche Cinnamon verschaffen. Das Livesystem ist später auch notwendig, um Linux Mint zu installieren.

Wenn Sie Zweifel daran haben, ob Linux Mint auf Ihrem Zielsystem installiert werden kann, machen Sie einen »kurzen Schwenk« zu Abschnitt 3.1, »Vorab: Die korrekte Version von Linux Mint«, und Abschnitt 3.2, »Das Linux-Mint-Livesystem«. Dort bespreche ich die Einrichtung des Bootmediums und den Start von Linux Mint. Danach sollten Sie jedoch unbedingt hier weiterlesen!

2.2.2 Installationsmethode 1: Die Installation als alleiniges System

Mit dieser Installationsmethode wird Linux Mint als alleiniges Betriebssystem eingerichtet. Ein eventuell vorhandenes Windows müssen Sie nicht vorab entfernen – es wird bei der Installation gelöscht. Diese Installationsmethode sollte Ihre bevorzugte Methode sein.

Wenn Sie sich für Linux als alleiniges System entscheiden, gibt es später noch die Möglichkeit, eine *virtuelle Maschine* mit Windows zu erstellen. Dieses System können Sie dann in »Notfällen« oder für spezielle Anwendungen verwenden, für die es unter Linux keine Alternativen gibt.

2.2.3 Installationsmethode 2: Die Installation in einer virtuellen Maschine

Gehen wir einmal davon aus, Sie haben Windows installiert und möchten Linux Mint testen. Allerdings sträuben Sie sich dagegen, eine parallele Installation durchzuführen. In dem Fall bietet sich die Installation in einer *virtuellen Maschine* (VM) an. Dadurch können Sie Linux Mint ohne Gefährdung des vorhandenen Systems und der Daten ausgiebig testen.

Die virtuelle Maschine

Es gibt in der EDV die Möglichkeit, eine Rechnerumgebung per Software nachzubilden bzw. zu *emulieren*. Eine solche Umgebung ist eine *virtuelle Maschine* (VM). Die Software, die zum Einsatz kommt, wird *Hypervisor* genannt.

Der Ablauf einer Installation in einer virtuellen Maschine ist im Prinzip der gleiche wie bei der Installation als alleiniges System. Ich habe daher auch diese beiden Installationsmethoden in einer Beschreibung zusammengefasst.

Für diese Methode sind jedoch ein bereits vorhandenes Betriebssystem (das *Hostsystem*) und eine spezielle Software (der *Hypervisor*) notwendig. Als Hypervisor nutze ich die freie Lösung *VirtualBox*. Ihr Hostsystem wird dabei vermutlich Windows sein. Außerdem sollte Ihr Rechner über zumindest 8 GByte Hauptspeicher verfügen.

2.2.4 Installationsmethode 3: Dual-Boot-Installation

Die *Dual-Boot-Installation* (bzw. parallele Installation) wird häufig von Einsteigern genutzt, um das vorhandene Betriebssystem – meist Windows – weiterzuverwenden. Allerdings empfehle ich diese Art nur, wenn spezielle Hardware oder Software zum Einsatz kommt, von der Sie wissen, dass sie unter Linux nicht genutzt werden kann. Oder falls Sie viel spielen und Windows als Spieleplattform behalten wollen. Allerdings gibt es inzwischen auch unter Linux eine große Auswahl an Spielen.

Aus eigener Erfahrung und von Testpersonen weiß ich, dass das zweite System (also Linux Mint) nur selten gestartet wird und Ihre Linux-Umgebung daher »zu kurz« kommt – vor allem bei Problemen. Man arbeitet zumeist in seiner gewohnten Umgebung. Danach hat man oft nicht mehr die Zeit oder Lust, auch noch Linux zu starten. Installieren Sie Linux daher als »Hauptsystem«. Dabei werden Sie zwar gelegentlich auf Hürden oder Probleme stoßen, aber dadurch lernen Sie Linux auch wirklich kennen.

Bei der Dual-Boot-Installation kann es auch zu Problemen im Startbereich (bzw. bei der *Bootpartition*) kommen. Da beide Systeme Zugriff darauf haben, ist es möglich, dass durch Aktualisierungen o. Ä. eine notwendige Einstellung überschrieben wird. Die Linux-Foren sind voll von Anfragen dieser Art. Zudem sollten Sie bei dieser Lösung daran denken, dass vermutlich irgendwann der Tag kommen wird, an dem eines der beiden Systeme entfernt werden soll. Dieser Punkt wird häufig vergessen. Es sind hierzu – egal, welches System erhalten bleiben soll – ein wenig Erfahrung und Aufwand notwendig.

Auch wenn ich es nicht empfehle, beschreibe ich dennoch die parallele Installation zu einem Windows 10.

Für den Fall, dass Sie sich für eine parallele Installation entscheiden, sollten Sie neben der System- und Datensicherung zuvor auch die Windows-Partition(en) *defragmentieren* (auch eine SSD). Eine Alternative wäre bei dieser Methode der Einbau einer zusätzlichen Festplatte für Linux Mint. Dadurch ersparen Sie sich das kleine Risiko bei der Verkleinerung der Windows-Partition. In diesem Fall löschen Sie vorab unter Windows alle Partitionen dieser zweiten Festplatte. Wenn es eine neue Festplatte ist, sollte sie einmalig in der Dateiverwaltung von Windows initialisiert sein. Dadurch vermeiden Sie Irritationen und Fehler bei der späteren Auswahl. Ich gehe bei der Installation auch auf eine zweite, leere Festplatte ein.

Hier sind noch einige weitere Punkte, die Sie vor dem Start einer parallelen Installation unbedingt prüfen sollten:

- Die Festplatte darf nicht als *dynamischer Datenträger* eingerichtet sein. (Wenn Sie nicht wissen, was ein dynamischer Datenträger überhaupt ist, wird Ihre Festplatte diesen Status vermutlich auch nicht besitzen.)
- Es darf kein Software-RAID eingerichtet sein.
- Es sollten mindestens 50 GByte freier Speicherplatz vorhanden sein (ca. 25 GByte für Linux Mint und der Rest für Windows).
- Unter Windows 10 sollten Sie den Schnellstart (*Fast Boot*) deaktivieren (eine Beschreibung dazu folgt).

2.3 Entscheidungshilfe: Installationsmethode 1, 2 oder 3?

1, 2 oder 3? Du musst dich entscheiden, drei Felder sind frei ... bzw. drei Installationsmethoden. Wie soll Linux Mint denn nun installiert werden? Als alleiniges System, in einer virtuellen Maschine, oder benötigen Sie die parallele Installation? Dieser kleine Frage-Antwort-Abschnitt soll Ihnen bei der Entscheidung der Installationsmethode helfen und klären, welche Vorarbeiten zu tätigen sind.

- *Frage: Soll die Installation auf einem Rechner stattfinden, dessen System und Daten unwichtig sind?*

  Antwort: Dann können Sie umgehend mit Kapitel 3, »Linux Mint testen und installieren«, beginnen. Allerdings benötigen Sie Abschnitt 2.5, »Für alle Fälle: Eine Komplettsicherung des Systems«, und Abschnitt 2.6, »Sicherung der Daten: Der Start für eine gelungene Migration«, gegebenenfalls später noch zur Systemsicherung von Linux Mint und zur Migration von Daten.
- *Frage: Das installierte Windows soll ersetzt werden, aber Sie wollen die Daten übernehmen?*

  Antwort: Dann sollten Sie dennoch mit Abschnitt 2.5 fortfahren. Denn ich würde Ihnen, obwohl Windows unnötig ist, zur Datensicherung auch eine *Komplettsicherung* des Systems empfehlen.
- *Frage: Vielleicht wollen Sie Linux Mint nur in einer virtuellen Maschine installieren?*

  Antwort: Dann installieren Sie VirtualBox, wie in Abschnitt 2.4, »VirtualBox«, erläutert, und fahren danach mit Kapitel 3 fort.
- *Frage: Sind Sie ein Windows-Benutzer und möchten Linux Mint parallel zu Ihrem bestehenden System installieren?*

  Antwort: Dann sollten Sie sich dennoch überlegen, ob Sie statt der parallelen Installation nicht eine virtuelle Maschine für Linux Mint nutzen wollen.

- *Frage: Sie spielen aktuelle Spiele unter Windows und möchten dies auch in Zukunft tun?*

  Antwort: Dann sollten Sie Linux Mint parallel installieren. Fahren Sie dazu mit Abschnitt 2.5 fort. Übernehmen Sie auch die Daten, damit diese sich später in der Linux-Mint-Partition befinden und Sie Windows wirklich nur noch zum Spielen benötigen.
- *Frage: Sind Sie ein Windows-Benutzer? Wollen Sie Linux Mint parallel zu Ihrem bestehenden System installieren, und eine virtuelle Maschine ist nicht möglich oder erwünscht?*

  Antwort: Dann sollten Sie mit Abschnitt 2.5 fortfahren. Ob Sie die Schritte aus Abschnitt 2.6 durchführen, hängt davon ab, unter welchem System Sie die Daten vorwiegend nutzen werden (Windows oder Linux).
- *Frage: Haben Sie »spezielle« Windows-Programme, zu denen es ein Linux-Derivat geben muss?*

  Antwort: »Überfliegen« Sie vorab Abschnitt 6.1, »Weitere Anwendungen und Alternativen«, oder prüfen Sie es selbst beim Hersteller der Software. Falls es keine Alternative gibt, können Sie die Anwendung vielleicht später in einer virtuellen Maschine oder unter Wine nutzen. Die Alternative dazu wäre, eine Parallelinstallation durchzuführen.
- *Frage: Haben Sie »spezielle« Hardware, die nicht unter Linux lauffähig ist, aber dennoch benötigt wird?*

  Antwort: Dann sollten Sie entweder eine parallele Installation vornehmen und mit Abschnitt 2.5 fortfahren oder Linux Mint auf einem anderen System installieren.

2.4 VirtualBox

Da einige der folgenden Praxisübungen in einer *virtuellen Umgebung* bzw. *virtuellen Maschine* (VM) durchgeführt werden können, möchte ich hier kurz auf die Installation von VirtualBox unter Windows eingehen. Bei Nutzung einer VM wird von einer Software (auch *Hypervisor* genannt) ein PC mit seiner Hardware emuliert. Dadurch können andere Betriebssysteme parallel zum eigentlich installierten System genutzt und getestet werden.

Ich verwende dazu schon seit Jahren die freie Software VirtualBox von Oracle. Auch beim Schreiben dieses Buches habe ich sie häufig eingesetzt. Die aktuelle Version können Sie unter dem folgenden Link herunterladen:

https://www.virtualbox.org/wiki/Downloads

Sinnvoll ist auch das Zusatzpaket *Oracle VM VirtualBox Extension Pack*. Damit können Sie u. a. USB-2.0- und USB-3.0-Funktionen nutzen.

Wahrscheinlich benötigen Sie vorab ein Paket von Microsoft. VirtualBox beendet dann die Installation mit einer entsprechenden Meldung. Ihnen fehlt in diesem Fall:

VC 2019 Microsoft Visual C++ Redistributable Version

Suchen Sie dazu im Internet nach der Datei *vcredist_x64_14.40*. Der offizielle Download von Microsoft verbirgt sich hier: *https://aka.ms/vs/17/release/vc_redist.x64.exe*. Installieren Sie dieses Paket, bevor Sie mit der Einrichtung von VirtualBox fortfahren.

Weiterführende Informationen zu VirtualBox

Ich kann in diesem Buch jedoch nicht zu detailliert auf die einzelnen Komponenten von VirtualBox eingehen, da dies den Umfang sprengen würde. Ich erläutere nur kurz die Installation und zeige Ihnen in den Praxisbeispielen die Erstellung einer virtuellen Maschine.

Falls Sie die VirtualBox öfter einsetzen und seine Vorteile kennenlernen und nutzen möchten, empfehle ich Ihnen das Originalhandbuch zu VirtualBox. Dieses wird ebenfalls auf der Website angeboten – allerdings nur in englischer Sprache. Mein Buch »VirtualBox: Installation, Anwendung, Praxis«, das im Rheinwerk Verlag (ehemals Galileo Press) erschienen ist, ist leider vergriffen.

2.4.1 Installation

Die Installation von VirtualBox ist simpel. Sie sollten nur vorab wissen, dass bei der Installation unter Windows die Netzwerkverbindung kurz beendet wird. Daher kann es zu Problemen mit Dateien kommen, die über das Netzwerk geöffnet sind. Wie bei fast allen anderen Programminstallationen sind auch hier administrative Rechte notwendig.

Starten Sie die Installation durch einen Doppelklick auf die heruntergeladene Setup-Datei (*VirtualBox-VERSION-Win.exe*).

Zunächst meldet sich der Setup-Assistent (siehe Abbildung 2.2). Durch einen Klick auf WEITER gelangen Sie zur Auswahl der Komponenten (siehe Abbildung 2.3).

Bei der Auswahl sollten Sie die Standardeinstellung übernehmen und nichts ändern. Diese Auswahl und die darauffolgenden Punkte können Sie einfach mit WEITER, JA und INSTALLIEREN bestätigen. Je nach System wird dabei auch die *Benutzerkontensteuerung* rückfragen, ob Sie mit der Installation einverstanden sind.

Abbildung 2.2 Start der Installation

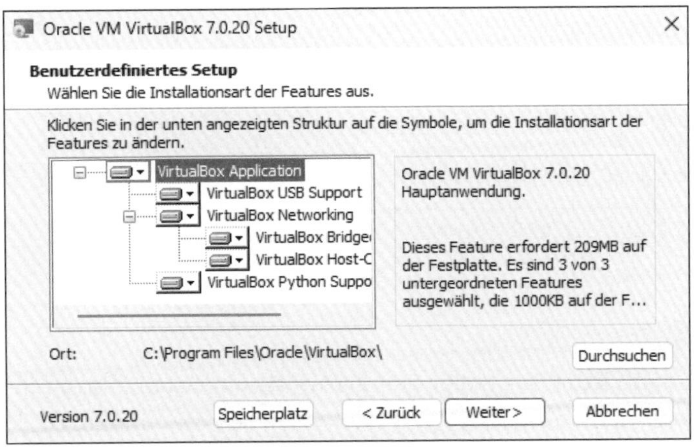

Abbildung 2.3 Auswahl der Komponenten

Mit einem Klick auf FERTIG STELLEN im letzten Schritt ist die Installation beendet (siehe Abbildung 2.4) und VirtualBox wird gestartet.

Nun sollten Sie noch das Zusatzpaket *Oracle VM VirtualBox Extension Pack* installieren. Öffnen Sie dazu das Menü DATEI • WERKZEUGE • ERWEITERUNGSPAKETE-MANAGER.

Über das Symbol INSTALLIEREN (in Abbildung 2.5; mit dem Plussymbol) installieren Sie das Paket. Nun ist VirtualBox einsatzbereit.

Abbildung 2.4 Die Installation ist beendet.

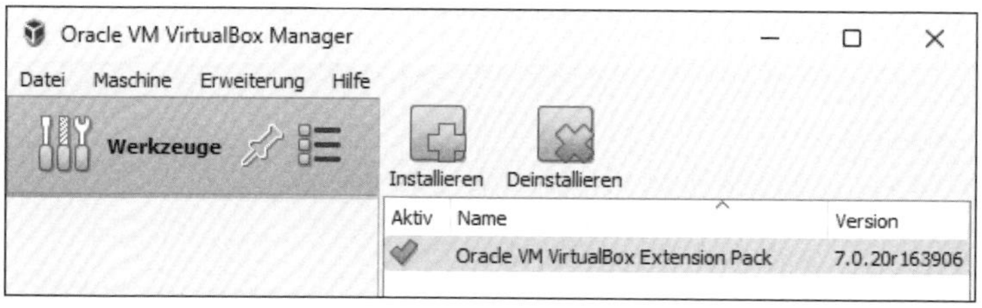

Abbildung 2.5 Das installierte Zusatzpaket

2.4.2 Grundkonfiguration

Bei der Installation wurden von VirtualBox einige Standardwerte eingestellt. Dazu zählen wichtige Tastenkombinationen und der Ablageort der virtuellen Maschinen. Diese Einstellungen verwalten Sie im Menü DATEI • EINSTELLUNGEN.

Nach dem Öffnen der Konfiguration befinden Sie sich im Bereich ALLGEMEIN (siehe Abbildung 2.6). Auf die wichtigsten Optionen werde ich im Folgenden kurz eingehen. Zunächst zum Bereich ALLGEMEIN:

Hier können Sie unter VOREINGESTELLTER PFAD FÜR VMS den Ablageort für virtuelle Maschinen anpassen. Der Standardort ist hierbei Ihr *Benutzerordner*. Wenn Sie weitere Partitionen eingerichtet haben, kann es sinnvoll sein, den Ablageort dorthin zu verschieben, da virtuelle Maschinen sehr groß werden können – was dann ebenfalls auf Ihren Benutzerordner zutreffen wird.

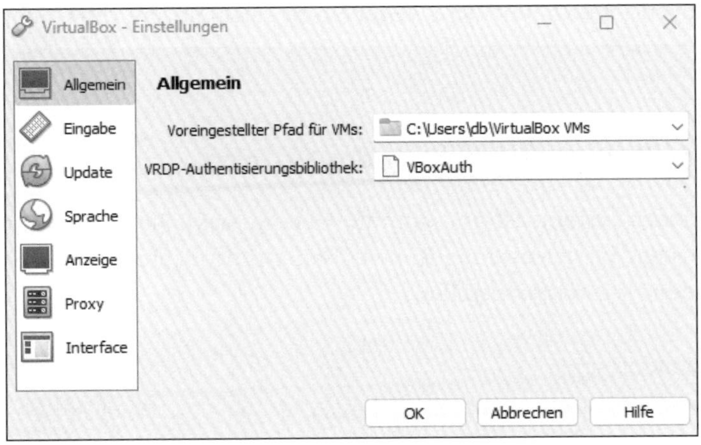

Abbildung 2.6 Der Standardablageort für virtuelle Maschinen

Eine weitere wichtige Einstellung finden Sie im Bereich EINGABE (siehe Abbildung 2.7).

Im Register VIRTUELLE MASCHINE ist eine wichtige Taste als *Host-Tastenkombination* eingerichtet: die rechte [Strg]-Taste. Mit ihr können Sie in einer virtuellen Maschine Aktionen auslösen (z. B. einen Reset mit [Strg] + [R]). Zusätzlich kann es vorkommen, dass Maus und Tastatur in einer VM »gefangen« sind. Durch ein einfaches Betätigen der rechten [Strg]-Taste werden sie dann wieder freigegeben. Merken Sie sich daher unbedingt diese *Host-Taste* – sie wird häufig benötigt.

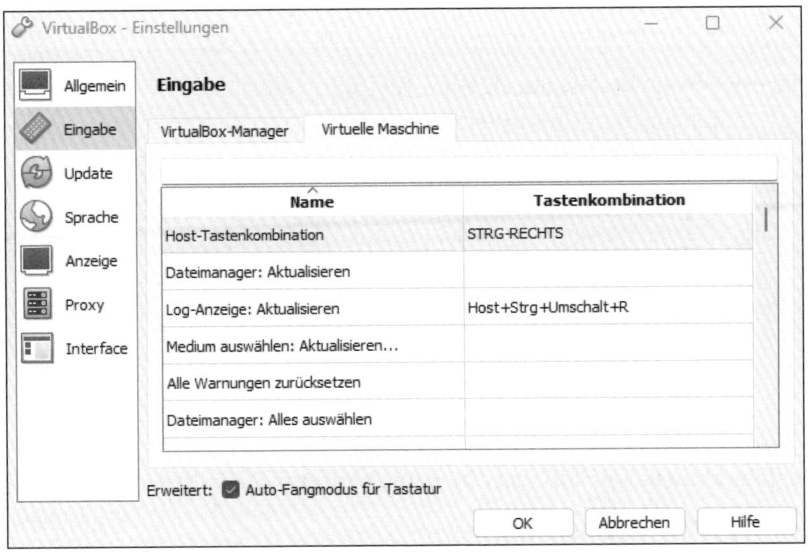

Abbildung 2.7 Die Host-Taste und weitere Tastenkombinationen

Auf die anderen Einstellungen gehe ich hier nicht weiter ein, da sie für unsere Tests nicht relevant sind.

2.5 Für alle Fälle: Eine Komplettsicherung des Systems

Die komplette Sicherung eines Systems ist nur dann notwendig, wenn Sie Linux Mint parallel installieren wollen oder Sie sich die Möglichkeit offenlassen möchten, ein durch Linux Mint ersetztes Windows wiederherzustellen.

!

Kenntnisse sollten vorhanden sein

Ich beschreibe Ihnen hier den Sicherungsvorgang, der auch für Laien verständlich ist. Dennoch sind zur Sicherung Ihres Systems gewisse PC- bzw. Windows-Kenntnisse notwendig (u. a. Ändern des Bootvorgangs, was sind Partitionen?)! Wenn Sie diese nicht haben, sollten Sie unbedingt einen Fachmann oder Bekannten mit entsprechenden Kenntnissen hinzuziehen. Ansonsten besteht die Gefahr, dass lieb gewonnene Bilder oder wichtige Daten verloren gehen!

Für eine Systemsicherung haben Sie viele Möglichkeiten. Im Prinzip empfehle ich Ihnen eine *Imagesicherung* auf eine externe Festplatte mithilfe einer speziellen Linux-Distribution: *Clonezilla*. Diese enthält ein Werkzeug zur Sicherung von Festplatteninhalten oder Partitionen in eine *Imagedatei*. Dadurch können Sie das System im Notfall komplett wiederherstellen. Allerdings ist es nicht ohne weiteres möglich, nur einzelne Dateien wiederherzustellen (im Internet finden sich hierzu jedoch Möglichkeiten).

Wenn Sie zur Imagesicherung bereits ein eigenes Programm einsetzen und mit diesem auch vertraut sind, sollten Sie dieses natürlich meiner Lösung vorziehen.

+

Imagesicherung

Bei einer Imagesicherung wird eine 1:1-Kopie einer Festplatte oder Partition in eine oder mehrere Dateien erstellt. Damit können Sie ein Betriebssystem ohne großen Aufwand sichern und bei Bedarf wiederherstellen.

2.5.1 Vorbereitungen

Laden Sie zunächst die aktuelle Version von Clonezilla herunter. Sie finden sie im Downloadbereich auf folgender Website:

https://clonezilla.org

Laden Sie hier vorzugsweise die »alternative« Version herunter. Sie basiert auf Ubuntu und ist auch unter UEFI (*Unified Extensible Firmware Interface*) bootfähig. Sie finden diese Version unter *alternative stable*. Achten Sie im folgenden Punkt darauf, bei SELECT FILE TYPE die ISO-Variante auszuwählen.

Zusätzlich zu Clonezilla ist auch eine externe Festplatte als *Ziellaufwerk* notwendig. Ein USB-Stick reicht für eine Systemsicherung häufig nicht aus – es sei denn, Sie besitzen einen Stick mit entsprechend hoher Kapazität. Eine Sicherung auf die gleiche Festplatte, auf der sich auch das System befindet, ist nicht zu empfehlen. Wenn es wirklich zu Problemen kommt, könnte auch diese Sicherung verloren sein!

Die heruntergeladene Liveversion von Clonezilla ist bootfähig. Sie müssen sie dazu auf eine CD brennen. Nach dem erfolgreichen Brennvorgang schließen Sie das externe Laufwerk an, starten den Rechner neu und booten von der CD.

Booten von einer CD

Da ich in diesem Abschnitt gewisse Kenntnisse voraussetze, erläutere ich den Brenn- und Bootvorgang nicht detaillierter. Aber gerade auf Systemen ab Windows 8 kann es mit der Standardversion zu Problemen beim Booten kommen. Prüfen Sie zunächst, ob die *alternative* Version von Clonezilla verwendet wird. Sie basiert auf Ubuntu und ist auch unter UEFI bootfähig. Wenn dies nichts nützt, sollten Sie den sogenannten *Secure Boot* deaktivieren und nach der Sicherung wieder aktivieren. Falls Sie dazu weitere Informationen benötigen, finden Sie diese in Abschnitt 9.1, »Bootprobleme von USB oder DVD«.

2.5.2 System sichern

Während des Bootvorgangs von Clonezilla besteht die Möglichkeit, die Sprache und die Tastaturbelegung anzupassen. Dies ist auch empfehlenswert, da ansonsten eine englische Belegung verwendet wird, was zu Problemen bei Sonderzeichen oder deutschen Umlauten führt. Des Weiteren erscheinen die Meldungen von Clonezilla in deutscher statt in englischer Sprache – was gerade für Laien sicherlich verständlicher ist.

Bei der Sprachauswahl wählen Sie zunächst den Eintrag mit GERMAN | DEUTSCH (siehe Abbildung 2.8) und bestätigen dies mit der Eingabetaste (↵).

Nun fehlt noch die Tastatureinstellung. Diese ist jedoch, je nach Version von Clonezilla, inzwischen ein wenig umständlich und teilweise unsauber übersetzt worden. Daher folgt hier eine Auflistung der Menüpunkte, die Sie auswählen sollten. Jede Auswahl wird mit der Eingabetaste bestätigt:

- Tastaturlayout ändern? Tastatur-Layout ändern
- Modell: Generische PC-Tastatur mit 105 Tasten (oder Generic 105-Key PC)
- Herkunftsland für die Tastatur: Deutsch (oder German)
- Tastaturbelegung: Deutsch (oder German)
- Taste, die als `Alt Gr` fungieren soll: Der Standard für die Tastenbelegung (siehe Abbildung 2.9)
- Compose-Taste: Keine Compose-Taste

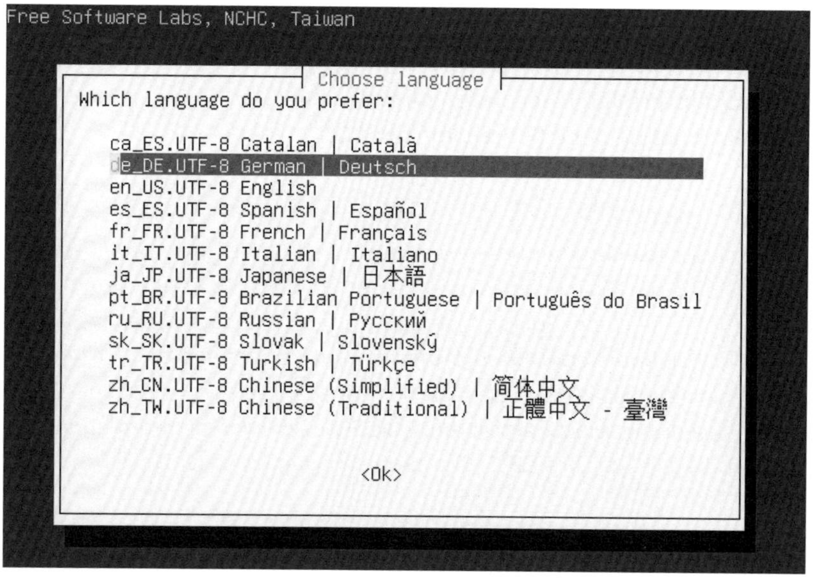

Abbildung 2.8 Die Sprachauswahl beim Systemstart

Sie können, je nach Ihrem persönlichen Bedarf, natürlich andere Tastaturlayouts usw. auswählen. Nach dieser etwas umständlichen Auswahl ist die Spracheinstellung und Tastaturbelegung für *Deutsch* abgeschlossen.

Am Ende erfolgt die Auswahl, ob Clonezilla oder die einfache Befehlszeile gestartet werden soll. Wir verwenden hier natürlich Starte Clonezilla.

Nun beginnen die Abfragen zur Sicherung des Systems. Clonezilla bietet neben der Erstellung einer Imagesicherung auch die Möglichkeit, das vorhandene System auf eine andere Festplatte oder ins Netzwerk zu kopieren. Aber auf diese Lösungen gehe ich in diesem Beispiel nicht weiter ein. Wir wählen daher den Eintrag device-image, um eine Imagesicherung zu erstellen (siehe Abbildung 2.10).

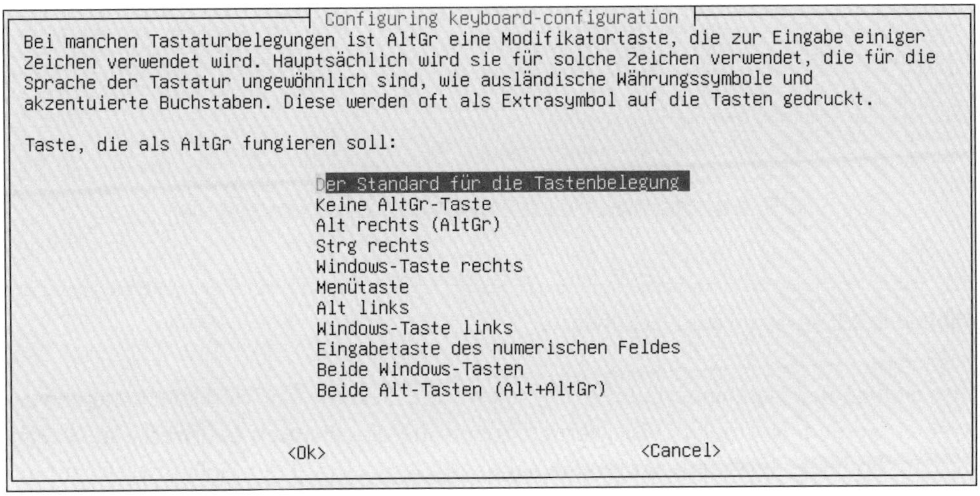

Abbildung 2.9 Funktion der »Alt Gr«-Taste

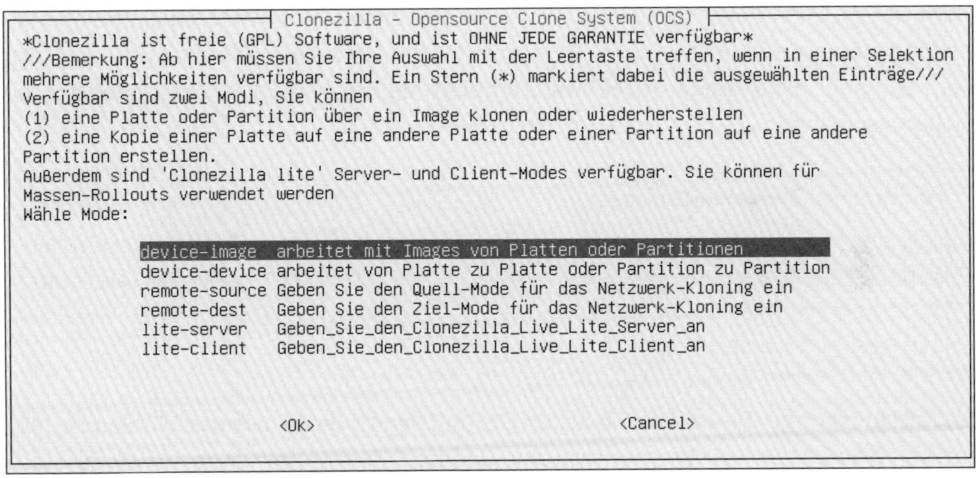

Abbildung 2.10 Imageerstellung mit Clonezilla

Clonezilla ist hierbei in der Lage, das Image im Netzwerk oder auf einem lokalen Datenträger abzulegen. Wir haben als Ziellaufwerk ja bereits das USB-Laufwerk angeschlossen und wählen daher die Auswahl LOCAL_DEV (lokales Gerät verwenden). Clonezilla erinnert Sie noch zweimal daran, bei Bedarf das USB-Laufwerk anzuschließen. Diese Erinnerung kann zunächst mit der Eingabetaste und dann mit der Tastenkombination Strg + C beendet werden. Nun wählen Sie aus einer Liste der von Clonezilla erkannten Geräte zuerst das **Ziellaufwerk** aus (siehe Abbildung 2.11).

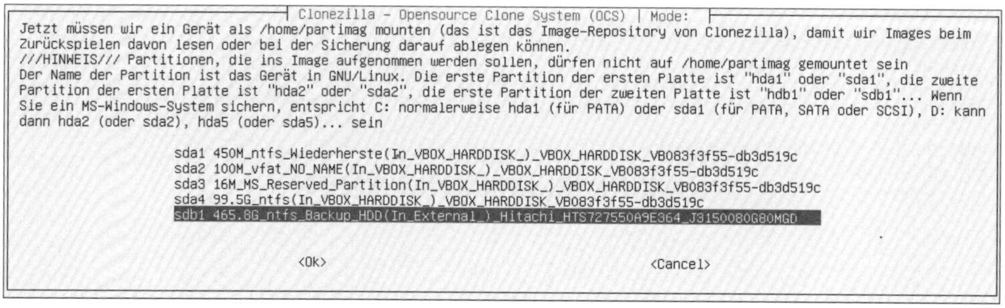

Abbildung 2.11 Auswahl des Ziellaufwerks

Dies ist für Laien gegebenenfalls etwas ungewohnt, da keine Laufwerksbuchstaben verwendet werden. Normalerweise werden zuerst die eingebauten Laufwerke angezeigt und am Ende die externen. Achten Sie daher bei der Auswahl des Ziellaufwerks auf die Größe und gegebenenfalls auf einen vergebenen Laufwerksnamen (in meinem Beispiel *Backup_HDD*).

Nach der Auswahl des Ziels sollten Sie als Zielverzeichnis das vorgeschlagene oberste Verzeichnis verwenden. Bestätigen Sie dies durch die Auswahl von DONE (wie auch beim Start ist leider nicht immer jeder Text komplett übersetzt). In dem Fall finden Sie die Sicherung später im Hauptverzeichnis der USB-Festplatte.

Auswahl des Zielverzeichnisses

In diesem Punkt kommen Sie nicht einfach mit der Eingabetaste weiter. Um DONE (oder WEITER) zu bestätigen, müssen Sie entweder die Maus verwenden oder die Tabulatortaste so oft betätigen, bis Sie sich auf DONE befinden. Dann kann DONE mit der Eingabetaste bestätigt werden.

Im Anschluss fragt Clonezilla nach der Quelle und der Art der Sicherung. Wählen Sie hier im ersten Schritt BEGINNER / EINSTEIGER. Dadurch übernimmt Clonezilla einige Standardeinstellungen. Bei der Frage, ob die lokale Platte oder nur eine Partition gesichert werden soll, wählen Sie SAVEDISK, um die komplette Festplatte zu sichern (siehe Abbildung 2.12).

Vergeben Sie im nächsten Schritt einen aussagekräftigen Namen (siehe Abbildung 2.13). Dieser wird auch für die Erstellung des Verzeichnisses auf dem Ziellaufwerk verwendet.

Als Letztes wird nun nach der zu sichernden Festplatte gefragt. Das Ziellaufwerk steht hier nicht mehr zur Auswahl (siehe Abbildung 2.14).

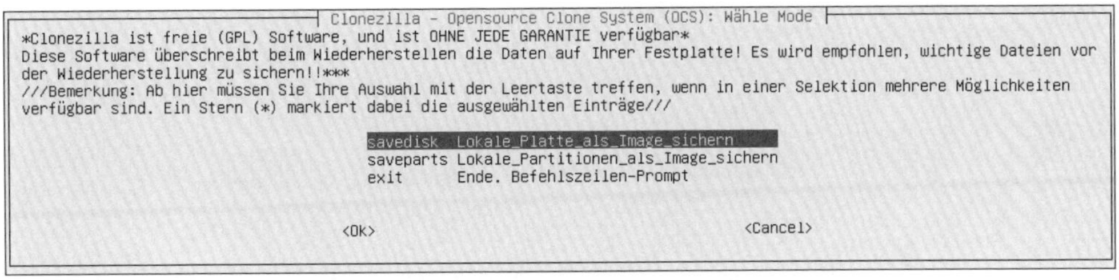

Abbildung 2.12 Wir sichern die komplette Festplatte.

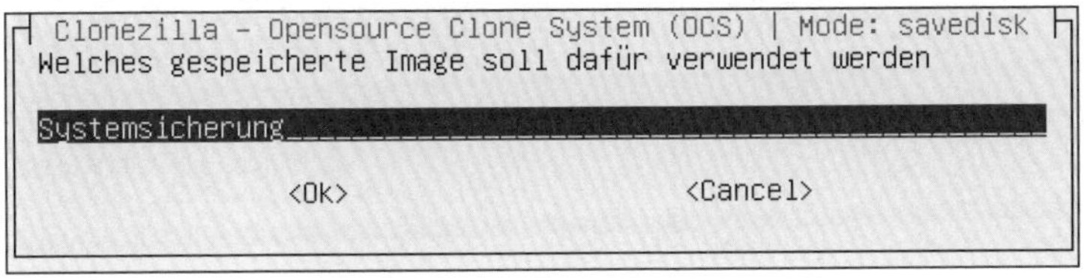

Abbildung 2.13 Ein Name für die Imagesicherung

In den meisten Fällen dürfte es sich hier um die Bezeichnung *sda* handeln, womit die primäre Festplatte gemeint ist.

Abbildung 2.14 Die zu sichernde Festplatte

Nun folgt die Möglichkeit, die zu sichernde Festplatte vor der Sicherung zu überprüfen und das Image nach der Sicherung zu testen. Dies sollten Sie selbst entscheiden. Durch eine Überprüfung dauert die Sicherung entsprechend länger. In der letzten Auswahl besteht die Möglichkeit, die Sicherung mit einem Kennwort zu verschlüsseln. Für den Fall, dass Sie das tun, hinterlegen Sie das gewählte Kennwort unbedingt an einem sicheren Ort. Ohne dieses Kennwort kann die Sicherung nicht mehr wiederhergestellt werden. Vor dem Start der Sicherung erscheint noch eine Ausgabe. Diese zeigt die wichtigsten Informationen, die Sie mit [Y] (für *yes*) und der Eingabetaste bestätigen (siehe Abbildung 2.15).

Danach startet die Sicherung, und Sie können einen Kaffee trinken. Wenn die Sicherung beendet ist, erhalten Sie noch Informationen darüber, ob sie erfolgreich war oder nicht. In den meisten Fällen dürfte es keine Fehlermeldung geben. Das häufigste Problem, das mir bekannt ist, ist zu wenig freier Speicherplatz auf dem Ziellaufwerk.

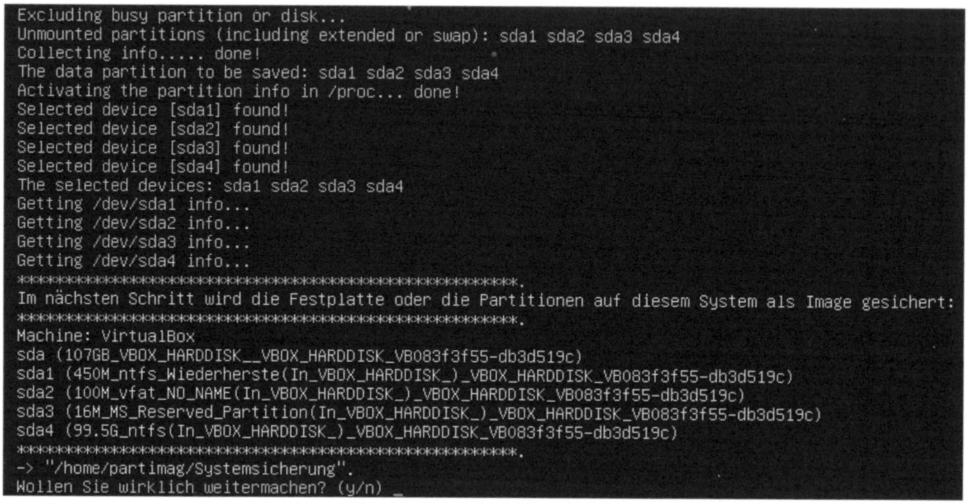

Abbildung 2.15 Die Zusammenfassung

Dass die Sicherung ohne Fehler durchgeführt wurde, erkennen Sie an der Meldung DAS IMAGE WURDE ERFOLGREICH GESICHERT im oberen Drittel des Bildschirms (siehe Abbildung 2.16).

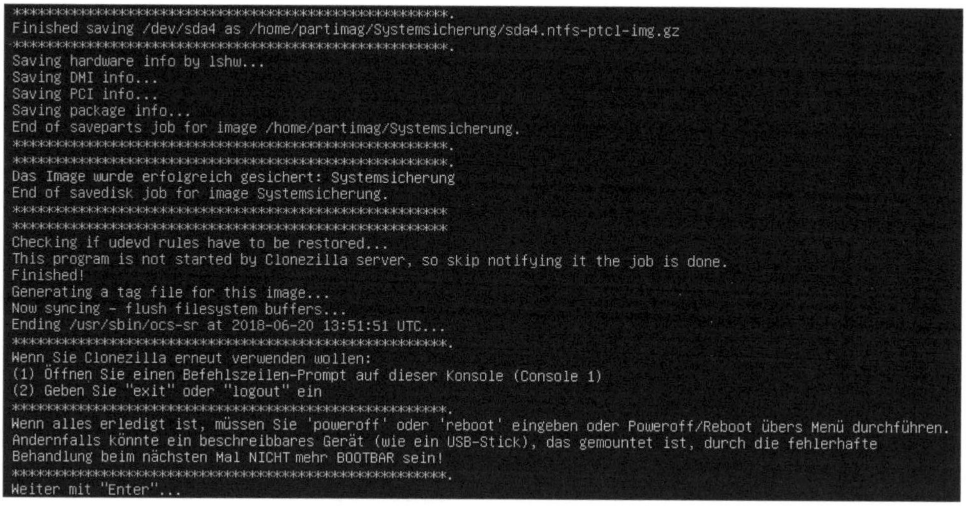

Abbildung 2.16 Die Sicherung war erfolgreich.

Nach der Bestätigung mit der Eingabetaste können Sie den Rechner durch die Auswahl von POWEROFF ausschalten. Falls Sie Windows 10 oder Windows 11 einsetzen und Secure Boot deaktivieren mussten, können Sie dies nun wieder rückgängig machen.

2.5.3 Wiederherstellung des Systems

Sie haben Linux Mint installiert, sind leider unzufrieden und möchten daher das vorherige System wiederherstellen? Dann sollten Sie gegebenenfalls vorher in Betracht ziehen, das installierte Linux mit der gleichen Methode zu sichern wie Ihr vorheriges System. Dadurch könnten Sie es nochmals in einer virtuellen Maschine unter Windows nutzen. Denn durch die Wiederherstellung werden alle vorhandenen Daten überschrieben, da Ihr System ja wieder in den Ausgangszustand gebracht wird.

Linux Mint entfernen

Im Falle einer parallelen Installation müssen Sie nicht die Sicherung wiederherstellen, sondern können Linux Mint so entfernen, wie es in Abschnitt 8.8, »Dual-Boot: Ein System entfernen«, erläutert wird. Dies ist auch deshalb sinnvoll, da bei einer Wiederherstellung sämtliche Änderungen verloren gehen, die seit der Sicherung an Windows vorgenommen wurden.

Die Wiederherstellung eines Systems erfolgt zunächst ähnlich wie die Sicherung: Sie starten den Rechner mit dem Livesystem von Clonezilla und richten die Umgebung auf Deutsch ein. Nach dem Start von Clonezilla selbst wählen Sie wieder die Option DEVICE-IMAGE, LOCAL_DEV und danach Ihr externes USB-Laufwerk aus.

Auch bei der Auswahl des Verzeichnisses (siehe Abbildung 2.17) wählen Sie wieder das oberste Verzeichnis (es sei denn, Sie haben bei der Sicherung ein Unterverzeichnis verwendet). Ein wenig ungünstig ist, dass hier steht: »In welches Verzeichnis soll das Clonezilla-Image gespeichert werden?« Lassen Sie sich davon jedoch nicht beirren.

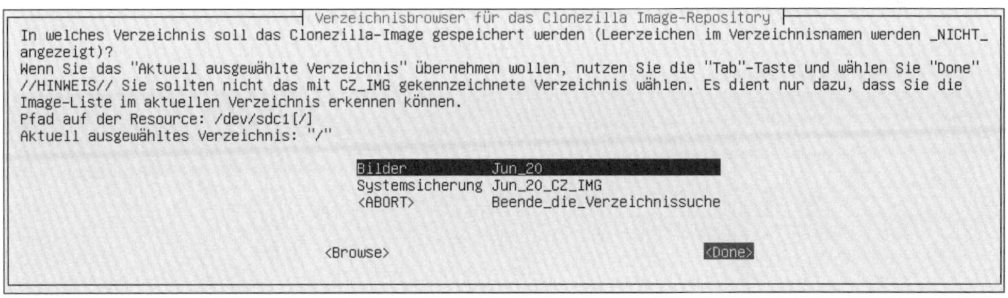

Abbildung 2.17 Die Auswahl des Quellverzeichnisses

Nach der Auswahl des Beginner- bzw. Einsteiger-Modus folgt die erste Änderung zur Sicherung. Da Clonezilla die vorhandene Sicherung erkannt hat, wurde das folgende Menü geändert und bietet nun auch eine Wiederherstellung an (siehe Abbildung 2.18).

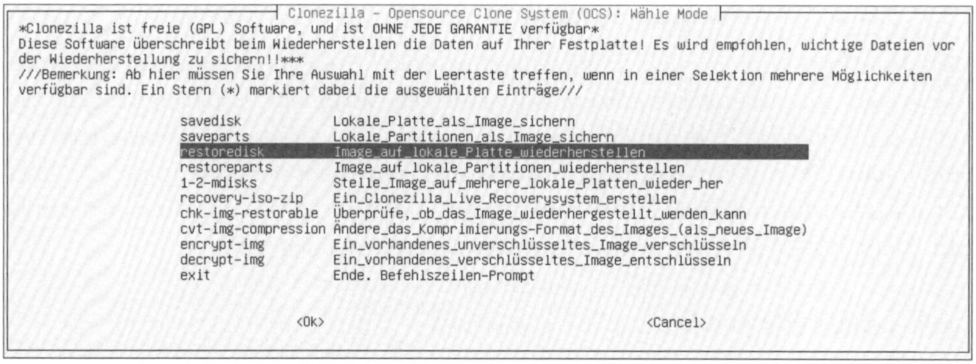

Abbildung 2.18 Das Auswahlmenü bietet auch einen Restore an.

Hier wählen Sie, da wir auch die komplette Festplatte gesichert haben, den Punkt RESTOREDISK. Danach erscheint die Auswahl der Sicherungen – in unserem Fall natürlich nur eine (siehe Abbildung 2.19).

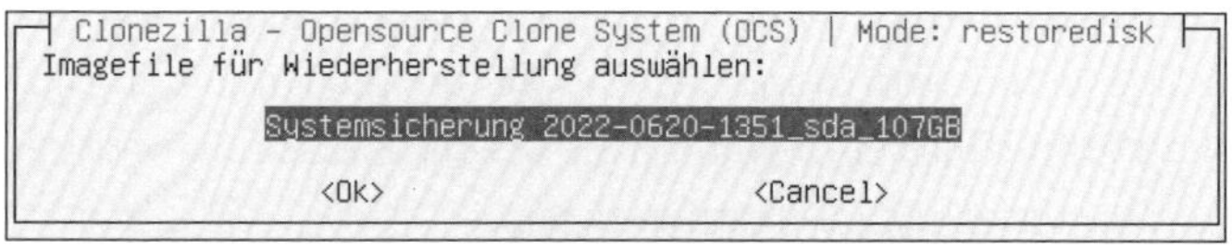

Abbildung 2.19 Die Systemsicherung wird angeboten.

Als Ziellaufwerk wählen Sie im nächsten Schritt die lokale Festplatte (meist *sda*) aus. Falls nur eine Festplatte vorhanden ist, fällt die Auswahl nicht schwer.

Vor Beginn der Wiederherstellung erscheint wieder eine ausführliche Meldung darüber, was Clonezilla nun als Nächstes durchführt (siehe Abbildung 2.20).

Abbildung 2.20 Eine Warnmeldung im Zusammenhang mit der Wiederherstellung

Wie in dieser Meldung zu lesen ist, gehen sämtliche Daten auf der Festplatte verloren. Ein eventuell vorhandenes Linux Mint und ein Bootmanager werden durch das auf der

Sicherung befindliche System ersetzt. Aus Sicherheitsgründen erscheint diese Warnmeldung zweimal und muss jeweils mit [Y] bestätigt werden. Nun wird die Wiederherstellung des Systems gestartet. Nach der Wiederherstellung können Sie die Option REBOOT wählen, und der Computer wird mit dem wiederhergestellten Betriebssystem neu gestartet.

2.6 Sicherung der Daten: Der Start für eine gelungene Migration

Die Datensicherung ist nicht nur aus Sicherheitsgründen notwendig, sondern auch, um diese Daten später in Linux Mint zu *migrieren*. Daher müssen Sie die Schritte aus diesem Abschnitt auch durchführen, wenn Sie z. B. Linux Mint zwar auf einem neuen Rechner installieren, aber die Daten von einem Altsystem übernehmen wollen. Denken Sie später auch daran, diese Datenmenge bei der Größe des Festplattenspeichers von Linux Mint mit einzuplanen.

!

Professionelle Datensicherung

Das Thema »Sicherung von Daten« ist so umfangreich, dass ich bei Weitem nicht alle Möglichkeiten ansprechen kann. In einigen Fällen kann ich Ihnen nur Tipps oder Denkanstöße geben. Daher gilt vor allem hier der Hinweis, im Falle von noch fehlenden Grundkenntnissen unbedingt einen Fachmann zu kontaktieren.

Die Sicherung Ihrer Daten ist eventuell komplizierter als die Komplettsicherung des Systems. Den Idealfall, dass Sie sämtliche Daten ohne Anpassungen in Linux weiterverwenden, wird es nur selten geben. Wenn es sich vorwiegend um Bilder, Musikdateien und Videos handelt, reicht es aus, diese auf einen externen Datenträger zu kopieren. Daten, die zu speziellen Anwendungen gehören, sind da schon problematischer. MS-Office-Dokumente sehen gegebenenfalls unter Linux anders aus und müssen überarbeitet werden – dies allerdings nur bei umfangreichen Formatierungen oder Makros. Simple Briefe und Tabellen stellen keine besondere Hürde dar.

Wenn Sie jedoch Datenbankprogramme wie z. B. eine Software für Onlinebanking einsetzen, die noch dazu Kontoauszüge speichert, ist eine Übernahme problematisch bis unmöglich. Hier müssen Sie meist nach einer Alternative suchen oder die Möglichkeit in Betracht ziehen, die Anwendung unter Linux weiterzunutzen. Dazu gibt es zwei interessante Möglichkeiten, die ich Ihnen in Abschnitt 6.7, »Wine – Windows-Anwendungen unter Linux Mint«, und Abschnitt 6.8, »Windows in einer virtuellen Maschine«, vorstelle.

Machen Sie sich also zunächst Gedanken bzw. Notizen dazu, welche Daten erhalten bleiben sollen!

2.6.1 Multimediadateien und Dokumente

Wie erwähnt, sind diese Daten einfach zu sichern. Sie bestehen vorwiegend aus einzelnen Dateien, die nur kopiert werden müssen. Zu den Multimediadateien zähle ich Ihre Musik- und Bildersammlung und auch die Videobibliothek, die sich natürlich alle auf der lokalen Festplatte befinden. Zu den Dokumenten zählen u. a. Briefe, Tabellen und PDF-Dateien. Downloads sind ein »Mischmasch« aus verschiedenen heruntergeladenen Dateien. Wenn Sie sich an die Standards von Windows gehalten haben, befinden sich diese in den Ordnern *Bibliotheken* oder *Eigene Dateien*. Für den Fall, dass Sie andere Orte oder Laufwerke verwenden, wissen Sie sicherlich auch selbst am besten, wo sie zu finden sind.

Kopieren Sie diese Dateien einfach mit dem Windows-Explorer auf eine USB-Festplatte. Von dort können Sie die Dateien später in entsprechende Verzeichnisse unter Linux Mint migrieren.

Zur besseren Migration können Sie bei der Sicherung schon ein wenig Vorarbeit leisten:

- Erstellen Sie auf dem USB-Laufwerk einen Hauptordner mit dem Namen *Backup*.
- Im Ordner *Backup* erstellen Sie die Unterordner *Bilder*, *Videos*, *Musik*, *Downloads* und *Dokumente* (achten Sie auf die korrekte Schreibweise).
- Kopieren Sie dann die zu sichernden Daten, sortiert in die entsprechenden Unterordner. Wenn die Daten bereits in Ordnern strukturiert sind, können diese natürlich erhalten bleiben (z. B. »Bilder aus Urlaub 2018«, »Hochzeit 2024« oder Musikordner mit »Charts 80er« usw.).
- Trinken Sie in Ruhe eine Tasse Kaffee oder einen Orangensaft und warten Sie, bis der Kopiervorgang beendet ist. Auf einen Single Malt sollten Sie verzichten, da im Folgenden Ihre Aufmerksamkeit gefordert ist.

2.6.2 Mails

Bei Mails kommt es darauf an, wie Sie sie verwalten. Viele nutzen sicherlich Onlinedienste, bei denen die Mails nicht lokal gespeichert werden. In diesem Fall ist eine Sicherung nicht notwendig.

Wenn Sie jedoch ein spezielles Mailprogramm einsetzen, wird es komplizierter, denn dieses läuft in vielen Fällen nicht unter Linux. Eine der wenigen Ausnahmen ist *Mozilla Thunderbird*. Bei diesem freien Mailprogramm müssen Sie Ihr Thunderbird-Benutzerprofil sichern und können es später, ähnlich wie bei den normalen Dateien, einfach wiederherstellen. Der Ablageort des Benutzerprofils ist, je nach Windows-Version, unterschiedlich. Details hierzu finden Sie in der Hilfe von Thunderbird oder auf dessen Supportseite:

https://support.mozilla.org/de/kb/Benutzerprofile-Thunderbird

Bei anderen Anwendungen (wie z. B. MS Outlook) sollten Sie überprüfen, ob die Mails über eine IMAP-Anbindung, zumindest kurzfristig, auf den Mailserver kopiert werden können. Dadurch können sie später unter Linux Mint mit einem Mailprogramm wieder abgerufen werden. Eine Lösung hierzu finden Sie ebenfalls in der Hilfe zu Thunderbird:

https://support.mozilla.org/de/kb/thunderbird-daten-auf-neuen-rechner-uebertragen

Wichtig ist im Falle eines Mailprogramms auch, dass Sie die notwendigen Daten bereithalten bzw. sich diese aufschreiben:

- der Name bzw. die Adresse des Mailservers
- das Protokoll: IMAP, POP3, möglichst verschlüsselt
  (Die meisten Anbieter dürften dies unterstützen.)
- der Benutzername und das Passwort

2.6.3 Spezielle Anwendungsdaten

Spezielle Anwendungen wie z. B. Banking- oder Steuersoftware stellen ein größeres Hindernis dar. Selbst wenn es unter Linux Alternativen gibt, können die vorhandenen Daten meist nicht migriert werden. Daher müssen Sie hier überlegen, ob die Daten wirklich wichtig sind. Wenn dies der Fall ist, prüfen Sie, wie die Daten gesichert werden können. Fast jede Banking-, Steuersoftware usw. bietet irgendeine Möglichkeit der Datensicherung. Suchen Sie diese in den Menüs, und sichern Sie die Daten auf ein USB-Laufwerk.

Wenn es für die Anwendung eine Linux-Version gibt, kann diese Sicherung später vermutlich wiederhergestellt werden. Dies sollten Sie jedoch in der Hilfe oder beim Hersteller im Vorfeld prüfen. Falls auch keine Linux-Version existiert und Sie die Anwendung dennoch in Zukunft benötigen, gibt es die folgenden Möglichkeiten:

1. Sie versuchen, die Anwendung unter *Wine* zu installieren.
2. Sie installieren später Windows und die Anwendung unter Linux Mint in einer virtuellen Maschine.
3. Sie entscheiden sich dafür, Linux Mint parallel zu Windows zu installieren, um die Anwendung weiterzuverwenden – was ich Ihnen allerdings, wie in Abschnitt 2.2, »Wie möchten Sie Linux Mint installieren?«, erläutert, nicht empfehle.

Falls es sich bei den »speziellen Anwendungen« um aktuelle Spiele handelt, bleibt eigentlich nur Punkt 3 als Lösung. Dann können Sie Linux Mint als Arbeitsplatz verwenden und starten Windows nur zum Spielen. In fast allen anderen Fällen kommt Punkt 1 oder 2 als Lösung infrage. Dann könnten Sie die Anwendung neu installieren und eine Sicherung wiederherstellen.

Kapitel 3
Linux Mint testen und installieren

Vasuuch macht kluuch.
3 – 2 – 1 ... Es geht los!

In den folgenden Abschnitten beschreibe ich die verschiedenen Installationsmethoden. Sie sollten zumindest die ersten dieser Abschnitte nacheinander abarbeiten, da sich in jedem einzelnen Abschnitt Beschreibungen befinden, auf die ich mich im weiteren Verlauf immer wieder beziehen werde. Für den Fall, dass Sie eine parallele Installation durchführen möchten, sollten Sie vorab Abschnitt 3.3, »Die Installation als alleiniges System«, lesen und erst danach zu Abschnitt 3.4 springen.

Barrierefreiheit

Wenn Sie aufgrund einer Beeinträchtigung spezielle Werkzeuge wie z. B. eine *Bildschirmtastatur* oder *Bildschirmlupe* benötigen, »springen« Sie zunächst in Abschnitt 8.5, »Barrierefreiheit – Helfer bei Problemen«. Dort stelle ich verschiedene Möglichkeiten und Werkzeuge vor, mit denen Sie Linux Mint hoffentlich besser nutzen können.

Was tun bei Problemen?

Nun geht es richtig los! Ich werde Ihnen die Abläufe der Installationsmöglichkeiten und alles, was damit zusammenhängt, erläutern. Natürlich wird es dabei immer wieder einmal vorkommen, dass der Ablauf bei dem einen oder anderen von meiner Beschreibung abweicht und es dadurch zu Irritationen kommt oder sogar Fehlermeldungen ausgelöst werden.

Da ich bei den Beschreibungen nicht sämtliche Unterschiede und Probleme erwähnen kann, habe ich einige davon explizit in Kapitel 9, »Fehlerbehebung und Problemlösungen«, aufgeführt. Machen Sie also in solchen Fällen einen Abstecher in dieses Problemlösungskapitel.

Denken Sie beim Lesen auch stets daran, dass Linux Mint ein »lebendes System« ist. Es kann vorkommen, dass eine Anwendung durch eine Aktualisierung nicht mehr genau so aufgebaut ist wie in den Screenshots. Sicher wird es auch vorkommen, dass Punkte, die zur Drucklegung noch in Englisch formuliert sind, inzwischen ins Deutsche übersetzt wurden. Denken Sie daher bei Unterschieden oder »Problemen« auch an diese Möglichkeit.

3.1 Vorab: Die korrekte Version von Linux Mint

In vorherigen Auflagen des Buches wurde immer eine DVD zur Installation beigelegt. Da die Nutzung von DVDs jedoch ziemlich rückläufig ist (und wir daher im Prinzip unnötigen Müll produzieren), verzichten wir inzwischen darauf. Die Installation von einem USB-Stick ist meist auch bei älteren Systemen möglich. Für den Fall, dass nur die Installation per DVD infrage kommt, können Sie sich diese auch ohne großen Aufwand selbst erstellen.

Im Folgenden erläutere ich Ihnen den Download von Linux Mint und die Erstellung eines bootfähigen USB-Sticks. Auch für die Leser und Leserinnen, die eine Installation in einer virtuellen Maschine durchführen möchten, ist dieser Schritt notwendig bzw. sinnvoll. Denken Sie daran, dass ich in diesem Buch *Linux Mint 22 Wilma* mit der Cinnamon-Oberfläche beschreibe. Wilma ist eine LTS-Version (Long-Term-Support) und wird garantiert bis April 2029 mit Aktualisierungen versorgt. Wenn Sie eine andere Version herunterladen, kann es natürlich zu entsprechenden Abweichungen zum Buch kommen.

Der beste Weg hierzu ist über die offizielle Website unter: *https://www.linuxmint.com* oder auf der Seite zum Buch unter *https://www.rheinwerk-verlag.de/5873*.

Laden Sie im Downloadbereich der Website die entsprechende Version von Cinnamon 22 herunter. Wenn bereits neuere Versionen vorhanden sind, müssen Sie eventuell im Bereich ALL VERSIONS suchen. Wenn Sie sich für Xfce entschieden haben, finden Sie Ihre Version ebenfalls dort.

ISO-Abbild

Die heruntergeladene Datei ist ein sogenanntes *ISO-Abbild* bzw. *ISO-Image*. Dabei handelt es sich um eine 1:1-Kopie (bzw. ein Systemabbild) einer CD oder DVD in Dateiform. Aus diesem Abbild können Sie eine CD/DVD brennen, es auf einen USB-Stick kopieren oder es einfach in virtuelle Maschinen einbinden. Bei einer virtuellen Maschine ist die Installation über das ISO-Abbild im Übrigen schneller und bequemer als von einer DVD.

Um Linux Mint in den nächsten Abschnitten als Livesystem zu nutzen oder zu installieren, müssen Sie das ISO-Abbild nun entweder auf eine DVD brennen oder auf einen USB-

Stick kopieren. Wenn Sie eine Installation auf einer virtuellen Maschine planen, reicht jedoch der Download.

Nun müssen Sie festlegen, auf welche Art das Livesystem gestartet werden soll. Wenn Ihr Rechner von USB booten kann, sollten Sie den USB-Stick verwenden. In einer virtuellen Maschine können Sie das ISO-Abbild einfach »einbinden«. Eine DVD ist im Prinzip nur für sehr alte Geräte notwendig.

3.1.1 VirtualBox: Eine virtuelle Maschine erstellen

Zum Testen des Livesystems werden wir nun eine virtuelle Maschine (VM) erstellen. Wenn Sie Linux Mint auf einem physischen Rechner testen und installieren möchten, können Sie die Anweisungen zu der VM natürlich ignorieren und diesen Abschnitt überspringen.

Die Erstellung einer virtuellen Maschine ist eine simple Angelegenheit. Starten Sie VirtualBox, und wählen Sie im Menü MASCHINE den Punkt NEU. Danach öffnet sich ein Assistent, der Sie durch die Vorgänge begleitet.

Im ersten Schritt wird abgefragt, wie der Name der virtuellen Maschine lautet und um welches Betriebssystem es sich handelt. Anhand dieser Informationen führt der Assistent bereits wichtige Voreinstellungen durch. Übernehmen Sie am besten die Angaben aus Abbildung 3.1.

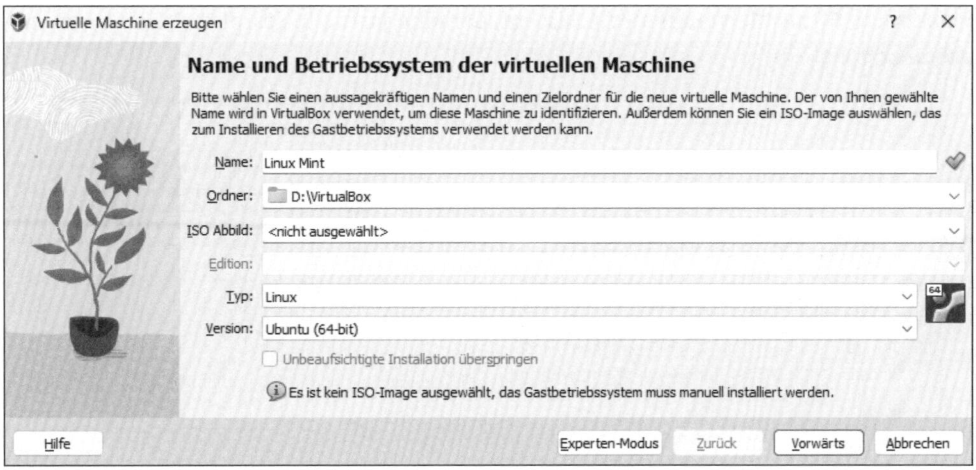

Abbildung 3.1 Der Name der Maschine und das Betriebssystem

Durch einen Klick auf VORWÄRTS werden die Angaben übernommen, und Sie kommen zum nächsten Schritt (siehe Abbildung 3.2).

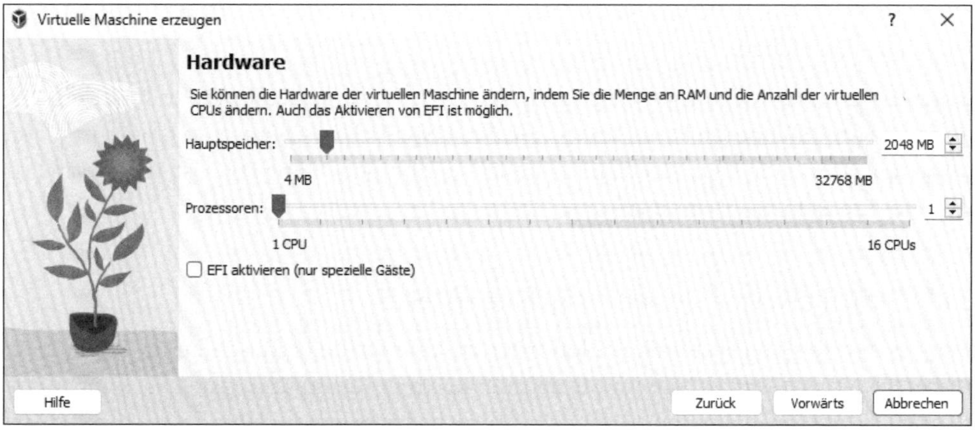

Abbildung 3.2 Die Größe des Speichers

Bei der Speichergröße sollten Sie mindestens 1.024 MByte (also 1 GByte) vergeben. Je nachdem, wie viel Hauptspeicher Ihr Rechner hat, empfehle ich Ihnen 4.096 MByte. Der Assistent achtet hier jedoch darauf, dass nicht zu viel vergeben wird, da ansonsten Ihr Hostsystem (Windows) enorm beeinträchtigt würde.

Im nächsten Schritt wird eine neue virtuelle Festplatte erzeugt (siehe Abbildung 3.3). Da Sie noch keine Festplatten in VirtualBox eingerichtet haben, müssen Sie hier den Punkt JETZT EINE VIRTUELLE FESTPLATTE ERSTELLEN wählen. Durch einen Klick auf VORWÄRTS öffnet sich ein neuer Assistent, der eine virtuelle Festplatte nach Ihren Angaben erstellt.

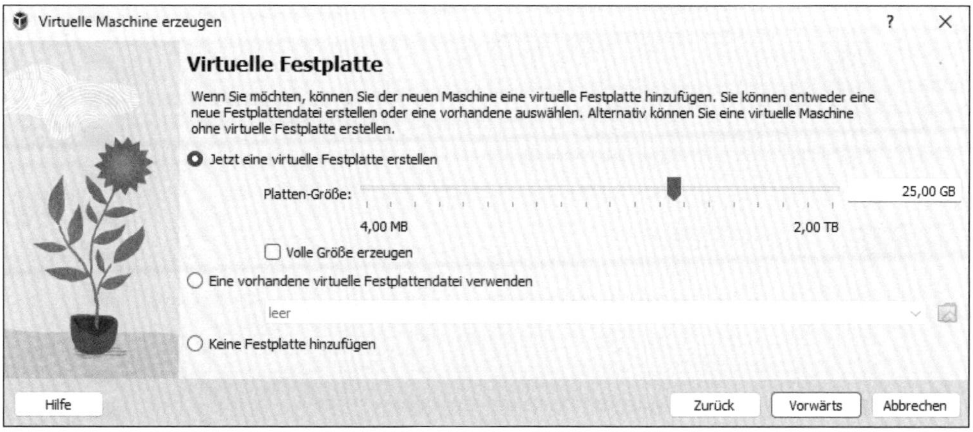

Abbildung 3.3 Eine virtuelle Festplatte erzeugen

Eine virtuelle Festplatte

Bei virtuellen Maschinen ist normalerweise keine physische Festplatte im Einsatz. Stattdessen wird eine Datei erstellt, die das System als *virtuelle Festplatte* nutzt. Eine virtuelle Festplatte wird auch *Disk Image* genannt.

Belassen Sie im ersten Schritt die Auswahl bei VDI (VIRTUALBOX DISK IMAGE), siehe Abbildung 3.4). Dies ist das Standardformat von VirtualBox.

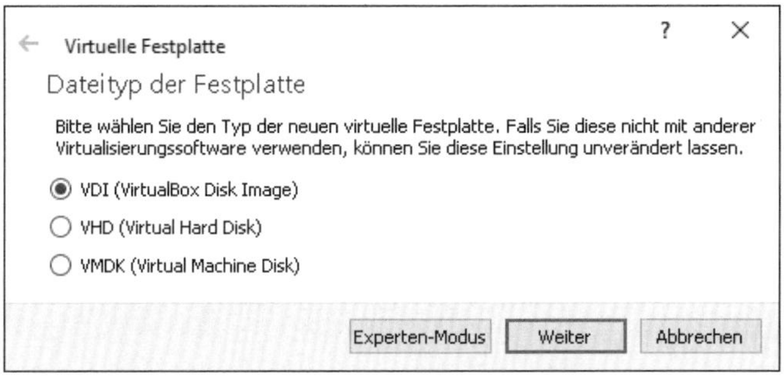

Abbildung 3.4 VDI – das Format von VirtualBox

Im nächsten Schritt werden Sie nach der Art der Speicherung gefragt. Hier kann der Punkt DYNAMISCH ALLOZIERT aktiviert bleiben. Dadurch wird die virtuelle Festplatte nur bei Bedarf vergrößert.

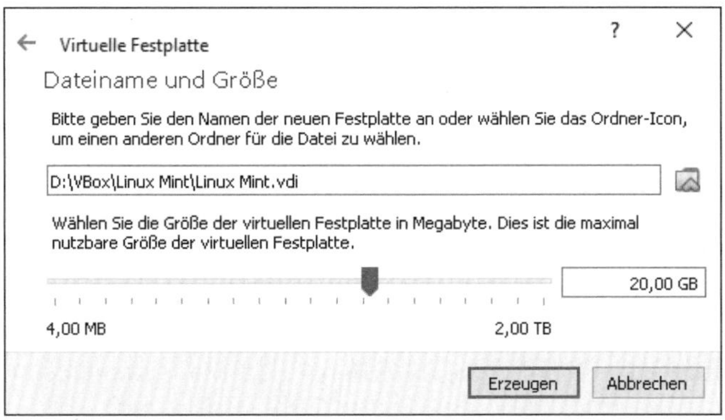

Abbildung 3.5 Dateiname und Größe des Disk Images

VirtualBox schlägt bei DATEINAME UND GRÖSSE bereits einen Namen vor, den Sie auch übernehmen können. Nur die empfohlene Größe sollten Sie auf 20 GByte oder mehr erhöhen (siehe Abbildung 3.5). Da wir im vorherigen Punkt DYNAMISCH ALLOZIERT gewählt haben, wird dennoch nur eine kleine Datei als virtuelle Festplatte angelegt. Erst bei der Installation von Linux Mint vergrößert sich diese dann entsprechend.

Nun ist die virtuelle Maschine erstellt. Um sie zu nutzen, werden wir jedoch noch ein paar kleinere Änderungen in ihren Einstellungen vornehmen. In die Einstellungen der Maschine gelangen Sie in VirtualBox beispielsweise, indem Sie auf deren Namen rechtsklicken und dann ÄNDERN wählen.

Dort sollten Sie im Punkt ANZEIGE (siehe Abbildung 3.6) den GRAFIKSPEICHER auf 64 MByte erhöhen und die 3D-BESCHLEUNIGUNG aktivieren. Falls die Grafikkarte Ihres Rechners die 3D-Beschleunigung nicht unterstützt, wird der Assistent Ihnen dies mitteilen. In dem Fall müssen Sie auf ein paar grafische Funktionen verzichten (und sollten gegebenenfalls die Xfce-Version von Linux Mint verwenden).

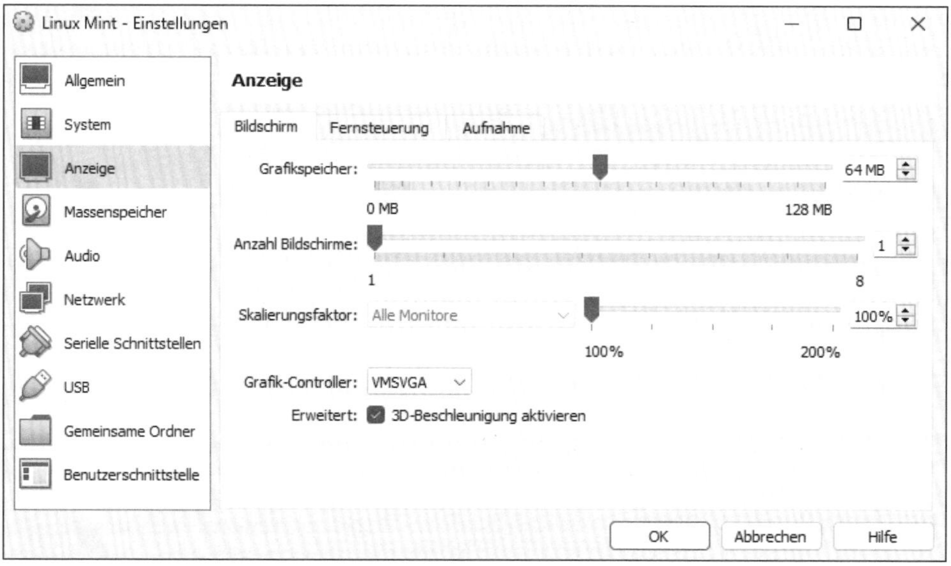

Abbildung 3.6 Der Grafikspeicher und die 3D-Beschleunigung

Bevor Sie Linux Mint nun starten können, müssen Sie der virtuellen Maschine noch das heruntergeladene ISO-Abbild zuweisen. Wählen Sie dazu den Punkt MASSENSPEICHER (siehe Abbildung 3.7).

Hier erkennen Sie, dass das CD/DVD-Laufwerk den Status LEER besitzt (der markierte Eintrag in Abbildung 3.7). Um der virtuellen Maschine ein ISO-Image zuzuordnen, klicken Sie den Eintrag LEER an und wählen im CD/DVD-Symbol den Menüeintrag ABBILD AUSWÄHLEN. Nun öffnet sich ein Fenster, in dem Sie die heruntergeladene ISO-Datei wählen (siehe Abbildung 3.8).

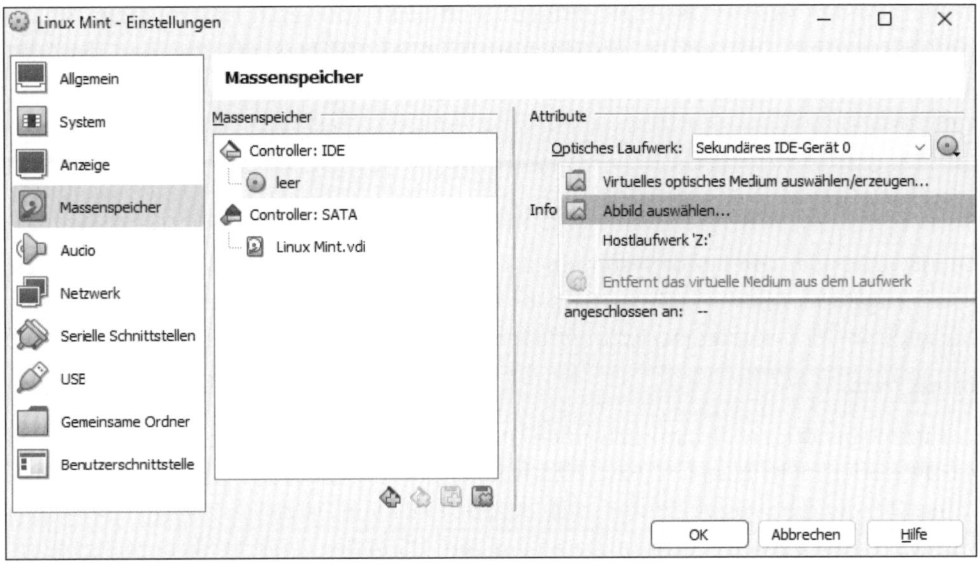

Abbildung 3.7 Dem CD/DVD-Laufwerk ein ISO-Image zuordnen

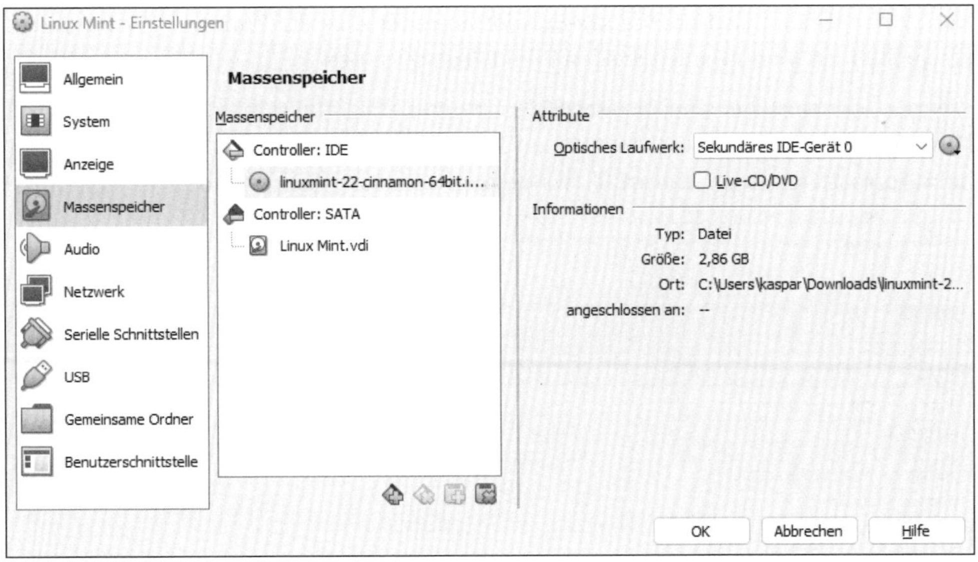

Abbildung 3.8 Das ISO-Image wurde zugeordnet.

Bei Nutzung einer echten DVD anstelle eines ISO-Images wählen Sie einfach den Eintrag HOSTLAUFWERK (siehe Abbildung 3.7; der Name bzw. der Laufwerksbuchstabe kann natürlich abweichen).

Weitere Änderungen in den Einstellungen sind nicht notwendig; übernehmen Sie die Änderungen mit OK. Auf das Erstellen eines USB-Sticks bzw. das Brennen der DVD können Sie nun verzichten und daher bei Abschnitt 3.2, »Das Linux-Mint-Livesystem«, weiterlesen.

3.1.2 Das ISO-Image auf einen USB-Stick kopieren

Um ISO-Abbilder von Linux-Systemen auf USB-Sticks zu kopieren, nutzen wir das freie Werkzeug *Rufus*. Mit ihm können Sie sehr viele Distributionen bzw. ISO-Images bootfähig auf USB-Sticks kopieren. Herunterladen können Sie Rufus von folgender Website:

https://rufus.ie/de

Zusätzlich benötigen Sie natürlich einen USB-Stick. Dieser sollte eine Speichergröße von 4 GByte oder mehr besitzen (bzw. mindestens die Größe des ISO-Abbildes von Linux Mint). Vor der Nutzung von Rufus sollte der Stick mit dem Dateisystem *FAT32* formatiert werden. Dabei werden sämtliche Daten auf dem USB-Stick gelöscht! Sichern Sie sie daher bei Bedarf vorab auf einer Festplatte.

Die Formatierung starten Sie durch einen Rechtsklick auf das Symbol des USB-Sticks. Das Symbol finden Sie im *Windows-Explorer* unter DIESER PC (Windows 10). Im darauf erscheinenden Menü wählen Sie den Punkt FORMATIEREN.

Wenn Sie sich unsicher sind, ob der USB-Stick zuverlässig funktioniert, entfernen Sie das Häkchen bei SCHNELLFORMATIERUNG (siehe Abbildung 3.9). Dadurch wird der Stick beim Formatieren noch überprüft – was jedoch bedeutend länger dauert.

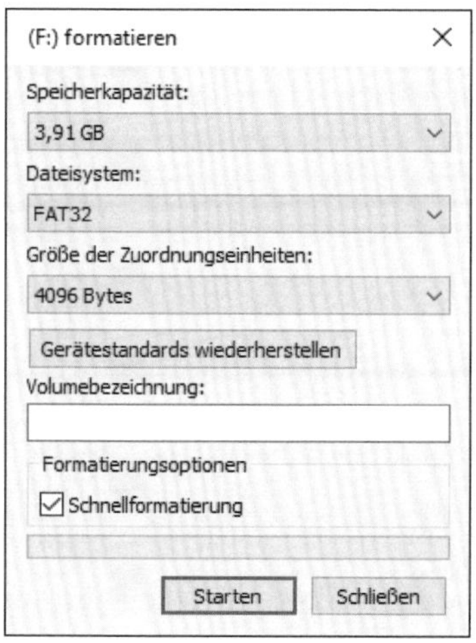

Abbildung 3.9 Formatieren mit FAT32 unter Windows 10

Nach der Formatierung kann das Kopieren unter Rufus durchgeführt werden. Dazu müssen wir nun nur über den Button AUSWAHL das ISO-Abbild auswählen (siehe Abbildung 3.10).

Abbildung 3.10 Rufus

Überprüfen Sie unbedingt noch, ob unter LAUFWERK auch der korrekte Laufwerksbuchstabe des USB-Sticks ausgewählt wurde. Häufig sind ja auch weitere USB-Geräte aktiv, die von Rufus fälschlicherweise als Ziel erkannt werden könnten.

Durch einen Klick auf START starten Sie den Kopiervorgang.

Nach Fertigstellung schließen Sie Rufus mit einem Klick auf SCHLIESSEN (siehe Abbildung 3.11). Falls Sie den Stick entfernen wollen, führen Sie dies unbedingt »sauber« durch: Verwenden Sie z. B. das USB-Symbol in der Startleiste, und ziehen Sie den Stick erst dann ab, wenn Windows diesen für Sie freigegeben hat!

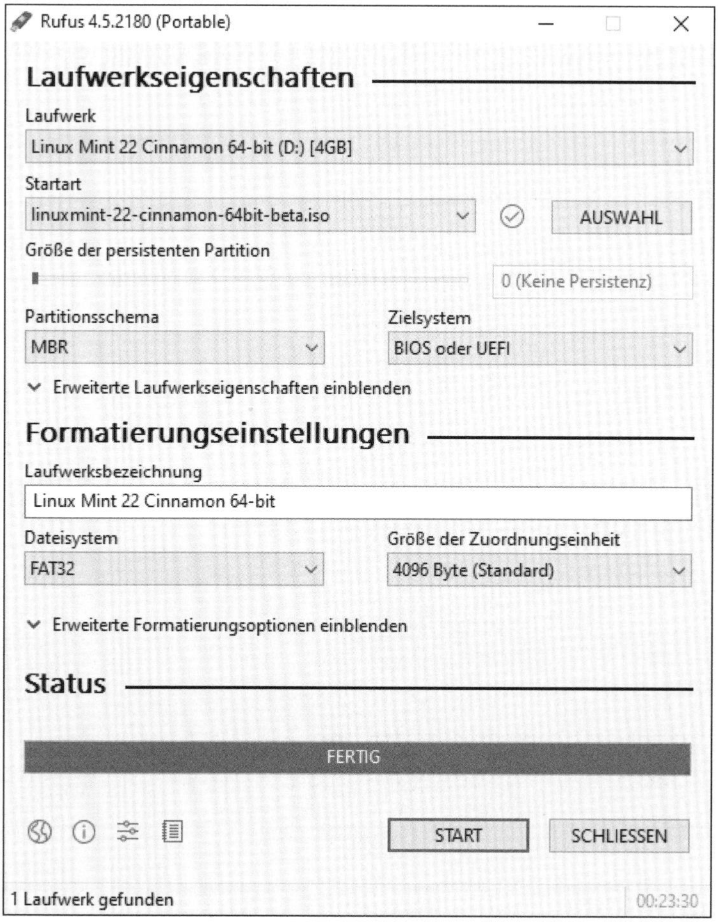

Abbildung 3.11 Der USB-Stick wurde erstellt.

3.1.3 Eine DVD brennen

Für den Fall, dass Sie eine DVD benötigen, können Sie das heruntergeladene ISO-Abbild selbst brennen. Das Brennen des Abbildes ist heutzutage auf allen Systemen relativ einfach. Bei den meisten Brennprogrammen oder auch Betriebssystemen reicht ein Rechtsklick auf das ISO-Abbild (siehe Abbildung 3.12). Im darauf erscheinenden Menü starten Sie den Brennvorgang.

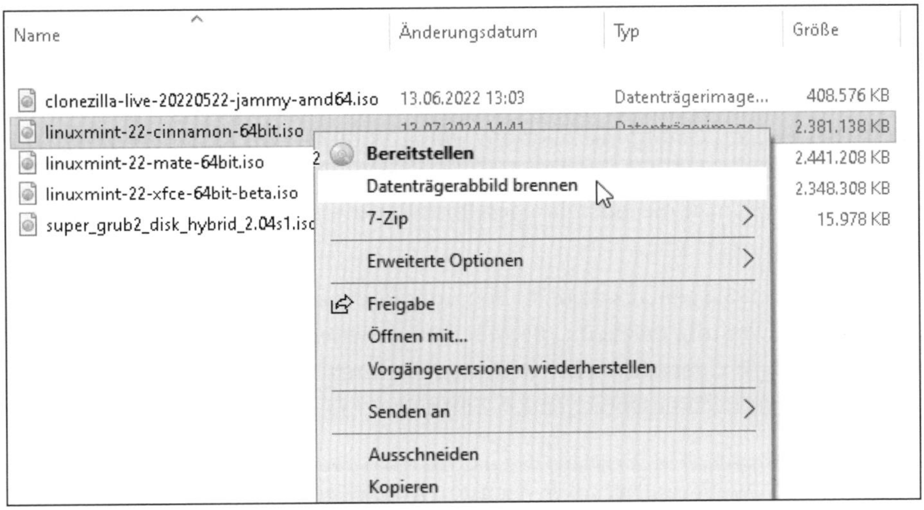

Abbildung 3.12 DVD-Brennen unter Windows 10

3.2 Das Linux-Mint-Livesystem

Unser erster Praxisschritt wird nun sein, Linux Mint als *Livesystem* auf dem endgültigen Zielrechner zu starten. Dabei werden wir den Bootvorgang für die spätere Installation anpassen und feststellen, ob das Livesystem auf Ihrem System lauffähig ist. Dabei bedeuten eventuell auftretende Probleme bei der Nutzung des Livesystems nicht zwangsläufig, dass eine Installation nicht möglich ist! Parallel werden Sie einen ersten Eindruck von Linux Mint gewinnen.

Übrigens können Sie das Livesystem in Notfällen auch als Rettungssystem nutzen, wobei hierfür jedoch noch weitere Linux-Lösungen existieren (siehe dazu auch Abschnitt 8.7, »Die Vorsorge – Rettungssysteme bereithalten«).

Linux Mint Xfce

Wenn es beim Starten des Livesystems zu Problemen kommt, die eventuell auf ein schwächeres System oder einen »alten« Rechner zurückzuführen sind, empfehle ich Ihnen, die Xfce-Version von Linux Mint zu verwenden. Näheres dazu finden Sie in Abschnitt 8.9, »Linux Mint Xfce statt Cinnamon«.

3.2.1 Das Ziel- bzw. Testsystem vorbereiten

In diesem Beispiel werden wir Linux Mint von einem USB-Stick oder einer DVD als Livesystem starten. In einer virtuellen Maschine ist bereits die benötigte Bootreihenfolge eingestellt. Bei einigen Geräten ist aber ein wenig Vorarbeit im *BIOS* oder in seinem Nachfolger *UEFI* notwendig (was das ist, lesen Sie in Abschnitt 9.1.1, »Kurz und knapp: BIOS und UEFI«). Wenn Sie die Einstellungen Ihres Rechners hierzu kennen, bereiten Sie alles Entsprechende dazu vor.

Wenn nicht, schauen Sie genau, was beim Bootvorgang bzw. unmittelbar nach dem Einschalten geschieht. Häufig erscheint die Möglichkeit einer Bootauswahl (z. B. mit der Taste [F8] oder [F12]). Oder suchen Sie im Handbuch Ihres Rechners bzw. auf der Hauptplatine (Mainboard) nach entsprechenden Einträgen – falls überhaupt ein Handbuch vorhanden ist.

Fahren Sie auch im Zweifelsfall mit dem nächsten Abschnitt fort. In einigen Fällen ist der Rechner bereits eingestellt, um von externen Medien zu booten. Wenn Sie dann jedoch Probleme haben oder Linux Mint nicht starten sollte, springen Sie zu Abschnitt 9.1, »Bootprobleme von USB oder DVD«.

3.2.2 3, 2, 1, Start

Nun ist es so weit – Sie starten Linux Mint zum ersten Mal auf einem Ihrer Systeme. Stecken Sie den USB-Stick ein, oder legen Sie die DVD in das entsprechende Laufwerk, und starten Sie den Rechner neu. Nutzer einer virtuellen Maschine müssen diese dazu markieren und über die Schaltfläche STARTEN »einschalten«.

!

Windows 8/10/11 und UEFI

Auf einem Rechner mit Windows 8 oder neuer bzw. einem UEFI-System kann es vorkommen, dass ein USB-Stick zweimal im Boot-Menü erscheint. Wählen Sie hier den Eintrag mit vorangestelltem »UEFI:« (schauen Sie bei Problemen kurz in Abschnitt 3.4.1 und Abschnitt 3.4.2).

Wenn der Startvorgang beginnt, erscheint ein Countdown, den Sie beim ersten Versuch nicht unterbrechen sollten, oder es folgt ein Boot-Menü, in dem Sie den ersten Eintrag DEFAULT oder START LINUX MINT mit der Eingabetaste bestätigen müssen. Bei erfolgreichem Start sehen Sie nach kurzer Zeit die Oberfläche von Linux Mint Cinnamon (siehe Abbildung 3.13). Wenn Sie sich für Xfce entschieden haben, ist der Schreibtisch zunächst fast identisch.

Abbildung 3.13 Der Schreibtisch (Desktop) von Cinnamon

Das Livesystem startet entweder nicht korrekt oder aber im »Software Rendering Mode«

Wenn der USB-Stick bzw. die DVD gar nicht erkannt wird, lesen Sie Abschnitt 9.1, »Bootprobleme von USB oder DVD«.

Wenn der Bootvorgang zwar beginnt, aber der Cinnamon-Schreibtisch nicht erscheint, führen Sie einen Neustart durch und starten im Boot-Menü die Version mit dem Zusatz COMPATIBILITY MODE (siehe dazu auch Abschnitt 9.2, »Probleme beim Starten des Livesystems«). Des Weiteren können Sie durch Betätigen der [Esc]-Taste das Linux-Mint-Startlogo ausblenden, und es erscheinen Meldungen zum Startablauf, in denen die Probleme meist direkt zu erkennen sind. Merken Sie sich diese Taste auch für vielleicht später auftretende Probleme bei einem installierten Linux Mint.

Wenn der Cinnamon-Schreibtisch gestartet wird, jedoch eine Meldung erscheint, dass der *Software Rendering Mode* verwendet wird, können Sie dies zunächst ignorieren. Dies liegt an der Grafikkarte, und es wird daher in manchen Fällen auch eine unpassende Auflösung verwendet. Dies können Sie nach der Installation meist durch die Installation eines Treibers korrigieren.

Der Aufbau von Cinnamon erinnert Sie sicherlich an einen Windows-Schreibtisch (bzw. -Desktop). Sie sehen eine Taskleiste mit einem Startmenü und verschiedene Informationsanzeigen.

Nun wollen wir diesen neuen Schreibtisch ein wenig näher kennenlernen. Öffnen Sie zunächst den Dateimanager *Nemo* (bzw. unter Xfce *Thunar*) durch einen Klick auf das Ordner-Symbol oder HOME (Xfce). Als Erstes fällt auf, dass das System in Englisch eingerichtet ist (siehe Abbildung 3.14). Dies ist bei diesem Livesystem leider Standard – die Installation verläuft später allerdings in Deutsch. Ich denke jedoch, dass die meisten Windows-Anwender sich schnell zurechtfinden werden.

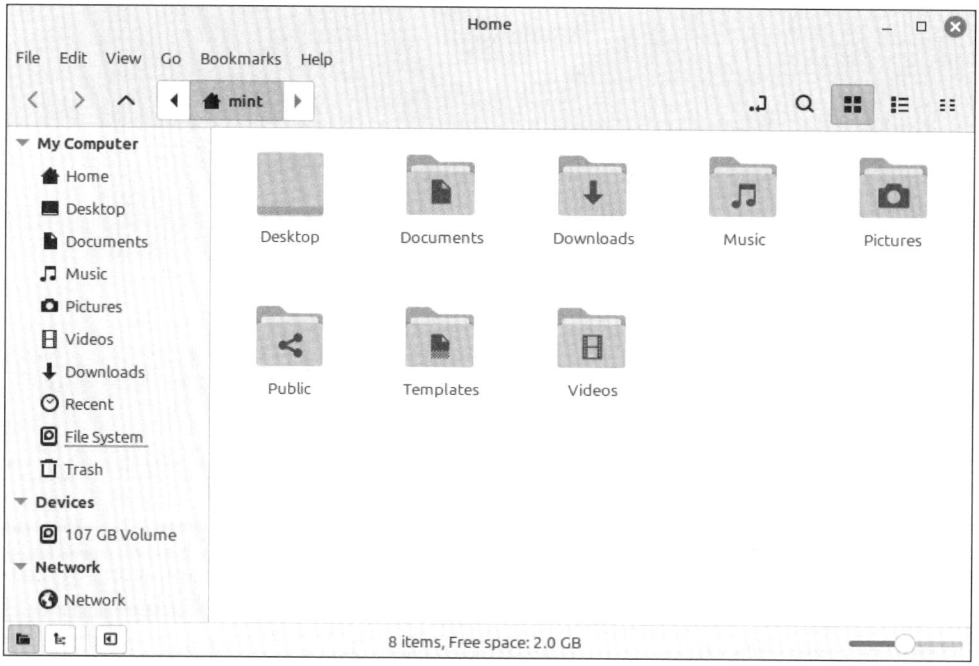

Abbildung 3.14 Die Computerumgebung unter Nemo

Die Ansicht kann sich bei Ihnen unterscheiden – je nachdem, wo Sie Linux Mint gestartet haben. Es werden normalerweise die erkannten Laufwerke Ihres Rechners angezeigt. Linux kann hierbei auch das Windows-Dateisystem NTFS öffnen. In der linken Seitenleiste befinden sich die *Orte* und *Lesezeichen* für verschiedene Dateien, Dokumente und Mediadateien (Bilder, Videos und Musik).

Schließen können Sie Nemo durch einen Klick auf das kleine X in der oberen rechten Ecke – aber diese Methode ist Ihnen sicherlich schon bekannt.

Ein Klick auf das LM-SYMBOL (unten links) in der Leiste öffnet wie in Abbildung 3.15 das Menü mit den Anwendungen und der Möglichkeit, das System zu beenden.

Abbildung 3.15 Das Cinnamon-Menü

Schauen Sie sich nun einfach verschiedene Anwendungen an. Hierbei können Sie nicht viel falsch machen.

Achten Sie nur darauf, nicht die eventuell vorhandenen Daten auf der Festplatte zu bearbeiten oder gar Partitionen zu löschen. Dies könnte u. a. mit dem Programm *GParted* im Untermenü ADMINISTRATION geschehen (unter Xfce befindet es sich im Untermenü SYSTEM).

3.2.3 Netzwerk und Internet

Geübte Augen werden es vielleicht schon an den Screenshots erkannt haben: In Abbildung 3.15 sehen Sie unten rechts im Infobereich eine (Kabel-)Netzwerkverbindung.

Wissenswertes zu Router, WLAN und DHCP

Falls Sie ein WLAN einsetzen, stellen Sie bitte sicher, dass keine Sicherheitsrichtlinien den Rechner blockieren (MAC-Adressenfilter o. Ä.) und dass Sie den *WLAN-Schlüssel* (auch *Netzwerkschlüssel* oder *WLAN-Kennwort* genannt) zur Hand haben. Falls Ihnen dieser nicht bekannt ist, finden Sie ihn häufig auf der Unterseite Ihres WLAN-Routers.

Des Weiteren sollte ein DHCP-Server (meist auf Ihrem Router) aktiviert sein. Wer kein DHCP nutzt, muss entsprechendes Wissen mitbringen und die Netzwerkadressen manuell vergeben. Die meisten werden jedoch sicherlich DHCP verwenden. Führen Sie einen einfachen Test durch: Wenn Sie mit Ihrem Smartphone und anderen Geräten Ihr WLAN nutzen können, dann setzen Sie so gut wie sicher DHCP ein.

Bei einer Kabelverbindung dürfte Ihnen ebenfalls das Symbol für eine erfolgreiche Netzwerkverbindung angezeigt werden. Wenn Sie jedoch statt einer Kabel- eine WLAN-Verbindung verwenden wollen, müssen Sie diese nun einrichten.

Um die WLAN-Verbindung einzurichten, klicken Sie auf das Netzwerksymbol (siehe Abbildung 3.16). Danach werden die verfügbaren Funknetzwerke aufgelistet.

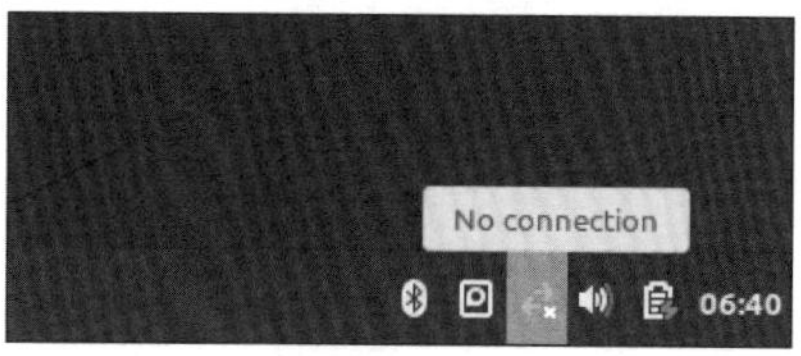

Abbildung 3.16 Hier besteht noch keine Netzwerkverbindung.

Sie sehen in Abbildung 3.17, dass nur eine WLAN-Karte erkannt wurde, und dadurch werden mehrere Funknetzwerke angezeigt. Eine normale Netzwerkkarte ist in dem System nicht vorhanden (für das Beispiel dient ein Tablet-PC). Ich verbinde mich nun mit »gast01« – tun Sie bei Bedarf das Gleiche mit Ihrem privaten Netzwerk.

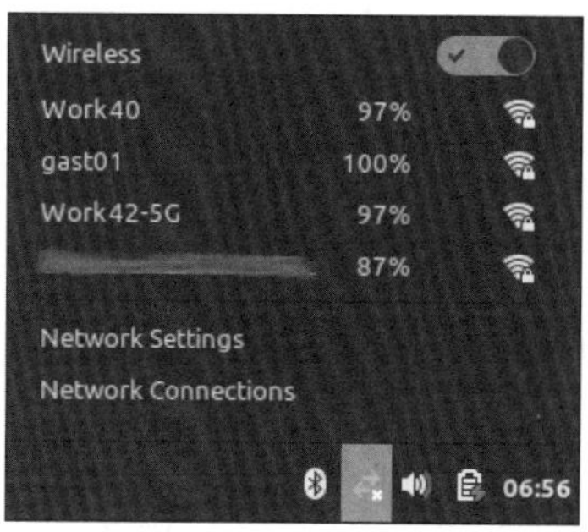

Abbildung 3.17 Eine Verbindung zu »gast01« herstellen

Geben Sie im folgenden Schritt Ihren WLAN-Schlüssel ein.

Die Schaltfläche CONNECT (siehe Abbildung 3.18) wird übrigens erst aktiv, wenn Sie **mindestens acht Zeichen** eingegeben haben.

Abbildung 3.18 Den WLAN-Schlüssel eingeben

Dadurch soll verhindert werden, dass sich Ihr Gerät mit vermeintlich »sicheren« Netzen verbindet (siehe Abbildung 3.19).

Abbildung 3.19 Ein zu kurzer WLAN-Schlüssel

Nach der Eingabe des Schlüssels und einem Klick auf CONNECT wird die Verbindung hergestellt (siehe Abbildung 3.20).

Nun können Sie Firefox starten und austesten, ob das Internet erreichbar ist (siehe Abbildung 3.21).

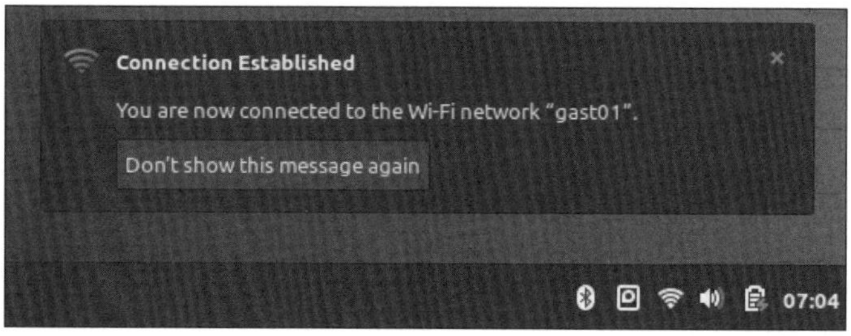

Abbildung 3.20 Die Verbindung zu »gast01« wurde erfolgreich hergestellt.

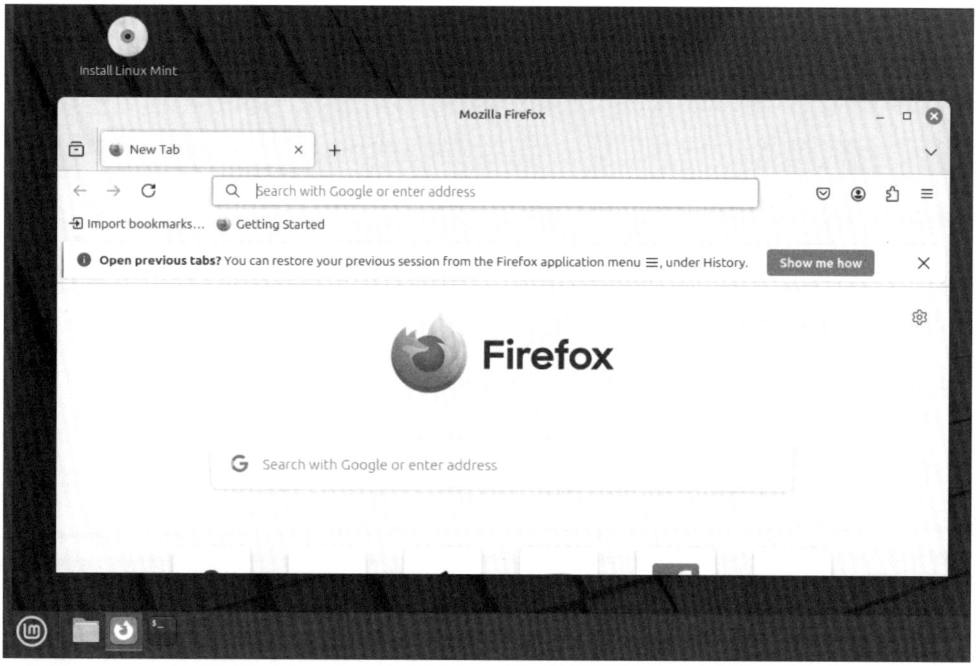

Abbildung 3.21 Firefox hat Zugriff auf das Internet.

!

WLAN-Probleme

Wenn Ihre WLAN-Karte erkannt wurde, zeigt Linux Mint alle erreichbaren Funknetze an. Wenn im Folgenden keine Verbindung hergestellt wird, dürfte dies nur in seltenen Fällen an Linux Mint liegen. Meist sind falsche WLAN-Schlüssel oder Sicherheitsfilter daran schuld. Schauen Sie dazu auch in Kapitel 9, »Fehlerbehebung und Problemlösungen«.

Im Notfall können Sie zur Installation auch eine Kabelverbindung einrichten, bei der es bedeutend seltener zu Problemen kommt, und sich erst später um die WLAN-Verbindung kümmern.

Nachdem Sie sowohl das Livesystem als auch die Internetanbindung getestet haben, können Sie Linux Mint einfach durch einen Klick auf die Schaltfläche QUIT (unten links im Cinnamon-Menü) bzw. auf das Symbol LOG OUT (oben rechts im Xfce-Menü) beenden. Um den Lesefluss nicht zu gefährden, werde ich im Folgenden nur noch auf Xfce eingehen, wenn es wirklich wichtig ist. Da sich die Systeme jedoch ähneln, werden Xfce-Nutzer hierdurch keine wirklichen Nachteile haben.

3.3 Die Installation als alleiniges System

Nun kommen wir zu unserer ersten Installationsmethode: Linux Mint als alleiniges System. Falls Sie eine parallele Installation durchführen wollen, sollten Sie dennoch diesen Abschnitt lesen, um den Installationsablauf kennenzulernen.

Installation auf einem UEFI-System

Falls Sie die Installation auf einem Rechnersystem mit UEFI durchführen und Windows 10 bzw. Windows 11 ersetzen, müssen Sie sich entscheiden, in welchem Modus die Installation erfolgen soll: als *UEFI-System* oder im *BIOS-Emulationsmodus*. Für den BIOS-Emulationsmodus müssen Sie verschiedene Einstellungen ändern. Wegen Problemen bei manchen UEFI-Systemen empfehle ich dies nur, wenn Sie entsprechende Kenntnisse und entsprechende Gründe dafür haben. Details dazu finden Sie in Abschnitt 9.1.7, »UEFI: Secure Boot und der BIOS-Emulationsmodus«.

3.3.1 Vorbereitungen

Um Linux Mint zu installieren, müssen Sie als Erstes wieder das Livesystem starten. Nach dem Start des Livesystems denken Sie zuerst an die Internetverbindung. Diese sollte möglichst bestehen, da hierdurch bereits bei der Installation aktuelle Pakete verwendet werden. Ohne Internetverbindung steht umgehend nach der Installation meist eine größere Aktualisierung an, und es müssen nachträglich noch verschiedene Multimedia- und Sprachpakete installiert werden (darauf gehe ich jedoch in Kapitel 4 noch näher ein).

Probleme mit dem Bootmanager GRUB

Auf verschiedenen Systemen kann es gegen Ende der Installation zu folgender Fehlermeldung kommen:

```
Das Paket "grub-efi-amd64-signed" konnte nicht installiert werden.
```

In dem Fall müssen Sie die Installation leider wiederholen. Schauen Sie hierzu jedoch noch in Abschnitt 9.3.4, »Fehlermeldung kurz vor dem Ende der Installation (GRUB)«.

3.3.2 Beginn der Installation

Die Installation beginnen Sie mit einem Doppelklick auf das Symbol INSTALL LINUX MINT, das sich auf dem Schreibtisch von Cinnamon befindet. Danach öffnet sich das WILLKOMMEN-Fenster des Installations-Assistenten, in dem Sie als Erstes wie in Abbildung 3.22 die Sprache in DEUTSCH ändern sollten. Danach folgt die Einstellung der Tastaturbelegung, die jedoch vermutlich nur noch bestätigt werden muss.

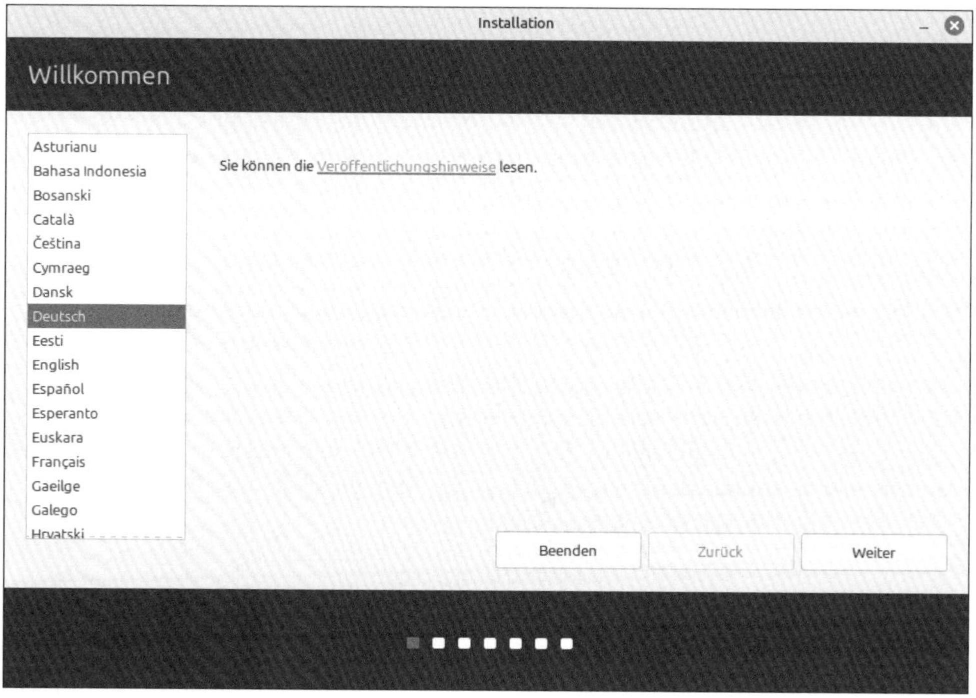

Abbildung 3.22 Der erste Schritt: die Spracheinstellungen

Der nächste Schritt ist wichtig, um die korrekte *Tastaturbelegung* einzustellen (siehe Abbildung 3.23).

Wahrscheinlich werden Sie hier nichts ändern müssen. Prüfen sollten Sie die Einstellungen dennoch, indem Sie verschiedene Umlaute oder Sonderzeichen eingeben. Für den Fall, dass keine deutsche Tastatur im Einsatz ist, müssen Sie zunächst in der linken Spalte das entsprechende Land, dann rechts das spezielle Tastaturlayout auswählen.

Im nächsten Schritt wird nachgefragt, ob die Installation von Drittanbieter-Software bzw. *proprietärer Software* durchgeführt werden soll. In Abschnitt 1.6.2, »Das Ubuntu-Derivat«, habe ich Ihnen bereits erläutert, um was es sich hierbei handelt. Schließlich ist dies einer der Vorzüge von Linux Mint, Sie sollten daher den Punkt MULTIMEDIA-CODECS INSTALLIEREN aktivieren (siehe Abbildung 3.24). Allerdings ist hierzu auch eine Internetverbindung notwendig. Für den Fall, dass die Installation ohne Internetverbindung stattfindet, können diese Pakete jedoch auch nachträglich installiert werden – dazu kommen wir noch.

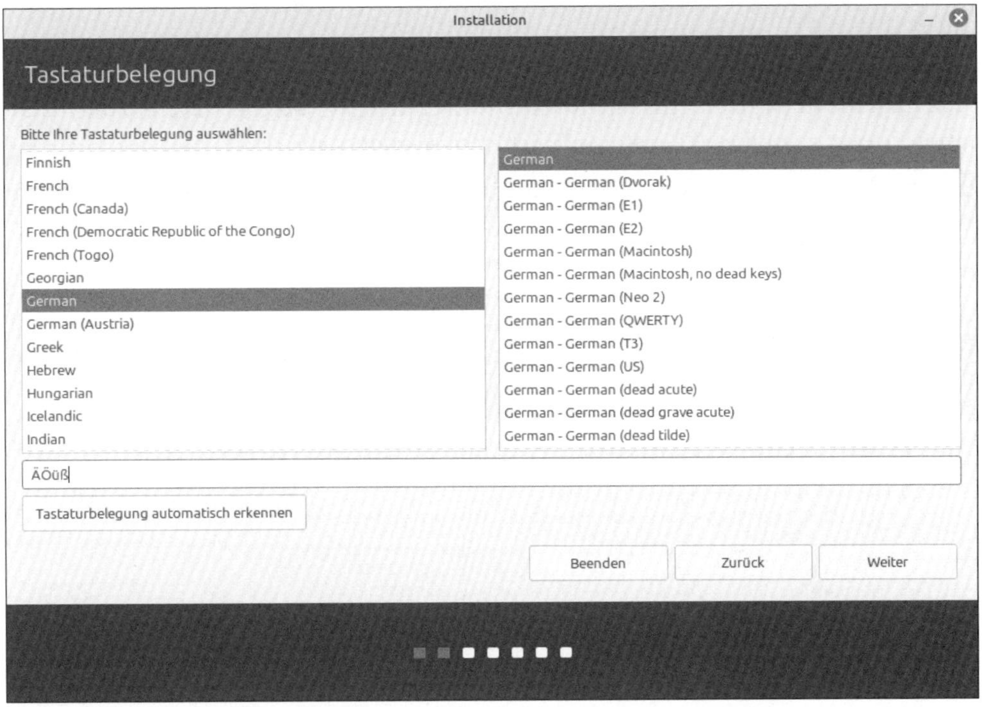

Abbildung 3.23 Tastaturbelegung

Abbildung 3.24 Die Aktivierung der Software von Drittanbietern

Ein Notebook oder Tablet-PC sollte an einer Stromversorgung angeschlossen sein und nicht mit dem Akku laufen. Sonst besteht die Gefahr, dass sich das Gerät, wenn Sie beispielsweise aufgrund der Wartezeit den Rechner verlassen, wegen zu geringer Akkukapazität mitten in der Installation ausschaltet – ohne dass Sie es bemerken. Eine solche unfertige Installation ist unbrauchbar und würde für Probleme sorgen.

3.3.3 Auswahl der Installationsart

Nun folgt die Auswahl der Installationsart. Je nachdem, auf welchem System die Installation erfolgt, sieht dieses Fenster möglicherweise anders aus.

Bei einer leeren Festplatte oder wenn kein Betriebssystem gefunden wurde, ist wie in Abbildung 3.25 standardmäßig der Punkt FESTPLATTE LÖSCHEN UND LINUX MINT INSTALLIEREN aktiv.

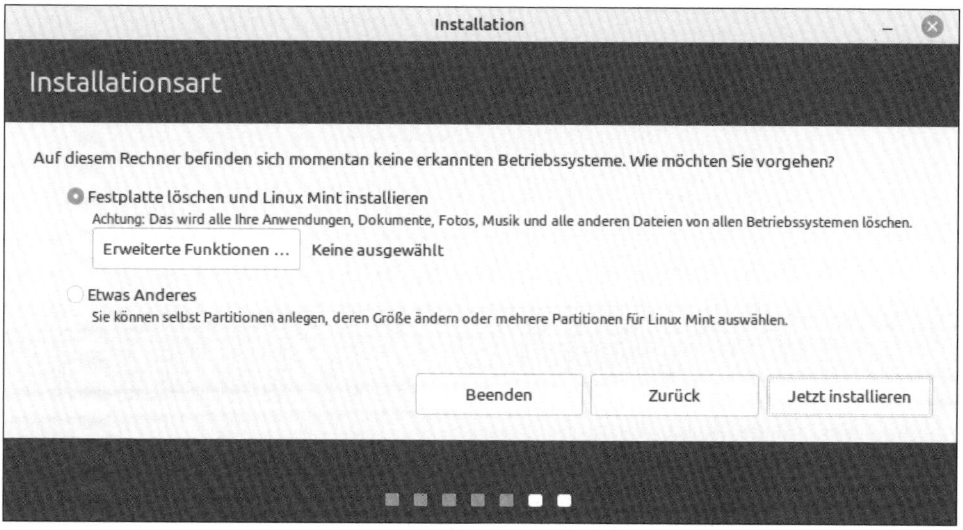

Abbildung 3.25 Installation auf einer leeren Festplatte

Unter ERWEITERTE FUNKTIONEN könnten Sie u. a. dafür sorgen, dass das System bei der Installation verschlüsselt wird. Da ich das Buch jedoch für Anfänger schreibe und die Verschlüsselung einige kompliziertere Aspekte mit sich bringt, verzichten wir auf die Verschlüsselung.

Wenn bereits ein Betriebssystem vorhanden ist, kann die Standardauswahl eine andere sein.

In Abbildung 3.26 ist bereits das veraltete Windows 7 installiert. Daher schlägt Linux Mint hier zunächst vor, dass die Installation neben Windows 7 erfolgen soll.

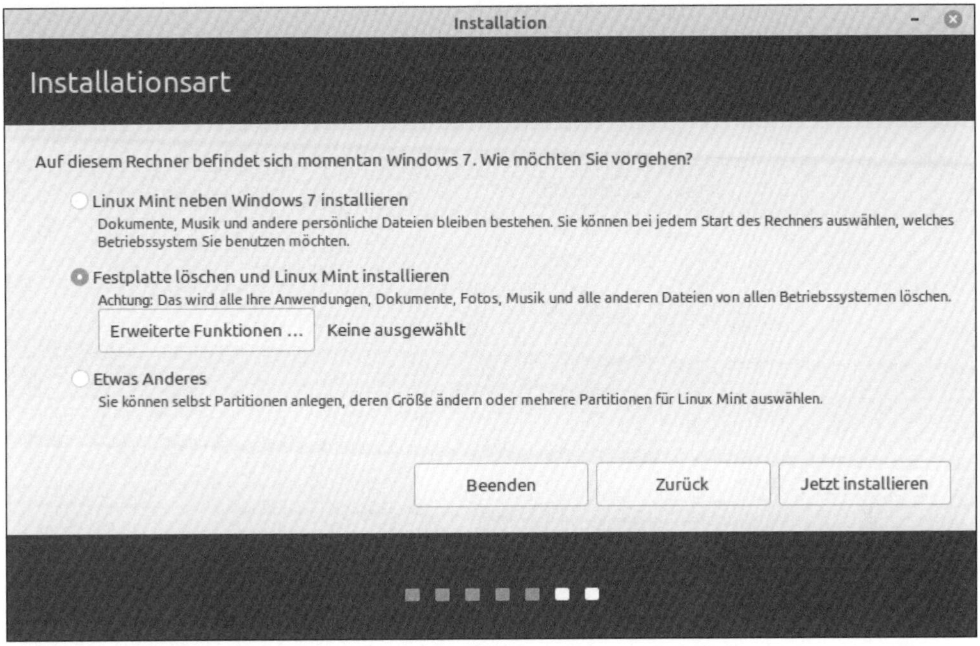

Abbildung 3.26 Windows 7 ist bereits vorhanden.

Da wir jedoch in diesem Abschnitt Linux Mint als alleiniges System installieren wollen, wählen Sie den Punkt FESTPLATTE LÖSCHEN UND LINUX MINT INSTALLIEREN. Dadurch werden vorhandene Partitionen (und damit Betriebssysteme und Daten) gelöscht und die für eine Installation notwendigen erstellt.

3.3.4 Die Grundkonfiguration des Systems

Nach einem Klick auf JETZT INSTALLIEREN wird nachgefragt, ob die für die Installation notwendigen Änderungen auf die Festplatte geschrieben werden sollen. Dies kann über die Schaltfläche WEITER bestätigt werden. Danach beginnt die Installation. Diese findet teilweise im Hintergrund statt. Parallel dazu werden nun einige Fragen zur Konfiguration gestellt.

Bei der Frage WO BEFINDEN SIE SICH? aus Abbildung 3.27 wird anhand der Internetverbindung oder der anfangs ausgewählten Sprache bereits ein Ort bzw. ein Land vorgeschlagen. Für Deutschland wäre dies »Berlin«. (Ihren eigentlichen Wohnort können Sie meist nicht auswählen, da nur wenige Städte zur Auswahl stehen.) Keine Angst – diese Angaben sind nicht für gezieltere Werbeeinblendungen gedacht, sondern sie werden für die *Zeitzone* verwendet.

Wenn Sie sich in einem anderen Land befinden, wählen Sie dieses am besten durch die Eingabe der Hauptstadt aus. Wenn das Land so groß ist, dass sich sogar die Hauptstadt in einer anderen Zeitzone befindet, suchen Sie eine Stadt mit Ihrer Zeitzone aus.

Abbildung 3.27 Ihr Standort ist gefragt.

Nach der Einrichtung des Standortes will der Installations-Assistent wie in Abbildung 3.28 wissen, wer Sie sind und wie der Rechnername lauten soll.

Im Feld Ihr Name geben Sie einfach Ihren Vor- und Nachnamen an. Diese Angabe ist Pflicht, sie muss jedoch nicht korrekt sein. Verschiedene Anwendungen nutzen diese Eingabe jedoch, um Ihren Namen einzutragen (z. B. beim Versenden von E-Mails).

Der Name Ihres Rechners ist u. a. wichtig, um in Ihrem privaten Netzwerk mit anderen Rechnern oder Geräten zu kommunizieren. Achten Sie darauf, dass Sie einen Namen verwenden, der noch nicht im Netzwerk vorhanden ist. Des Weiteren dürfen Sie nur Buchstaben, Zahlen, Bindestriche und Punkte benutzen (siehe Abbildung 3.29). Nutzen Sie also keine Sonderzeichen oder deutschen Umlaute.

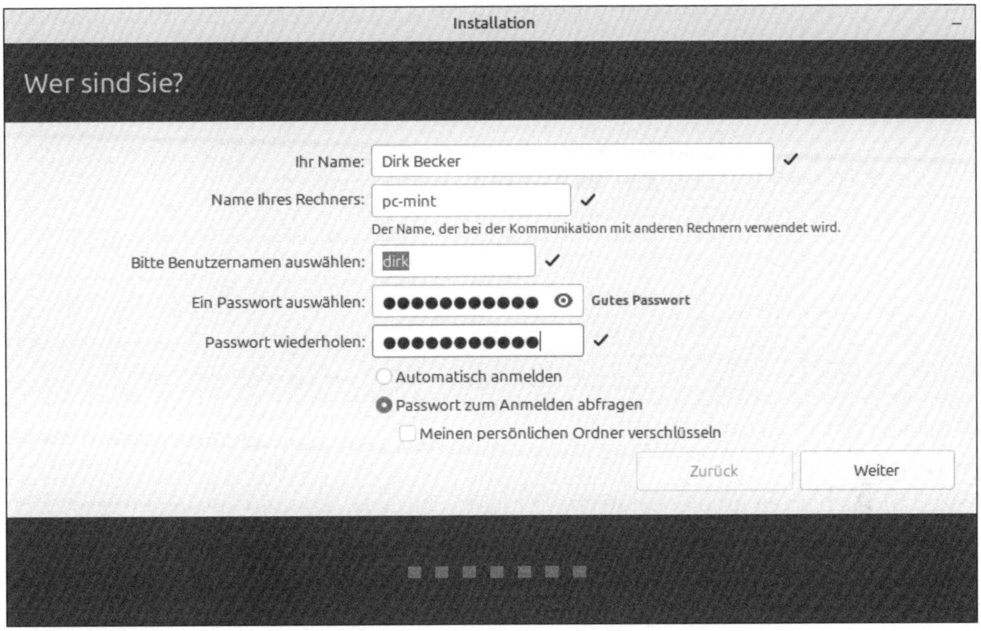

Abbildung 3.28 Die Benutzerangaben

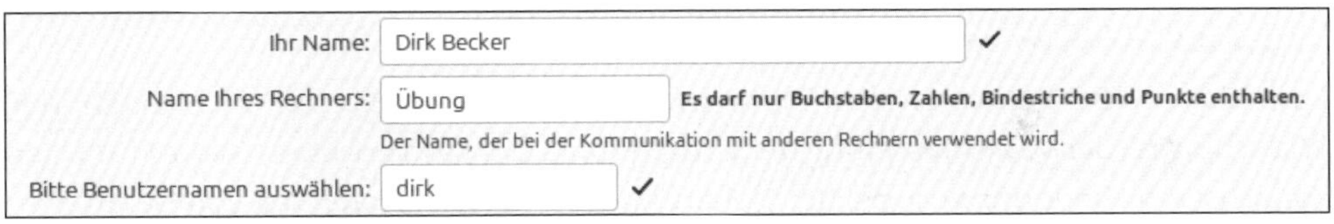

Abbildung 3.29 Nicht zulässiger Rechnername

Die wichtigsten Angaben bei diesem Schritt sind der BENUTZERNAME und das PASSWORT. Diese sind zur Anmeldung am System notwendig. Beim Passwort informiert der Assistent Sie darüber, ob es sicher ist oder nicht (siehe Abbildung 3.30).

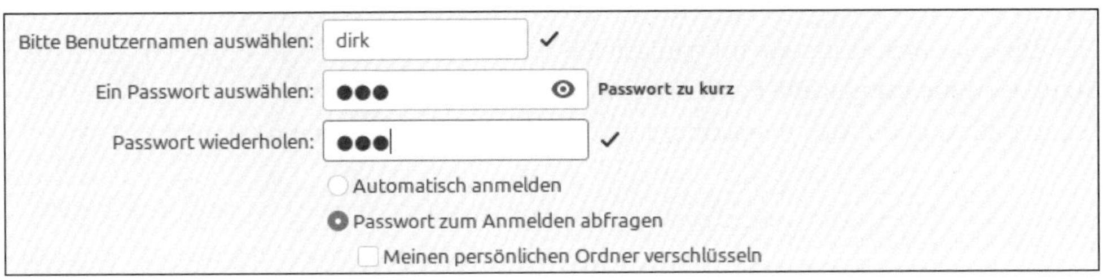

Abbildung 3.30 Das Passwort ist zu kurz.

Im Feld PASSWORT WIEDERHOLEN müssen Sie dieses zur Sicherheit nochmals eingeben. Aber dies kennen Sie wahrscheinlich bereits von Onlineanmeldungen.

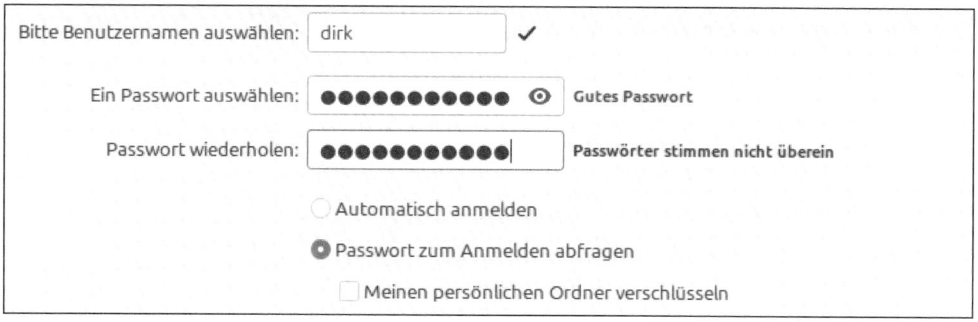

Abbildung 3.31 Ungleiche Passworteingabe

Wenn die Sicherheit an diesem Rechner nicht wichtig ist, können Sie den Punkt AUTOMATISCH ANMELDEN aktivieren. Bei einem Systemstart wird dann nicht nach den Benutzerangaben gefragt, sondern die Anmeldung erfolgt automatisch mit den hier angegebenen Daten. Wenn sich mehrere Benutzer den Rechner teilen, ist die automatische Anmeldung nicht zu empfehlen.

Weitere Benutzer können Sie nach der Installation anlegen – dazu kommen wir später noch in Abschnitt 4.15.2, »Benutzer und Gruppen«.

Den Punkt MEINE PERSÖNLICHEN DATEIEN VERSCHLÜSSELN sollten Sie nicht aktivieren. Wie schon bei der Verschlüsselung der kompletten Festplatte erwähnt, ist dies für Laien zunächst ein Hindernis (u. a. bei der Sicherung oder Wiederherstellung von Daten).

3.3.5 Die Installation läuft

Wenn Sie diese Eingaben vollständig geleistet haben, starten Sie die Installation durch einen Klick auf WEITER. Falls eine Internetverbindung besteht, werden normalerweise sofort aktuelle Pakete heruntergeladen.

Der Installations-Assistent informiert Sie wie in Abbildung 3.32 über den aktuellen Stand. Um die Langeweile beim Warten zu vertreiben, können Sie sich durch das Infofenster klicken und sich dabei über Linux Mint informieren (siehe Abbildung 3.33).

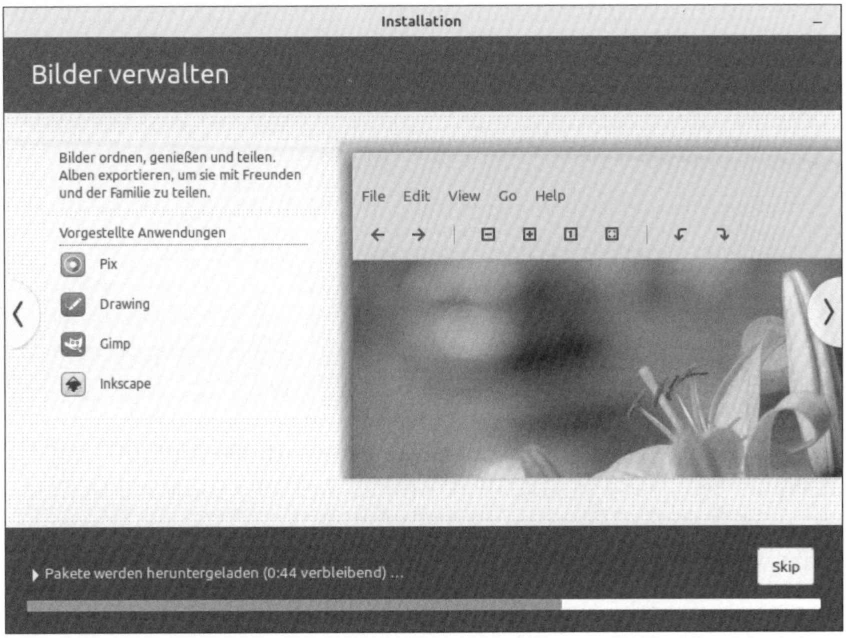

Abbildung 3.32 Die Installation ist gestartet, und aktuelle Pakete bzw. Dateien werden heruntergeladen.

Abbildung 3.33 Informationen über Linux Mint

Je nach System und Internetverbindung ist die Installation bereits nach wenigen Minuten beendet (siehe Abbildung 3.34). Danach können Sie den Rechner neu starten und Linux Mint erstmals verwenden.

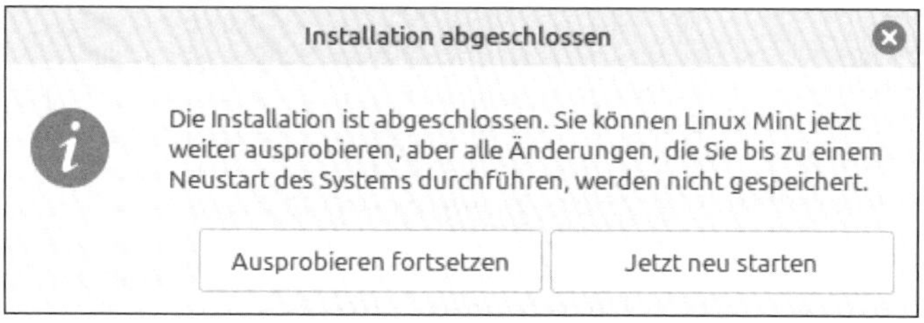

Abbildung 3.34 Die Installation ist abgeschlossen.

Wählen Sie hier JETZT NEU STARTEN, und entnehmen Sie nach der Aufforderung das Installationsmedium. Benutzer von VirtualBox können dies über das Menü GERÄTE • OPTISCHE LAUFWERKE • MEDIUM ENTFERNEN durchführen (falls das Medium nicht bereits von VirtualBox automatisch entfernt wurde).

Wenn Sie nicht die automatische Anmeldung ausgewählt haben, erscheint nun der *Anmeldebildschirm*. Falls Sie keine parallele Installation wünschen, können Sie die folgenden Abschnitte überspringen und in Kapitel 4, »Erste Schritte mit Linux Mint«, weiterlesen.

3.4 Parallele Installation mit Windows 10 im UEFI-Modus

Zusammen mit Windows 8 hat auf Rechnern eine weitere Neuerung Einzug gehalten: das *Unified Extensible Firmware Interface*, kurz *UEFI* genannt.

UEFI ist der Nachfolger des klassischen BIOS. Beim Starten von Linux Mint als Livesystem sind Sie vermutlich bereits damit in Berührung gekommen. Mit Windows 8 forderte Microsoft die Einhaltung gewisser Sicherheitsrestriktionen. Um das aktuelle Windows 10 (bzw. Windows 11) auf neuen Rechnern auszuliefern, müssen u. a. folgende Richtlinien eingehalten werden:

- UEFI
- aktiviertes *Secure Boot*
- GPT-Partitionierung
- ab Windows 11 auch TPM (Trusted Platform Module)

Mit diesen Themen könnte man ebenfalls ein Buch füllen. Es ist z. B. ohne Änderungen nicht mehr möglich, Windows 7 zu installieren. Allerdings kann ich natürlich diese Details hier nicht alle im Einzelnen erklären. Einige Informationen über das BIOS und seinen Nachfolger UEFI, neben Lösungen zu Bootproblemen, finden Sie jedoch in Abschnitt 9.1, »Bootprobleme von USB oder DVD«.

Ich gehe in diesem Abschnitt davon aus, dass Sie einen »Standardrechner« (PC, Notebook, Tablet-PC o. Ä.) mit einer Festplatte verwenden. Für den Fall, dass Sie für Linux Mint eine zweite Festplatte eingebaut haben, ist der Ablauf beim Punkt INSTALLATIONSART ein wenig anders, aber ich werde Sie an entsprechender Stelle darauf hinweisen. Bitte löschen Sie eventuell vorhandene Partitionen auf dieser zweiten Festplatte vorab unter Windows oder mit *Gparted* im Linux-Mint-Livesystem.

Windows 7

In dieser Auflage beschreibe ich nicht mehr die parallele Installation zu Windows 7. Diese Version gilt, wie auch Windows XP, inzwischen als »unsicher«, weil es keine Sicherheitsaktualisierungen mehr gibt. Wenn Sie noch Windows 7 nutzen, sollten Sie schnellstmöglich auf ein neues Betriebssystem wechseln. Auch eine parallele Installation kann nicht mehr empfohlen werden.

Und was ist mit Windows 12?

Als ich an diesen Abschnitten gearbeitet habe, war Windows 12 noch nicht offiziell angekündigt. Es wird aber vermutet, dass es bald einen weiteren Nachfolger zu Windows 10 gibt, dessen Support-Ende schon angekündigt ist.

Es ist zu vermuten, dass Microsoft die Anforderungen an die Hardware weiter erhöhen wird. Dabei geht es allerdings gar nicht um immer leistungsstärkere CPUs und mehr Speicher. Stattdessen fordert Microsoft bestimmte Technologien auf den Rechnern, die diese aus Sicherheitsgründen beherrschen sollen. Was im professionellen Bereich noch eine gewisse Berechtigung hat, sorgt jedoch dafür, dass viele eigentlich noch gute und ausreichend schnelle Rechner nicht mehr von Windows unterstützt werden. Vielleicht ist das ja ein gutes Argument dafür, ganz auf Windows zu verzichten und vollständig auf Linux Mint zu wechseln.

3.4.1 Vorbereitungen

Bei der parallelen Installation zu Windows mit UEFI-Funktionen können Sie *nur* die 64-Bit-Versionen von Linux verwenden. Es ist hier nicht möglich, 32-Bit-Betriebssysteme zu installieren. Das ist ein wichtiger Grund, warum von vielen Linux-Distributionen nur noch 64-Bit-Versionen angeboten werden.

Bevor wir überhaupt mit der Installation von Linux Mint beginnen, müssen Sie unter Windows prüfen, ob der *Schnellstart* (*Fast Boot*) aktiviert ist, und ihn in diesem Fall deaktivieren. Diese Funktion sorgt zwar für einen beschleunigten Systemstart, kann jedoch bei parallelen Betriebssystemen zu Problemen und Datenverlust führen. Der Hintergrund ist, dass manche Daten erst nach einem erneuten Start von Windows auf die Festplatte geschrieben werden – und nicht schon beim Beenden. Wenn Sie nun in der Zwischenzeit mit einem anderen System auf diese Dateien zugreifen, kommt es zu Konflikten.

Zum Deaktivieren der Schnellstartfunktion wechseln Sie zunächst in die ENERGIEOPTIONEN (Windows 8) oder zu ENERGIESPARPLAN AUSWÄHLEN (Windows 10). Sie finden diese Optionen z. B. durch die Eingabe von »Energie« in der Desktop-Suche. Dort wechseln Sie in das Untermenü AUSWÄHLEN, WAS BEIM DRÜCKEN DES NETZSCHALTERS GESCHEHEN SOLL (siehe Abbildung 3.35).

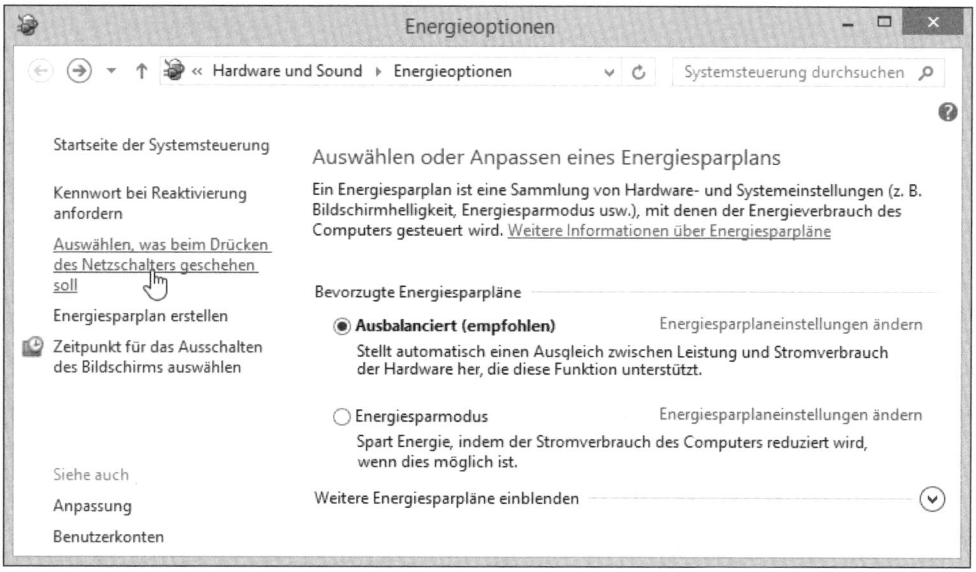

Abbildung 3.35 Die Energieoptionen von Windows

In dem Untermenü müssen Sie zunächst durch einen Klick auf EINIGE EINSTELLUNGEN SIND MOMENTAN NICHT VERFÜGBAR die administrativen Einstelloptionen freischalten (siehe Abbildung 3.36).

Schalten Sie anschließend die Funktion SCHNELLSTART AKTIVIEREN ab (siehe Abbildung 3.37). Falls dieses Feld bei Ihnen nicht angezeigt wird, ist die Funktion auch nicht aktiv oder wird von Ihrem System nicht unterstützt.

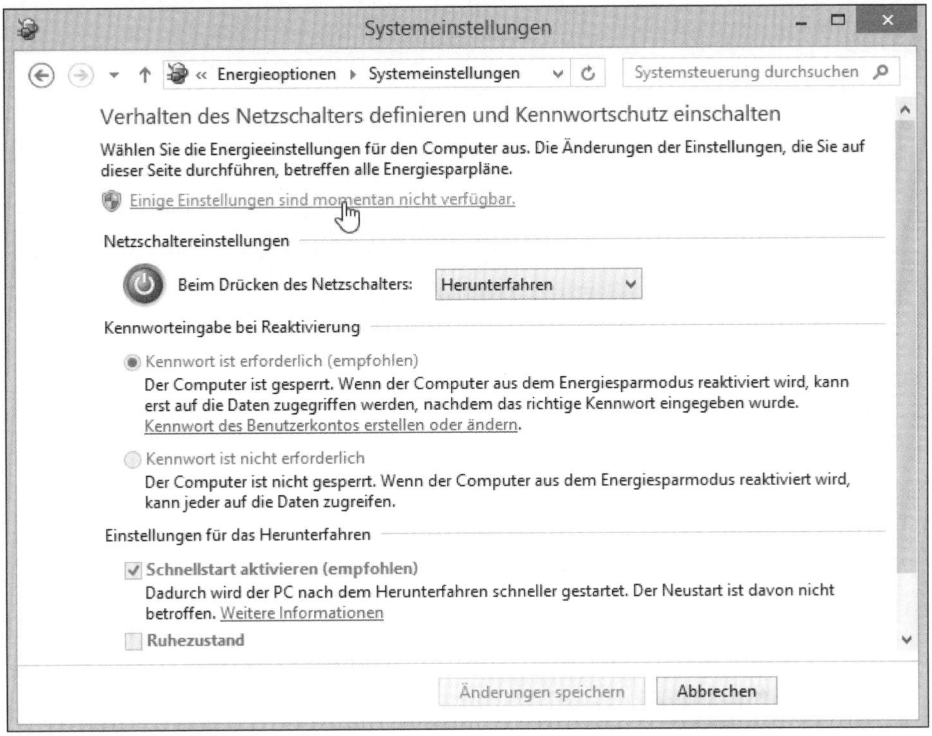

Abbildung 3.36 Das Untermenü mit den Schnellstartfunktionen

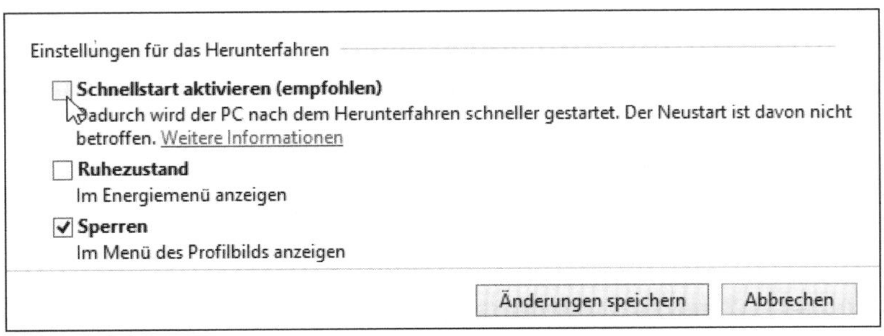

Abbildung 3.37 Der Schnellstart ist in Windows nun deaktiviert.

Danach ist es jedoch noch nicht ganz deaktiviert. Auch im UEFI befindet sich normalerweise dazu noch ein Menüpunkt, den Sie deaktivieren sollten (siehe Abbildung 3.38).

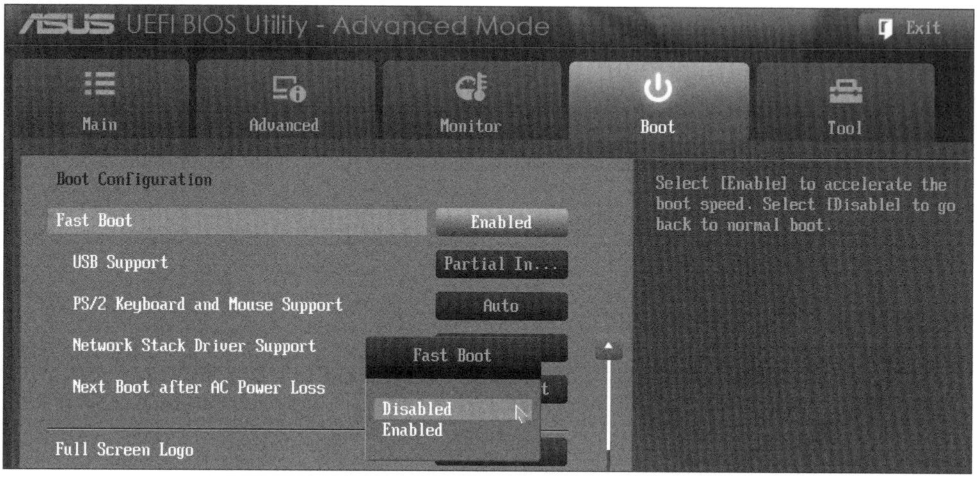

Abbildung 3.38 Fast Boot auf einem Asus-Rechner

Wo sich diese Funktion im UEFI befindet, ist leider je nach Hersteller unterschiedlich. Ich muss sie in meinem Beispiel auf DISABLED setzen. Je nach Hersteller sind auch andere Einstellungswerte möglich.

3.4.2 Beginn der Installation

Wichtig ist hier bereits der Bootvorgang. Da es ein etwas neuerer Rechner ist, empfehle ich Ihnen, Linux Mint am besten per USB-Stick zu installieren, und Sie sollten diesen auch mit *Rufus* eingerichtet haben. Dadurch ist er kompatibel mit dem UEFI-Bootvorgang (eine selbst erstellte DVD kann natürlich auch verwendet werden). Stellen Sie nun sicher, dass im Boot-Menü von dem USB-Stick gebootet wird. Dieser kann, je nach Konfiguration des Rechners, zweimal in der Auswahl erscheinen. Einmal beginnt der Name mit »UEFI:«; diesen Eintrag müssen Sie auswählen.

Wie Sie in Abbildung 3.39 erkennen, erscheint der USB-Stick mit der Bezeichnung GENERIC FLASH DISK 8.07 (7800MB) zweimal im Boot-Menü. Einer der Einträge hat jedoch »UEFI:« vorangestellt. Wenn Sie ein reines UEFI-System verwenden, dürften Sie jedoch nur die Auswahl zwischen dem WINDOWS BOOT MANAGER und dem »UEFI«-Stick haben. Nach der korrekten Auswahl beginnt der Bootvorgang von Linux Mint.

Wenn der Schreibtisch von Cinnamon erscheint, können Sie die Installation umgehend über das Symbol INSTALL LINUX MINT starten.

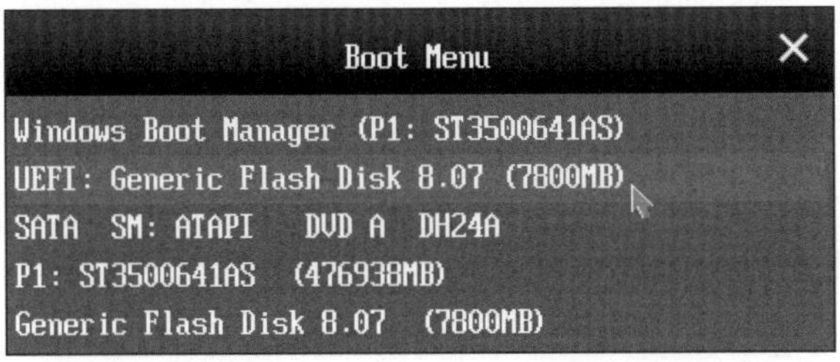

Abbildung 3.39 Den korrekten USB-Stick auswählen

3.4.3 Auswahl der Installationsart

Nach der Auswahl der Sprache und der simplen Systemprüfung dürfte bei Linux Mint nun eine Windows-Installation auch mit aktiviertem UEFI gefunden werden. Bei der *Installationsart* erscheint die Auswahl Linux Mint neben Windows 10 installieren.

Im Gegensatz zu einer Installation von Linux Mint als alleiniges System müssen Sie nun darauf achten, dass Windows erhalten bleibt. Allerdings nimmt der Installations-Assistent Ihnen diese Arbeit bereits ab. Die Standardauswahl dürfte in den meisten Fällen diejenige aus Abbildung 3.40 sein.

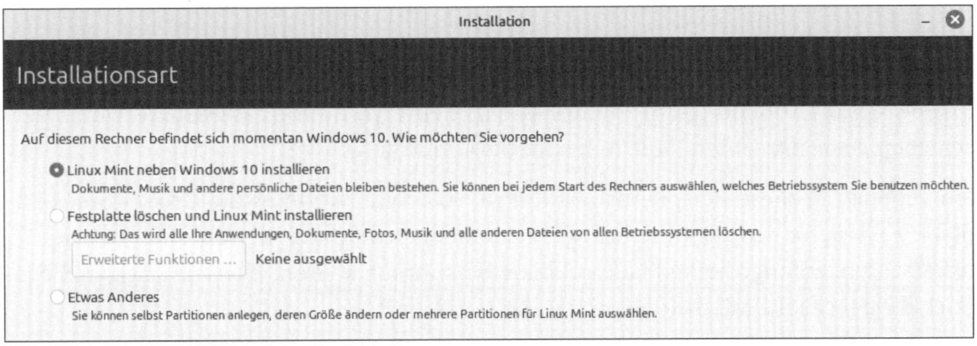

Abbildung 3.40 Die parallele Installation von Linux Mint neben Windows 10

Eine weitere Festplatte wurde eingebaut

Wenn Sie für Linux Mint eine zweite (leere) Festplatte eingebaut haben, ist der Ablauf einfacher. In diesem Fall wählen Sie hier den Punkt Festplatte löschen und Linux Mint installieren. Nach einem Klick auf Weiter erscheint ein Fenster, in dem Sie das Laufwerk auswählen. Hier ist es jedoch wichtig, die zweite Festplatte zu verwenden (sie ist meist an der Größe des Festplattenspeichers zu erkennen). Nach einem Klick auf Jetzt installieren können Sie die folgende Beschreibung überspringen und direkt zu Abschnitt 3.4.4, »Die Grundkonfiguration«, wechseln.

Der Assistent hat korrekterweise vorgeschlagen, Linux Mint neben Windows zu installieren. Nach einem Klick auf WEITER legen Sie im nächsten Schritt die Größen der Partitionen fest. Für eine simple Nutzung sollte die Größe der Linux-Mint-Partition zumindest 20 GByte betragen.

Abbildung 3.41 Festlegen der Partitionsgrößen

Im Beispiel aus Abbildung 3.41 hat die Festplatte eine Größe von ca. 85 GByte. Durch Verschieben der senkrechten Linie teilen Sie die Größe auf.

Ich vergebe für diese Beispielinstallation ca. 30 GByte. Wenn es die Größe Ihrer Festplatte zulässt, weisen Sie Mint auch gerne mehr Speicherplatz zu, wobei Sie auch mit 30 bis 40 GByte anfangs keine Platzprobleme bekommen sollten. (Berücksichtigen Sie jedoch die eventuelle Migration von Daten.)

Wichtig ist natürlich, auch Windows noch genügend freien Speicherplatz zu lassen! Sie dürfen die Windows-Partition nicht so weit verkleinern, dass auf ihr nur noch wenige Gigabyte frei sind.

Durch einen Klick auf JETZT INSTALLIEREN starten Sie die Installation. Allerdings warnt der Assistent noch davor, dass diese Einstellungen nicht mehr rückgängig gemacht werden können und dass der Vorgang sehr lange dauern kann (siehe Abbildung 3.42).

Letzteren Punkt sollten Sie sich merken und den Vorgang auf keinen Fall abbrechen – denn dann könnten alle Daten verloren sein. Nach der Bestätigung erfolgt noch eine kurze Zusammenfassung der Änderungen an der Festplatte, und die Installation beginnt.

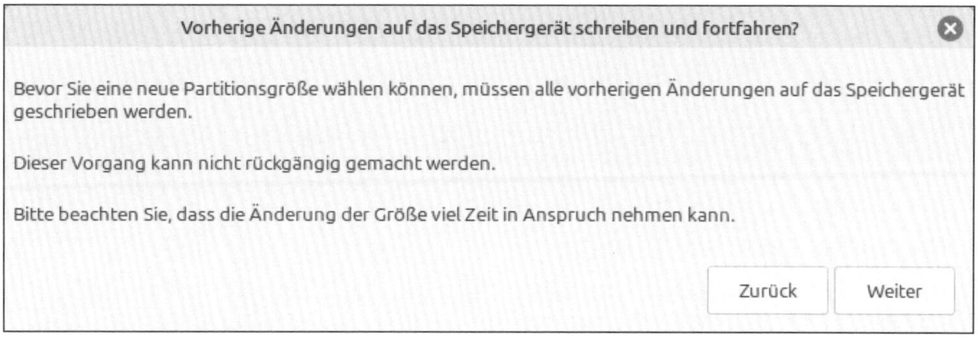

Abbildung 3.42 Start der Partitionierung

3.4.4 Die Grundkonfiguration

Nach der Fertigstellung der Partitionen folgt die Grundkonfiguration, die Sie bereits in Abschnitt 3.3.4, »Die Grundkonfiguration des Systems«, kennengelernt haben.

3.4.5 Die Installation ist beendet

Der spätere Start unterscheidet sich von dem Start nach der Installation als alleiniges System. Im Boot-Menü wird Ihnen hier zusätzlich der Start von Windows angeboten (WINDOWS BOOT MANAGER, siehe Abbildung 3.43).

In wenigen Fällen ist es möglich, dass der Bootmanager nicht korrekt installiert wurde. Eine Hilfe dazu finden Sie in Abschnitt 9.5, »Linux Mint bootet nicht (mehr)«. Falls dieses Boot-Menü nicht erscheint und umgehend Windows gestartet wird, prüfen Sie in der Setup-Routine des UEFI die Bootreihenfolge. Der WINDOWS BOOT MANAGER muss »hinter« den Einträgen für Linux Mint (bzw. Ubuntu) stehen (Details finden Sie in Abschnitt 9.1.8, »UEFI: Bootreihenfolge«).

Abbildung 3.43 Linux Mint und Windows 10

Kapitel 4
Erste Schritte mit Linux Mint

Mach mo langsaam ... ähns no'em annan ...
Vorsichtig herantasten – wie beim ersten Date.

Hier werden Sie nun die ersten wichtigen Anwendungen und (System-)Einstellungen von Linux Mint kennenlernen. In der Regel wird nach der Installation alles sauber eingerichtet sein, und zumindest die wichtigsten Geräte werden funktionieren, vor allem dann, wenn Sie eine Installation in einer *virtuellen Maschine* durchgeführt haben. Wenn dennoch gravierende Probleme anstehen, schauen Siew zunächst in Kapitel 9, »Fehlerbehebung und Problemlösungen«, nach.

4.1 »root« – der Superuser

In den folgenden Abschnitten werden Sie weitere Pakete installieren und Systemeinstellungen verändern. Bevor Sie sich dabei intensiver mit Linux Mint befassen, möchte ich Ihnen kurz den *Superuser* unter Linux erläutern.

Viele von Ihnen kennen aus der Windows-Welt sicherlich den *Administrator* bzw. *administrative Berechtigungen*. Mit ihnen erhält man unter Windows besondere Rechte und kann dadurch Systemeinstellungen vornehmen oder Anwendungen installieren.

Ein solches Benutzerkonto existiert seit jeher auch unter Linux und nennt sich dort *Superuser*. Der Anmeldename bzw. Benutzername des Superusers lautet hier *root*. Allerdings werden Sie sich nur selten als *root* anmelden – standardmäßig ist das unter Cinnamon aus Sicherheitsgründen auch nicht möglich. Früher war dies häufig notwendig, aber inzwischen wird nur bei Bedarf kurzzeitig zum Superuser gewechselt. Dazu wird z. B. bei Systemänderungen nach Ihrem Kennwort gefragt. Danach wird dieser Vorgang mit den Rechten des Superusers durchgeführt.

Arbeiten mit Superuser-Rechten

Sie sollten nicht mit dem Gedanken spielen, dauerhaft als Superuser zu arbeiten. Man kann unter Linux mit Root-Rechten ungewollt das ganze System zerstören. In früheren Windows-Versionen war es üblich, dass man als Benutzer administrative Rechte besitzt. Aber auch Microsoft hat vor einigen Jahren erkannt, dass diese Art zu arbeiten zu riskant ist. Dies ist einer der Gründe für die hohe Verteilung von Viren unter den früheren Windows-Versionen. Leider arbeiten auch heute noch viele Benutzer (unnötigerweise) mit administrativen Rechten.

4.2 Die erste Anmeldung

Nach dem Start von Linux Mint erscheint zunächst der Anmeldebildschirm (siehe Abbildung 4.1). Dieser dürfte Ihnen vertraut sein, falls Sie bereits an Systemen mit einer Benutzeranmeldung gearbeitet haben.

Abbildung 4.1 Der Anmeldebildschirm

Oben rechts befinden sich eine Schaltfläche, mit der Sie den Rechner ohne Anmeldung beenden oder neu starten können, die aktuelle Uhrzeit und Tastaturbelegung und noch ein Symbol für die *Barrierefreiheit*. Mit Letzterem können Sie bei Bedarf eine Bildschirmtastatur einblenden, den Kontrast ändern oder sogar einen *Bildschirmleser* einschalten. Weitere Details hierzu folgen in Abschnitt 8.5, »Barrierefreiheit – Helfer bei Problemen«.

Zur Anmeldung klicken Sie einfach auf den Benutzernamen, geben das Passwort ein, und die grafische Oberfläche *Cinnamon* wird gestartet. Diese begrüßt Sie mit einem Willkommensbildschirm wie in Abbildung 4.2.

Abbildung 4.2 Der Willkommensbildschirm von Linux Mint

Über den Willkommensbildschirm können Sie einige nützliche Informationen abrufen und sich mit den ersten Schritten vertraut machen. Die Nutzung einiger Informationen setzt eine Internetverbindung voraus. Falls der Rechner in einer virtuellen Maschine läuft oder eine kabelgebundene Netzwerkkarte besitzt, dürfte die Internetverbindung bereits vorhanden sein. Ein schneller Test erfolgt durch einen Klick auf Web-Foren im Bereich Hilfe. Wenn sich nun der Browser öffnet und die entsprechenden Informationen geladen werden, ist dieser Schritt bereits automatisch erledigt. Wenn Sie ein WLAN einsetzen und noch keine Verbindung besteht, gehen Sie nach der Anleitung in Abschnitt 3.2.3, »Netzwerk und Internet«, vor. Die Ersten Schritte sollten Sie noch nicht selbst durchgehen – wir erledigen diese Punkte im Folgenden gemeinsam.

Wenn Sie möchten, dass der Willkommensbildschirm nicht mehr bei jedem Systemstart angezeigt wird, entfernen Sie einfach das Häkchen bei Diesen Dialog beim Systemstart anzeigen.

4.3 Der Cinnamon-Schreibtisch

Nach dem Schließen des Willkommensbildschirms sehen Sie nun endlich den kompletten Cinnamon-Desktop (auf Deutsch »Schreibtisch«, siehe Abbildung 4.3).

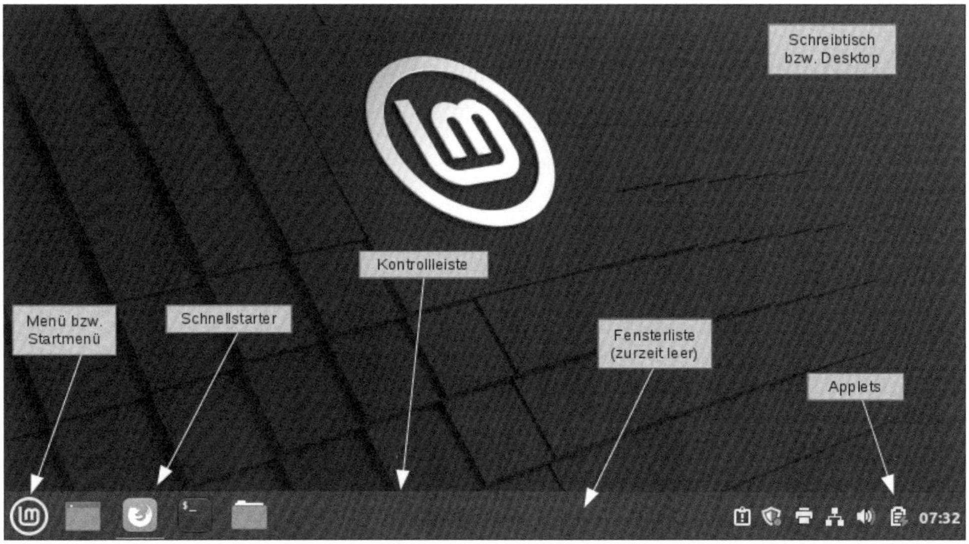

Abbildung 4.3 Der Schreibtisch von Cinnamon

Der Schreibtisch von Cinnamon ist nach der Installation aufgeräumt und übersichtlich. Im unteren Bereich befindet sich eine *(Kontroll-)Leiste* mit verschiedenen Funktionen. Wenn Sie bereits mit anderen Betriebssystemen vertraut sind, kennen Sie die meisten dieser Punkte. Aber ich werde sie natürlich dennoch erläutern:

- Menü bzw. Startmenü
- Schnellstarter
- Fensterliste
- Applets

Über das *Menü* können Sie u. a. Linux Mint beenden, sich abmelden, die Konfigurationen ändern und natürlich Anwendungen starten.

Im *Schnellstarter* können Sie häufig benötigte Anwendungen ablegen. Dort befinden sich standardmäßig bereits ein Symbol, um den *Desktop* anzuzeigen (bzw. um alle geöffneten Programme zu minimieren), der Webbrowser *Firefox*, ein *Terminal* und der Dateimanager *Nemo*.

Die *Fensterliste* zeigt geöffnete Anwendungen an.

Im Bereich der *Applets* können Sie verschiedene Miniprogramme hinterlegen. Auch hier sind bereits einige vorhanden (u. a. der Kalender mit Uhrzeit, der Lautstärkeregler und ein Infobereich für Updates).

Auf dem *Schreibtisch* selbst können Sie Programm- und Ordnersymbole ablegen.

4.4 Sprachpakete

Internetverbindung bereithalten

Ab jetzt ist eine Internetverbindung notwendig. Falls diese noch fehlt, gehen Sie wieder wie in Abschnitt 3.2.3, »Netzwerk und Internet«, vor, oder schauen Sie bei Problemen in Kapitel 8, »Weitere Funktionen, Tipps und Tricks«, oder Kapitel 9, »Fehlerbehebung und Problemlösungen«, nach.

Ein erster Schritt nach der Installation von Linux Mint sollte die Installation eventuell fehlender Sprachpakete sein. Auch bei der Standardinstallation mit Internetverbindung kann es vorkommen, dass nicht für alle Anwendungen die deutschsprachigen Pakete installiert sind. Sie werden daher gegebenenfalls mit englischsprachigen Menüs gestartet (siehe Abbildung 4.4).

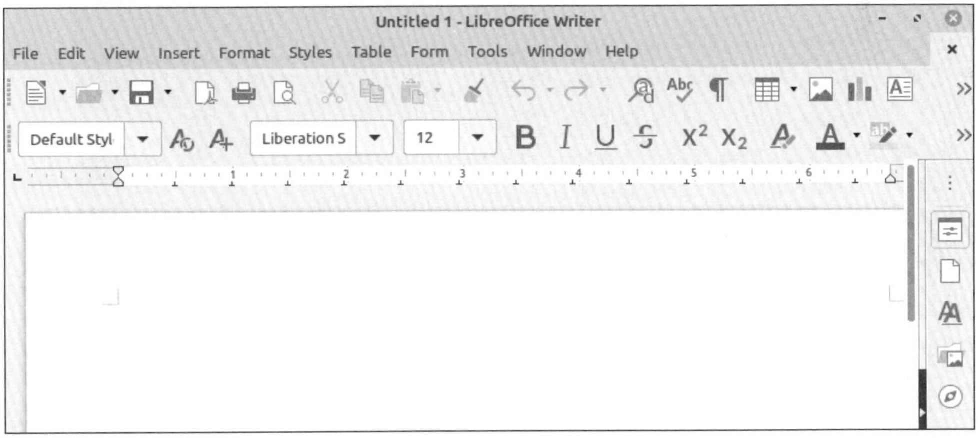

Abbildung 4.4 LibreOffice Writer erscheint hier noch in Englisch.

Für den Fall, dass Ihr LibreOffice ein deutsches Menü besitzt, sollten Sie diesen Abschnitt dennoch durchlaufen, um sicherzustellen, dass alle Pakete installiert sind!

Um die Sprachpakete zu installieren, öffnen Sie das Menü, klicken dort auf den Punkt Einstellungen und wählen hier den Eintrag Sprachen (siehe Abbildung 4.5).

Dazu müssen Sie vermutlich ein wenig mit der Maus nach unten scrollen. Je nach Installation kann es auch sein, dass das Menü selbst noch in Englisch ist und daher der Menüpunkt Preferences (für Einstellungen) und der dortige Eintrag Languages (für Sprachen) lautet.

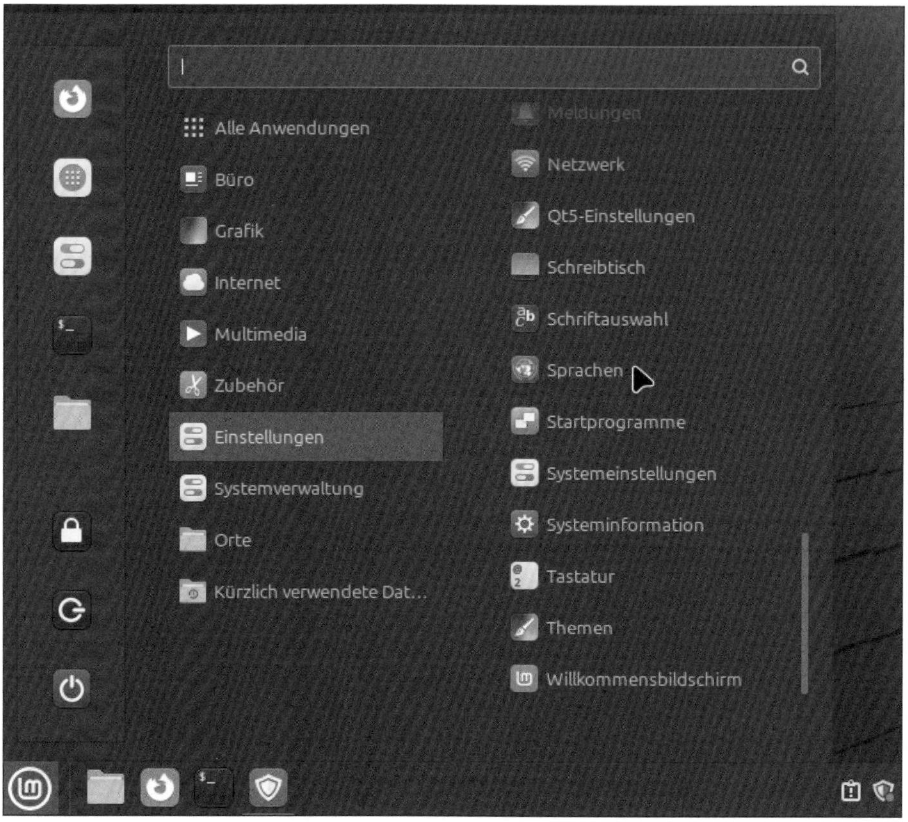

Abbildung 4.5 Die Einstellungen von Linux Mint

Aussehen der Fenster

Ich möchte Sie hier nochmals daran erinnern, dass Linux Mint »lebt«. Das Aussehen der Fenster, die Ihnen am Monitor angezeigt werden, kann von den Bildern in diesem Buch abweichen (vor allem nach dem Einspielen von Aktualisierungen). Dies liegt an Änderungen des Designs oder neu hinzugefügten Funktionen. Die Schaltflächen sind dabei gelegentlich nicht mehr so platziert wie vorher.

In den Spracheinstellungen können Sie über die Schaltfläche SPRACHEN HINZUFÜGEN/ENTFERNEN fehlende Sprachpakete installieren und unnötige deinstallieren (siehe Abbildung 4.6). Letzteres sollte jedoch nicht notwendig sein.

Nach dem Klick auf SPRACHEN HINZUFÜGEN/ENTFERNEN kommen Sie nun erstmals mit dem Sicherheitskonzept von Linux in Berührung: Sie werden nochmals nach Ihrem Passwort gefragt (siehe Abbildung 4.7).

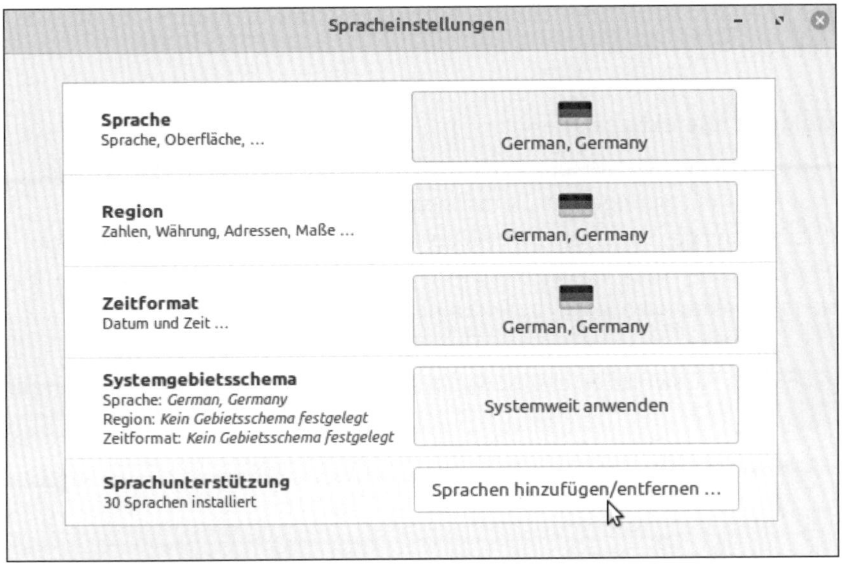

Abbildung 4.6 Sprachen hinzufügen

Abbildung 4.7 Passwortabfrage wegen Systemänderungen

Diese Abfrage ist notwendig, da Sie *Systemänderungen* durchführen möchten – was natürlich nicht jedem Benutzer möglich sein soll. Dazu sind die Rechte des *Superusers* notwendig. Der bei der Installation angegebene Benutzer hat automatisch die Rechte,

Befehle als Superuser durchzuführen – aus Sicherheitsgründen allerdings erst nach der erneuten Eingabe des Passwortes.

Die Fehlermeldung »Defekte Pakete«

In seltenen Fällen kann nun eine Meldung erscheinen, dass defekte Pakete repariert werden sollen. In dem Fall überspringen Sie die Installation der Sprachpakete und führen zuerst eine Aktualisierung des Systems durch (siehe dazu den folgenden Abschnitt). Gegebenenfalls werden dabei jedoch verschiedene Punkte noch in Englisch dargestellt. Nach der Aktualisierung wiederholen Sie dann diesen Abschnitt.

Nach der Eingabe Ihres Passworts erscheint wie in Abbildung 4.8 das Auswahlfenster für die Sprachen.

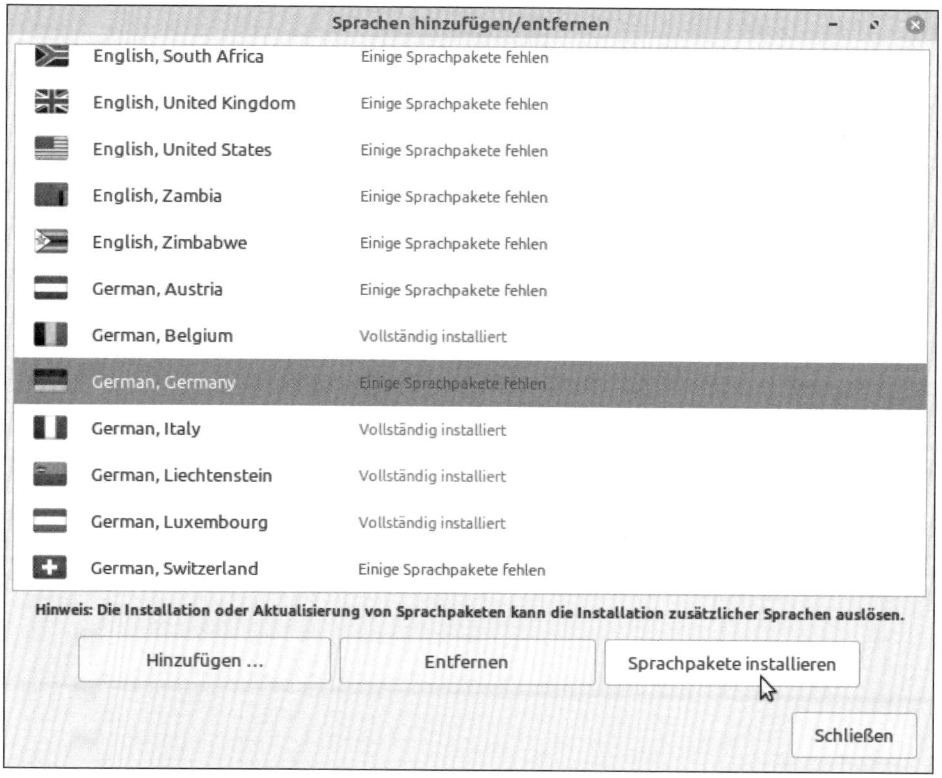

Abbildung 4.8 Auswahl der Sprachen

In diesem Fenster werden alle zurzeit installierten Sprachpakete aufgelistet – auch wenn diese noch nicht vollständig sind. Prüfen Sie nun den Eintrag German, Germany, und falls dort Sprachpakete fehlen, starten Sie die Installation durch einen Klick auf SPRACHPAKETE INSTALLIEREN.

Nun werden verschiedene Pakete heruntergeladen und installiert. Es ist dabei auch möglich, dass unnötige Pakete entfernt werden. Nach der Installation sehen Sie das Ergebnis aus Abbildung 4.9.

Abbildung 4.9 Alle deutschen Sprachpakete sind vollständig installiert.

Diesen Vorgang sollten Sie für alle Sprachen, die mit GERMAN beginnen, sowie mit dem Eintrag ENGLISH, UNITED KINGDOM, wiederholen, um auch dieses Sprachpaket zu vervollständigen.

Englische Meldungen trotz deutscher Sprachpakete?

Sie werden trotz der Installation der Sprachpakete noch an verschiedenen Stellen Anwendungen oder Meldungen in Englisch vorfinden. Dies ist jedoch normal und auch bei anderen Systemen nicht unüblich, da natürlich nicht alles zu hundert Prozent in alle Sprachen übersetzt wird. Es kommt auch unter Windows vor, dass eine heruntergeladene Anwendung nur in englischer Sprache existiert. Daher sind unter Linux Mint auch die englischen Sprachpakete notwendig, damit Anwendungen ohne Übersetzung ins Deutsche korrekt genutzt werden können.

4.5 Linux Mint aktualisieren

Updates sind das A und O. Weshalb? Sie ahnen es: weil das Betriebssystem oder einzelne Anwendungen damit häufig um weitere Funktionen bereichert werden. Außerdem arbeitet die Entwicklungs-Community quasi rund um die Uhr und in der Regel weltweit an der Behebung von Sicherheitslücken und Softwarefehlern, die Sie per Mausklick ganz einfach durch Download der Updates auf Ihrem System schließen bzw. beheben können. Packen wir's an!

4.5.1 Sicherungspunkte in VirtualBox

Wenn Sie Linux Mint unter VirtualBox installiert haben, sollten Sie vor der Aktualisierung besser einen sogenannten *Sicherungspunkt* erstellen. Dadurch können Sie das System bei Problemen durch die Aktualisierung wieder in den vorherigen Zustand zurückversetzen.

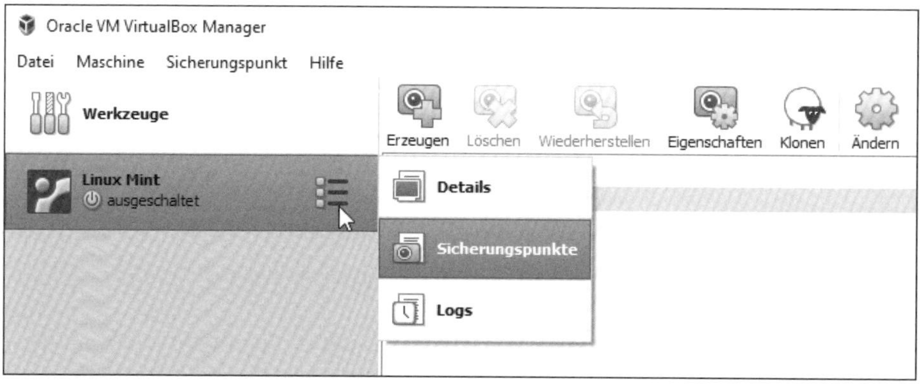

Abbildung 4.10 Sicherungspunkt erstellen

Beenden Sie dazu Linux Mint, und wählen Sie in VirtualBox unter dem Menüpunkt SICHERUNGSPUNKTE den Punkt ERZEUGEN mit dem Kamerasymbol. Wenn der Menüpunkt nicht angezeigt wird, müssen Sie durch einen Klick auf das Menüsymbol im Namen der virtuellen Maschine zuerst in diesen wechseln (siehe Abbildung 4.10; hier kann man zwischen den Ansichten DETAILS, SICHERUNGSPUNKTE und LOGS wechseln). Im darauffolgenden Dialog können Sie dazu noch eine aussagekräftige Bezeichnung vergeben (z. B. »Vor Updates«).

4.5.2 Eine Vorabsicherung unter Linux Mint

Seit der Version 19 bietet Linux Mint eine Schnappschusssicherung wichtiger Systemdateien an. Dies hilft Ihnen, einen vorherigen Stand wiederherzustellen, ohne dabei Daten zu verlieren. Es ist daher sinnvoll, diese Sicherung vor der Aktualisierung zu aktivieren.

Die Aktualisierungsverwaltung erinnert Sie beim Start auch an diese Sicherung. Für die Sicherung kommt die Anwendung *Timeshift* zum Einsatz.

Schnappschusssicherung mit Timeshift

In diesem Abschnitt erkläre ich nur das Notwendigste für die Einrichtung der Sicherung. Weitere Details zu *Timeshift* folgen in Abschnitt 5.22, »Die Systemsicherung mit Timeshift«.

Wenn Sie bereits mit VirtualBox einen Sicherungspunkt erstellt haben, muss diese Sicherung nicht unbedingt durchgeführt werden. Zum Kennenlernen des Ablaufs wäre es jedoch sinnvoll.

Starten Sie dazu die Anwendung *Timeshift*, die sich im STARTMENÜ unter SYSTEMVERWALTUNG befindet. Hier ist eine Passworteingabe notwendig, da die Sicherung der Systemdateien natürlich die Rechte des Superusers benötigt.

Nach dem Start begrüßt Sie ein Einrichtungsassistent. Belassen Sie es hier bei der Auswahl RSYNC. Im nächsten Schritt wird die etwaige Größe der Sicherung geprüft, und es erfolgt die Auswahl des Ortes für die Schnappschüsse (siehe Abbildung 4.11).

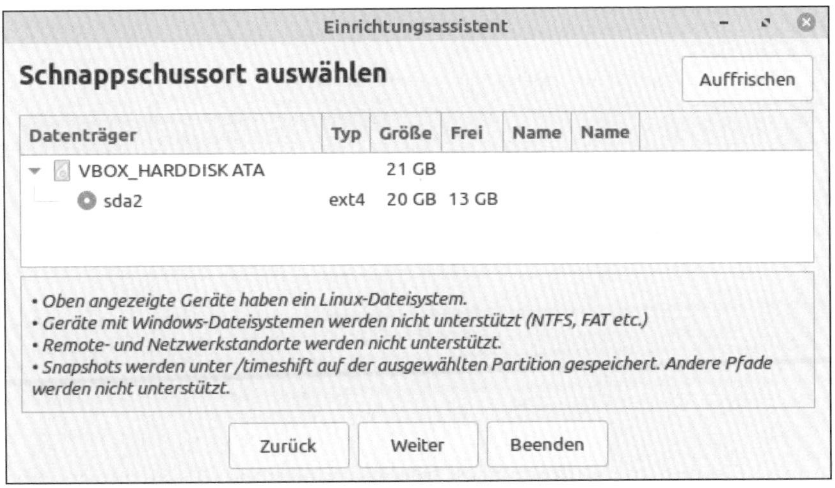

Abbildung 4.11 Auswahl des Zielortes für die Schnappschüsse

Wenn Sie eine Standardinstallation durchgeführt haben, wird hier nur ein Ziellaufwerk (SDAX) angezeigt. Dies sollten Sie übernehmen, auch wenn es nicht die allerbeste Lösung ist.

Im vorletzten Schritt werden die Zeitpunkte der Sicherung festgelegt (siehe Abbildung 4.12). Auch hier sollten Sie es bei der vorgeschlagenen Einstellung (TÄGLICH) belassen. Der letzte Schritt betrifft die Benutzerordner. Diese werden standardmäßig von der Sicherung ausgeschlossen. Da es sich um eine Systemsicherung handelt, können Sie dies belassen.

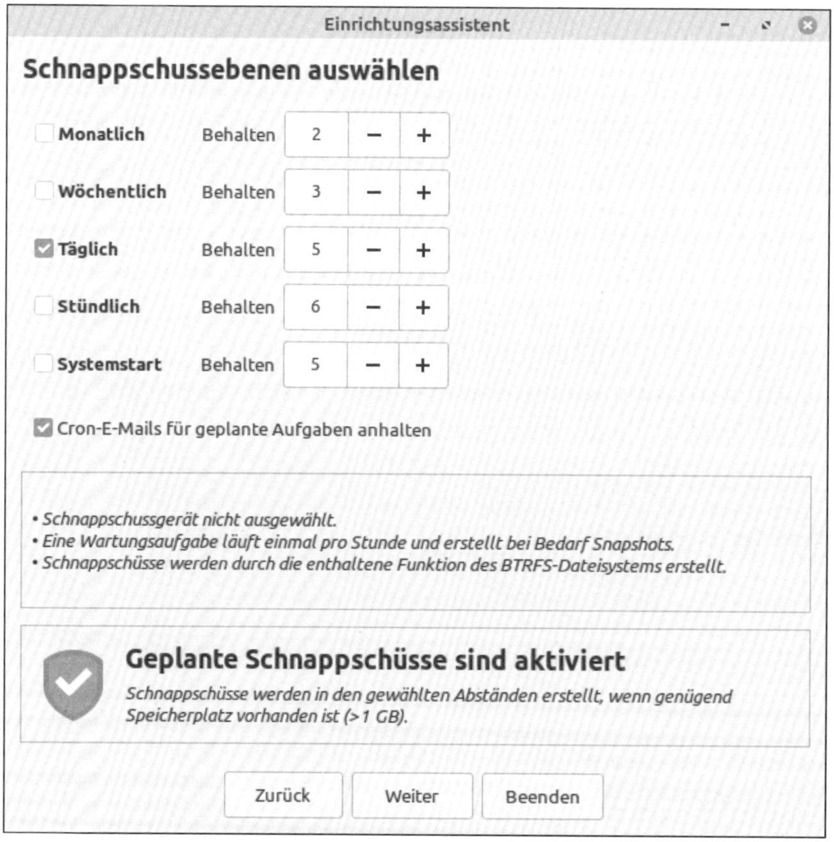

Abbildung 4.12 Die Zeitpunkte der Sicherung

Nach der Zusammenfassung, in der Ihnen noch Informationen über die Sicherung präsentiert werden, öffnet sich die eigentliche Anwendung zur Systemsicherung – *Timeshift*. Die erste Sicherung kann nun manuell durch einen Klick auf ERSTELLEN ausgeführt werden. Sie kann, je nach System, einige Minuten in Anspruch nehmen.

Nach der Fertigstellung kann Timeshift beendet werden, und die Aktualisierung kann beginnen. Mehr Details über weitere Einstellungen für Timeshift erfahren Sie in Abschnitt 5.22, »Die Systemsicherung mit Timeshift«.

Abbildung 4.13 Der erste (manuelle) Schnappschuss wird erstellt.

4.5.3 Die Aktualisierungsverwaltung starten

Selbst bei der Installation mit Internetverbindung können für einige Pakete aktuellere Versionen vorliegen. Auch bei Problemen mit der Internetverbindung oder natürlich dann, wenn die Installation bereits einige Zeit zurückliegt, ist es auf jeden Fall notwendig, sich um Aktualisierungen zu kümmern.

Wenn Aktualisierungen vorliegen, erscheint unten rechts in der (Informations-)Leiste bei den sogenannten *Applets* ein Schild (siehe Abbildung 4.14). Dieses Symbol teilt Ihnen mit, dass Aktualisierungen vorliegen.

Durch einen Klick auf den Schild öffnen Sie die *Aktualisierungsverwaltung*. Alternativ erreichen Sie den Updater auch über MENÜ • SYSTEMVERWALTUNG • AKTUALISIERUNGSVERWALTUNG.

Zunächst erscheint ein Willkommensfenster (siehe Abbildung 4.15), in dem Sie auch an die Systemschnappschüsse erinnert werden. Bestätigen Sie zunächst die beiden Punkte (dabei wird gegebenenfalls Timeshift noch einmal geöffnet und kann dann wieder geschlossen werden).

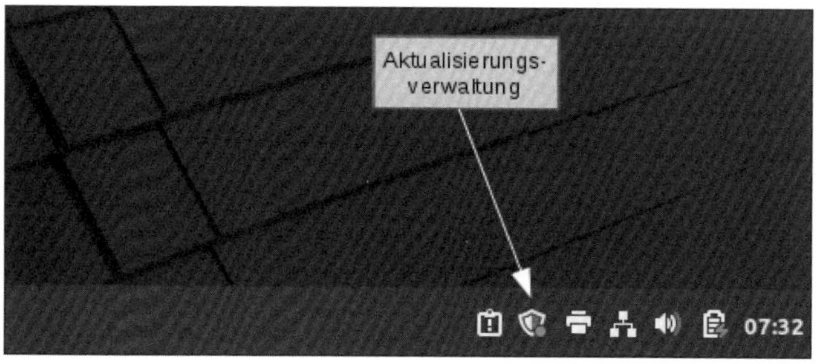

Abbildung 4.14 Unten rechts: das Symbol für die Aktualisierungshinweise

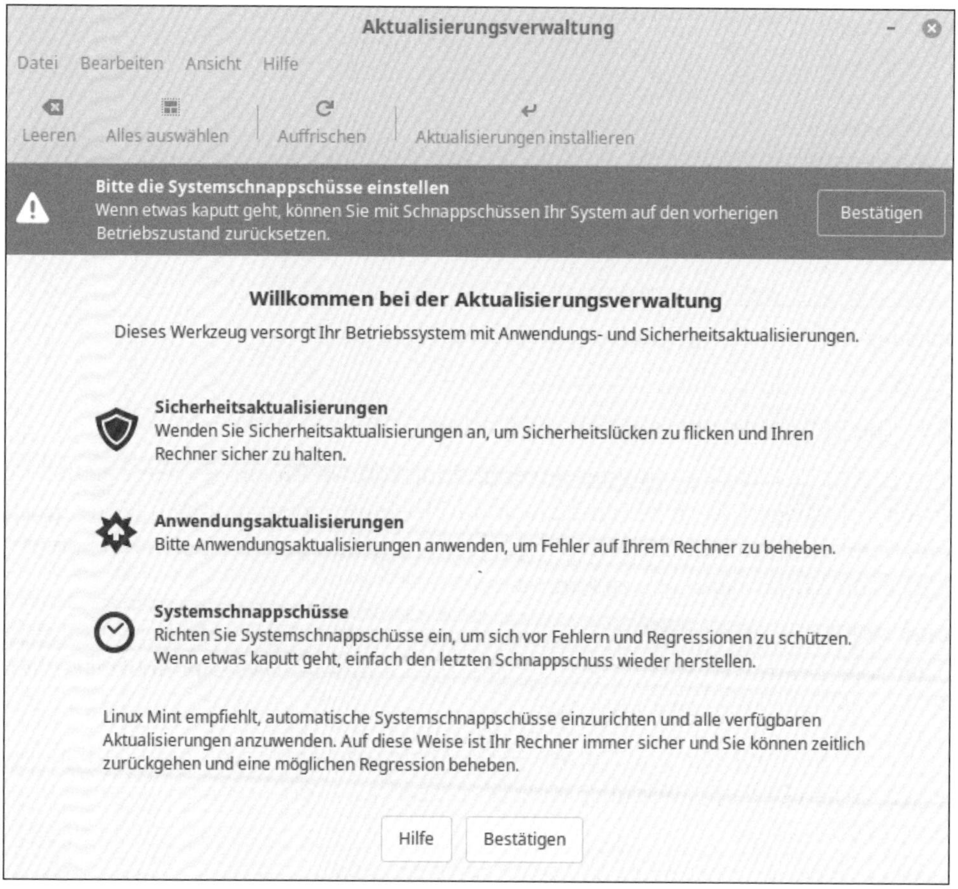

Abbildung 4.15 Der Willkommensbildschirm

Es ist möglich, dass nun zunächst nur eine neue Version für die Aktualisierungsverwaltung vorgeschlagen wird. Diese wird, um Probleme zu vermeiden, immer gesondert von anderen Aktualisierungen installiert. Ansonsten sehen Sie vermutlich mehrere verschiedene Aktualisierungen.

In diesem Beispiel habe ich, damit Sie sich einen besseren Überblick verschaffen können, eine länger unbenutzte Linux-Mint-Version verwendet. Bei Ihnen werden kurz nach der Installation vermutlich keine oder nur wenige Pakete zur Aktualisierung angeboten. Klicken Sie in der Werkzeugleiste zunächst auf AUFFRISCHEN, um sicherzustellen, dass die Liste alle verfügbaren Pakete anzeigt.

In Abbildung 4.16 stehen viele Aktualisierungen bereit. Durch einen Klick auf AKTUALISIERUNGEN INSTALLIEREN würde die Installation gestartet. Doch zunächst werden wir die Anwendung kennenlernen und die Einstellungen besprechen.

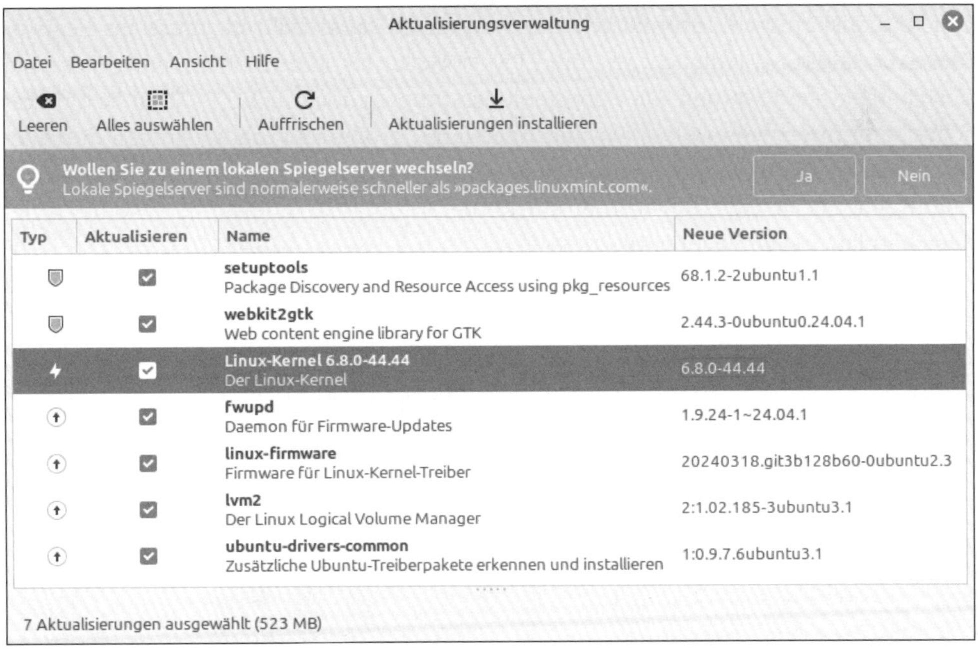

Abbildung 4.16 Ein nicht aktualisiertes System

Dazu widmen wir uns zuallererst der Auswahlliste und den Symbolen, die dort erscheinen. In der Spalte TYP sehen Sie einen Schild, einen Blitz oder einen Pfeil, der nach oben weist. Der Schild steht dabei für eine Sicherheits-, der Blitz für eine Kernel- und der Pfeil für eine Anwendungsaktualisierung. Wenn Sie die Maus über das jeweilige Symbol bewegen, wird dieses auch eingeblendet. Das Häkchen in der Spalte AKTUALISIEREN markiert ein Paket als zur Installation freigegeben. In den nächsten beiden Spalten stehen der Name und die neue Versionsnummer des Pakets.

4.5.4 Die Aktualisierungen einrichten

Im Menü BEARBEITEN • EINSTELLUNGEN steuern Sie das Verhalten der Aktualisierungsverwaltung.

Die Auswahl im Register OPTIONEN kann zunächst unverändert bleiben. Die Punkte unter *Oberfläche* und im Bereich *Automatisch auffrischen* dürften selbsterklärend sein. Mit ihnen stellen Sie u. a. das Häufigkeitsintervall ein, in dem Linux Mint nach neuen Aktualisierungen sucht.

Gelegentlich möchten Sie eine Anwendung vielleicht nicht aktualisieren. Dies legen Sie im Register NEGATIVLISTE fest. Bei mir kommt dies jedoch nur sehr selten und dann nur auf Serversystemen vor.

Um Aktualisierungen automatisch im Hintergrund auszuführen, muss im Register AUTOMATISIERUNG lediglich im Punkt PAKETAKTUALISIERUNGEN das entsprechende Kästchen aktiviert werden. Dies empfehle ich Ihnen jedoch nicht. Es kann zu Überraschungen führen, wenn plötzlich und unerwartet größere Aktualisierungen durchgeführt werden. Sinnvoll ist jedoch der Punkt unter AUTOMATISCHE WARTUNG (siehe Abbildung 4.17). Bei Aktivierung werden alte Kernel automatisch deinstalliert, wodurch viel Speicherplatz frei gemacht wird.

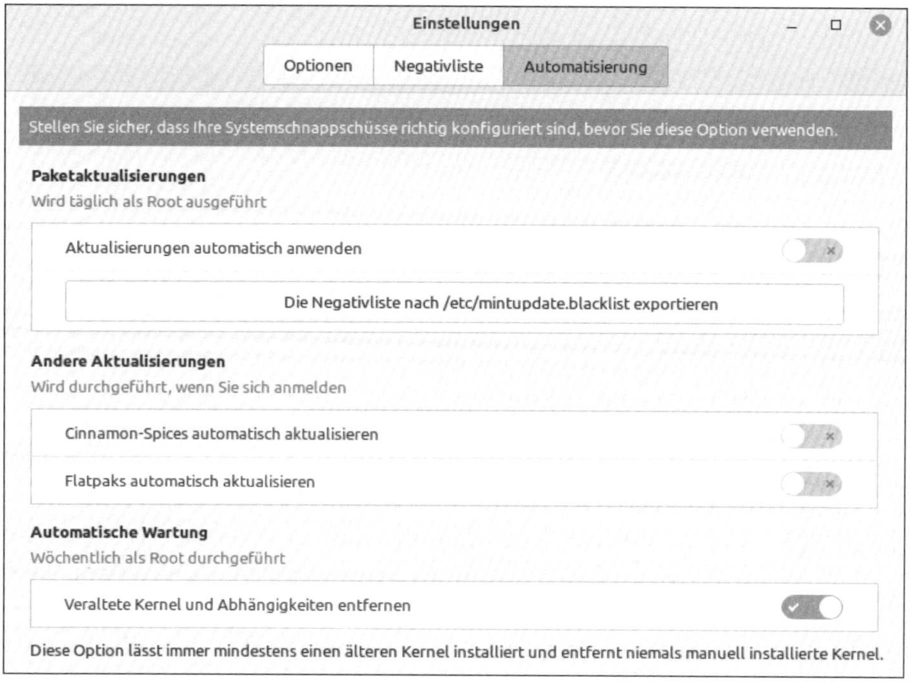

Abbildung 4.17 Automatisierung

Nachdem Sie die Änderungen an den Einstellungen vorgenommen haben, schließen Sie das Fenster und wählen danach AUFFRISCHEN in der Aktualisierungsverwaltung.

4.5.5 Die Aktualisierungen installieren

Kommen wir zur ersten Installation von Aktualisierungen. Über AKTUALISIERUNGEN INSTALLIEREN starten Sie deren Installation. Wie bereits bei der Installation der fehlenden Sprachpakete ist es möglich, dass Sie über weitere notwendige Änderungen informiert werden, und es wird nach Ihrem Passwort gefragt. In einem Infofenster werden Sie dann über den aktuellen Stand auf dem Laufenden gehalten. Details blenden Sie über EINZELNE DATEIEN ANZEIGEN ein. Nach dem Herunterladen werden die Pakete installiert. Auch hier können Sie sich in einem Infofenster eine Detailansicht einblenden lassen (siehe Abbildung 4.18).

Abbildung 4.18 Die Installation der Pakete

Es kann vorkommen, dass die Aktualisierungsverwaltung nachfragt, ob eine bereits vorhandene (Konfigurations-)Datei *beibehalten* oder *ersetzt* werden soll. Eine hundertprozentige Allroundlösung gibt es hier nicht. Jedoch sollten Sie die Originaldatei im Zweifel beibehalten, damit keine Einstellungen verloren gehen.

Je nachdem, welche Komponenten aktualisiert wurden, ist ein Neustart notwendig.

Schnappschüsse, VirtualBox und Sicherungspunkte

Falls es bei der Aktualisierung zu Problemen kam und Sie mit Timeshift eine Sicherung erstellt haben, finden Sie in Abschnitt 5.21, »Die Datensicherung«, eine Anleitung zur Wiederherstellung des vorherigen Systemzustandes.

Benutzer von VirtualBox können über SICHERUNGSPUNKT • WIEDERHERSTELLEN den Zustand vor den Aktualisierungen wiederherstellen (siehe Abbildung 4.19). Wenn alles sauber verlaufen ist, können Sie den Sicherungspunkt nach einem Beenden der virtuellen Maschine auch löschen, da er nicht mehr notwendig ist. Es ist jedoch sinnvoll, ein paar Tage damit zu warten, da manche Probleme nicht sofort auftreten.

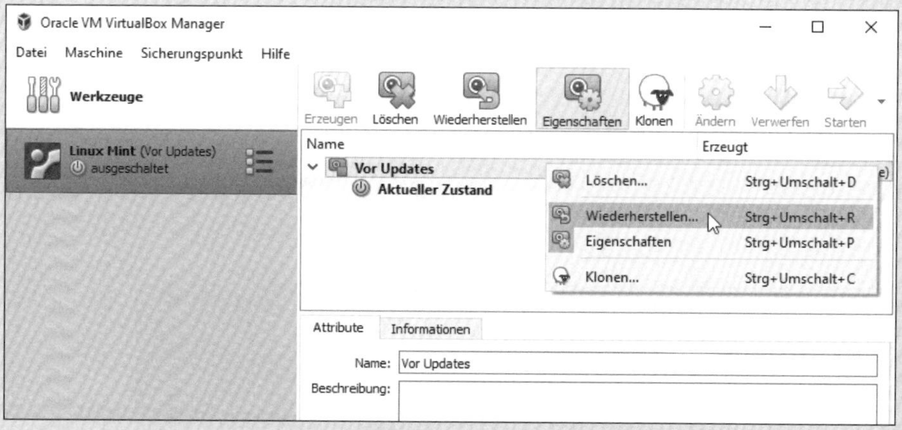

Abbildung 4.19 Sicherungspunkt wiederherstellen oder löschen

4.6 Das Menü

Das Startmenü von Cinnamon haben Sie bereits mehrmals verwendet und dadurch auch entsprechend kennengelernt. Dennoch will ich Ihnen hier noch die Details des Menüs erläutern. Falls Sie die Xfce-Version von Linux Mint einsetzen, ist der Aufbau des Menüs der »gravierendste« Unterschied zwischen Xfce und Cinnamon.

Sie öffnen das Menü (siehe Abbildung 4.20) mit einem Mausklick oder über die [Super]-Taste, auch *Windows-Taste* genannt. Auf der linken Seite befinden sich verschiedene Programmsymbole – sogenannte *Favoriten* – und Symbole zum Sperren des Schreibtischs, zum Abmelden und zum Beenden des Systems. Wenn Sie den Mauszeiger über einem der Symbole platzieren, erscheint unten rechts eine Beschreibung. Die Favoriten ähneln den Schnellstartern in der Leiste. Hier können Sie häufig benötigte Anwendungen platzieren. Die Reihenfolge der Symbole können Sie per Drag & Drop verändern. Zum Entfernen ziehen Sie das Symbol einfach aus den Favoriten heraus (in einen Bereich des Menüs).

Drag & Drop

Selbst wenn Sie nicht wissen, was es bedeutet: Die Methode *Drag & Drop* werden Sie sicherlich schon verwendet haben. Auf Deutsch bedeutet es »ziehen und fallen lassen«. Sie klicken dazu z. B. auf ein Symbol und halten die Maustaste gedrückt. Nun ziehen Sie das Symbol an einen anderen Ort und lassen es dort, durch Loslassen der Maustaste, wieder fallen. Sie ziehen es also irgendwohin und legen es dort ab: ziehen und fallen lassen.

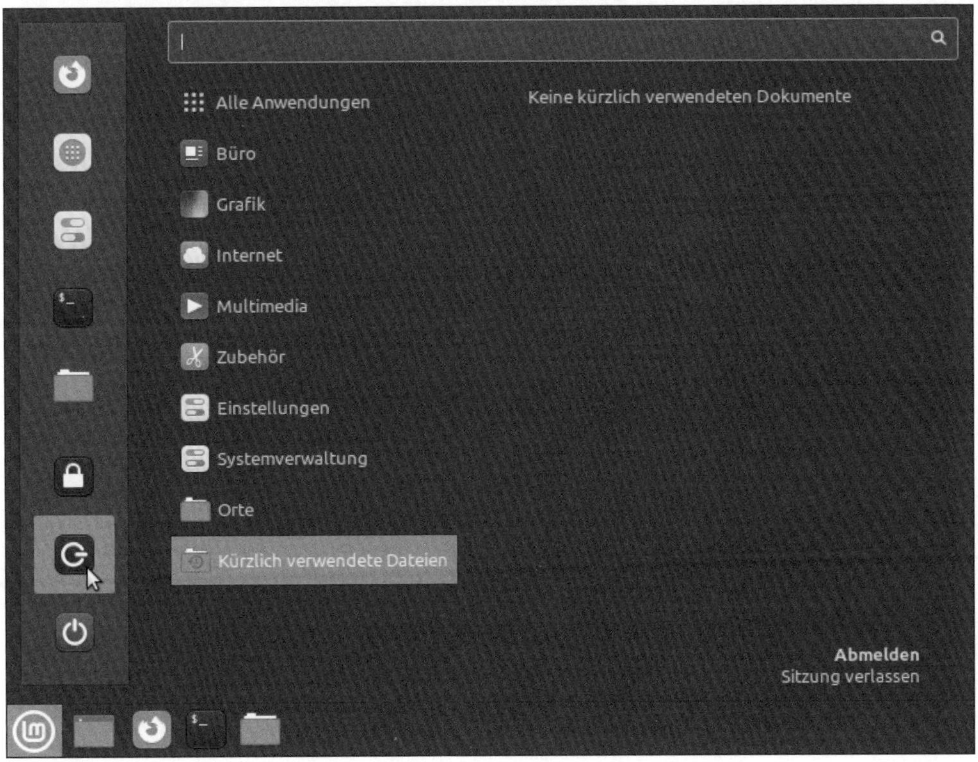

Abbildung 4.20 Das Cinnamon-Menü

In den Ordnern BÜRO, GRAFIK, INTERNET usw. können Sie die dort enthaltenen Anwendungen starten. Durch einen Rechtsklick auf ein Programmsymbol können Sie dieses zu den Favoriten, der Leiste (bzw. Schnellstartleiste) oder dem Schreibtisch hinzufügen oder auch die Anwendung deinstallieren. Letzteren Punkt sollten Sie jedoch jetzt noch nicht testen.

Im Suchfeld am oberen Ende des Menüs können Sie nach installierten Anwendungen suchen. Dies ist auch hilfreich, wenn Sie deren Namen nicht kennen. Es ist nämlich möglich, hier auch nach verschiedenen Schlagwörtern zu suchen. Die Eingabe von »tabelle« findet beispielsweise auch *LibreOffice Calc* (siehe Abbildung 4.21).

Abbildung 4.21 Nach Programmen suchen

Über die Punkte EINSTELLUNGEN und SYSTEMVERWALTUNG (bzw. SYSTEM unter Xfce) konfigurieren Sie Linux Mint und Cinnamon.

4.7 Der Dateimanager Nemo

Dateimanager zählen zu den am häufigsten benötigen Werkzeugen eines Betriebssystems. Sie dienen vorwiegend dazu, Ordner, Dateien und Dokumente zu verwalten. Der Dateimanager von Cinnamon trägt den Namen *Nemo*.

Für Benutzer von Linux Mint Xfce

Alle, die Linux Mint Xfce verwenden, werden nun feststellen, dass sich der Dateimanager unterscheidet. Xfce verwendet nicht Nemo, sondern den Dateimanager *Thunar*. Sie können dies entweder einfach ignorieren oder kurz zu Abschnitt 8.9.1, »Nemo unter Xfce«, springen und Nemo nachinstallieren.

Nemo kann auf mehrere Arten geöffnet werden: über das Symbol DATEIEN im Menü oder in der Schnellstartleiste sowie über das Symbol DATEIEN im Untermenü ZUBEHÖR.

Wie bereits beschrieben, erscheint beim Platzieren des Mauszeigers auf ein Programmsymbol eine Beschreibung unten rechts im Startmenü. Das Gleiche gilt für die Schnellstartleiste – nur erscheint dort der Bezeichner über dem Symbol. In Abbildung 4.22 sehen Sie den Mauszeiger über dem Dateimanager. Ein Klick darauf startet Nemo.

Abbildung 4.22 Den Dateimanager Nemo starten

Nemo wird auch geöffnet, wenn Sie auf dem Schreibtisch das Symbol RECHNER oder PERSÖNLICHER ORDNER öffnen. Beide Symbole starten Nemo, zeigen jedoch auf verschiedene Bereiche des Systems. In Abbildung 4.23 wird der Inhalt des persönlichen Ordners angezeigt.

Wenn Sie bereits mit anderen Dateimanagern wie dem Windows-Explorer gearbeitet haben, wird Ihnen Nemo auch gleich bekannt vorkommen. Er besitzt oben eine *Menüleiste* ❶, darunter eine *Adress- und Werkzeugleiste* ❷, links eine *Seitenleiste* ❸, unten eine *Statusleiste* ❹ und einen *Anzeigebereich* ❺, in dem die Ordner und Dokumente angezeigt werden.

In der *Menüleiste* oben können Sie über die Einträge DATEI, BEARBEITEN usw. Nemo beenden, Ordner erstellen, die Einstellungen verändern und vieles mehr.

Die *Adress- und Werkzeugleiste* dient dazu, sich in Ordnern vor- oder zurückzubewegen, und sie zeigt die aktuelle Position an (in Abbildung 4.23 ist es der Ordner DIRK, also mein persönlicher Ordner). Die Symbole im rechten Bereich dienen zum Ändern der Ansicht und zur Suche nach Ordnern und Dokumenten.

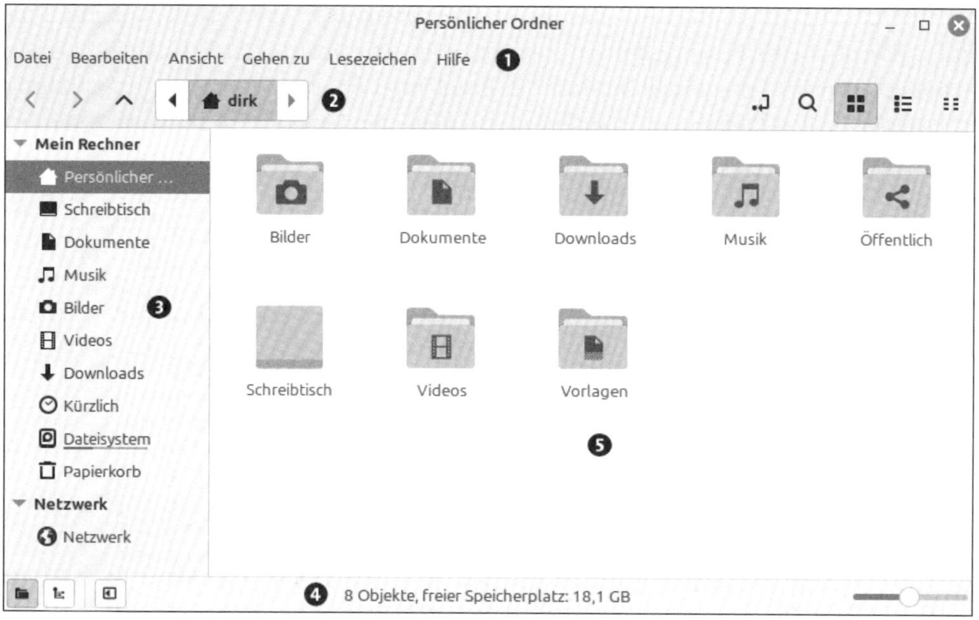

Abbildung 4.23 Der persönliche Ordner unter Nemo

Die angezeigten Symbole im persönlichen Ordner dürften anhand ihrer Namen selbsterklärend sein. Sie dienen dazu, entsprechende Dateien sortiert zu verwalten. Einige Anwendungen verwenden diese Ordner auch als Standardordner (eine Bildbearbeitung schlägt z. B. beim Speichern eines neuen Bildes den Ordner *Bilder* vor).

In der *Seitenleiste* sind verschiedene *Orte* und *Lesezeichen* aufgelistet. Einige dieser Lesezeichen zeigen auf die Ordner im persönlichen Ordner. Hier können Sie auch die klassische *Baumansicht* nutzen, und zwar über die Ansichtssymbole unten in der Statusleiste (siehe Abbildung 4.24).

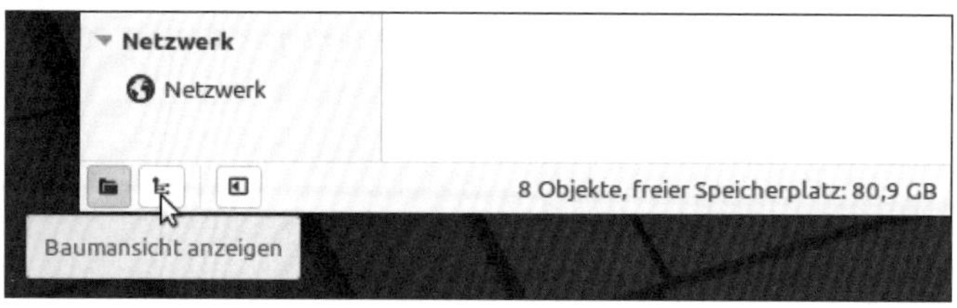

Abbildung 4.24 Die Ansichtssymbole in der Statusleiste

Die *Statusleiste* bietet Symbole zur Steuerung der Seitenleiste, zeigt Informationen zum aktuellen Ordner und ermöglicht es Ihnen, mit dem Schieberegler die Ansichtsgröße der Symbole zu verändern.

Dateien und Dateitypen

Wenn Ihnen in Nemo Dateien aufgelistet werden, wird Ihnen auffallen, dass viele eine sogenannte *Dateiendung* besitzen. Dies sind Erweiterungen im Dateinamen, die auf den *Dateityp* hinweisen. Es sind meist drei oder vier Zeichen nach dem letzten Punkt. So sehen Sie beispielsweise an der Erweiterung *.txt*, etwa im Dateinamen *Readme.txt*, dass es sich um eine Textdatei handelt. Unter Windows sind diese Erweiterungen »bekannter Dateitypen« standardmäßig ausgeblendet. Für Linux-Systeme sind sie nicht zwingend notwendig, sollten jedoch beibehalten werden. Anwendungen schlagen Ihnen dazu beim Speichern die entsprechende Dateiendung vor. Achten Sie bei einem eventuellen Umbenennen darauf, die Dateiendung nicht zu löschen.

Detaillierte Informationen finden Sie hier:

- *https://de.wikipedia.org/wiki/Dateiformat#Interpretation_des_Dateiinhalts*
- *https://de.wikipedia.org/wiki/Liste_von_Dateinamenserweiterungen*

4.7.1 Das Dateisystem von Linux

In Nemo wird ehemaligen Windows-Benutzern auffallen, dass das Dateisystem sich von dem Windows-Dateisystem unterscheidet. Laufwerksbuchstaben (*C:*, *D:* usw.) existieren unter Linux nicht. Wechseln Sie nun einmal in der Seitenleiste zum Ort DATEISYSTEM. Hier sehen Sie einen Überblick über den *root-Ordner* (Stammordner) des Linux-Dateisystems. Laien sollten sich zunächst nicht in diesem Bereich bewegen. Ich werde später jedoch darauf zurückkommen.

4.7.2 Das CD/DVD-Laufwerk verwenden

Je nachdem, welches Medium Sie eingelegt haben, wird nachgefragt, was »getan« werden soll (Video abspielen, Ordner öffnen o. Ä.). Beim Einlegen der DVD von Linux Mint wählen Sie dann z. B. ORDNER ÖFFNEN. Durch diese Auswahl wird die DVD *eingehängt* (unter Linux auch *mounten* genannt), und sie erscheint in der Seitenleiste von Nemo und auf dem Schreibtisch.

DVD-Laufwerk unter VirtualBox

Unter VirtualBox können Sie die DVD bei einem laufenden System über das Menü GERÄTE • OPTISCHE LAUFWERKE »einlegen«. Hierbei können Sie ein ISO-Abbild oder auch das DVD-Laufwerk des physischen Rechners verwenden. Über GERÄTE • OPTISCHE LAUFWERKE • MEDIUM ENTFERNEN wird es wieder »ausgeworfen«.

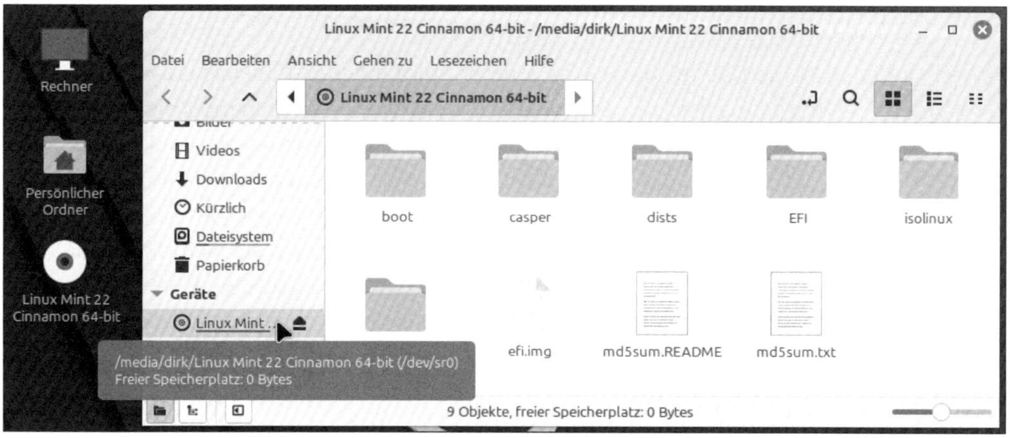

Abbildung 4.25 Die DVD von Linux Mint wurde eingelegt.

4.7.3 Weitere Geräte

Wenn Sie eine parallele Installation zu Windows durchgeführt oder eine weitere Festplatte angeschlossen haben, zeigt Nemo neben dem DVD-Laufwerk weitere GERÄTE an (siehe Abbildung 4.26). Diese wurden nicht automatisch eingehängt, was Sie durch einen Klick auf den entsprechenden Eintrag nachholen können.

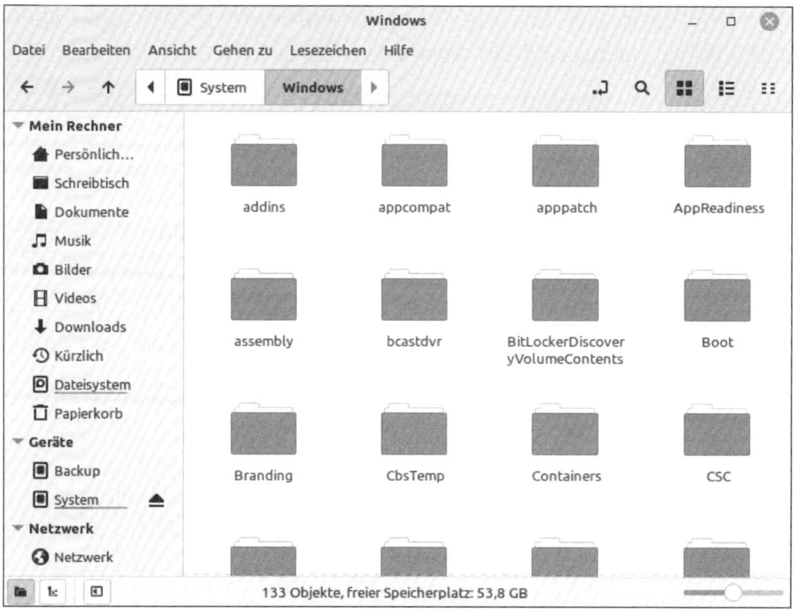

Abbildung 4.26 Ein eingehängtes Windows-Laufwerk (System)

Seien Sie beim Zugriff auf eine Windows-Partition vorsichtig, damit das Windows-System nicht durch versehentliches Löschen oder Verschieben von wichtigen Dateien oder Ordnern unbrauchbar wird. Eine Möglichkeit, um ein Laufwerk oder eine DVD auszuhängen, bietet das Laufwerksymbol in der Leiste (siehe Abbildung 4.27). Wenn Sie dieses anklicken, öffnet sich eine Liste mit allen entfernbaren Laufwerken. Hier reicht ein Klick auf das Auswurf-Symbol, und das jeweilige Laufwerk wird ausgehängt.

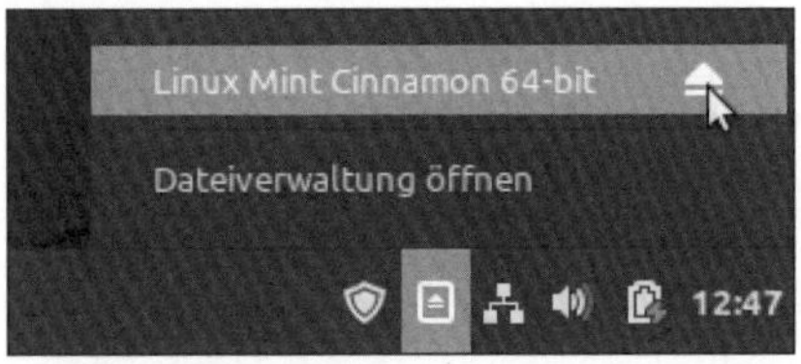

Abbildung 4.27 Laufwerke aushängen

Aushängen (auch *unmounten* oder *umount* genannt) können Sie Laufwerke über deren *Kontextmenü*.

Was ist ein Kontextmenü?

Ein *Kontextmenü* ist ein Menü, das Sie durch einen Klick mit der rechten Maustaste auf ein Objekt (ein Symbol, ein Dokument o. Ä.) öffnen. Je nachdem, worauf Sie klicken, öffnet sich ein spezielles Menü mit Einträgen, die mit diesem Objekt in Zusammenhang stehen.

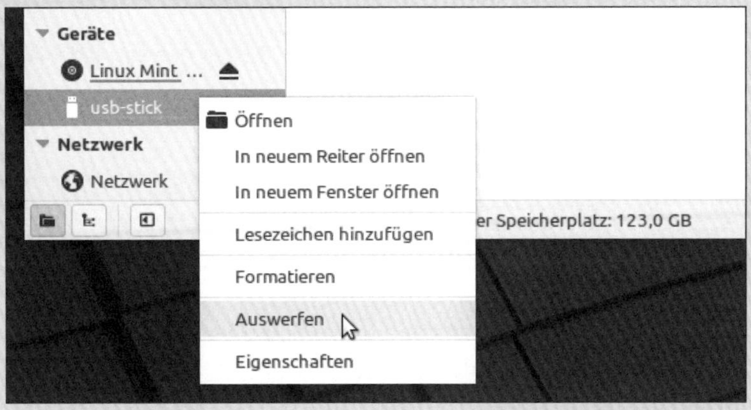

Abbildung 4.28 Ein USB-Laufwerk auswerfen

4.7.4 Papierkorb und Löschen

Es gibt zwei Methoden, Ordner oder Dokumente zu löschen: Sie können diese *in den Papierkorb verschieben* oder endgültig *löschen*. Die Auswahl treffen Sie im Kontextmenü oder im Menü BEARBEITEN.

In Abbildung 4.29 erkennen Sie die beiden Löschmethoden im Kontextmenü. Wenn Sie Ordner oder Dokumente LÖSCHEN, sind diese nur mit Hilfsmitteln oder auch überhaupt nicht mehr wiederherstellbar. Wählen Sie daher möglichst immer IN DEN PAPIERKORB VERSCHIEBEN. Dadurch können Sie versehentlich gelöschte Objekte auf einfache Art und Weise wiederherstellen.

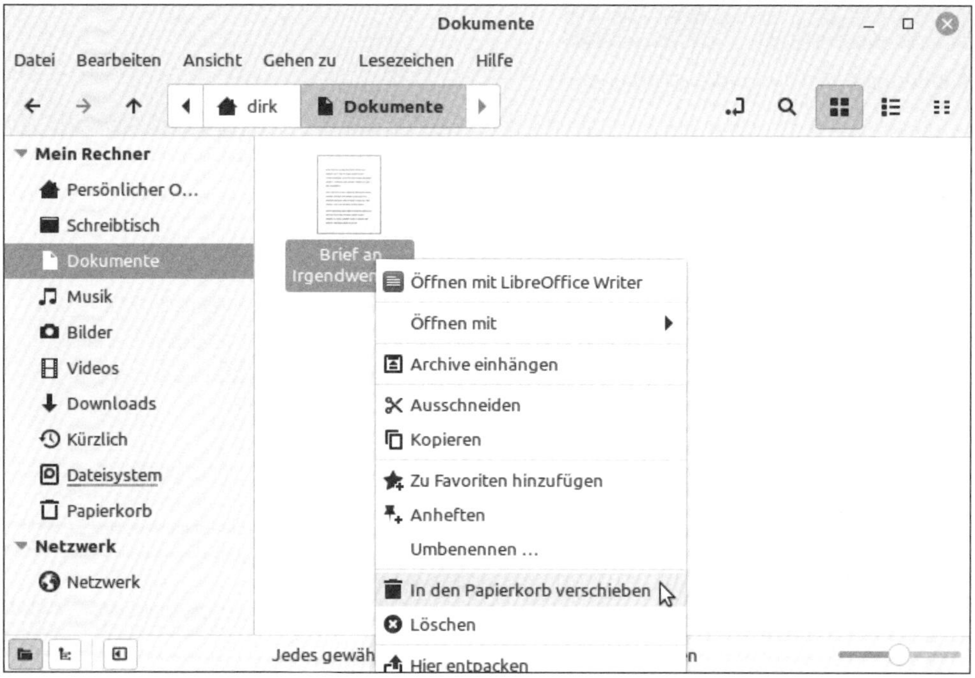

Abbildung 4.29 Der »Brief an Irgendwen« wird in den Papierkorb verschoben.

Öffnen Sie zum Wiederherstellen den PAPIERKORB in der Seitenleiste von Nemo (siehe Abbildung 4.30). Durch Markieren des entsprechenden Objekts und Klicken auf die Schaltfläche AUSGEWÄHLTE OBJEKTE WIEDERHERSTELLEN wird es an seinem ursprünglichen Ort wiederhergestellt.

Wenn Sie dies nicht wünschen (gegebenenfalls ist der alte Ort ja auch nicht mehr vorhanden), können Sie das Objekt auch einfach per Drag & Drop auf den Schreibtisch ziehen (siehe Abbildung 4.31).

Eine weitere Möglichkeit ist es, die gelöschte Datei per Doppelklick zu öffnen, um sie zu überprüfen. Dies funktioniert natürlich nur bei Dokumenten, Bildern usw. In dem Fall wird die Datei jedoch schreibgeschützt geöffnet, und Sie können nichts verändern. In den meisten Anwendungen kann sie dann über DATEI • SPEICHERN UNTER an einem anderen Ort gespeichert werden.

Über die Schaltfläche PAPIERKORB LEEREN werden alle Objekte endgültig entfernt.

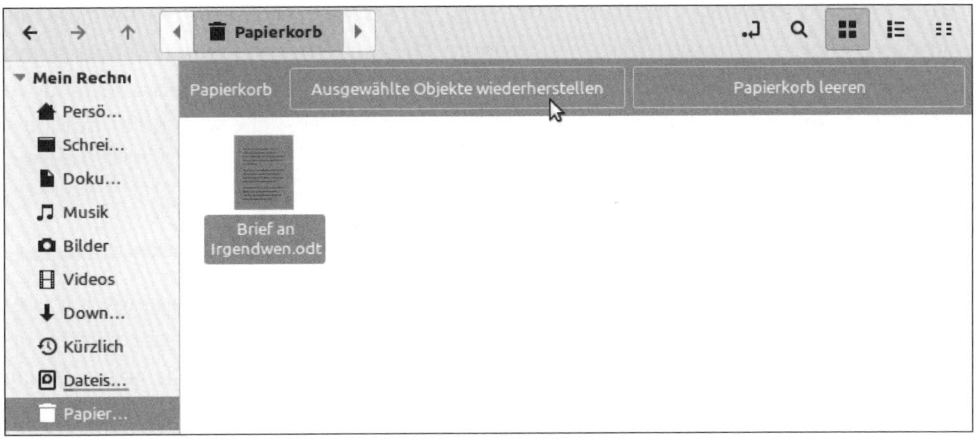

Abbildung 4.30 Wiederherstellung des »Briefes an Irgendwen« aus dem Papierkorb

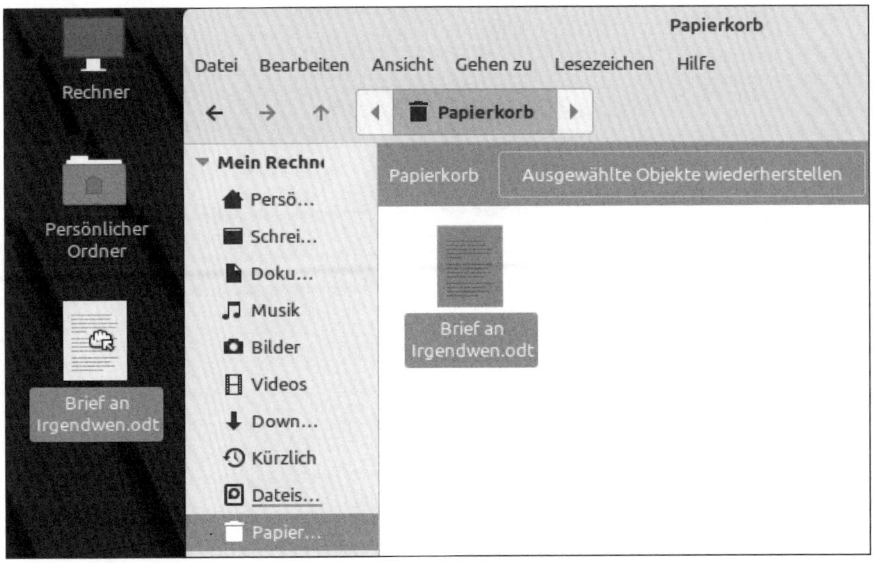

Abbildung 4.31 Wiederherstellung per Drag & Drop

4.7.5 Dateien suchen

In Nemo können Sie auf einfache Art nach Dateien suchen, deren Namen zumindest teilweise bekannt ist. Sie müssen dazu nur auf die Lupe in der Werkzeugleiste klicken und können dann den Namen (oder eben nur einen Teil davon) eingeben. Nemo beginnt dann die Suche *ab dem Ordner*, in dem Sie sich gerade befinden, und durchsucht *sämtliche Unterordner*.

Um Dateien im *aktuellen* Ordner zu finden, beginnen Sie einfach mit der Eingabe des Namens der Datei. Es erscheint dann automatisch ein kleines Eingabefeld, und Nemo markiert die entsprechende Datei – falls vorhanden natürlich. Dies funktioniert jedoch nur mit der Eingabe des Anfangs vom Dateinamen. Eine Teilsuche wird nicht durchgeführt – nutzen Sie in dem Fall die Lupe.

4.7.6 Verborgene Dateien und Ordner

Vielleicht kennen Sie bereits von anderen Systemen die Möglichkeit, Dateien zu »verstecken«. Dadurch werden sie standardmäßig nicht angezeigt. Im Benutzerordner befinden sich jede Menge dieser verborgenen Dateien und Ordner. Wählen Sie, wenn Sie sie sehen möchten, einfach den Menüeintrag ANSICHT • VERBORGENE DATEIEN ANZEIGEN aus Abbildung 4.32.

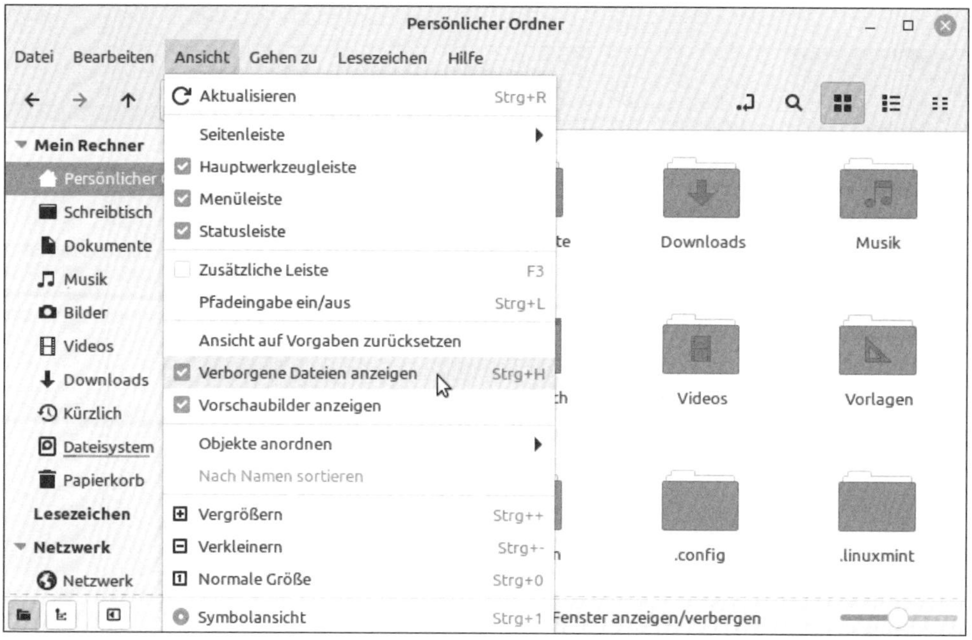

Abbildung 4.32 Verborgene Dateien anzeigen

Im Hintergrund sehen Sie verschiedene verborgene Ordner. Diese beginnen in Linux alle mit einem Punkt (z. B. *.config*, *.linuxmint*). Meist handelt es sich hierbei um Ordner für Konfigurationsdateien. Später werde ich wieder auf sie zurückkommen.

Entfernen Sie nun am besten wieder das Häkchen bei VERBORGENE DATEIEN ANZEIGEN, damit die Dateien und Ordner wieder ausgeblendet werden. Dadurch verhindern Sie, dass ungewollt wichtige Dateien entfernt oder verändert werden.

4.7.7 Nemo als Superuser öffnen

In Zukunft werden Sie gelegentlich auch in Situationen kommen, in denen Ordner oder Dateien mit den Rechten des Superusers bearbeitet werden müssen. Damit ist es auch möglich, auf Daten zuzugreifen, für die man eigentlich keine Zugriffsrechte besitzt. Öffnen Sie dazu Nemo, und wechseln Sie in der Seitenleiste zum Ort DATEISYSTEM. Versuchen Sie, dort den Ordner mit der Bezeichnung ROOT zu öffnen.

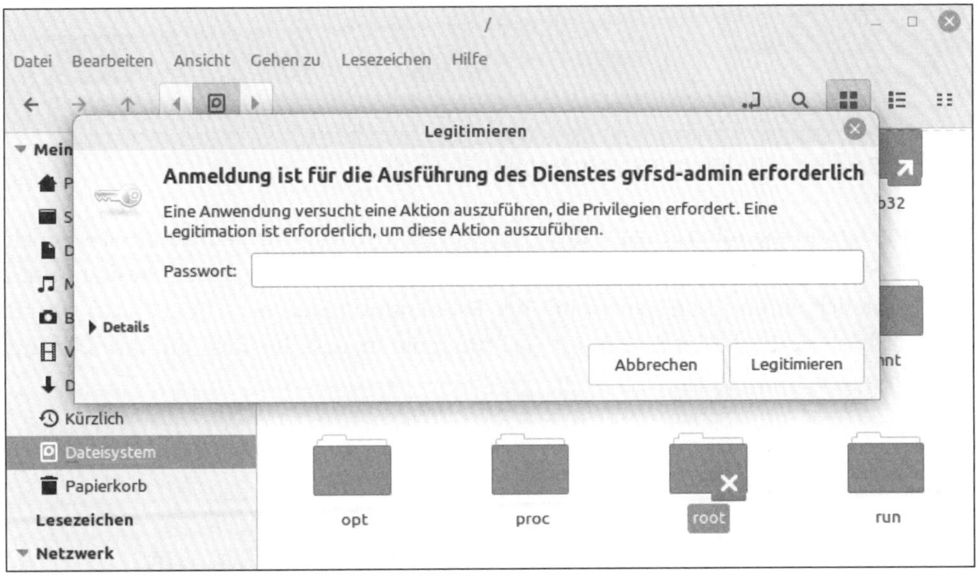

Abbildung 4.33 Keine Zugriffsrechte für den Ordner »root«

Ihnen wird zunächst der Zugriff verwehrt, denn der Ordner ROOT ist der persönliche Ordner des Superusers und daher nur für diesen zugänglich. Daher wird wie in Abbildung 4.33 nach Ihrem Passwort gefragt, um die Rechte des Superusers zu erlangen.

Die Eingabe des Passwortes wäre die erste Möglichkeit, um Zugriff auf spezielle Systemdateien zu erhalten.

Eine weitere, von mir empfohlene Lösung ist jedoch das *Kontextmenü*. Öffnen Sie dieses durch einen Rechtsklick auf den Ordner Root, und wählen Sie dort den Menüpunkt Als Systemverwalter öffnen (siehe Abbildung 4.34).

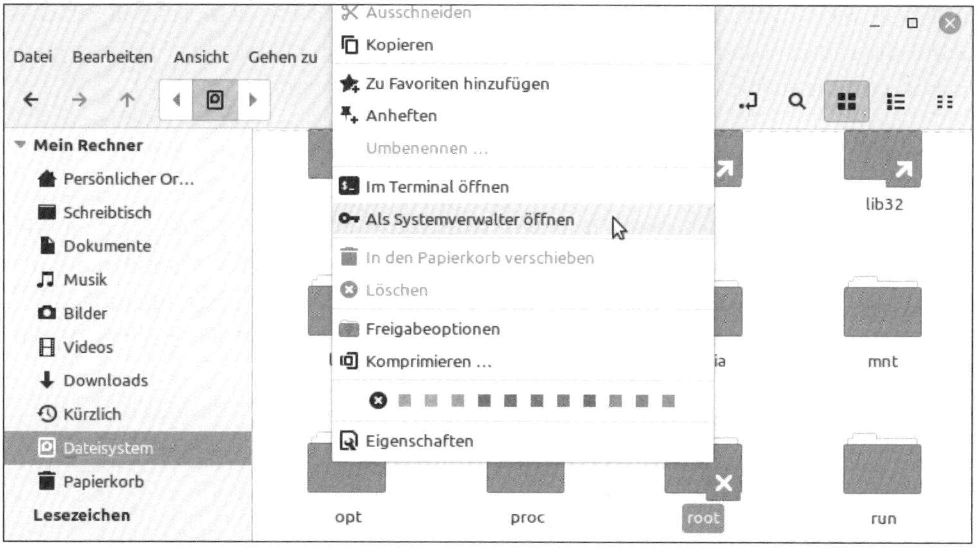

Abbildung 4.34 Einen Ordner als Systemverwalter öffnen

Nach der darauffolgenden Eingabe Ihres Passwortes wird Nemo erneut geöffnet – jedoch mit den Rechten des Superusers. Im Gegensatz zu der ersten Möglichkeit besitzt Nemo nun zusätzlich einen roten Balken mit der Bezeichnung Erhöhte Berechtigungen (siehe Abbildung 4.35). Dieser erinnert Sie immer daran, dass Sie nicht mit Ihren Benutzerrechten arbeiten.

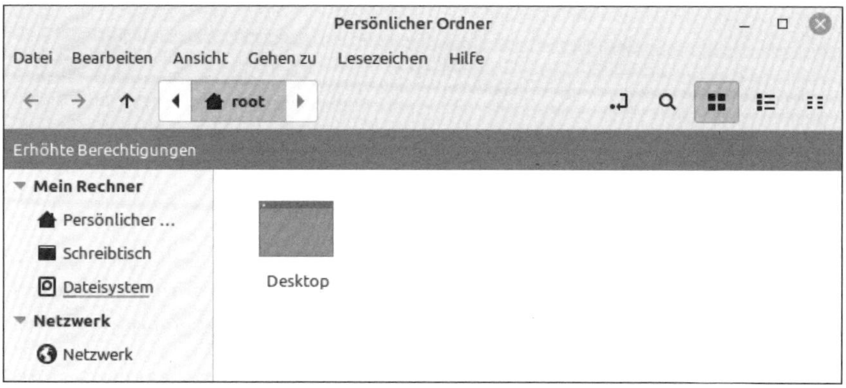

Abbildung 4.35 Der persönliche Ordner des Superusers

Sie haben so auch Schreibzugriff auf Bereiche, die sozusagen »gefährlich« sind. Daher sollten Sie diesen Modus nur in wichtigen Fällen nutzen und nur dann, wenn Sie wissen, was zu tun ist. Schließen Sie Nemo nun zur Sicherheit wieder.

4.8 Migration Ihrer Multimediadateien und Dokumente

Da Sie nun Nemo kennengelernt haben, wenden wir uns der Migration Ihrer Daten zu. Wenn Sie in Kapitel 2, »Wichtige Vorbereitungen«, Ihre Daten nicht gesichert haben und auch keine anderen Daten einspielen möchten, könnten Sie diesen Abschnitt natürlich überspringen. Allerdings lernen Sie hier auch den Umgang mit verschiedenen weiteren Funktionen von Nemo. Daher sollten Sie diesen Abschnitt zumindest lesen.

Bevor wir beginnen, sollten Sie prüfen, ob in Ihrem persönlichen Ordner (bzw. dem Laufwerk, auf dem Linux Mint installiert wurde) genügend freier Speicherplatz vorhanden ist, um dort alle Daten abzulegen. Diese Information befindet sich, nachdem der persönliche Ordner geöffnet wurde, in der Statusleiste von Nemo.

Schließen Sie nun das zur Sicherung verwendete USB-Laufwerk an. Nach kurzer Zeit öffnet sich Nemo und zeigt den Inhalt des Sicherungslaufwerks an (siehe Abbildung 4.36).

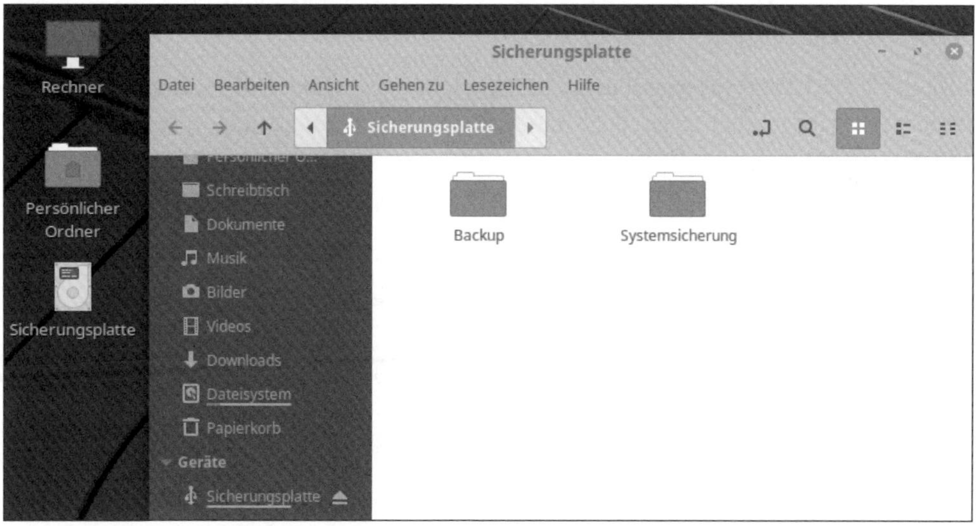

Abbildung 4.36 Inhalt der zur Sicherung verwendeten Festplatte

Für den Fall, dass Sie meinem Vorschlag bei der Sicherung gefolgt sind, befindet sich hier ein Ordner mit dem Namen *Backup*, in dem die entsprechenden Unterordner (*Bilder*,

Musik usw.) mit den gesicherten Dateien abgelegt sind. Um die Größe der Datensicherung zu kontrollieren, öffnen Sie durch einen Rechtsklick das Kontextmenü des Ordners *Backup* und wählen dort den Punkt EIGENSCHAFTEN. Nun können Sie prüfen, ob die Sicherung in den persönlichen Ordner »passt«. Wechseln Sie danach in den Ordner *Backup*, und prüfen Sie nochmals, ob die Unterordner korrekt benannt wurden bzw. die gleichen Namen besitzen wie die in Ihrem persönlichen Ordner:

- *Bilder*
- *Dokumente*
- *Downloads*
- *Musik*
- *Videos*

Wenn diese Einträge alle korrekt sind, können Sie die Ordner einfach in den persönlichen Ordner kopieren.

Eine eigene Datenstruktur verwenden

Falls Sie eine eigene Struktur bei den Daten verwenden (also nicht *Bilder*, *Dokumente* usw.), sollten Sie dennoch die folgenden Punkte lesen und dann Ihre Daten entsprechend kopieren. Nutzen Sie als Ziel möglichst auch den persönlichen Ordner.

Zum Kopieren haben Sie erneut mehrere Möglichkeiten. Nutzer, die schon häufiger mit Dateimanagern gearbeitet haben, können die Drag & Drop-Lösung verwenden (siehe Abbildung 4.37):

- Öffnen Sie einen zweiten Nemo mit dem persönlichen Ordner.
- Markieren Sie alle Unterordner im *Backup*-Ordner mit der Maus.
- Kopieren Sie sie per Drag & Drop in den persönlichen Ordner.

Nutzer, die hier weniger Kenntnisse besitzen, sollten die »Menülösung« nutzen (siehe Abbildung 4.38):

- Sie befinden sich im Ordner *Backup*, sodass in Nemo die Unterordner *Bilder*, *Dokumente* usw. angezeigt werden.
- Wählen Sie im Menü BEARBEITEN den Punkt ALLES AUSWÄHLEN.
- Wählen Sie im Menü BEARBEITEN den Punkt KOPIEREN.
- Wechseln Sie in den persönlichen Ordner.
- Wählen Sie im Menü BEARBEITEN den Punkt EINFÜGEN.

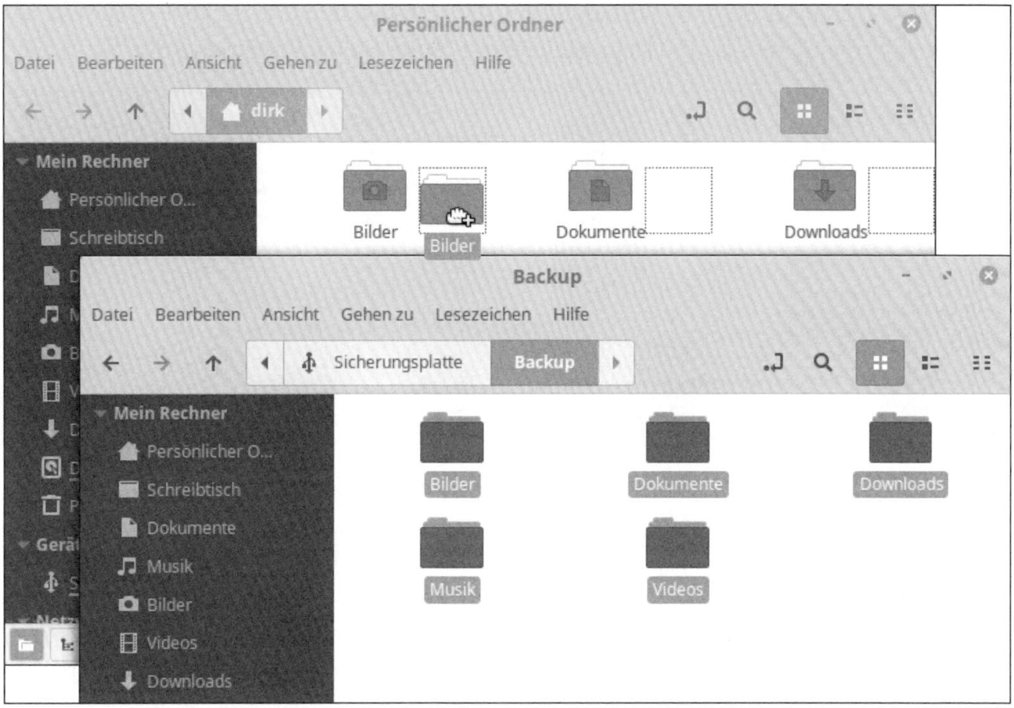

Abbildung 4.37 Kopieren per Drag & Drop

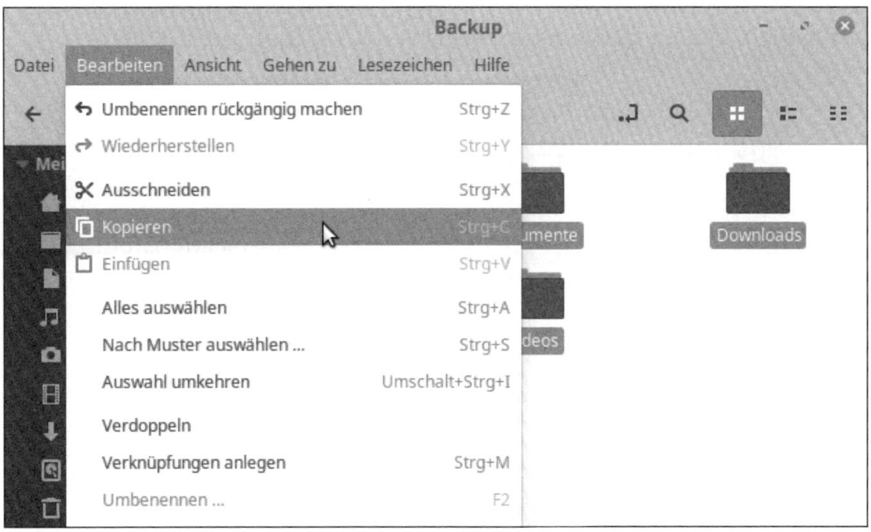

Abbildung 4.38 Kopieren der Dateien über das Menü

In beiden Fällen weist Nemo Sie darauf hin, dass ein *Dateikonflikt* vorliegt, da die Ordner bereits vorhanden sind, und fragt nach einer Lösung (siehe Abbildung 4.39).

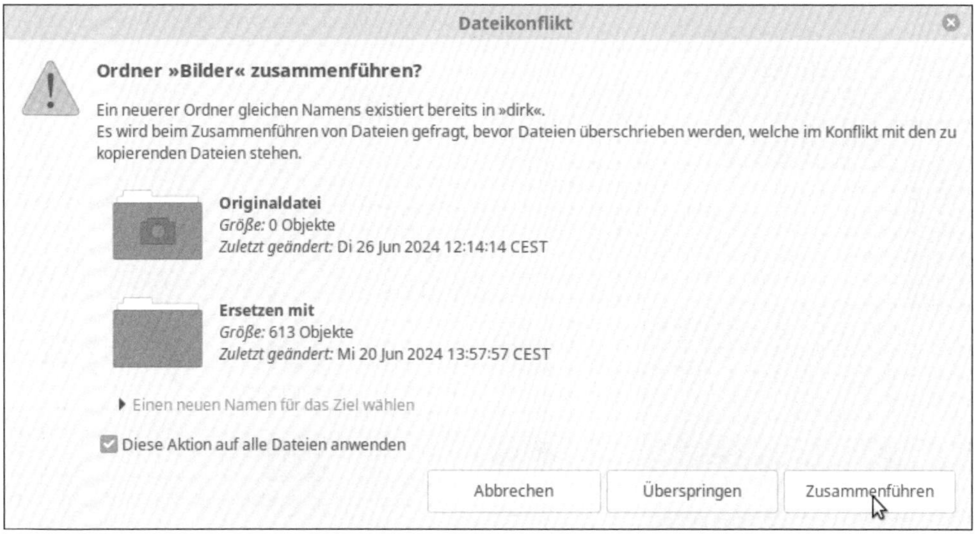

Abbildung 4.39 Die Ordner »zusammenführen«

Klicken Sie auf das Feld DIESE AKTION AUF ALLE DATEIEN ANWENDEN, um es zu aktivieren, und anschließend auf die Schaltfläche ZUSAMMENFÜHREN. Nun werden die gesicherten Daten in Ihren persönlichen Ordner kopiert und stehen dort, nach geraumer Zeit, zur Verfügung. Die Dauer ist dabei abhängig von der Menge Ihrer Daten.

4.9 Die Anwendungsverwaltung von Linux Mint

Die Installation von Anwendungen ist unter Linux schon seit Langem komfortabel über Paketmanager gelöst. Sie müssen in den meisten Fällen keine Installationsroutinen herunterladen, um eine Anwendung zu installieren, sondern können diese bequem über die *Anwendungsverwaltung* oder die *Synaptic-Paketverwaltung* suchen und installieren. Beide Manager befinden sich im Untermenü SYSTEMVERWALTUNG.

Ein kurzer Hinweis vorweg

Auch wenn ich Ihnen bereits hier die Paketmanager erläutere, sollten Sie noch nicht damit beginnen, jede Menge Anwendungen zu installieren. In den nächsten Abschnitten stelle ich Ihnen die Standardanwendungen und Alternativen vor. Erst dann sollten Sie entscheiden, was Sie noch benötigen.

4.9.1 Die Anwendungsverwaltung

Die *Anwendungsverwaltung* ist besonders für Linux-Einsteiger geeignet. Die Oberfläche wird Sie an die App Stores gängiger Mobilsysteme erinnern.

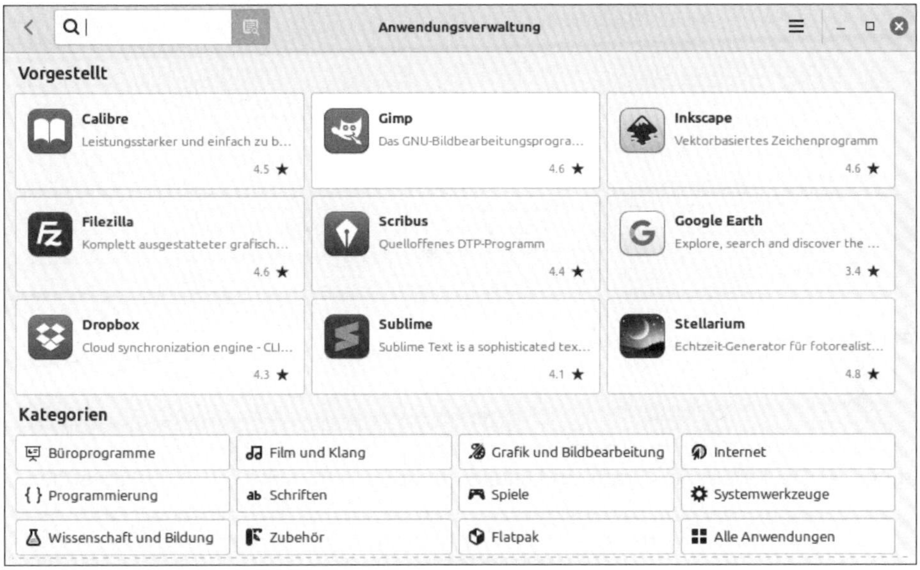

Abbildung 4.40 Die Anwendungsverwaltung

Nach ihrem Start präsentiert sich die Anwendungsverwaltung übersichtlich. Es werden Anwendungen VORGESTELLT, und die Pakete sind in KATEGORIEN unterteilt. Manche der Kategorien besitzen der Übersicht wegen noch *Unterkategorien*. Seit Linux Mint 18.3 gibt es auch die Möglichkeit, *Flatpak*-Pakete zu installieren (siehe in Abbildung 4.40 die dritte Schaltfläche in der untersten Reihe). Diese Pakete unterscheiden sich ein wenig von normalen Anwendungspaketen. Was sie genau sind, erkläre ich Ihnen in Abschnitt 6.5, »Flatpak – eine Alternative«.

Wechseln Sie nun in die Kategorie GRAFIK UND BILDBEARBEITUNG. Sie können sie in Abbildung 4.41 sehen.

Um Informationen über eines der Pakete zu erhalten, reicht ein Klick auf dessen Namen (siehe Abbildung 4.42).

In dieser Ansicht befinden sich meist Screenshots des Programms und eine Beschreibung – häufig leider nur in Englisch. Weiter unten stehen Details über Version und Größe und häufig auch Kommentare anderer Nutzer zu diesem Programm. Über die Schaltfläche INSTALLIEREN könnten Sie die Anwendung nun installieren – warten Sie damit jedoch noch ein wenig.

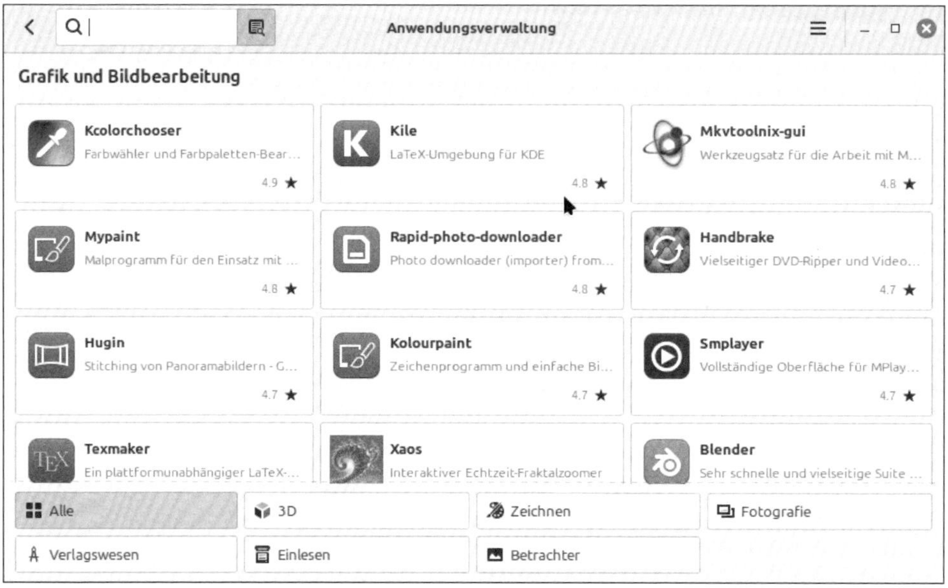

Abbildung 4.41 Die Kategorie »Grafik und Bildbearbeitung« mit mehreren Unterkategorien

Abbildung 4.42 Detailinformationen zu Inkscape

Auf diese Weise können Sie sich durch die Kategorien bewegen und neue Anwendungen kennenlernen.

4.9.2 Anwendungen suchen

Eine weitere Möglichkeit ist, nach Anwendungen zu suchen. Dazu benötigen Sie entweder den Namen der Anwendung oder einen gängigen Suchbegriff, der zu ihr passt. Angenommen, Sie möchten einen anderen Internetbrowser ausprobieren. In dem Fall geben Sie im Hauptmenü den Begriff »Browser« in das kleine Suchfeld oben rechts ein und betätigen die Eingabetaste. In den Suchergebnissen erkennen Sie an den grünen Häkchen neben dem Namen, welches Paket bereits installiert ist (in Abbildung 4.43 sehen Sie das Häkchen auf dem Symbol von *Firefox*).

Standardmäßig sucht die Anwendungsverwaltung nur in der Paketübersicht nach dem eingegebenen Begriff. Um die Suche auszuweiten, können Sie auch die Paketbeschreibungen durchsuchen. Dazu aktivieren Sie im Menü neben der Suchmaske (die drei waagerechten Linien) unter EINSTELLUNGEN den Punkt IN DEN PAKETBESCHREIBUNGEN SUCHEN.

Abbildung 4.43 Die Suche nach Browsern

4.9.3 Pakete deinstallieren

Das Deinstallieren von Paketen geht im Prinzip genauso vonstatten wie ihre Installation. Wenn Sie durch einen Klick auf die Anwendung in den Infobereich wechseln, können Sie sie über die Schaltfläche ENTFERNEN deinstallieren. Achten Sie auf eventuelle Meldungen bei einer Deinstallation, wie in Abbildung 4.44 zu sehen.

Wichtig: Beim Deinstallieren die Abhängigkeiten beachten

Entfernen Sie nur Anwendungen, die Sie selbst installiert haben oder bei denen Sie sicher sind, dass Sie sie problemlos entfernen können. Durch sogenannte *Abhängigkeiten* kann es vorkommen, dass andere, wichtige Anwendungen nicht mehr verwendbar sind. Details dazu folgen in Abschnitt 6.2, »Die Paketverwaltung im Detail«.

Wenn Sie das Paket *Nemo* deinstallieren wollten, würde aufgrund von Abhängigkeiten sogar Cinnamon deinstalliert – was sicherlich nicht gewünscht ist, da Sie Linux Mint dann nicht mehr nutzen könnten. Solche Anwendungen lassen sich also nicht einfach entfernen.

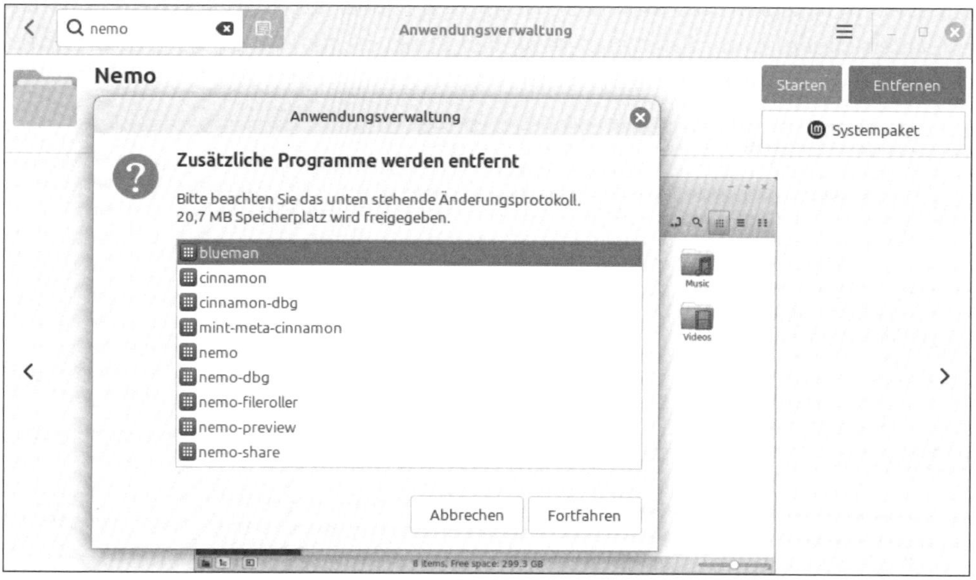

Abbildung 4.44 Von Nemo abhängige Programme

Deinstallationen und »Aufräumzwang«

Ich kenne Nutzer, die ihr Windows-System ständig penibel »aufräumen«. Machen Sie sich unter Linux frei von diesen »Zwängen«. Deinstallieren Sie nur Anwendungen, bei denen Sie sich auch sicher sind. Viele Anwendungen werden auch im Hintergrund von anderen Anwendungen genutzt. Des Weiteren sind die Festplattengrößen mittlerweile mehr als ausreichend, und es werden nicht wirklich »Systemoptimierer« benötigt. Es gibt aber auch unter Linux verschiedene Aufräumaktionen, die Sie noch kennenlernen werden.

4.10 Die Synaptic-Paketverwaltung von Debian

Die *Synaptic-Paketverwaltung* ist der Standardpaketmanager unter Debian und kann auch bei Ubuntu und Linux Mint genutzt werden. Sie ist umfangreicher als die *Anwendungsverwaltung*, dadurch jedoch auch etwas komplizierter zu handhaben.

4.10.1 Die Synaptic-Paketverwaltung

Ähnlich wie bei der Anwendungsverwaltung sind die Pakete hier in BEREICHE unterteilt. Allerdings ist die Einteilung bedeutend umfangreicher – es dürfte über hundert Bereiche geben (siehe Abbildung 4.45).

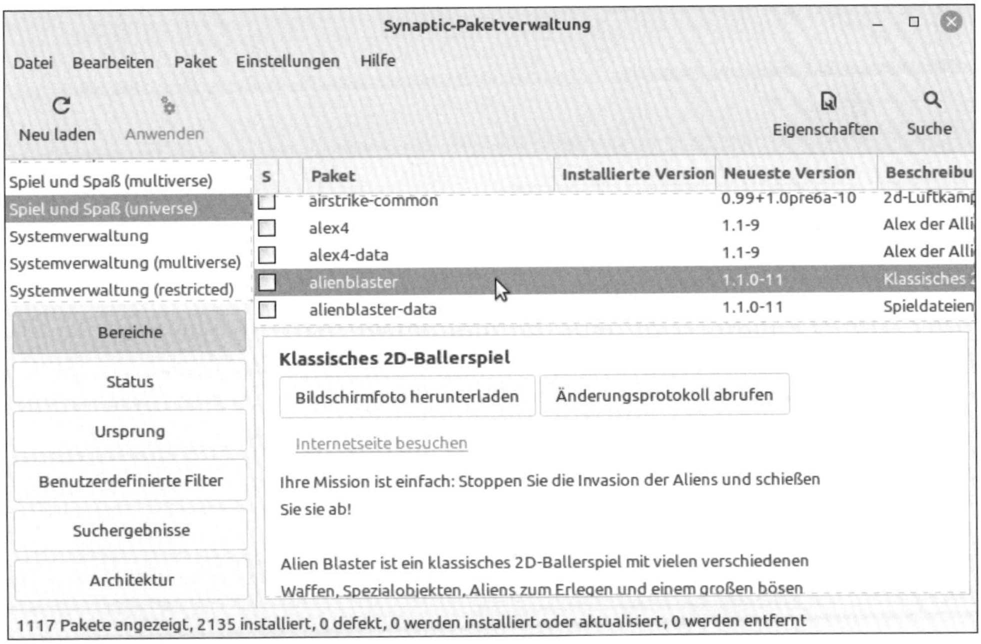

Abbildung 4.45 Die Synaptic-Paketverwaltung

Sie können sich hier durch die Bereiche bewegen, um Pakete zu finden und Informationen über diese zu erhalten. Diese Informationen werden beim Markieren durch einen Mausklick im unteren Teil des Fensters angezeigt. Detailliertere Informationen über die Größe und Abhängigkeiten finden Sie in den EIGENSCHAFTEN eines Pakets (über die Symbolleiste oder dessen Kontextmenü).

Ob ein Paket installiert ist, erkennen Sie an seinem Symbol (siehe Abbildung 4.46).

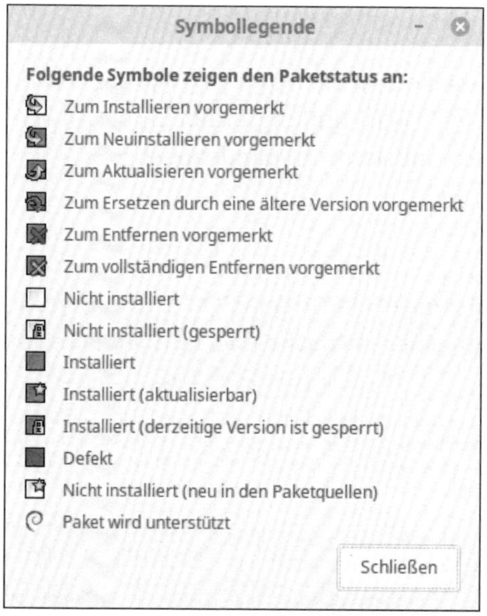

Abbildung 4.46 Die Erklärung der Paketsymbole

Im Gegensatz zur Anwendungsverwaltung werden hier Pakete nicht sofort installiert, sondern Sie »markieren« diese zur Installation. Dadurch können Sie zunächst mehrere Pakete zusammenstellen und diese erst am Ende gemeinsam installieren. Die Markierung erfolgt über das Kontextmenü und den Punkt ZUM INSTALLIEREN VORMERKEN, wie Abbildung 4.47 zeigt.

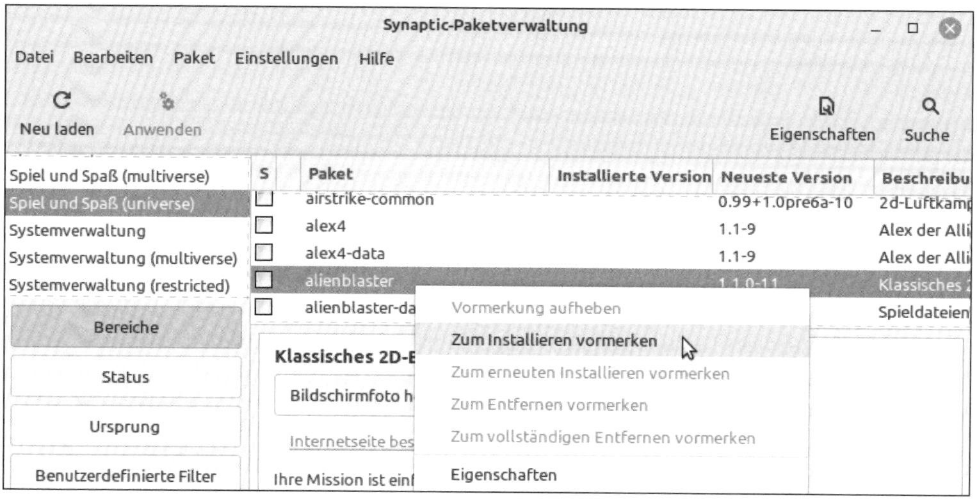

Abbildung 4.47 Ein Paket zur Installation vormerken

Verschiedene Anwendungen benötigen auch noch die Installation weiterer Pakete (meist Bibliotheken) bzw. sind von diesen *abhängig*. Synaptic und auch die Anwendungsverwaltung weisen Sie in einem Infofenster vor der Installation auf diese Abhängigkeiten hin (siehe Abbildung 4.48). Dies mag für den Einstieg irritierend sein. Ich finde es jedoch besser, darüber vor der Installation informiert zu werden.

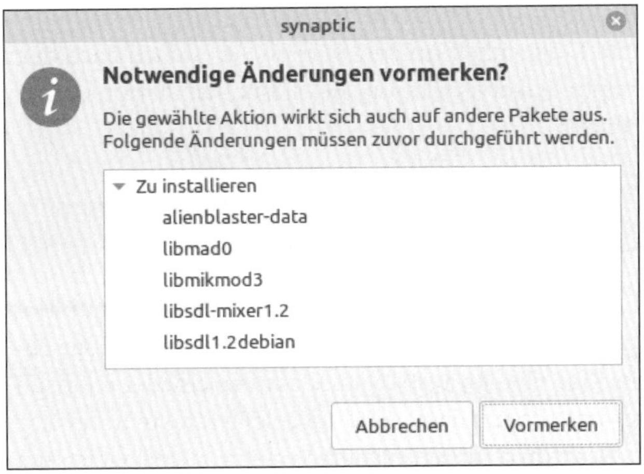

Abbildung 4.48 Die Abhängigkeiten des Pakets »Alienblaster«

Nach dem Zusammenstellen der Pakete erfolgt ihre Installation über das Menü BEARBEITEN • VORGEMERKTE ÄNDERUNGEN ANWENDEN oder über das Symbol ANWENDEN in der Werkzeugleiste. Die Synaptic-Paketverwaltung informiert Sie dann noch über Details der Installation(en).

4.10.2 Pakete deinstallieren

Auch hier erfolgt das Deinstallieren von Paketen ähnlich wie die Installation. Im Unterschied zur Vorgehensweise beim Installieren wählen Sie beim Deinstallieren im Kontextmenü des Pakets den Punkt ZUM ENTFERNEN VORMERKEN. Auch hier gilt: Entfernen Sie nur bekannte Pakete. Im Zweifelsfall sollten Sie ein Paket nicht deinstallieren – vor allem nicht, wenn andere Pakete von ihm abhängig sind.

Die endgültige Deinstallation führen Sie wieder über ANWENDEN durch.

Wenn jedoch bei den Anwendungen Abhängigkeiten mitinstalliert wurden, die von keiner anderen Anwendung mehr benötigt werden, bleiben diese bei der Deinstallation Ihrer Anwendung erhalten. Wie Sie diesen »Müll« aufräumen, zeige ich Ihnen später, und zwar in Abschnitt 6.2.1, »Abhängigkeiten«.

4.10.3 Multimedia-Codecs

Für den Fall, dass bei der Installation keine Internetverbindung bestand, sollten Sie nun die *Multimedia-Codecs* (z. B. für Adobe Flash) installieren. Dazu haben Sie zwei Möglichkeiten. Die erste besteht darin, einfach im Startmenü unter MULTIMEDIA den Eintrag MULTIMEDIA-CODECS INSTALLIEREN zu wählen (wenn dieser Eintrag nicht vorhanden ist, wurden die Codecs bereits installiert). Da Sie inzwischen jedoch Pakete installieren können, können Sie auch die zweite Möglichkeit nutzen. Suchen Sie einfach nach dem Paket *mint-meta-codecs* in der Synaptic-Paketverwaltung. Bei dieser Installation werden sehr viele zusätzliche Pakete installiert.

4.11 Die Einstellungen und die Systemverwaltung

Bei der Installation der fehlenden Sprachpakete haben Sie bereits mit der Konfiguration von Linux Mint gearbeitet. Nun wollen wir jedoch ein wenig tiefer in einige wichtige Einstellungen abtauchen. Nutzer von Xfce werden feststellen, dass verschiedene Einstellungen nicht vorhanden sind. Dies liegt daran, dass gerade spezielle Effekte unter Xfce nicht angeboten werden, da dieser Desktop ja für schwächere Systeme ausgelegt ist (u. a. *Effekte* und *Applets*). Zusätzlich unterscheidet sich das Aussehen der Einstellungen ein wenig.

Die Punkte EINSTELLUNGEN und SYSTEMVERWALTUNG (SYSTEM unter Xfce) im Startmenü bieten Ihnen Zugriff auf sämtliche Konfigurationsmöglichkeiten. Es handelt sich hierbei um Einstellungen, die die Benutzer betreffen, und um solche, die das System verändern. Bei Letzterem ist dementsprechend auch immer das Passwort notwendig.

Das Symbol SYSTEMEINSTELLUNGEN in den Favoriten öffnet ein Fenster, das fast alle Optionen enthält (siehe Abbildung 4.49). Bei Xfce befindet sich dieses Symbol im oberen Bereich des Startmenüs und nennt sich ALLE EINSTELLUNGEN. (Um sich einen Symbolnamen anzeigen zu lassen, bewegen Sie einfach den Mauszeiger auf das gewünschte Symbol.)

Hier können Sie nun extrem viele Einstellungen vornehmen. Dies reicht von den verwendeten Schriften bei Cinnamon über die Energieverwaltung bis zum Anmeldefenster. Anfänger werden von dem Umfang dieser Möglichkeiten sicherlich ein wenig »erschlagen«. Aber die meisten der Punkte sind selbsterklärend und leicht wieder rückgängig zu machen.

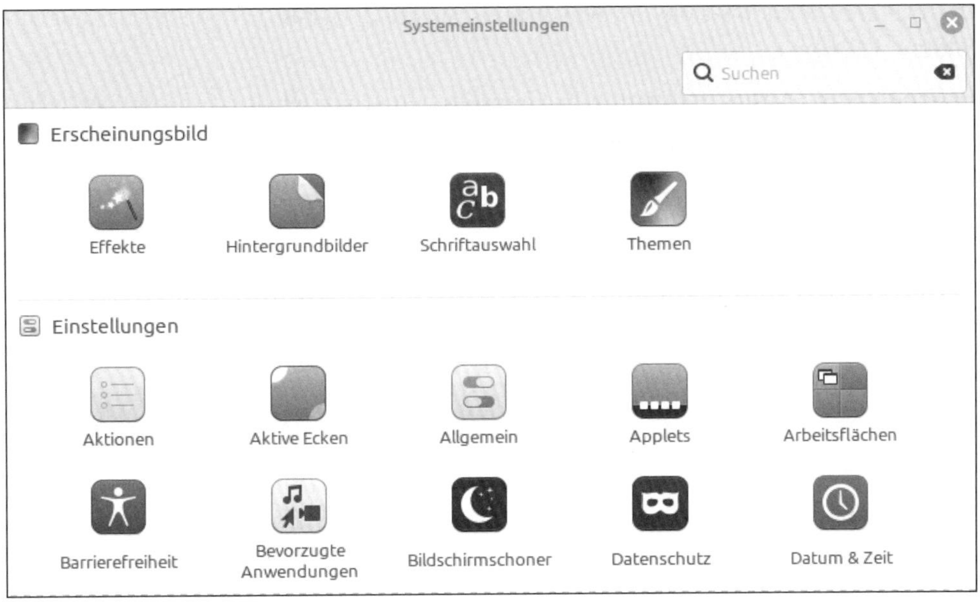

Abbildung 4.49 Die Systemeinstellungen

> **Sicherheitstipp: Einstellungen nur vorsichtig ändern**
>
> Auch wenn Sie sie leicht rückgängig machen können, sollten Sie beim Ändern von Einstellungen ein wenig vorsichtig sein: Ändern Sie immer nur wenige Einstellungen, und prüfen Sie zunächst das Ergebnis. Ansonsten verlieren Sie schnell den Überblick darüber, was Sie geändert haben.

Um einen besseren Überblick zu ermöglichen, sind die Einstellungen in folgende Gruppen unterteilt:

- ERSCHEINUNGSBILD
- EINSTELLUNGEN
- GERÄTE
- SYSTEMVERWALTUNG

Bei Xfce lauten die Gruppen:

- PERSÖNLICH
- GERÄTE
- SYSTEM
- SONSTIGES

Des Weiteren können Sie die Anzeige über ein Suchfeld nach Begriffen filtern (siehe Abbildung 4.50).

In Abbildung 4.50 werden nun nur die Einstellungen angezeigt, die etwas mit der Konfiguration von Fenstern zu tun haben. So gelangen auch Laien schnell zu der korrekten Einstellung.

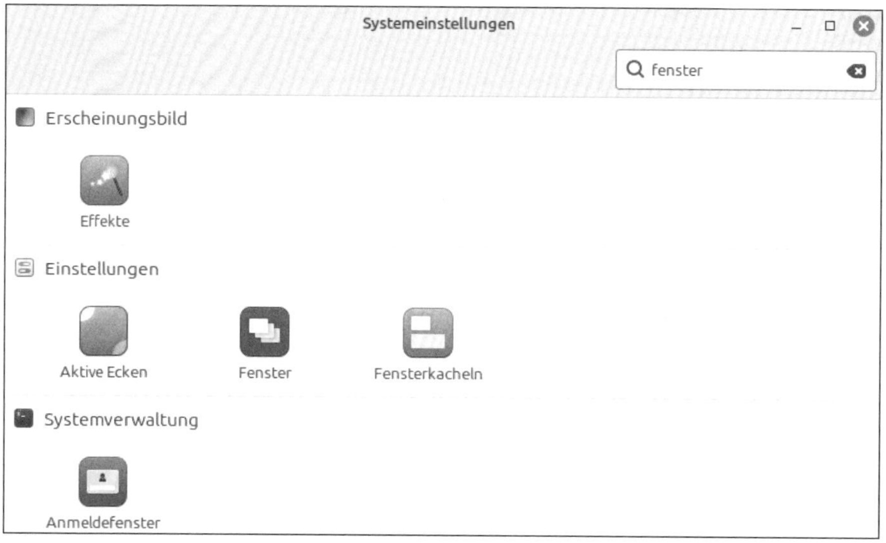

Abbildung 4.50 Die Einstellungen sind gefiltert.

Suchfunktion nutzen

Da die Bezeichnungen der Einstellungen nicht immer sofort darauf hinweisen, was Sie dort alles verändern können, sollten Sie die Suchmöglichkeit nutzen. Wenn Sie z. B. das Symbol des Papierkorbs anzeigen möchten und diesen Begriff eingeben, finden Sie die Einstellung SCHREIBTISCH, nach der Sie nicht unbedingt sofort gesucht hätten.

Im Folgenden werde ich Ihnen einige Einstellungen näher erläutern. Dabei kann ich jedoch nicht auf alle einzelnen eingehen, geschweige denn auf ihre Unterpunkte, da dies den Umfang des Buches sprengen würde. Außerdem sind natürlich viele der Einstellungen selbsterklärend (z. B. HINTERGRUNDBILDER oder DATUM & UHRZEIT) und müssen nicht erläutert werden.

Die Änderung einer Einstellung wird normalerweise sofort übernommen. Manche Änderungen sind jedoch erst nach einem erneuten Anmelden bzw. Neustart zu sehen. Gelegentlich wird, wie bereits bekannt, noch nach einem Passwort oder einer Bestätigung gefragt.

Wenn Sie eine Einstellung geöffnet haben, gelangen Sie in den meisten Fällen durch die Schaltfläche mit dem Pfeil nach links wieder zum Hauptfenster (siehe Abbildung 4.51). Allerdings gibt es auch Einstellungen, die ein separates Fenster öffnen, das dann einfach nur geschlossen werden muss.

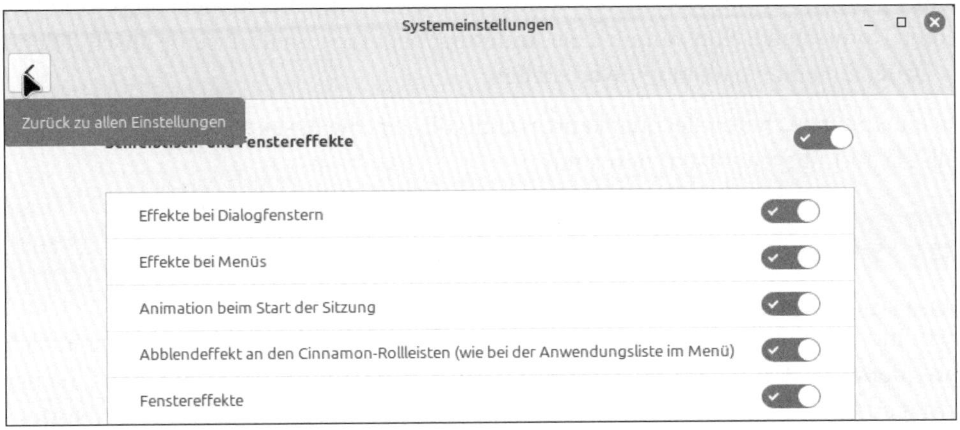

Abbildung 4.51 Effekte für Fenster

Bei Xfce kommen Sie über die Schaltfläche ALLE EINSTELLUNGEN im unteren Bereich des Fensters wieder zurück.

Nutzer von Xfce

Im Folgenden werde ich entsprechende Einstellungen von Xfce nicht weiter beschreiben – dies würde den Rahmen des Buches sprengen und es zudem unleserlich machen, und ich hoffe, Sie haben Verständnis dafür. Viele der Einstellungen sind jedoch (zumindest) ähnlich oder eben gar nicht vorhanden (wie z. B. *Applets* oder 3D-Funktionen).

4.12 Die Einstellung des Erscheinungsbildes

In diesem Abschnitt werde ich Ihnen die einzelnen Optionen des Erscheinungsbildes genauer vorstellen (siehe Abbildung 4.49).

4.12.1 Effekte

Hier können Sie verschiedene Effekte festlegen, die u. a. beim Öffnen oder Minimieren von Fenstern verwendet werden.

Merken Sie sich vor einer Änderung am besten die Originaleinstellung bzw. den Originalwert, um ihn wiederherstellen zu können. Um einen Effekt unter ANPASSEN genauer zu begutachten, ist es sinnvoll, die Geschwindigkeit für Testzwecke zu verlangsamen. Ich habe den Effekt für das MINIMIEREN verändert und die Dauer einfach auf LANGSAMER gesetzt. Bei der kurzen Standarddauer bemerkt man bei manchen Effekten fast keinen Unterschied. Nun kann ich die Änderung begutachten und werde anschließend die Dauer auf einen passenden Wert stellen.

Auf einem schwächeren Rechner kann es sinnvoll sein, die EFFEKTE hier zu deaktivieren (falls sie dort überhaupt aktiviert sind).

4.12.2 Schriftauswahl

Wie der Name schon sagt, können Sie hier verschiedene Standardschriften festlegen und auch ihre Größe verwalten. Eine interessante Einstellung für Brillenträger findet sich unter dem Punkt SCHRIFTEINSTELLUNGEN (siehe Abbildung 4.52). Hier können Sie per SKALIERUNGSFAKTOR die Größe für alle Schriften festlegen. Dadurch haben Sie die Möglichkeit, die Texte synchron um einen Faktor X zu vergrößern oder auch zu verkleinern. Eine ähnliche Funktion finden Sie auch in der BARRIEREFREIHEIT (siehe Abschnitt 4.13.4).

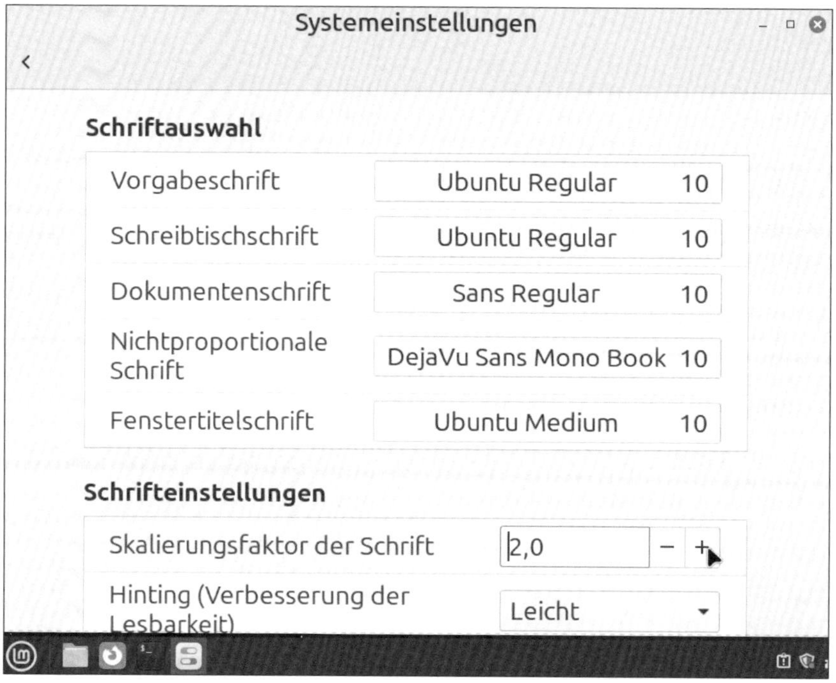

Abbildung 4.52 Ein etwas zu hoher Skalierungsfaktor

Gehen Sie mit dem Faktor jedoch sorgsam um – meist reicht der Faktor 1,2 bis 1,4 völlig aus. Zusätzlich geht bei einem zu hohen Faktor die Lesbarkeit verloren, da Texte bzw. Beschriftungen häufig aus Platzgründen abgeschnitten werden müssen.

4.12.3 Themen

Unter THEMEN können Sie nach Herzenslust das Aussehen von Cinnamon verändern (siehe Abbildung 4.53). Sie können dort auch die Farbe der Icons und das Aussehen des Mauszeigers bestimmen. Wenn Sie beispielsweise nicht mit den sandfarbenen Icons zufrieden sind, die in Linux Mint 22 genutzt werden, können Sie dort das Icon-Theme *Mint-L* wählen und zum altbewährten Grünton zurückkehren.

Abbildung 4.53 Möglichkeiten unter Themen (Erweiterte Einstellungen)

Wie auch bei den Schriften wird die hier vorgenommene Änderung umgehend übernommen, und Sie sehen z. B. das Themenfenster in einem neuen Fensterrahmen (siehe Abbildung 4.54).

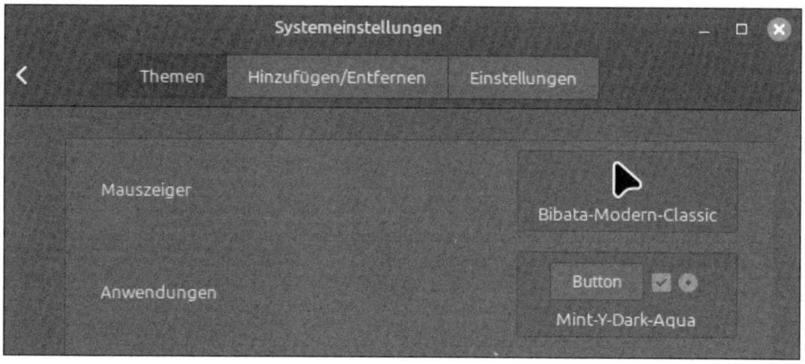

Abbildung 4.54 Die Anwendungen im Stil »Mint-Y-Dark-Aqua«

4.13 Der Bereich »Einstellungen«

4.13.1 Aktive Ecken

Bei Linux Mint werden die aktiven Ecken standardmäßig nicht genutzt. Sie können sie aktivieren und damit festlegen, was geschehen soll, wenn Sie den Mauszeiger in eine der vier Ecken des Schreibtischs bewegen.

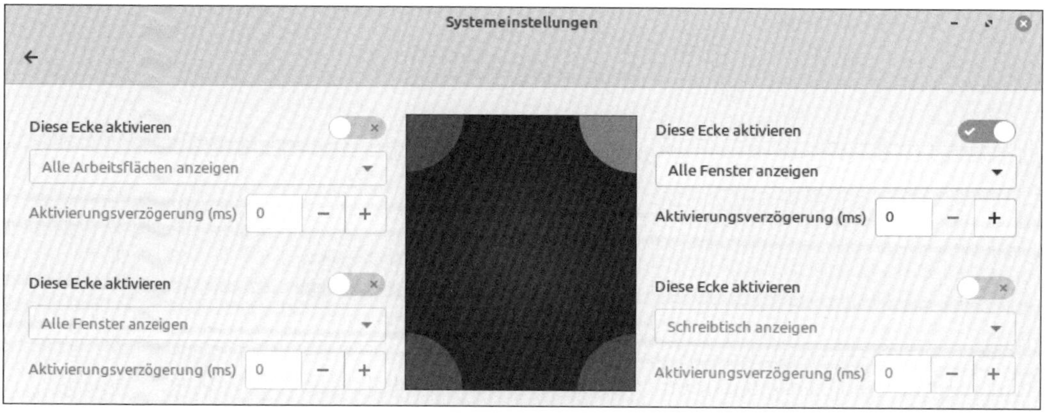

Abbildung 4.55 »Alle Fenster anzeigen« wurde aktiviert.

In Abbildung 4.55 habe ich die Funktion Alle Fenster anzeigen für die rechte obere Ecke aktiviert (Diese Ecke aktivieren). Nun werden durch das Bewegen der Maus in die entsprechende Ecke alle geöffneten Fenster angezeigt, und ich kann eines davon wählen. Dies erleichtert den Fensterwechsel (siehe Abbildung 4.56).

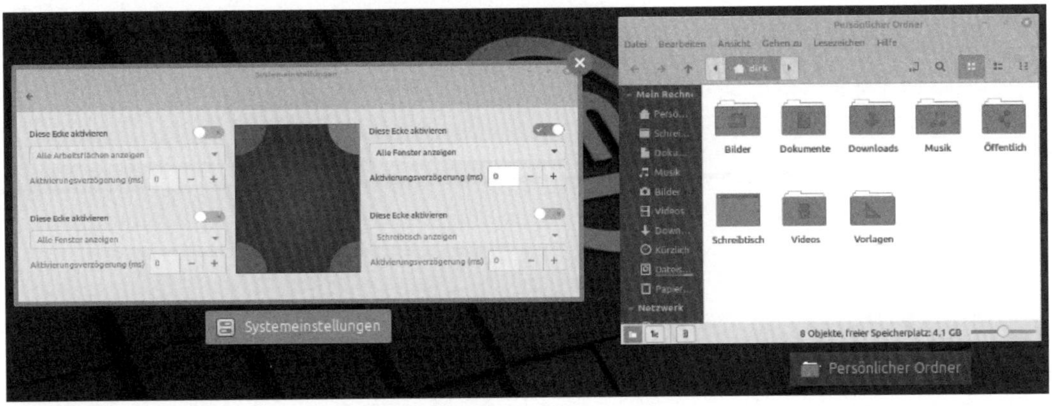

Abbildung 4.56 Alle Fenster werden angezeigt.

4.13.2 Applets

Die sich in der Leiste befindlichen Applets sind kleine Informations- oder Hilfswerkzeuge. Diese standardmäßig installierten Werkzeuge informieren Sie u. a. über Aktualisierungen und die Uhrzeit oder helfen, zwischen aktuellen Anwendungen zu wechseln. Auch bei dem Startmenü handelt es sich um ein Applet, und Sie können es daher austauschen oder sogar entfernen. Über die Einstellung APPLETS können Sie vorhandene Applets verwalten und weitere hinzufügen.

Die standardmäßig installierten Applets sind meist gesperrt und können nicht aus der Liste entfernt werden. Diese Applets erkennen Sie an dem Symbol mit dem Schloss (siehe Abbildung 4.57). Wenn das Applet in der Leiste aktiviert ist, wird dies durch ein Häkchen angezeigt.

Einige Applets können in dieser Liste auch konfiguriert werden. Wenn dies möglich ist, wird zusätzlich eine Schaltfläche EINSTELLUNGEN mit Zahnrädern eingeblendet und aktiviert. Diese Einstellungen sind dann natürlich spezifisch für das entsprechende Applet. In Abbildung 4.58 sehen Sie die Einstellungen für das Applet *Klang*.

Die Schaltfläche »Einstellungen«

Für den Fall, dass die Schaltfläche EINSTELLUNGEN zwar angezeigt wird, aber nicht aktiv ist (bzw. grau hinterlegt), ist das Applet zurzeit nicht in Benutzung und daher auch nicht gestartet. Einstellungen können nur an aktiven Applets vorgenommen werden.

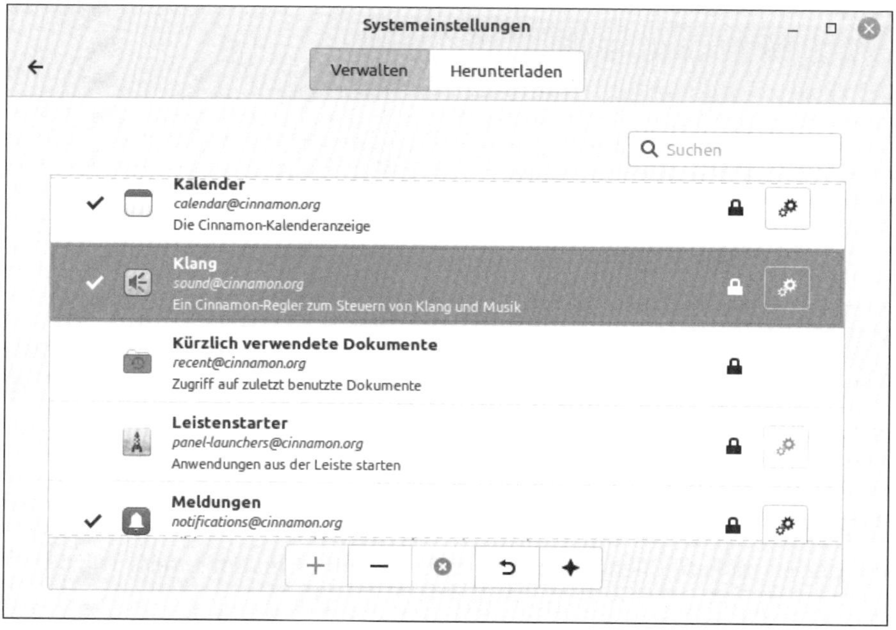

Abbildung 4.57 Übersicht über die installierten Applets

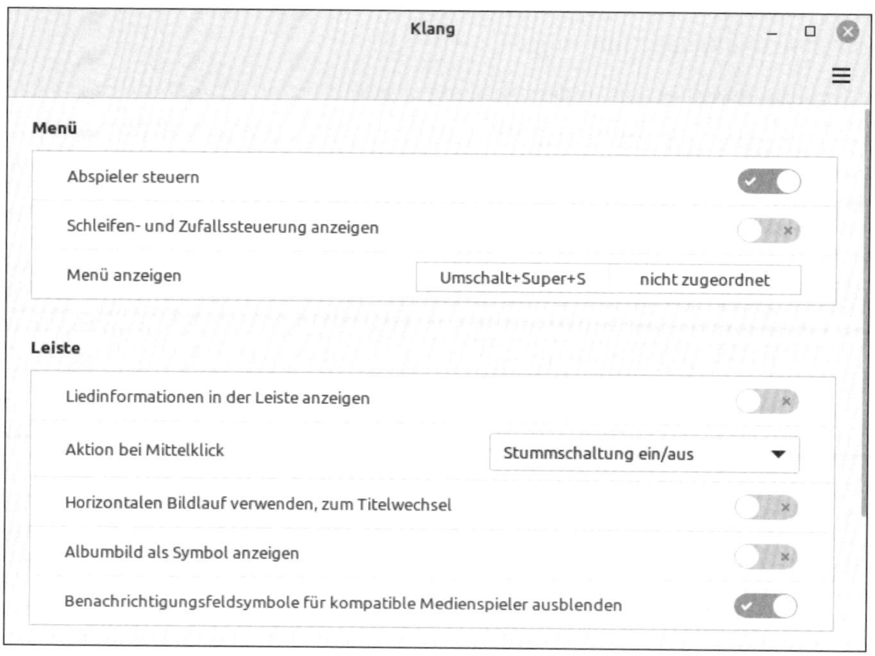

Abbildung 4.58 Die Einstellungen des Applets »Klang«

Um wieder in die Liste der installierten Applets zurückzukehren, schließen Sie das Fenster.

Um ein Applet zur Leiste hinzuzufügen, markieren Sie es und verwenden die Schaltfläche HINZUFÜGEN mit dem Plussymbol (siehe Abbildung 4.59).

4

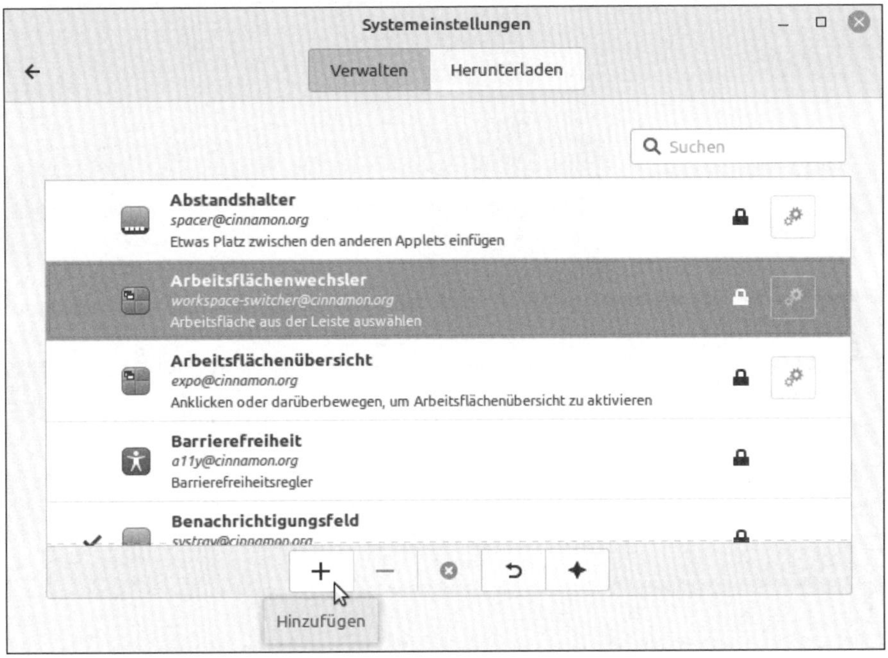

Abbildung 4.59 Ein Applet hinzufügen

Fügen Sie nun, wie im Beispiel angegeben, das Applet *Arbeitsflächenwechsler* zur Leiste hinzu (siehe Abbildung 4.60). Dieses Applet ist ein interessantes Werkzeug, das Ihnen den in Linux schon seit den Anfängen üblichen Zugriff auf mehrere Schreibtische (Desktops) bzw. Arbeitsflächen gibt.

Abbildung 4.60 Ein neues Applet in der Leiste

Der *Arbeitsflächenwechsler* ist nun bereit. Testen Sie ihn einfach durch einen Klick auf das Applet.

Über einen Rechtsklick auf das Applet (in der Leiste) bzw. sein Kontextmenü gelangen Sie auch in die *Arbeitsflächenübersicht* (siehe Abbildung 4.61). Hier werden die vorhandenen Arbeitsflächen – standardmäßig vier – und die dort gestarteten Anwendungen angezeigt.

Abbildung 4.61 Die Arbeitsflächenübersicht

Wem vier Arbeitsflächen nicht ausreichen, der kann über das Pluszeichen am rechten Bildschirmrand weitere hinzufügen. Zum Entfernen genügt ein Klick auf deren X-Symbol in der rechten oberen Ecke.

Gleichzeitig können die Arbeitsflächen bei Bedarf einen anderen Titel erhalten (siehe Abbildung 4.62).

Im Register HERUNTERLADEN können Sie nach weiteren Applets stöbern und diese dann installieren.

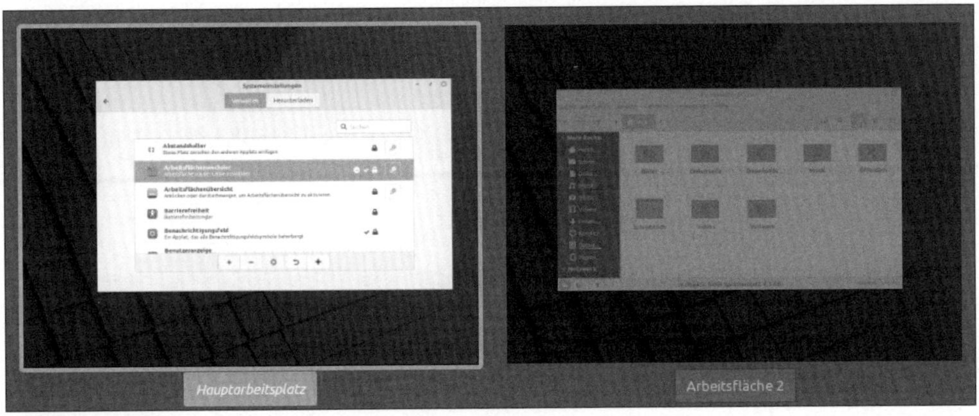

Abbildung 4.62 Ein neuer Name für die Arbeitsfläche

Applets »Herunterladen«

Die Möglichkeit, solche Pakete aus dem Netz zu installieren, besteht für viele verschiedene Einstellungen, wie z. B. auch für die THEMEN oder ERWEITERUNGEN. Dadurch müssen Sie diese Pakete nicht umständlich mit einem Browser suchen, herunterladen und dann noch installieren (siehe Abbildung 4.63). Es ist dabei möglich, dass der *Zwischenspeicher* nicht aktuell ist und aktualisiert werden muss. Bestätigen Sie in dem Fall die Rückfrage mit JA.

Abbildung 4.63 Installieren eines Applets aus dem Netz

Nach der Installation können Sie z. B. das Wetter-Applet verwenden oder auch wieder entfernen. In Abbildung 4.64 sehen Sie unten in der Leiste, dass heute kein optimales Wetter zum Bücherschreiben war.

Da das Wetter-Applet nicht gesperrt ist, können Sie es auch problemlos wieder entfernen, wenn es Ihnen nicht gefällt.

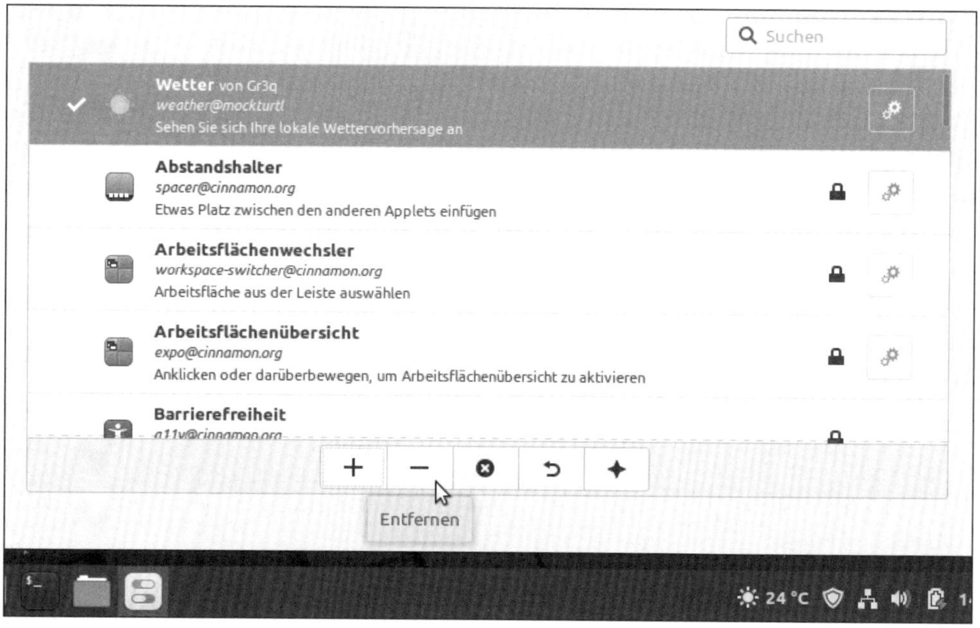

Abbildung 4.64 Sonne und 24 °C

4.13.3 Das Applet »Menü«

Das Startmenü und seine Aufgaben habe ich bereits in Abschnitt 4.6, »Das Menü«, angesprochen. Allerdings sind Ihnen seine Einstellungen noch unbekannt. Aus diesem Grund möchte ich hier dem Applet *Menü* etwas mehr Aufmerksamkeit schenken.

Die Einstellungen des Menüs erreichen Sie über die bereits erwähnte Schaltfläche EINSTELLUNGEN (mit den Zahnrädern) in den Applets. Eine weitere Möglichkeit ist der Eintrag EINRICHTEN im Kontextmenü des Startmenüs.

Hier können Sie u. a. die TASTENKOMBINATION ZUM ÖFFNEN UND SCHLIESSEN DES MENÜS und dessen Bezeichnung ändern (siehe Abbildung 4.65).

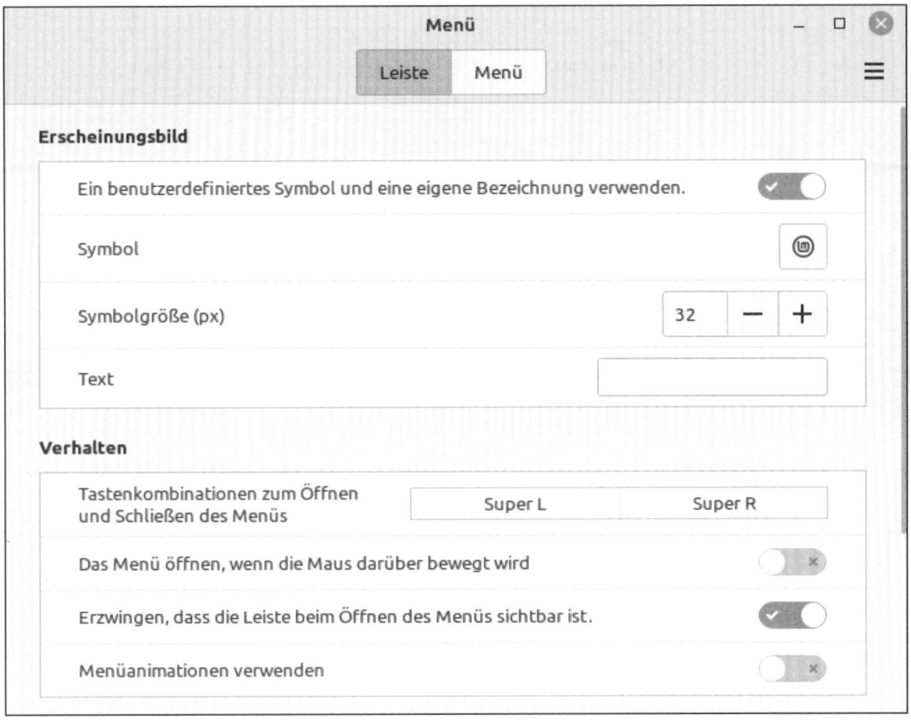

Abbildung 4.65 Die Einstellungen des Startmenüs

Im Register MENÜ findet sich ein interessanter Punkt: die (breite) Schaltfläche DIE MENÜBEARBEITUNG ÖFFNEN. Bei Installationen von Anwendungen erstellt Linux Mint in fast allen Fällen automatisch die entsprechenden Einträge im Startmenü. Wenn Ihnen diese jedoch nicht gefallen oder Sie sie umbenennen wollen, muss dies über diese Schaltfläche geschehen. Danach öffnet sich die Verwaltung des Hauptmenüs (siehe Abbildung 4.66). Bei Xfce finden Sie diese Einstellungen über das Kontextmenü des Startmenüs und dort unter dem Punkt MENÜ BEARBEITEN.

In dieser Verwaltung können Sie die vorhandenen Einträge und Programmsymbole bearbeiten. Im linken Bereich werden die vorhandenen Menüeinträge angezeigt und im rechten ihr Inhalt. Um Symbole auszublenden, entfernen Sie die Markierung in der Spalte ANZEIGEN. Über die Schaltfläche EIGENSCHAFTEN werden die Details zu einem markierten Objekt angezeigt (siehe Abbildung 4.67).

In diesen Eigenschaften erkennen Sie den englischen Namen und unter BEFEHL den eigentlichen Programmnamen (hier GNOME-CALCULATOR). Der NAME erscheint hier standardmäßig in englischer Sprache (hier CALCULATOR). Dieser Eintrag wird dann automatisch in die eingestellte Systemsprache (Deutsch) übersetzt.

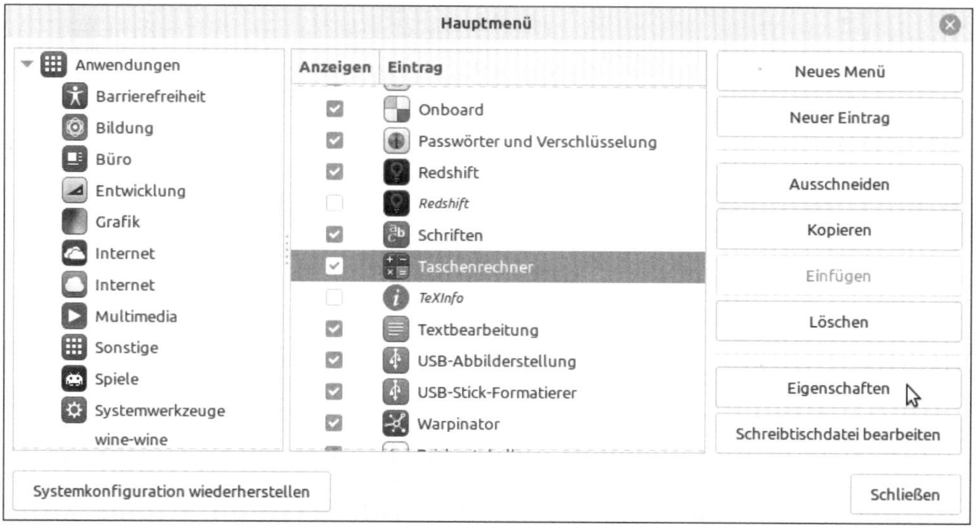

Abbildung 4.66 Die Menüverwaltung

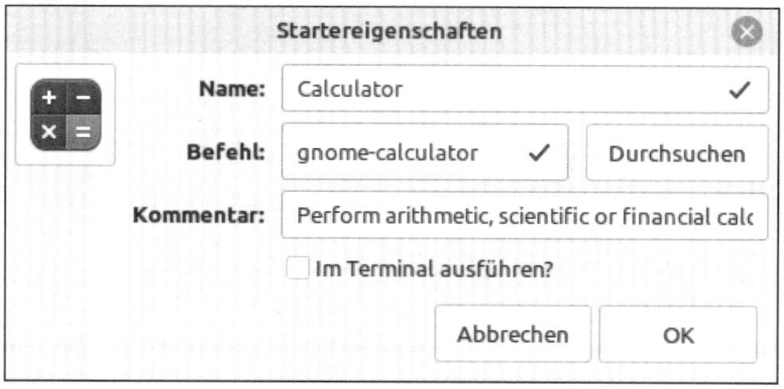

Abbildung 4.67 Die Detailansicht des Taschenrechners

+

Die Menüeinträge

Sie sollten Änderungen in diesen Einstellungen nur mit Bedacht vornehmen. Ich selbst habe mich schnell an die vorgegebene Struktur gewöhnt und sie beibehalten. Die Ablage der Symbole ist meist logisch und durchdacht.

Wenn Sie nach Tests den Originalzustand wiederherstellen möchten, reicht ein Klick auf die Schaltfläche SYSTEMKONFIGURATION WIEDERHERSTELLEN.

4.13.4 Barrierefreiheit

Die *Barrierefreiheit* (siehe Abbildung 4.68) hilft Benutzern, die aufgrund einer körperlichen Einschränkung mit den Standardeinstellungen und -abläufen nur bedingt arbeiten können. Bei einer Sehschwäche können Sie den Kontrast ändern, die Schriften vergrößern, bei Gehörproblemen visuelle Alarmsignale aktivieren usw.

Eine auch für Nutzer von Tablet-PCs interessante Funktion finden Sie unter TASTATUR. Hier kann eine praktische Bildschirmtastatur aktiviert werden. Wenn Sie diese nutzen, sollten Sie den Aktivierungsmodus DIE TASTATUR IMMER ANZEIGEN, WENN ETWAS EINE EINGABE ERWARTET verwenden. (Dieser Punkt wird erst nach Aktivierung der Tastatur eingeblendet.) Dadurch wird sie automatisch eingeblendet, wenn es auch sinnvoll ist.

Abbildung 4.68 Barrierefreiheit

In Abschnitt 8.5, »Barrierefreiheit – Helfer bei Problemen«, gehe ich noch detaillierter auf die Barrierefreiheit und weitere Werkzeuge ein.

4.13.5 Bevorzugte Anwendungen

Bei einem Doppelklick auf eine bestimmte Datei öffnet sich meist eine dazu passende Anwendung. Eine MP3-Datei wird z. B. mit einem Media Player abgespielt oder ein Bild mit einem Bildbetrachter angezeigt. Diese Standardanwendung können Sie unter BEVORZUGTE ANWENDUNGEN ändern (siehe Abbildung 4.69).

Hier werden die gängigsten Varianten aufgeführt. Da Ihnen die Anwendungen jedoch meist noch unbekannt sein dürften, sollten Sie die Zuordnungen an dieser Stelle noch nicht ändern.

Es gibt auch in Nemo die Möglichkeit, einer Datei eine Anwendung zuzuordnen, also deren Standardanwendung zu ändern. Doch dazu kommen wir später (u. a. in Abschnitt 8.4, »Die Standardanwendung zu einem Dateityp ändern«).

Abbildung 4.69 Bevorzugte Anwendungen festlegen

4.13.6 Desklets

Desklets sind ähnliche Werkzeuge und Helfer wie die Applets. Jedoch sind sie nicht an die Leiste gebunden, sondern können frei auf dem Schreibtisch abgelegt werden.

Im Beispiel aus Abbildung 4.70 habe ich das *Uhr-Desklet*, die Schreibtischuhr, aktiviert. Die Verwaltung brauche ich Ihnen nicht weiter zu erklären, da sie mit der der Applets nahezu identisch ist.

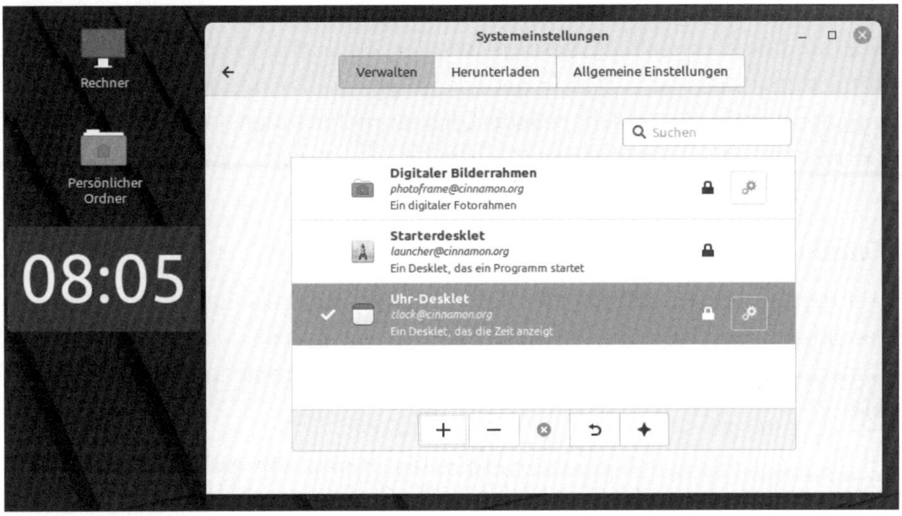

Abbildung 4.70 Desklets – kleine Erweiterungen für den Schreibtisch

4.13.7 Erweiterungen

Bei den *Erweiterungen* handelt es sich um zusätzliche Effekte für den Schreibtisch. Diese machten jedoch unter Cinnamon gelegentlich Probleme (teilweise sind sie auch veraltet). Vermutlich sind aus diesem Grund standardmäßig keine Erweiterungen vorinstalliert. Sie müssen das gegebenenfalls über das Register HERUNTERLADEN nachholen.

In Abbildung 4.71 sehen Sie die Erweiterung *Durchsichtige Fenster (Opacify Windows)*, die Fenster beim Verschieben durchsichtig macht.

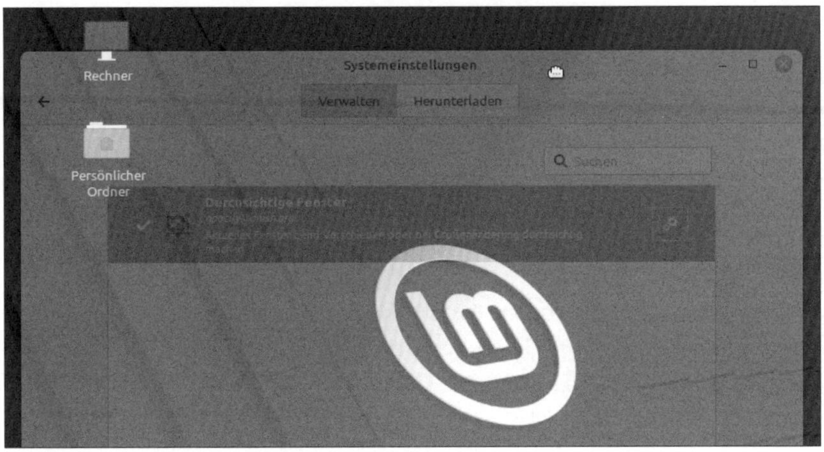

Abbildung 4.71 Die Erweiterung »Opacify Windows«

Bei vielen der Erweiterungen wurden jedoch, unabhängig vom getesteten System, Fehler ausgelöst, und sie konnten nicht gestartet werden. Meist erscheint beim Starten auch eine Warnmeldung. Dies war bereits in der Erstauflage des Buches unter Linux Mint 17 der Fall und hat sich bis heute nicht geändert. Ich empfehle Ihnen daher, diese Erweiterungen nur mit Bedacht – oder überhaupt nicht – einzusetzen.

4.13.8 Fenster

Mit den *Fenstereinstellungen* können Sie das Verhalten der Anwendungs- und Ordnerfenster detailliert anpassen. Zu den Möglichkeiten zählen u. a. die Art des Wechsels zwischen Fenstern, die Aktionen bei Mausaktionen auf der Titelleiste und die Anordnung der Knöpfe.

In Abbildung 4.72 habe ich den Stil beim Fensterwechsel (unter ALT-TAB) auf BILDERFLUSS (3D) umgestellt (für den jedoch auch eine 3D-Grafikkarte sinnvoll ist).

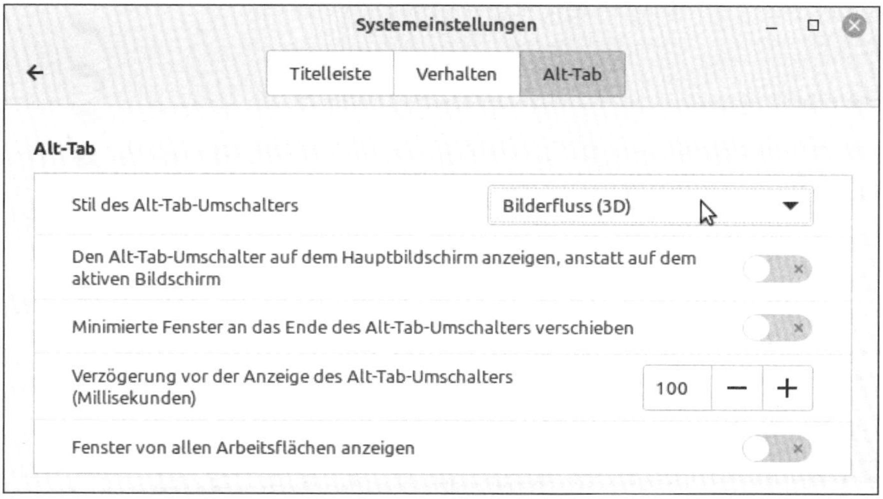

Abbildung 4.72 Die Einstellungen für Fenster verändern

Anwendungswechsel per Tastatur

In Linux Mint können Sie neben der Fensterleiste auch die Tastatur zum Wechseln zwischen Fenstern bzw. Anwendungen nutzen. Dazu benötigen Sie die Tastenkombination `Alt` und `⭾`: Halten Sie die `Alt`-Taste gedrückt, und betätigen Sie `⭾` so oft, bis das gewünschte Fenster im Vordergrund ist. Durch Loslassen beider Tasten wird es aktiviert.

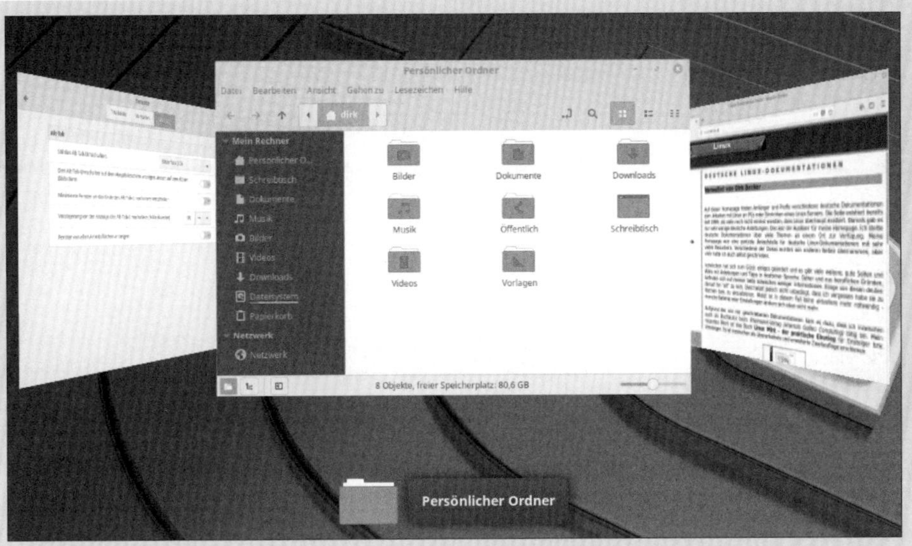

Abbildung 4.73 Der Fensterwechsel mit der Einstellung »Bilderfluss (3D)«

4.13.9 Internetkonten

Bei manchen Anwendungen kann es sinnvoll sein, Ihre Zugangsdaten zu verschiedenen Internetkonten zu hinterlegen (falls solche Konten vorhanden sind). Die entsprechenden Anwendungen verwenden diese Daten dann gemeinsam, und Sie müssen nicht jede einzelne gesondert einrichten. Allerdings nutzen (noch) nicht viele Anwendungen diese Einstellungen.

4.13.10 Leiste

Mit der *Leiste* haben wir uns inzwischen schon häufiger beschäftigt. Im Prinzip handelt es sich bei ihr »nur« um einen Ablageort, auf dem Applets positioniert werden können.

In den Einstellungen zu der Leiste können Sie u. a. festlegen, ob sie automatisch ausgeblendet werden soll, zudem können Sie deren Höhe bestimmen sowie eine neue Leiste hinzufügen. Zusätzlich können Sie die Leiste durch Aktivieren der gleichnamigen Schaltfläche in den Leistenbearbeitungsmodus versetzen (siehe Abbildung 4.74).

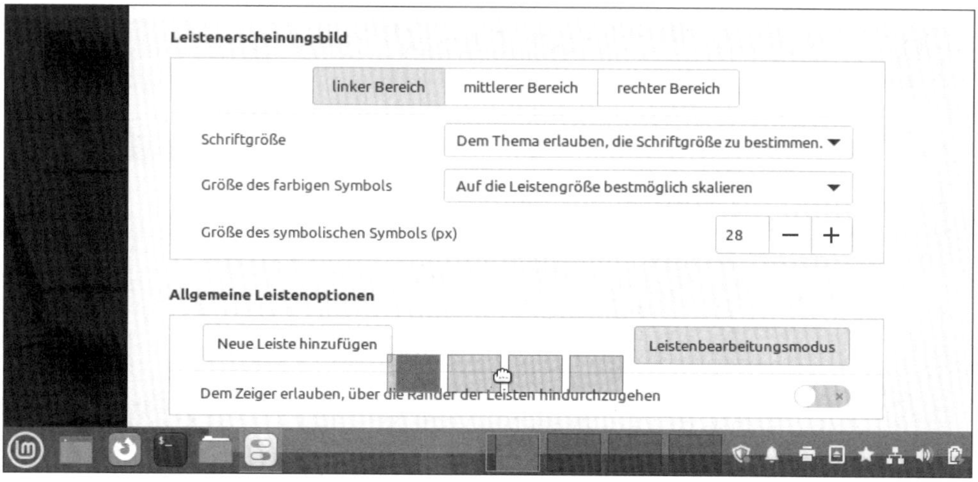

Abbildung 4.74 Die Leiste im Leistenbearbeitungsmodus

Vielleicht haben Sie sich beim Ablegen der Applets bereits gefragt, wie Sie ihre Platzierung im Nachhinein ändern können. Im Leistenbearbeitungsmodus ist dies möglich. In Abbildung 4.74 sehen Sie, wie ich das Applet des Arbeitsflächenumschalters verschiebe.

Um die Leiste wieder zu sperren und dadurch vor versehentlichen Änderungen zu schützen, heben Sie den Leistenbearbeitungsmodus einfach durch Deaktivieren der Schaltfläche wieder auf. Eine weitere Möglichkeit ist hierbei das Kontextmenü der Leiste. In diesem stehen verschiedene Punkte zur Verfügung (siehe Abbildung 4.75).

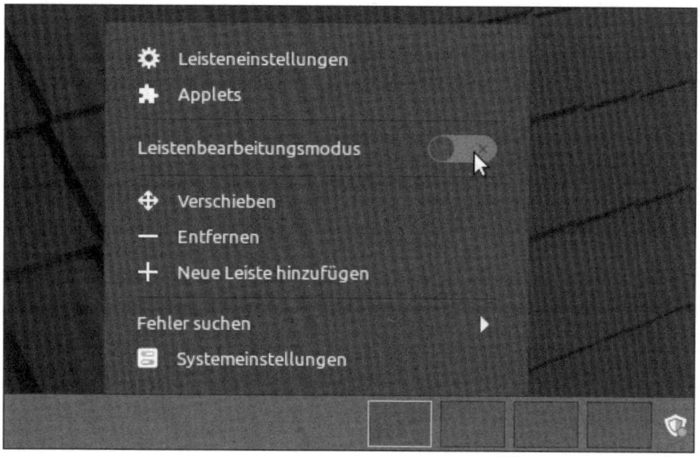

Abbildung 4.75 Das Kontextmenü der Leiste

Hier können Sie den Leistenbearbeitungsmodus verwalten. Zusätzlich können Sie verschiedene weitere Einstellungen erreichen, und zwar ohne den Umweg über das Startmenü. Alles nach dem Motto: Viele Wege führen nach Rom. Mit dem Menüpunkt Verschieben wird die Leiste an einen anderen Bildschirmrand verschoben. Entfernen tut genau das, was der Name sagt: Die Leiste wird entfernt – und mit ihr alle Applets und Einstellungen.

4.13.11 Schreibtisch

In diesen Einstellungen können Sie wählen, welche (Standard-)Symbole auf dem Schreibtisch angezeigt werden. Wenn Sie die Arbeit mit dem Windows-Desktop kennen, sollten Sie die Optionen Rechner, Persönlicher Ordner und Papierkorb aktivieren, damit die entsprechenden Icons angezeigt werden.

Wenn mehrere Bildschirme im Einsatz sind, können Sie unter Schreibtischanordnung noch festlegen, auf welchem Bildschirm die Symbole erscheinen sollen.

4.13.12 Startprogramme

Eine häufige Frage bei Linux-Neulingen ist, wo sich denn der von Windows bekannte Ordner *Autostart* befindet. Dafür sind die *Startprogrammeinstellungen* zuständig (siehe Abbildung 4.76).

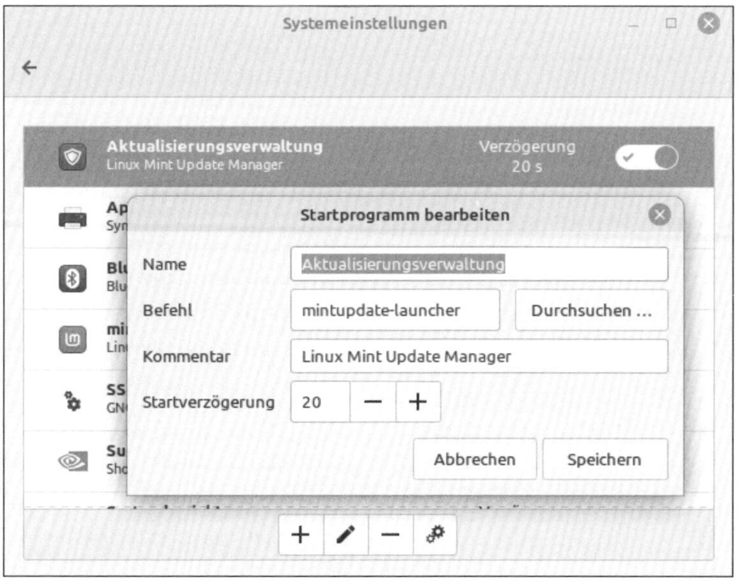

Abbildung 4.76 Startprogramme verwalten

In diesem Fenster verwalten Sie vorhandene Startprogramme und fügen neue hinzu. Das Hinzufügen wird Laien anfangs jedoch ein wenig Probleme bereiten, da nicht unbedingt jedem direkt klar ist, was er hier angeben muss.

Wenn sich die gewünschte Anwendung jedoch im Startmenü befindet, können Sie dies über ihre Eigenschaften herausfinden (siehe dazu Abschnitt 4.13.3, »Das Applet ›Menü‹«). Dann müssen Sie nur über HINZUFÜGEN diese Angaben übernehmen. Mit STARTVERZÖGERUNG können Sie noch eine Wartezeit festlegen, nach der die Anwendung gestartet wird. Dies ist bei mehreren Startprogrammen sinnvoll, damit Cinnamon nicht sofort nach dem Anmelden durch diese »ausgelastet« ist.

Falls es noch keinen Eintrag im Startmenü gibt, müssen Sie den genauen Befehl für den Start des Programms ermitteln. Durch einen Klick auf DURCHSUCHEN können Sie das Dateisystem danach durchforsten. Aber wie gesagt: Diese Suche ist sehr unübersichtlich und meistens nicht nötig.

4.14 Die Einstellungen der Geräte

Nun kommen wir zu dem Bereich der GERÄTE. Hier können Sie die Konfiguration verschiedener Komponenten durchführen. Ich werde Ihnen bei den meisten Einstellungen, wie auch bereits bei den vorangegangenen, nur kurz die Funktionen erläutern. Detailliertere Beschreibungen für Problemfälle folgen in Kapitel 9, »Fehlerbehebung und Problemlösungen«.

4.14.1 Bildschirm

Um die aktuelle AUFLÖSUNG zu verändern oder mehrere Monitore zu verwalten, dient die Einstellung BILDSCHIRM. Wenn Sie in einer VirtualBox-Umgebung arbeiten, sind hier standardmäßig nur wenige Einstellungen möglich.

Wenn Sie jedoch mehr als einen Monitor angeschlossen haben, können Sie hier die üblichen Einstellungen vornehmen. Sie können den Schreibtisch über zwei Monitore erweitern (BILDSCHIRME VERBINDEN, siehe Abbildung 4.77) oder die Bildschirme spiegeln (SPIEGEL).

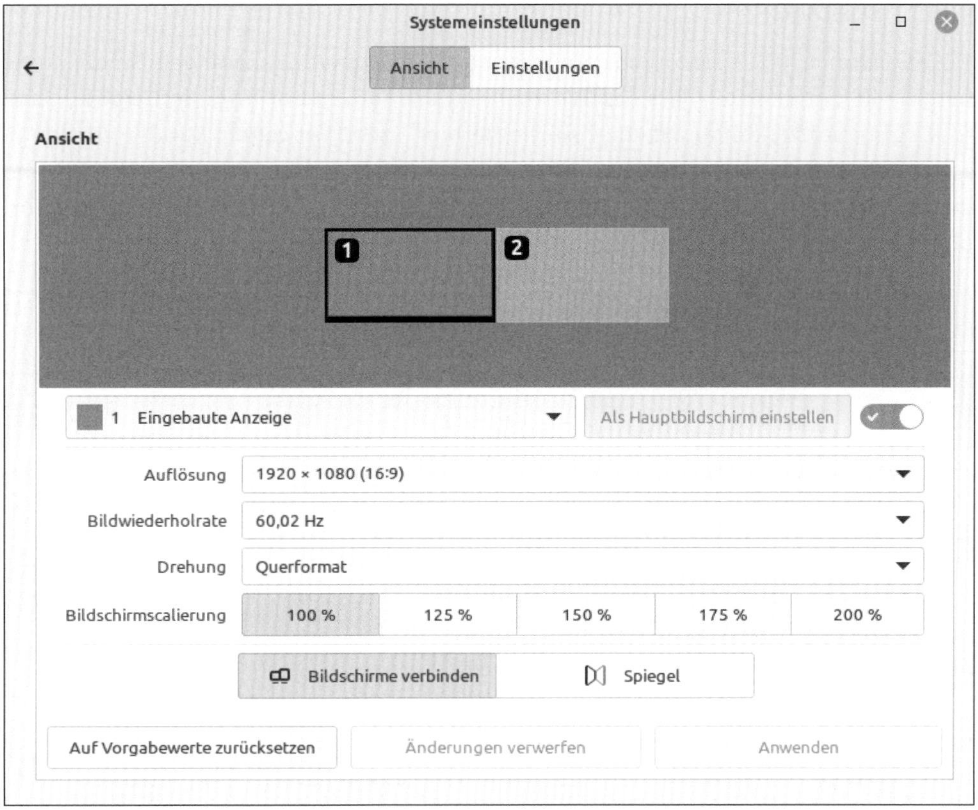

Abbildung 4.77 Zwei Bildschirme nebeneinander platziert

Mit der Maus können Sie den Standort der Bildschirme festlegen.

VirtualBox und Bildschirme

In VirtualBox können Sie einer virtuellen Maschine mehrere Bildschirme zuweisen. Öffnen Sie dazu die Eigenschaften der VM (über ÄNDERN), und schauen Sie in den Bereich ANZEIGE. Dort legen Sie die ANZAHL DER BILDSCHIRME fest. Nach dem Start der virtuellen Maschine muss der neue »Monitor« jedoch über das Menü ANZEIGE • VIRTUELLER MONITOR 2 aktiviert werden. Wenn an dem Hostsystem wirklich mehrere Monitore vorhanden sind, können diese auch genutzt werden. Zum Testen der Funktion reicht natürlich auch ein einziger physischer Monitor.

Testen Sie parallel auch den *Vollbildmodus*. Eine VM kann mit der Host-Taste + [F] (standardmäßig die rechte [Strg]-Taste + [F]) in den Vollbildmodus und wieder zurück wechseln. Dadurch haben Sie den Eindruck, nur mit Linux Mint zu arbeiten.

4.14.2 Bluetooth

Viele von Ihnen haben sicherlich bereits Bluetooth-Verbindungen mit dem Smartphone hergestellt. Für den Fall, dass das System, auf dem Linux Mint installiert wurde, Bluetooth unterstützt, können Sie hier solche Verbindungen verwalten. Mit der Version 21 wurde das vorherige Werkzeug (*Blueberry*) zur Verwaltung der Bluetooth-Verbindung durch eine andere Anwendung mit dem Namen *Blueman* ersetzt. Blueman ist komfortabler und umfangreicher als die (simple) Vorgängerversion.

Nachdem Sie ein Gerät in den »Verbindungsstatus« versetzt haben, können Sie es über SUCHE finden und eine Verbindung aufbauen (siehe Abbildung 4.78).

Abbildung 4.78 Ein Smartphone wurde gefunden.

Danach können verbundene Geräte über das Kontextmenü oder den Menüpunkt GERÄT verwaltet werden. Je nach Gerät sind die Möglichkeiten hier natürlich unterschiedlich. Mein Smartphone könnte ich z. B. zur Steuerung einer Präsentation nutzen.

Im Menü ADAPTER können verschiedene Einstellungen des Bluetooth-Adapters festgelegt werden (siehe Abbildung 4.79).

Abbildung 4.79 Ein verbundenes Gerät verwalten

Tiefer möchte ich hier nicht auf Bluetooth eingehen, da vermutlich nur wenige Leserinnen und Leser diese Funktion nutzen und es noch dazu viele Möglichkeiten (je nach Geräten) gibt. Weitere Infos finden Sie bei Bedarf hier:

https://wiki.ubuntuusers.de/Bluetooth/Blueman/

4.14.3 Drucker

Die Schwierigkeit, einen Drucker hinzuzufügen, schwankt zwischen »gering« und »ziemlich hoch«. Wenn Sie einen gängigen Drucker im Einsatz haben, wurde die Konfiguration vermutlich bereits während der Installation durchgeführt. Linux Mint erkennt Netzwerkdrucker und richtet diese automatisch ein (siehe Abbildung 4.80).

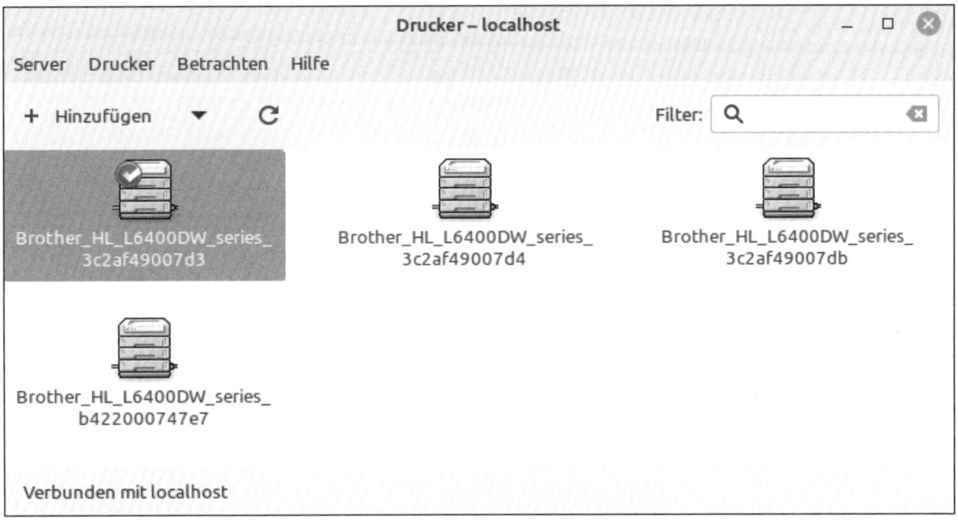

Abbildung 4.80 Bei der Installation gefundene (Büro-)Drucker

Bei der Installation von Linux Mint ohne Netzwerkverbindung ist der Druckerbereich zunächst leer. Über die Schaltfläche HINZUFÜGEN installieren Sie einen Drucker.

Automatische vs. manuelle Installation

Ich zeige Ihnen hier eine Beispielinstallation eines Laserdruckers, die »sauber« abläuft (u. a. wird der Druckertreiber automatisch gefunden).

Eine erweiterte Installation eines Netzwerkdruckers mit manueller Treiberauswahl folgt in Abschnitt 8.3, »Drucken unter Linux Mint«.

Nach dem Klick auf HINZUFÜGEN (siehe Abbildung 4.81) öffnet sich ein weiteres Fenster, in dem Sie den Drucker auswählen (siehe Abbildung 4.82).

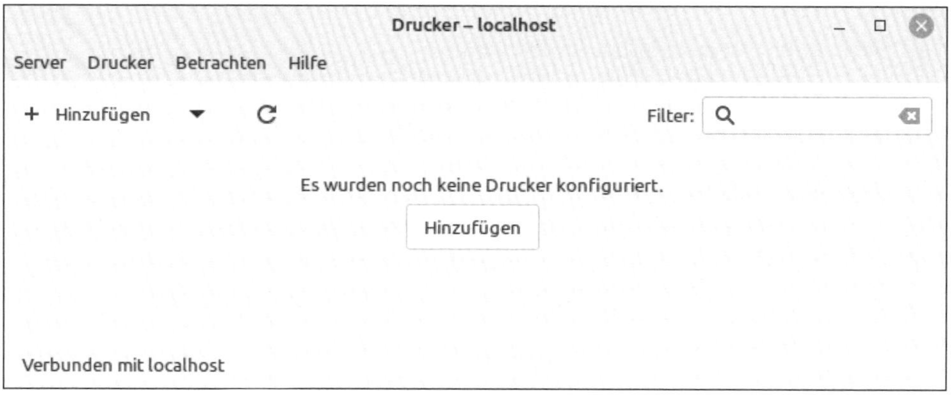

Abbildung 4.81 Leere Druckerkonfiguration

Wenn Sie nun einen Netzwerkdrucker oder lokalen Drucker (an USB) angeschlossen haben, wird er meistens auch gefunden und angezeigt (bei Netzwerkdruckern müssen Sie gegebenenfalls einige Sekunden warten – bei mir dauert dies etwa 30 Sekunden). Im Beispiel aus Abbildung 4.82 ist es u. a. ein Netzwerkdrucker vom Typ *Ricoh IM C3000*.

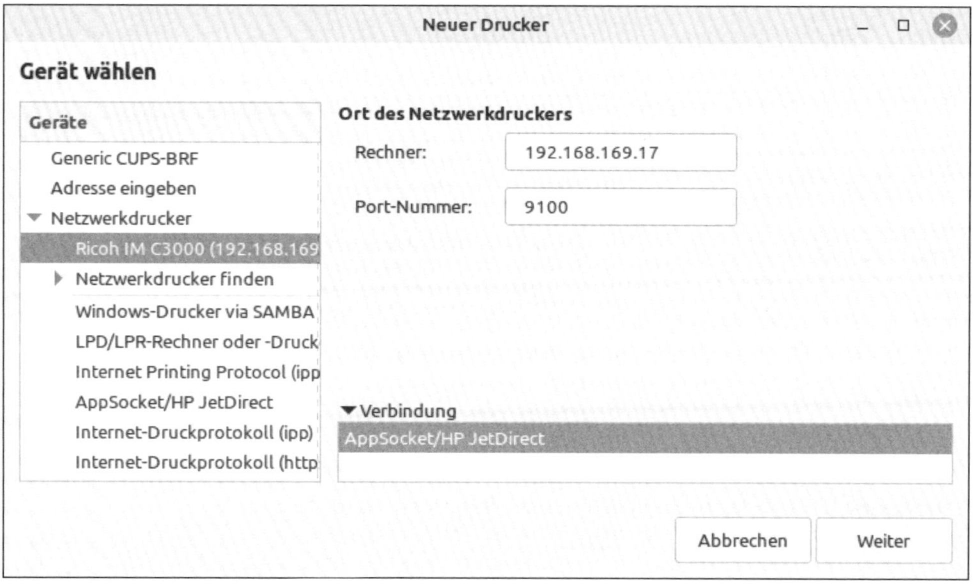

Abbildung 4.82 Ein Drucker wurde im Netzwerk gefunden.

In den meisten Fällen können Sie die Standardeinstellungen belassen. Mit WEITER gelangen Sie zum nächsten Schritt, und es wird nach den Treibern gesucht. Wie eingangs erwähnt, wird bei gängigen Geräten in der Regel auch ein entsprechender Treiber gefunden.

Die Vorgänge unterscheiden sich natürlich im Einzelnen von Gerät zu Gerät – daher kann ich Ihnen hier auch keine allgemeingültigen Tipps zur Einrichtung geben. Zum Teil sind diese Punkte selbsterklärend, manche erfordern jedoch auch ein wenig Erfahrung beim Drucken. Je nach Modell können allerdings noch verschiedene spezifische Rückfragen erfolgen.

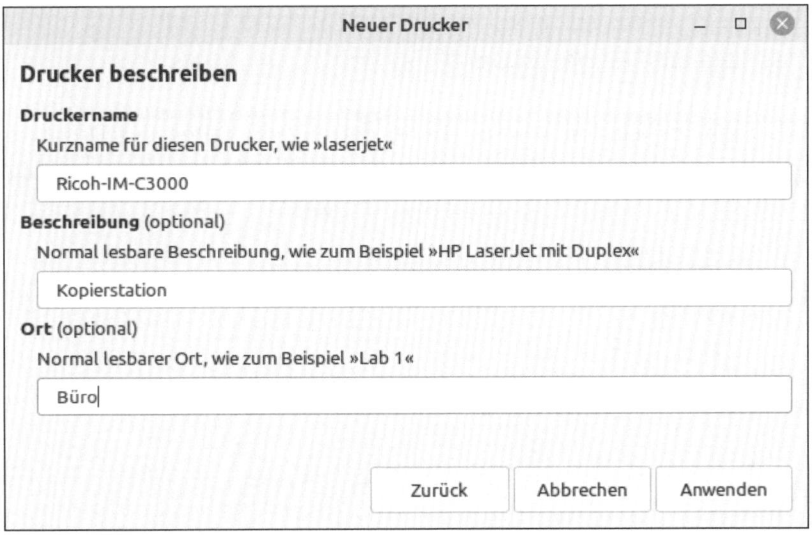

Abbildung 4.83 Der Druckername und eine Beschreibung

Nach der Auswahl des Treibers geben Sie den DRUCKERNAMEN ein und optional eine BESCHREIBUNG und einen ORT (siehe Abbildung 4.83). Für Privatanwender mag Letzteres zunächst ein wenig unnötig erscheinen, aber in Büros sind fünf bis zehn installierte Drucker keine Seltenheit. Wenn hier keine genaueren Beschreibungen und Standorte vorliegen, verliert man schnell den Überblick.

Nun folgt noch die Frage nach dem Druck einer Testseite (siehe Abbildung 4.84). Dies können Sie bestätigen, um den Drucker sofort zu testen. Wenn es sich um einen falschen Treiber handelt und der Drucker deswegen Hieroglyphen druckt, sollten Sie ihn umgehend ausschalten und den Druckauftrag in der Warteschlange löschen. (Die Warteschlange erreichen Sie über das Kontextmenü des Druckers.)

Abbildung 4.84 Sie sollten eine Testseite drucken.

Nach dem Beenden der Installation können Sie in den Eigenschaften des Druckers (siehe Abbildung 4.85) noch verschiedene Feineinstellungen durchführen (siehe Abbildung 4.86).

Abbildung 4.85 Der Bereich »Einstellungen« in den Druckereigenschaften

Diese Einstellungen können, je nach Druckermodell, unterschiedlich sein. Wenn sich die Druckereigenschaften nicht automatisch öffnen, finden Sie diese über das Kontextmenü des Druckers.

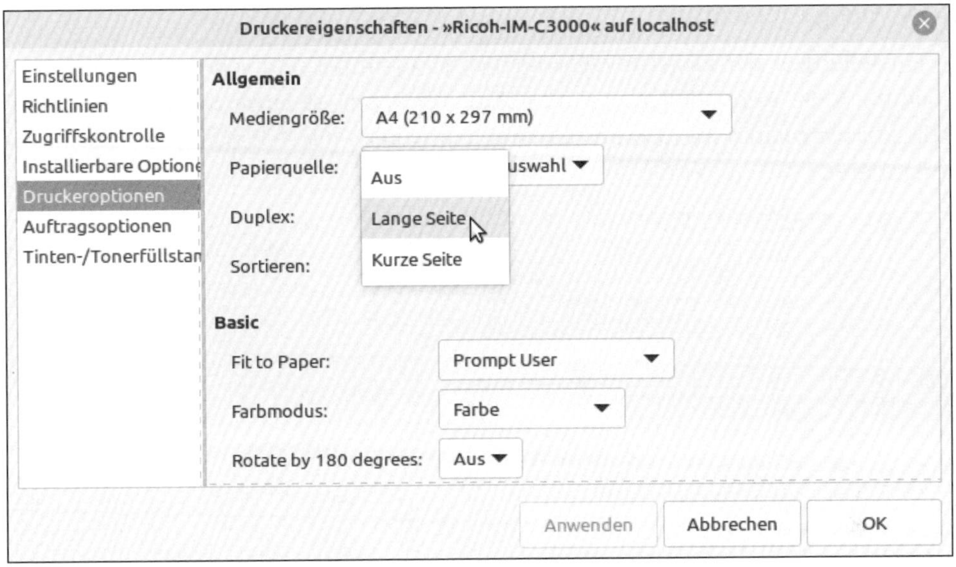

Abbildung 4.86 Der doppelseitige Druck wird aktiviert.

Hier sollten Sie jedoch nur Änderungen vornehmen, wenn Sie sich damit auskennen. Bereits eine falsche Einstellung kann schnell dazu führen, dass der Drucker nicht mehr druckt oder nur noch wild Symbole ausgibt.

Wenn Sie fertig sind, bestätigen und schließen Sie die Druckereigenschaften mit OK.

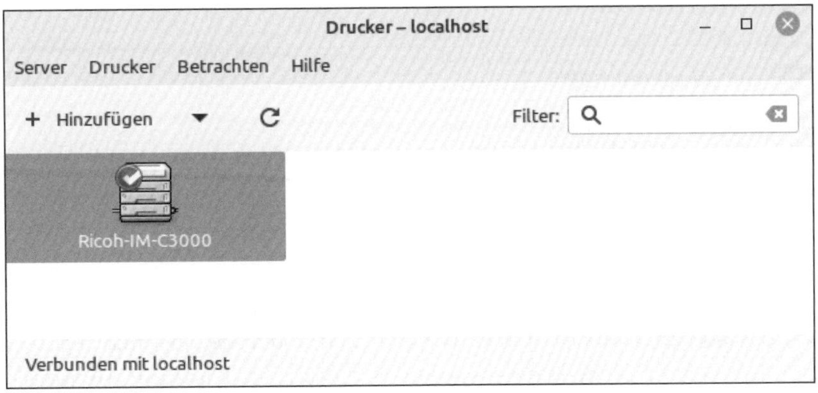

Abbildung 4.87 Der Drucker wurde erfolgreich installiert.

4.14.4 Energieverwaltung

Die Einstellungen der ENERGIEVERWALTUNG sind simpel und selbsterklärend (siehe Abbildung 4.88). Wenn Sie Linux Mint auf einem Notebook einsetzen, können Sie zusätzlich das Verhalten im Akkubetrieb und häufig auch die Helligkeit des Bildschirms konfigurieren.

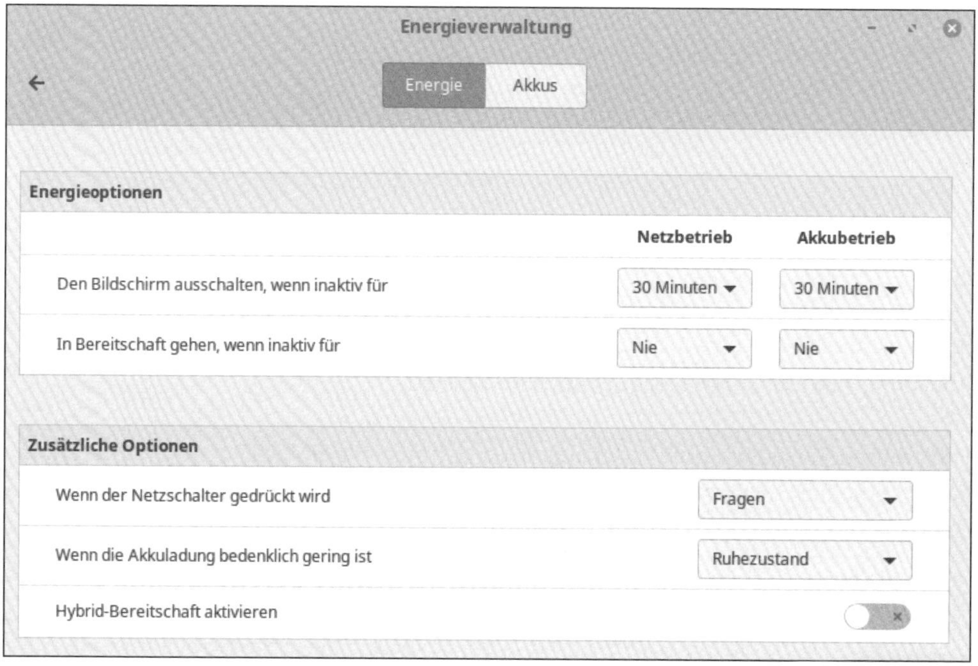

Abbildung 4.88 Die Energieverwaltung

Hier legen Sie fest, wann der Bildschirm ausgeschaltet werden soll, wann Linux Mint in Bereitschaft geht und wie es sich beim Drücken des Netzschalters verhalten soll. Unter AKKUS wird der aktuelle (Lade-)Stand der Akkus angezeigt.

Bereitschaft oder Ruhezustand

Im Modus BEREITSCHAFT geht Linux Mint in einen Stromsparmodus, bei dem noch Energie benötigt wird. Es ist hierbei jedoch umgehend wieder einsatzbereit. Im RUHEZUSTAND wird ein Speicherabbild auf die Festplatte geschrieben (in den Auslagerungsbereich) und der Rechner ausgeschaltet. Dadurch wird Energie gespart, aber es dauert etwas länger als im Bereitschaftsmodus, bis Linux Mint wieder einsatzbereit ist.

4.14.5 Klang

Im Bereich KLANG verwalten Sie Ihre Abspiel- und Aufnahmegeräte und legen Klangeffekte fest (siehe Abbildung 4.89). Die Einstellungen sind dabei auch abhängig vom Typ der Soundkarte (nur *Stereo* oder *Dolby 5.1* usw.).

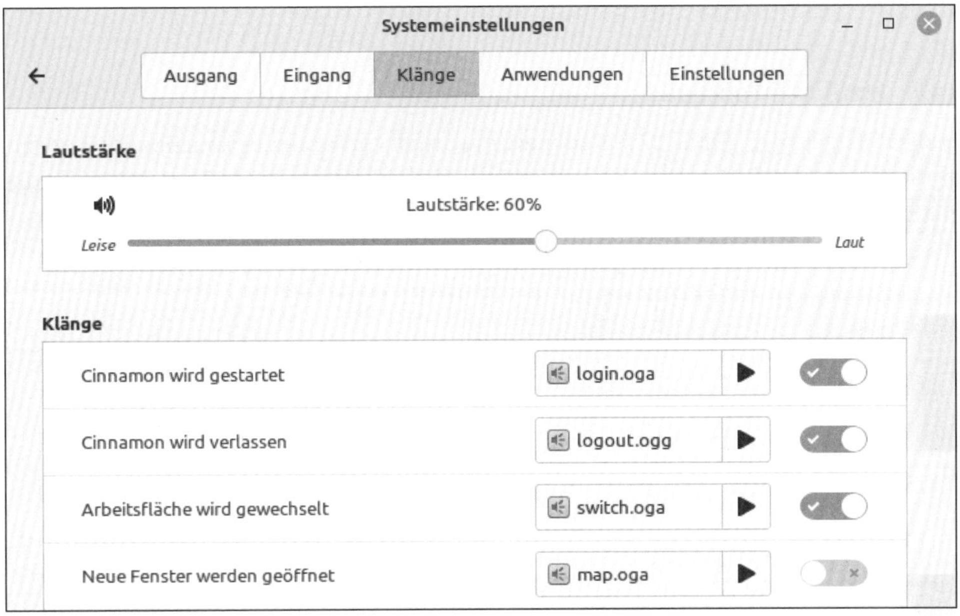

Abbildung 4.89 Klangeffekte zuordnen

Im Register AUSGANG können Sie über die Schaltfläche TESTKLANG die Ausgabe überprüfen. So stellen Sie fest, ob die Lautsprecher korrekt angeschlossen sind.

Unter EINGANG legen Sie fest, mit welchen Geräten Aufnahmen durchgeführt werden, und stellen die Aufnahmelautstärke ein. Bei EINGANGSPEGEL können Sie die Einstellungen überprüfen.

Nicht benötigte Geräte sollten Sie über die Schaltfläche STUMMSCHALTEN deaktivieren (das Symbol mit dem Lautsprecher, das sich über dem Text LEISE befindet). Dadurch verhindern Sie ungewollte Aufnahmen oder Störgeräusche.

Um verschiedene Signaltöne von Linux Mint einzustellen, dient das Register KLÄNGE. Hier können Sie verschiedenen Ereignissen eine Tondatei zuordnen.

4.14.6 Laufwerke

In diesem Punkt können Sie verschiedene Laufwerke *partitionieren* und *formatieren*. Da das Verwalten von Laufwerken ein umfangreicheres Thema ist und Sie dazu auch bessere Kenntnisse von Linux Mint haben sollten, folgt dieses Thema in einem späteren, separaten Abschnitt (siehe Abschnitt 5.19).

4.14.7 Maus und Touchpad

Um die Einstellungen für die Maus oder ein eventuell vorhandenes Touchpad zu verwalten, dient der Bereich MAUS UND TOUCHPAD (siehe Abbildung 4.90). Hier können Sie die Einstellungen wie ZEIGERGRÖSSE UND -GESCHWINDIGKEIT verändern.

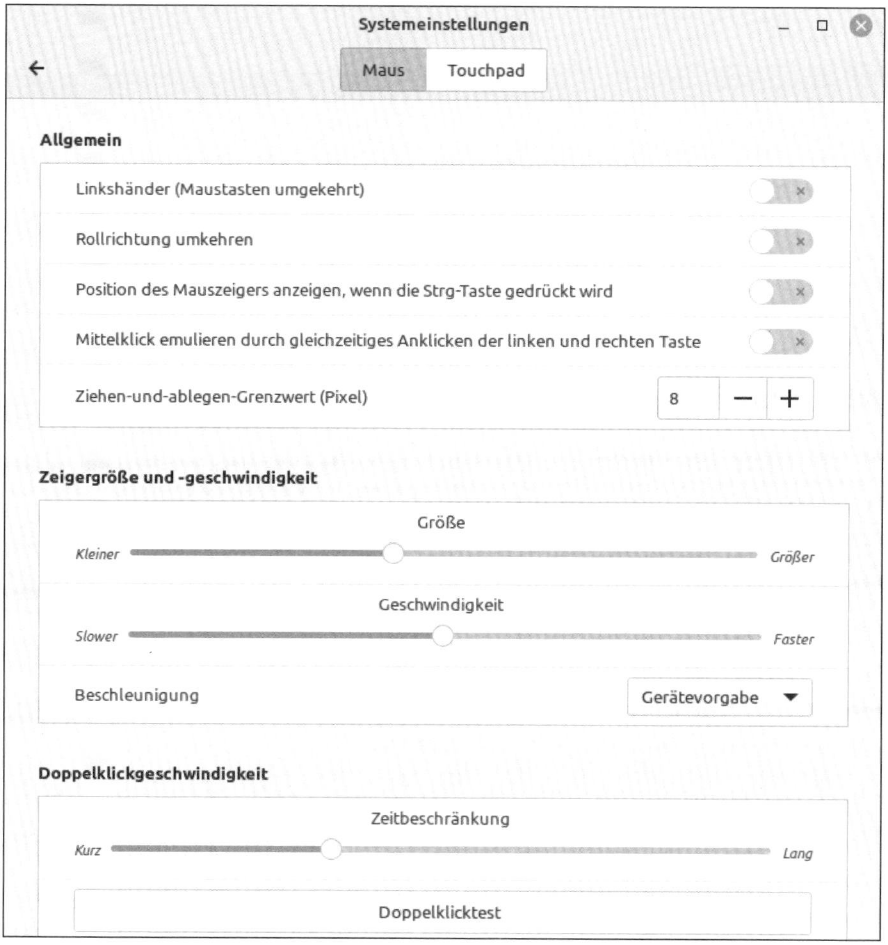

Abbildung 4.90 Die Einstellungen für die Maus und das Touchpad

4.14.8 Netzwerk

Das Thema der Netzwerkverbindungen habe ich ja bereits beim Livesystem und bei der Installation angesprochen. Hier können Sie diese Verbindungen bearbeiten.

Im Beispiel aus Abbildung 4.91 existiert nur eine Kabelverbindung. Über die Werkzeugschaltfläche (das Zahnrad unten rechts) ändern Sie die Konfiguration einer Verbindung.

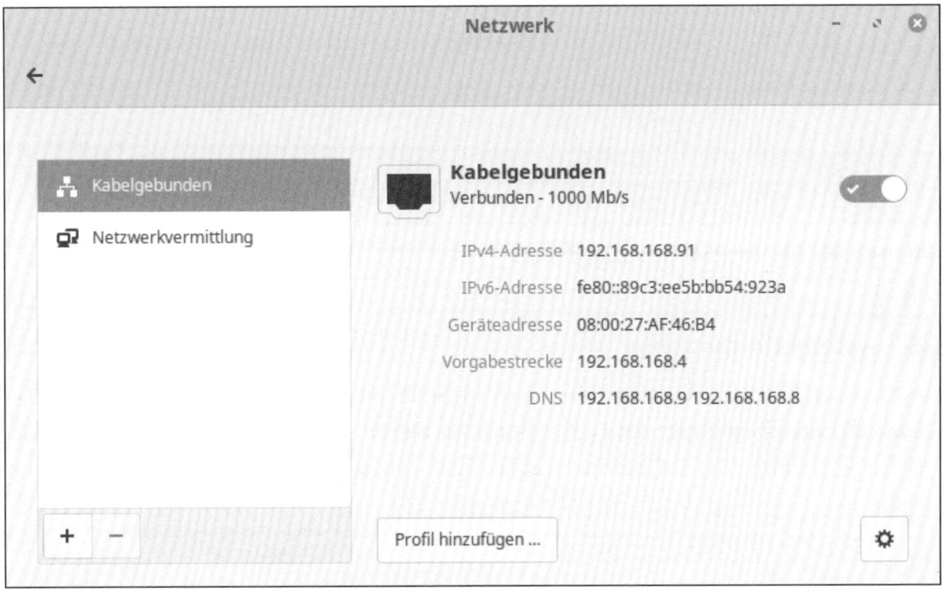

Abbildung 4.91 Die Netzwerkeinstellungen

Wenn Sie das System nur privat einsetzen, dürften keine Anpassungen notwendig sein. Die erforderlichen Daten erhält die Netzwerkkarte (egal, ob kabelgebunden oder per WLAN) über DHCP von Ihrem Router.

Wenn Sie hier Änderungen vornehmen, sollten Sie natürlich über entsprechende Netzwerkkenntnisse verfügen. In Abbildung 4.92 weise ich z. B. einer Verbindung manuell eine IPv4-Adresse zu. Der Bereich ist rot hinterlegt, da die Netzwerkadresse noch nicht korrekt eingegeben ist.

In Abschnitt 8.1, »Die Netzwerkeinstellungen«, folgen weitere Tipps zu Netzwerkverbindungen. Sie finden dort beispielsweise Hinweise, wie Sie mobile Verbindungen einrichten, sich mit unterschiedlichen Netzwerken verbinden und Windows-Freigaben nutzen.

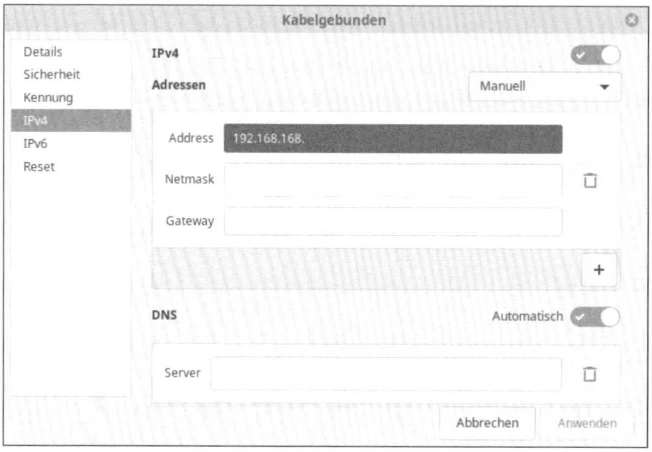

Abbildung 4.92 Die Kabelverbindung ändern

4.14.9 Systeminformation

Wenn Sie eine Information über das System benötigen, schauen Sie in die SYSTEMINFORMATION (siehe Abbildung 4.93). Allerdings werden hier nur die wichtigsten Informationen angezeigt. Bei Problemanfragen in Foren o. Ä. sind diese dennoch häufig hilfreich.

Abbildung 4.93 Wichtige Systeminformationen

4.14.10 Tastatur

Neben den üblichen Tastatureinstellungen können Sie unter TASTATUR auch Tastenkombinationen einsehen und verwalten (siehe Abbildung 4.94). Im ersten Register dieses Optionen-Fensters befinden sich die Einstellungen für die TASTENWIEDERHOLUNG (bei einer gehaltenen Taste).

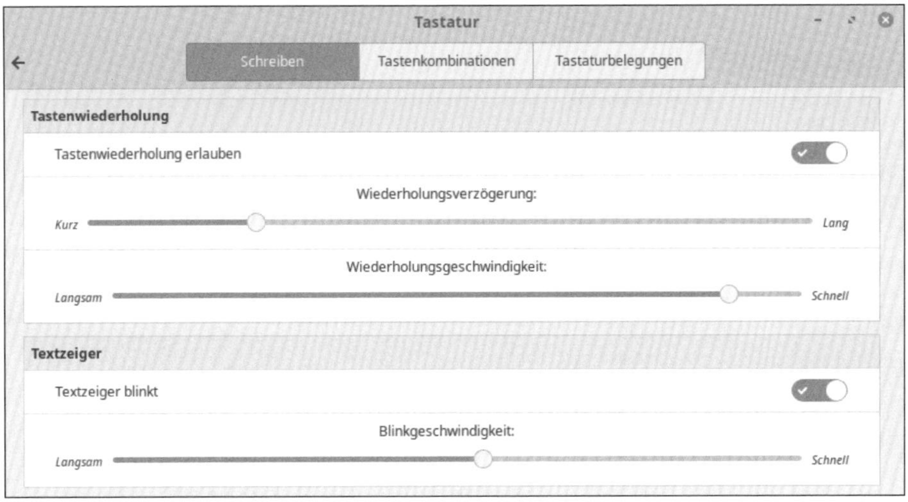

Abbildung 4.94 Tastenwiederholung und Blinkgeschwindigkeit

Das Register TASTENKOMBINATIONEN ist bedeutend interessanter. Viele Funktionen oder Anwendungen können auch, anstatt sie umständlich im Menü zu suchen, mit einer bestimmten Tastenkombination ausgeführt werden. Im Bereich KATEGORIEN werden die verfügbaren Funktionen und Anwendungen aufgelistet.

Mit der Kombination [Super] + [E] (bzw. [Windows-Taste] + [E]) startet Nemo im persönlichen Ordner (siehe Abbildung 4.95). Dies ist auch die Standardkombination zum Öffnen des Explorers unter Windows. Sie könnten diese nun ändern. Eine Tastenkombination, die mit *XF86* beginnt, betrifft die Sondertasten, die nur auf manchen Tastaturen vorhanden sind.

Weiterführende Informationen zu Tastenkombinationen

Falls Sie Probleme mit den Bezeichnungen von Tasten haben oder sich z. B. fragen, wo sich die Tabulator- oder die Umschalttaste befindet, schauen Sie mal hier:

https://de.wikipedia.org/wiki/Kategorie:Computertaste

Es gibt übrigens keine »String-Taste«. Die Abkürzung »Strg« steht für *Steuerung*. Im Englischen heißt sie entsprechend »Ctrl« (für *Control*).

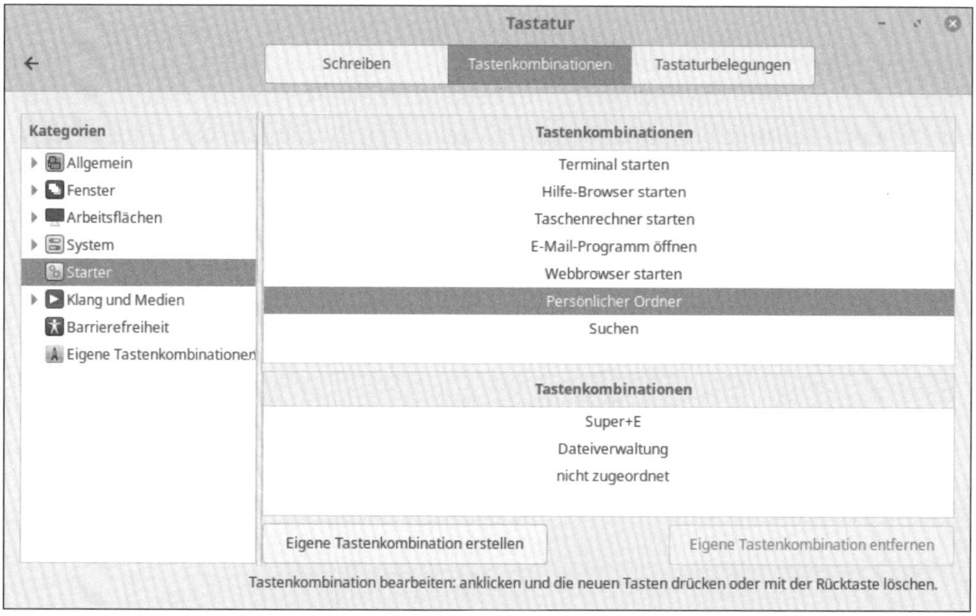

Abbildung 4.95 Die Tastenkombination zum Öffnen des persönlichen Ordners

4.15 Systemverwaltung

Im Bereich der SYSTEMVERWALTUNG nehmen Sie systemweite Einstellungen vor. Daher ist hier auch immer das Passwort notwendig, um die entsprechenden Rechte zu erlangen.

4.15.1 Anmeldefenster

Für das Anmeldefenster, den *Login-Screen*, können Sie das Aussehen und verschiedene Optionen festlegen. Bei der Installation hatten Sie bereits die Möglichkeit, eine automatische Anmeldung einzurichten. Falls dies nicht erwünscht war oder nun nachgeholt werden soll, ist eine Änderung im Bereich AUTOMATISCHE ANMELDUNG möglich (siehe Abbildung 4.96).

Hier aktivieren und deaktivieren Sie die »normale« automatische Anmeldung durch die Eingabe oder das Entfernen eines Benutzernamens. Durch die Eingabe einer Zahl unter VERZÖGERUNG VOR DER VERBINDUNG (IN SEKUNDEN) wird mit der Anmeldung die entsprechende Zeit in Sekunden gewartet.

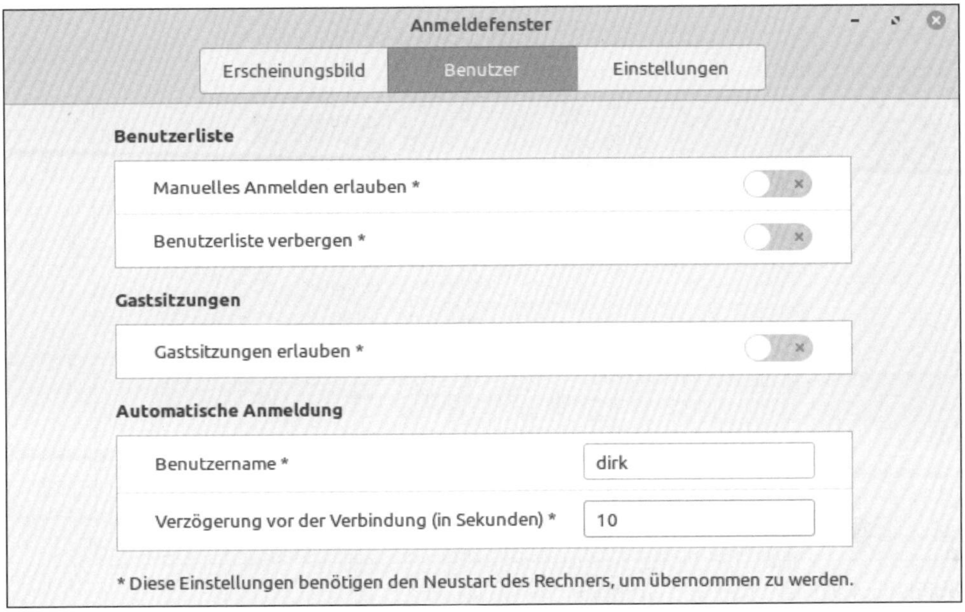

Abbildung 4.96 Konfiguration der automatischen Anmeldung

4.15.2 Benutzer und Gruppen

Die Konfiguration der BENUTZER UND GRUPPEN (siehe Abbildung 4.97) ist auch im Privatbereich ein wichtiger Punkt. Viele Anwender nutzen für die ganze Familie ein und denselben Benutzer. Dies sollten Sie in Zukunft nicht mehr tun: Legen Sie für jeden Anwender einen Benutzer an. Dadurch kann jeder seine Umgebung individuell einstellen, ohne dass andere davon beeinträchtigt werden. Ein weiteres, sehr wichtiges Argument ist, dass nur Benutzer mit entsprechenden Kenntnissen die Rechte als *Systemverwalter* besitzen sollten. Alle anderen können als *Standardbenutzer* Linux Mint nutzen, ohne dabei Veränderungen am System herbeiführen zu können.

Nach dem erstmaligen Öffnen sehen Sie den Benutzer, mit dem Sie zurzeit angemeldet sind. Er wurde ja bei der Installation angelegt. Im Auswahlfenster KONTOTYP wird festgelegt, ob es sich um einen STANDARDBENUTZER oder um einen SYSTEMVERWALTER handelt. Der erste angelegte Benutzer ist automatisch auch der Systemverwalter.

Durch einen Klick auf das Bild erscheint eine Auswahl mit Bildern, von denen Sie eines dem Benutzer zuordnen können. Dieses wird dann auch im Anmeldefenster verwendet. Über HINZUFÜGEN können Sie nun wie in Abbildung 4.98 die weiteren Benutzer erstellen.

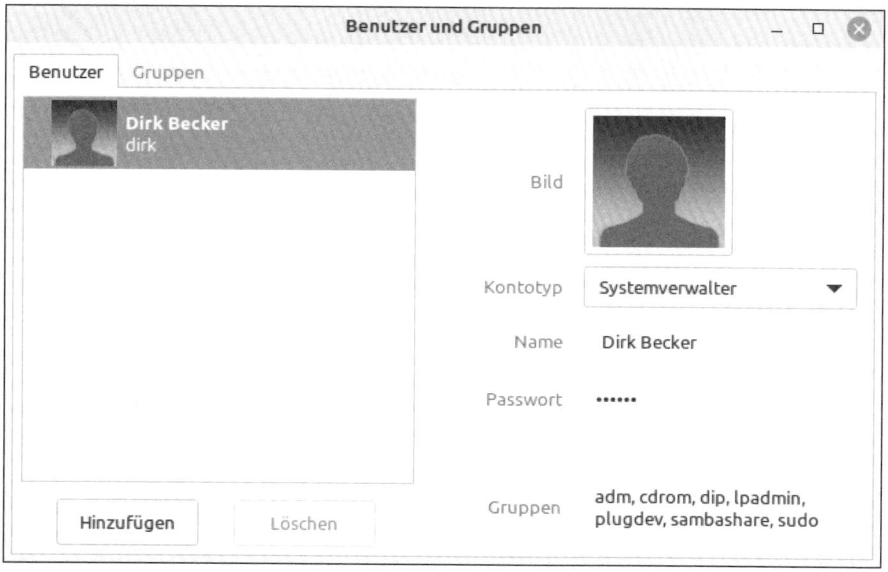

Abbildung 4.97 Benutzer und Gruppen

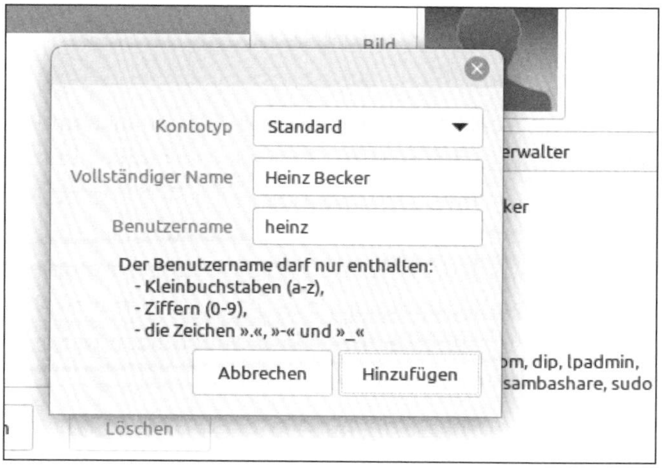

Abbildung 4.98 Einen neuen Benutzer erstellen

Hier legen Sie den KONTOTYP, den VOLLSTÄNDIGEN NAMEN und den BENUTZERNAMEN fest. Durch einen Klick auf HINZUFÜGEN ist der Benutzer erstellt. Ihm wurde jedoch noch kein PASSWORT zugewiesen.

Die Passwortvergabe ist keine Pflicht. Der Benutzer kann sich in diesem Fall ohne Passwort anmelden. Um ein Passwort zu vergeben, klicken Sie den Text KEIN PASSWORT EINGESTELLT an, den Sie in Abbildung 4.99 sehen.

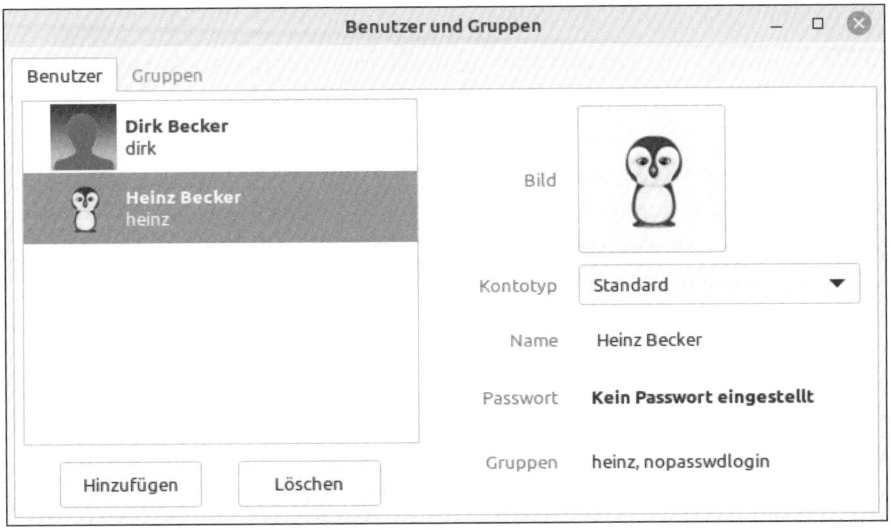

Abbildung 4.99 Ein neuer Benutzer ohne Passwort

Sie sollten immer sichere Passwörter verwenden – vor allem auf Mobilgeräten. Viele Nutzer neigen leider immer noch zu simplen Passwörtern, obwohl sie ihre Geräte auch in freien WLANs oder Hotelnetzwerken nutzen. Wenn dann auch noch der Zugriff auf Daten möglich ist, haben gewitzte Netzwerkteilnehmer schnell Zugriff auf sie. Nutzen Sie daher Passwörter, die aus Sonderzeichen, Zahlen sowie Buchstaben in Groß- und Kleinschreibung zusammengesetzt sind. Ihre Passwörter sollten eine Länge von zumindest acht – besser zehn – Zeichen haben und auf keinen Fall leicht zu erraten sein. Nutzen Sie z. B. einen kurzen, leicht zu merkenden Satz, der zusätzlich zur Groß- und Kleinschreibung noch mit Sonderzeichen und Zahlen »garniert« wird. Weitere Infos dazu finden Sie hier:

https://wiki.ubuntuusers.de/Sicherheits-Einmaleins

An den Gruppen sollten Sie nichts verändern. In den meisten Fällen ist es im Privatbereich ausreichend, zwischen dem Systemverwalter und dem Standardbenutzer zu unterscheiden. Wollen Sie Gruppen einsetzen, finden Sie hier weitere Informationen:

https://wiki.ubuntuusers.de/Benutzer_und_Gruppen

4.15.3 Firewall

In Linux Mint steht Ihnen auch eine persönliche Firewall zur Verfügung. Dabei kommt die Software *Gufw* zum Einsatz, die eine grafische Oberfläche der *Uncomplicated Firewall* (»unkomplizierte Firewall« – ufw) darstellt.

Weil es bei der Nutzung einer Firewall auch zu Problemen mit Netzwerkanwendungen kommen kann, die für Laien schwer erkennbar sind, möchte ich in diesem Abschnitt nicht weiter auf die Konfiguration der Firewall eingehen. Die Firewall ist unter Linux auch nicht unbedingt notwendig. (Je nach Konfiguration ist sie es auch unter Windows nicht.) Aktivieren Sie sie daher noch nicht, und lernen Sie zuerst Linux Mint noch etwas näher kennen. Entscheiden Sie dann später, ob die Firewall zum Einsatz kommen soll. Eine genauere Anleitung folgt in Abschnitt 8.2, »Persönliche Firewall«.

4.15.4 Paketquellen

In Abschnitt 4.9, »Die Anwendungsverwaltung von Linux Mint«, und Abschnitt 4.10, »Die Synaptic-Paketverwaltung von Debian«, habe ich Ihnen die Linux-Mint-Anwendungsverwaltung und die Synaptic-Paketverwaltung vorgestellt. Mit diesen Werkzeugen verwalten Sie Anwendungen bzw. Pakete. Standardmäßig werden diese Pakete aus Linux-Mint- und Ubuntu-Quellen installiert. Diese »Quellen« sind nichts anderes als Server, von denen diese Pakete heruntergeladen werden. Im Bereich OFFIZIELLE PAKETQUELLEN verwalten Sie diese Server. Es ist dabei auch möglich, (schnellere) SPIEGELSERVER statt der Originalquellen zu verwenden oder ZUSÄTZLICHE PAKETQUELLEN hinzuzufügen (siehe Abbildung 4.100). Diese Verwaltung beschreibe ich genauer in Abschnitt 6.2, »Die Paketverwaltung im Detail«.

Abbildung 4.100 Die Verwaltung der Paketquellen

4.15.5 Treiberverwaltung

Die Bezeichnung *Treiberverwaltung* ist ein wenig irreführend. Hier werden nämlich nicht alle Treiber des Systems verwaltet. Man kann nur bei manchen Geräten teilweise *proprietäre* Treiber installieren (hauptsächlich betrifft das Treiber für Grafikkarten oder virtuelle Maschinen). Dies sollten Sie jedoch nur dann durchführen, wenn Sie mit dem aktuellen Linux-Treiber nicht zufrieden sind oder dieser Probleme bereitet. Beim Öffnen sucht Linux Mint z. B. anhand der Informationen über die Grafikkarte nach Treibern und schlägt diese vor.

Abbildung 4.101 Verschiedene Treiber für eine NVIDIA-Grafikkarte

In Abbildung 4.101 werden mehrere (alte) Treiber für eine Grafikkarte angeboten. Im Einsatz ist zurzeit der markierte *Nouveau*-Treiber. Dies ist ein freier Treiber speziell für Karten des Herstellers NVIDIA. Wenn Ihnen dieser zu langsam erscheint oder es sogar Probleme gibt, können Sie den (proprietären) Originaltreiber installieren (hier NVIDIA-DRIVER-470 (EMPFOHLEN)). Ich nutze jedoch auf meinem Notebook immer den Nouveau-Treiber und hatte bisher keine Probleme. (Ich nutze jedoch auch keine CAD-Software.)

Kapitel 5
Linux Mint kennenlernen

Lu mo lòò, watt dòò alles iss ...
Schauen wir mal genauer hin: Was Linux Mint Ihnen schon nach der Installation bietet.

5

Nachdem Sie nun die ersten Schritte und Einstellungen durchgeführt haben, ist es an der Zeit, dass Sie Linux Mint noch besser kennenlernen. Daher werde ich Ihnen in diesem Kapitel Anwendungen aus verschiedenen Bereichen vorstellen. Dabei handelt es sich sowohl um spezielle Anwendungen, die vom Linux-Mint-Team entwickelt wurden, als auch um solche, die aus anderen Quellen stammen und die ebenfalls auf vielen anderen Distributionen oder sogar unter Windows zum Einsatz kommen (u. a. *LibreOffice* und *Firefox*).

Leider kann ich nicht jede Anwendung bis ins kleinste Detail erklären. Allein die Funktionen des Grafikprogramms *GIMP* oder des Office-Pakets *LibreOffice* sind so umfangreich, dass es darüber eigene Bücher gibt.

Der rote Faden

Bei den folgenden Beschreibungen werde ich immer wieder auf vorherige Kapitel bzw. bereits beschriebene Punkte zurückgreifen. Dadurch werden diese immer wieder in Erinnerung gerufen, und Sie werden so tiefer gehende Funktionen auch in der Praxis kennenlernen. Daher hier nochmals der bereits zu Beginn des Buches erwähnte Hinweis, wirklich alle Kapitel nacheinander zu lesen. Ansonsten fehlen Ihnen später Kenntnisse oder, noch schlimmer, Sie verstehen Beschreibungen nicht, da Sie ein wichtiges Kapitel übersprungen haben.

5.1 Zuerst ein wenig Linux

Sie haben inzwischen einiges an Einstellungen vorgenommen und verschiedene Anwendungen gestartet. Bevor wir jedoch mit den Anwendungen weitermachen, wird es Zeit, dass Sie Grundkenntnisse über Linux selbst erlangen.

Es gibt hier einige Unterschiede, die Sie kennen müssen, weil sie ehemaligen Windows-Anwendern sonst Kopfzerbrechen bereiten würden.

5.1.1 Das Dateisystem

Über das Dateisystem von Linux haben Sie bereits bei der Beschreibung von Nemo und in anderen Kapiteln etwas gehört. Hier möchte ich Ihnen nun den Aufbau etwas genauer erläutern.

Dateisystem vs. Dateisystem

Ich beschreibe hier mit dem Begriff *Dateisystem* die Ordner- und Dateistruktur unter Linux. Es geht nicht um das Dateisystem der Festplatte, das *EXT4* genannt wird. Dieses ist das Linux-Pendant zu *NTFS* unter Windows. Allerdings sind die Ordner- und Dateistruktur und das Dateisystem der Festplatte eng miteinander verbunden.

Wie Ihnen ja bereits bekannt ist, existieren unter Linux keine Laufwerksbuchstaben. Das Linux-Dateisystem ist als ein einziges, großes Verzeichnis aufgebaut. Der oberste Punkt wird als *root* bezeichnet (nicht zu verwechseln mit dem Benutzer *root*, dem Superuser!). Übliche deutschsprachige Begriffe dafür sind *Stammverzeichnis* oder *Wurzelordner*.

Von diesem Stammverzeichnis aus gibt es viele Unterordner – darunter solche, die auf allen Linux-Systemen vorzufinden sind, aber auch solche, die von der Distribution oder von Anwendungen abhängig sind.

Abbildung 5.1 gibt Ihnen einen Überblick über das Stammverzeichnis in Nemo. Zur besseren Darstellung habe ich statt der standardmäßig genutzten Symbolansicht die *Listenansicht* aktiviert. Dies erfolgt über die Symbole in der *Werkzeugleiste* (zum Auffinden bewegen Sie einfach die Maus darüber – nach etwa einer Sekunde erscheint der Name des jeweiligen Symbols).

Tabelle 5.1 liefert eine Erläuterung der wichtigsten Unterordner im Stammverzeichnis.

Die meisten dieser Ordner haben weitere Unterordner. Einige davon sind nur mit Superuser-Rechten zu erreichen. Ein Schrägstrich (*Slash* bzw. »/«) vor einem Ordnernamen bedeutet, dass sich dieser Ordner im Stammverzeichnis befindet. Der Schrägstrich verweist genau darauf. Weitere Schrägstriche zwischen den Ordnernamen dienen als (Namens-)Trenner. Allerdings werden diese Schrägstriche bei Nemo nur angezeigt, wenn man in den Einstellungen die Option DEN KOMPLETTEN PFAD IN DER TITEL- ODER REITERLEISTE ANZEIGEN aktiviert (siehe Abbildung 5.2).

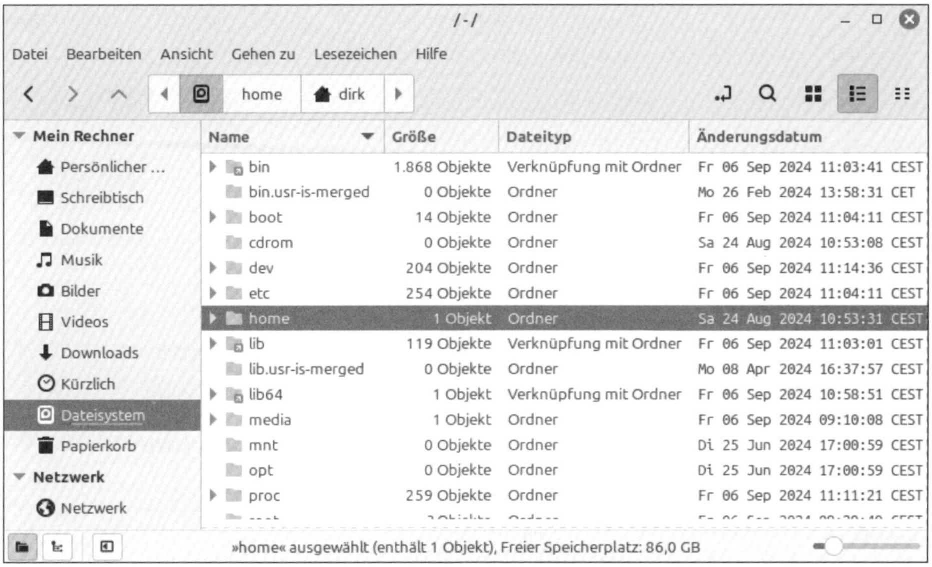

Abbildung 5.1 Das Stammverzeichnis unter Nemo in der Listenansicht

Ordner	Infos
/	das Stammverzeichnis
/bin	enthält verschiedene Befehle.
/dev	erlaubt Zugriff auf physische Geräte.
/etc	die Konfigurationen des Systems und systemweiter Anwendungen
/home	die Benutzerverzeichnisse (Ihr persönlicher Ordner befindet sich dort.)
/lib & */lib64*	Verknüpfungen zu Bibliotheken für Programme
/media	Hier werden Laufwerke, USB-Sticks, DVDs usw. »eingehängt«.
/opt	Ordner für zusätzliche (optionale) Anwendungen
/proc	Zugriff auf Systemprozesse
/root	das Benutzerverzeichnis des Superusers
/sbin	Befehle für den Superuser
/usr	Befehle, Anwendungen und Dokumentationen
/var	Logbücher, Informationen zu laufenden Programmen

Tabelle 5.1 Die Ordnerstruktur im Stammverzeichnis

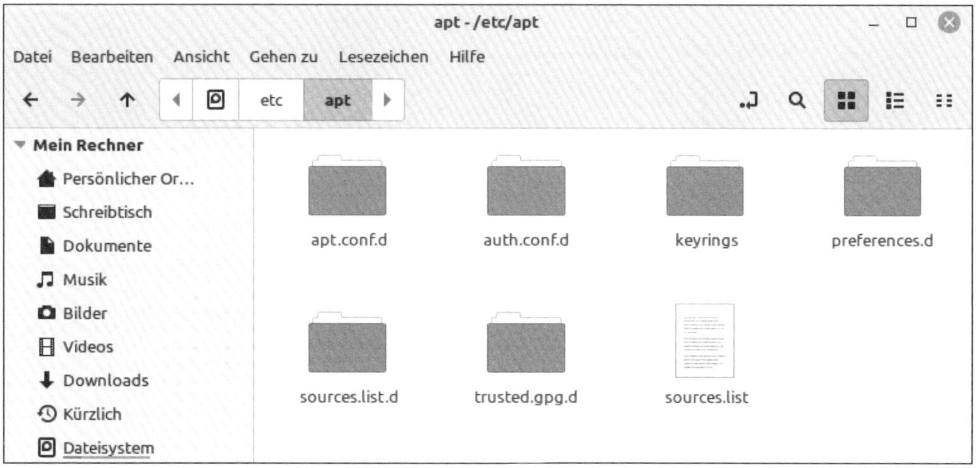

Abbildung 5.2 Der Unterordner »/etc/apt« unter Nemo mit vollständigem Pfad

Der Ordner ETC befindet sich im Stammverzeichnis. Der Ordner APT ist ein Unterordner von ETC und besitzt eigene Unterordner (APT.CONF.D usw.).

5.1.2 Das Homeverzeichnis

Ihren persönlichen Ordner haben Sie bereits mit Nemo kennengelernt. Er befindet sich im Ordner */home*. Wenn Sie in Zukunft weitere Benutzer erstellen, werden deren persönliche Ordner ebenfalls dort angelegt. Für den Fall, dass Sie die Standardorte nutzen (*Bilder*, *Musik* usw.), ist dieser Ordner auch wichtig bei einer Datensicherung! (Infos dazu folgen in Abschnitt 5.21 »Die Datensicherung«.)

5.1.3 Dateinamen

Bei den Dateinamen unter Linux gibt es auch Unterschiede zu Windows. Einer der wichtigsten Punkte ist die Groß- und Kleinschreibung. Unter Linux wird dies unterschieden! In einem Ordner können Dateien mit dem Namen *Info.txt*, *info.txt* und *INFO.TXT* existieren, da diese alle eine andere Schreibweise haben. Unter Windows ist dies nicht möglich. Ein Kopieren dieser drei Dateien in einen Ordner mit einem Windows-Dateisystem würde Probleme bereiten.

Des Weiteren sind unter Linux Sonderzeichen möglich, die unter Windows nicht genutzt werden dürfen. Dazu zählen der Doppelpunkt und das Fragezeichen. Speichern Sie einfach einmal eine Datei mit einem Doppelpunkt im Namen (z. B. *Infos:Test.txt*), und geben Sie sie an einen Windows-Benutzer weiter.

Wenn Sie also Dokumente tauschen, achten Sie darauf, sich »Windows-konform« zu verhalten, bzw. denken Sie daran, wenn es beim Dateiaustausch zu Problemen kommt. Dies gilt auch, wenn Dateien auf USB-Sticks oder -Festplatten kopiert werden, die mit FAT32 oder NTFS formatiert sind!

5.1.4 Laufwerke

Mit Nemo habe ich Ihnen bereits vorgeführt, wie bestimmte Laufwerke (DVD) unter GERÄTE angezeigt werden. Wenn Sie einen USB-Stick einstecken, wird er unter Linux *eingehängt* (*gemountet*). Nach der Benutzung und vor dem Entfernen müssen Sie ihn wieder sauber entfernen (auswerfen bzw. *unmounten*).

Diese Laufwerke erscheinen unter GERÄTE (*Geräte* wird auch nur dann angezeigt) und sind im Ordner */media* eingehängt (siehe Abbildung 5.3).

Name	Größe	Dateityp
lib64	1 Objekt	Verknüpfung mit Ordner
media	1 Objekt	Ordner
dirk	2 Objekte	Ordner
Linux Mint 22 Cinnamon 64-bit	10 Objekte	Ordner
usb-stick	6 Objekte	Ordner
mnt	0 Objekte	Ordner
opt	0 Objekte	Ordner
proc	254 Objekte	Ordner
root	? Objekte	Ordner
run	46 Objekte	Ordner
sbin	534 Objekte	Verknüpfung mit Ordner
srv	0 Objekte	Ordner

Abbildung 5.3 Eingehängte Laufwerke bzw. Geräte im Ordner »/media«

Hier sehen Sie den wahren Ort einer DVD (LINUX MINT) und eines USB-Sticks. Zusätzlich wurde ein Ordner mit dem Benutzernamen erstellt. In Nemo (siehe Abbildung 5.4) merken Sie hiervon nichts.

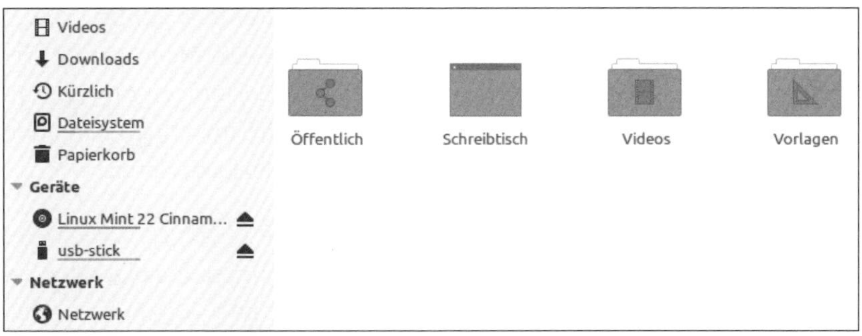

Abbildung 5.4 So erscheinen die DVD und der USB-Stick in Nemo unter »Geräte«.

Geräte entfernen

Wie unter Windows müssen Sie USB-Geräte auch unter Linux sauber entfernen. Ziehen Sie einen Stick oder ein Laufwerk auf keinen Fall einfach heraus. Dies kann zu Datenverlust und einem instabilen System führen!

Entfernen Sie USB-Geräte immer über das kleine Symbol in Nemo, den Punkt AUSWERFEN im Kontextmenü oder über das Laufwerksymbol in der Leiste. Warten Sie danach noch zwei bis drei Sekunden mit dem Herausziehen des Sticks – auf manchen Geräten erscheint in dieser Zeit eine Meldung, dass der Stick noch blockiert ist. Falls noch Dateien geöffnet sind und das Auswerfen dadurch blockiert wird, schließen Sie diese Dateien bzw. die Anwendungen und versuchen es nach zwei bis drei Sekunden erneut.

USB-Geräte unter VirtualBox

In VirtualBox können Sie dem Gastsystem USB-Geräte zuweisen und dadurch dessen Funktionsumfang enorm erweitern. Um in einer virtuellen Maschine ein USB-Gerät zu verwenden, kann es einem laufenden System über das Menü GERÄTE • USB zugewiesen werden. Dabei wird es jedoch aus dem Hostsystem entfernt und kann von diesem nicht zeitgleich genutzt werden. Nur ein System hat Zugriff darauf. Achten Sie daher gerade bei USB-Sticks oder externen Festplatten darauf, dass diese vorher sauber ausgeworfen werden (ohne sie wirklich physisch zu entfernen). Sonst wäre das so ähnlich, als würden sie einfach herausgezogen, und es kann zu Datenfehlern kommen.

Über GERÄTE • USB kann das USB-Gerät auch wieder aus der virtuellen Maschine entfernt und dem Hostsystem übergeben werden. Zuvor sollte es ebenfalls im Betriebssystem der virtuellen Maschine (hier Linux Mint) sauber entfernt werden (vorher also *unmounten*).

5.2 Allgemeine Hinweise zu Anwendungen

Die Anwendungen von Linux Mint unter Cinnamon sind größtenteils ähnlich aufgebaut. Sie werden in einem Fenster gestartet, besitzen oben meist eine *Menü-* und *Werkzeugleiste* und häufig auch im unteren Bereich eine *Statusleiste*. Bei einigen Anwendungen ist die Menüleiste ausgeblendet. Über das Kontextmenü im entsprechenden Fenster oder durch Betätigen der `Alt`-Taste kann man diese meist aktivieren.

Über das Menü können Sie häufig eine Hilfe zum jeweiligen Programm öffnen.

In Abbildung 5.5 sehen Sie verschiedene Anwendungen, die ich Ihnen im Folgenden erläutern werde. Wie Sie erkennen können, haben alle einen ähnlichen Aufbau.

Die Menüs sind überwiegend ähnlich beschriftet und haben nur Abweichungen, wenn dies anwendungsbedingt notwendig ist. Im Menü DATEI findet sich der Befehl, um die Anwendung zu *beenden*, unter BEARBEITEN erreichen Sie die *Einstellungen*, im Menü ANSICHT können Sie Leisten ein- und ausblenden usw. Aus diesem Grund ist es auch nicht notwendig, dass ich bei jeder Anwendung immer wieder die einzelnen Leisten oder deren Aufbau beschreibe – wenn Sie bei einer Anwendung wissen, wo sich die Hilfe befindet, finden Sie diese auch bei den anderen.

Sie werden sich daher vermutlich schnell in den Standardanwendungen zurechtfinden. Jedoch gibt es auch Anwendungen, die nicht für Cinnamon entwickelt wurden und dadurch ein wenig anders aussehen. Allerdings halten auch diese sich meist an diesen grundlegenden Aufbau.

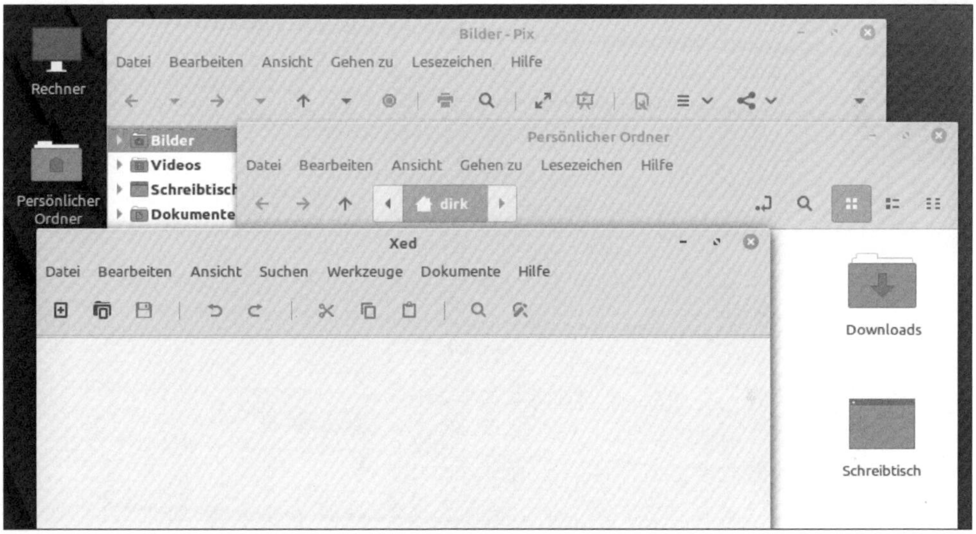

Abbildung 5.5 Typische Linux-Mint-Anwendungen

5.3 Das Terminal

Früher wurden Linux-Nutzer belächelt oder stießen auf Unverständnis, wenn sie Probleme im *Terminal* lösten. Dies war allerdings unter Linux durch sehr ausgefeilte Skriptsprachen häufig einfacher möglich als unter der grafischen Oberfläche. Dort werden meist Hilfsmittel für diese Aufgaben benötigt, oder es ist sogar überhaupt nicht möglich. Wenn Sie bereits intensiver mit Windows gearbeitet oder sogar schon zu MS-DOS-Zeiten mit PCs zu tun hatten, werden Sie die *Befehlszeile* oder die *Eingabeaufforderung* kennen. Oder sogar das neuere und umfangreichere Werkzeug von Microsoft, die *PowerShell*.

Das Terminal (auch *Konsole* oder *Befehlszeile* genannt) ist ein ähnliches Werkzeug, um unter Linux Mint Konsolenbefehle einzugeben. Allerdings ist dieses Werkzeug schon seit Jahren bedeutend »mächtiger« als die Eingabeaufforderung unter Windows und der PowerShell zumindest ebenbürtig. Wenn Sie noch nie mit Konsolenbefehlen oder der Eingabeaufforderung gearbeitet haben, brauchen Sie jedoch nicht zu erschrecken.

Das Terminal ist häufig ein praktischer Helfer, den Sie kennen sollten. Bei intensiver Nutzung von Linux Mint werden Sie in Foren und Hilfen in Zukunft häufiger mit Lösungen oder Vorschlägen zu tun haben, die im Terminal bzw. in der Konsole realisiert werden sollen. Sehr häufig handelt es sich hierbei um die Ausführung von Befehlen mit Superuser-Rechten (Stichwort: `sudo`).

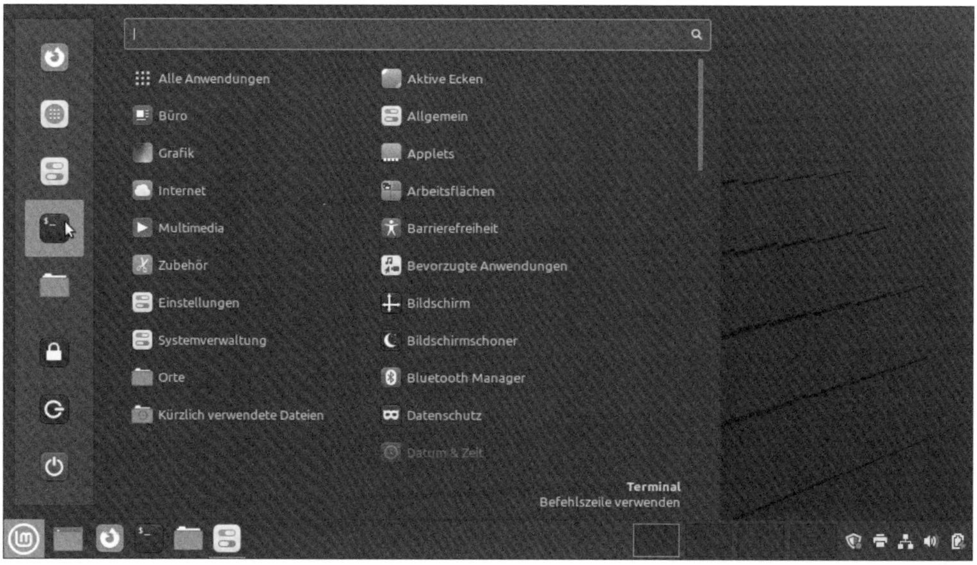

Abbildung 5.6 Das Terminal starten

Starten können Sie das Terminal über sein Symbol im Menü oder im Schnellstartbereich in der Leiste (siehe Abbildung 5.6).

Nach dem Öffnen zeigt sich das Terminal als simples kleines Fenster mit einem blinkenden *Cursor* wie in Abbildung 5.7 (vermutlich wird das Terminal bei Ihnen mit einem dunklen Thema angezeigt).

Vor dem Cursor befindet sich der sogenannte *Prompt*. Dieser setzt sich aus dem aktuellen *Benutzernamen*, dem Zeichen @ und dem *Rechnernamen* zusammen. Darauf folgt der aktuelle Ordner – wobei hier die Tilde (~) für den *persönlichen Ordner* steht. Und der persönliche Ordner wiederum ist bei mir der Ordner */home/dirk*.

Abbildung 5.7 Das frisch gestartete Terminal

Falls sie noch nicht aktiviert ist, empfehle ich Ihnen das Einblenden der *Menüleiste* über das Kontextmenü, um das Terminal besser nutzen zu können (siehe Abbildung 5.8).

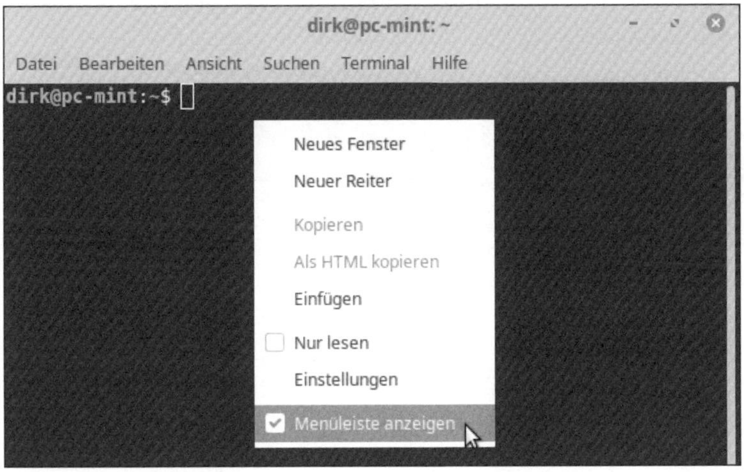

Abbildung 5.8 Die Menüleiste wird eingeblendet.

In der Menüleiste finden Sie u. a. eine *Suchfunktion*, die *Einstellungen* (bzw. *Profileinstellungen*), und Sie haben die Möglichkeit, weitere Terminals zu öffnen. Dies kann in einem neuen Fenster oder als neuer Reiter geschehen.

Abbildung 5.9 Ein neues Terminal in einem zusätzlichen Reiter

Damit die Menüleiste für jede Sitzung eingeblendet wird, prüfen Sie, ob unter BEARBEITEN • EINSTELLUNGEN der Punkt MENÜLEISTE IN NEUEN TERMINALS PER VORGABE ANZEIGEN aktiviert ist.

In dem Terminal könnten Sie nun Linux-Befehle testen – allerdings kennen Sie vermutlich noch keine. Daher werde ich Ihnen in diesem Kapitel sowie im weiteren Verlauf des Buches gelegentlich die Möglichkeit geben, weitere Befehle kennenzulernen und das Terminal zu nutzen.

5.3.1 Das Terminal nutzen

Ein typischer Befehl ist `ls`. Er listet die Ordner und Dateien des aktuellen Verzeichnisses auf. In welchem Verzeichnis Sie sich gerade befinden, stellen Sie mit `pwd` fest. Jeder dieser Befehle muss eingegeben und dann mit [↵] bestätigt werden.

Abbildung 5.10 Die Befehle »ls« und »pwd« wurden ausgeführt.

In Abbildung 5.10 sehen Sie als Ergebnis des Befehls `ls` die Ordner und Dateien, die sich unter */home/dirk* befinden (Dateien sind zurzeit keine vorhanden). Mit dem Befehl `cd` (*change directory*) könnten Sie nun in einen der Unterordner wechseln:

```
cd Downloads
```

Denken Sie daran, dass unter Linux zwischen Groß- und Kleinschreibung unterschieden wird. Der Befehl `cd downloads` würde also nicht funktionieren. Um sich wieder einen Ordner nach oben zu bewegen, dient folgender Befehl:

```
cd ..
```

Wenn Sie Hilfe zu einem Befehl benötigen, können Sie dessen Handbuchseite mit der Eingabe von `man` (für *Manual*) abfragen. Allerdings sind standardmäßig nur die englischen Handbuchseiten (*Manualpages*) installiert. Daher installieren wir die deutschen Handbuchseiten nach – und zwar im Terminal statt mit der Anwendungsverwaltung oder der Synaptic-Paketverwaltung. Dies ist gleichzeitig eine Übung zu Lösungen, die häufig in Linux-Mint- oder Ubuntu-Foren angeboten werden.

Zur Installation geben Sie die folgende Befehlszeile ein:

```
sudo apt install manpages-de
```

Der erste Befehl (sudo) sorgt dafür, dass der darauffolgende Befehl mit Superuser- bzw. Root-Rechten ausgeführt wird. Eine Installation ist ohne diese Rechte ja nicht möglich. Die eigentliche Installation erfolgt mit apt und dem Parameter install. Zusätzlich muss das zu installierende Paket übergeben werden (manpages-de). Nach der Betätigung der Eingabetaste werden Sie noch nach Ihrem Passwort gefragt, und nach dessen Eingabe beginnt die Installation (siehe Abbildung 5.11).

Abbildung 5.11 Eine Installation im Terminal

Die Eingabe des Passwortes erfolgt in manchen Fällen »unsichtbar«, normalerweise aber durch das Anzeigen von »Sternchen«. Seien Sie daher nicht irritiert, wenn beim Tippen keine Symbole o. Ä. erscheinen. Geben Sie einfach das Passwort ein, und bestätigen Sie es mit der Eingabetaste.

Wie Sie in Abbildung 5.11 sehen, informiert Sie das Terminal sehr ausführlich über alle Arbeitsschritte, die während der Installation getan werden. Das gilt auch für die meisten anderen Linux-Befehle: Sie laufen sehr transparent ab und protokollieren durch ausgiebige Ausgaben alles, was bei der Verarbeitung passiert. Seien Sie daher nicht überrascht, wenn Befehle auf der Kommandozeile zahlreiche Informationen ausgeben und dabei viel Text produzieren. In den allermeisten Fällen muss man das nicht alles lesen, aber für die Fehlersuche sind diese zusätzlichen Angaben Gold wert.

5.3.2 Die Handbuchseiten und Hilfe im Terminal

Nach der Installation der deutschen Handbuchseiten können Sie sie durch den Aufruf von man, gefolgt von dem entsprechenden Befehl, aufrufen:

```
man ls
```

Die Steuerung der nun geöffneten Hilfe wird Ihnen zunächst etwas fremd erscheinen:

- [↑] bzw. [↓] – nach oben oder unten scrollen
- [F], [B] – seitenweise blättern ([F] für vorwärts/*forward*, [B] für zurück/*backward*)
- [Q] – beenden (*quit*)

Neben den Handbuchseiten bieten Befehle auch eine Hilfe an. Diese zeigen Sie einfach durch Aufruf des entsprechenden Befehls mit dem Parameter `--help` an:

```
ls --help
```

Bei manchen Befehlen ist diese Hilfe umfangreich und dadurch mehrere Seiten lang. Im Terminal können Sie in dem Fall jedoch scrollen.

5.3.3 Weitere Informationen

Sämtliche Linux-Befehle zu erklären, wäre zu viel für dieses Kapitel und auch unnötig. Die meisten Leserinnen und Leser werden das Terminal nur gelegentlich nutzen. Wenn Sie intensiver mit ihm arbeiten und sogar Shell-Skripte einsetzen, finden Sie hierzu zig Bücher und Websites mit ausführlichen Beschreibungen.

Hier sind ein paar Quellen mit weiteren Informationen zu Linux-Befehlen:

- *https://wiki.ubuntuusers.de/Shell/Befehlsüberbersicht/*
- *https://www.64-bit.de*

Zusätzlich habe ich in Abschnitt 8.12 eine kurze Übersicht über die Befehle hinzugefügt.

5.4 Die Textbearbeitung Xed

Unter Linux kommt es häufig vor, dass man einfache Textdateien lesen oder bearbeiten will. Es handelt sich hierbei z. B. um Dateien mit den Namen *readme.txt* oder *info.txt* oder um Konfigurationsdateien. Die *Textbearbeitung* (auch *Xed* genannt) ist hierbei ein hilfreiches und umfangreiches Werkzeug.

Sie befindet sich im Untermenü ZUBEHÖR und wird bei einem Doppelklick auf eine Textdatei automatisch gestartet.

In der Menü- und Werkzeugleiste finden Sie die gängigen Optionen und Befehle. Unten in der Statusleiste sehen Sie verschiedene Informationen zur aktuellen Textdatei und Cursorposition.

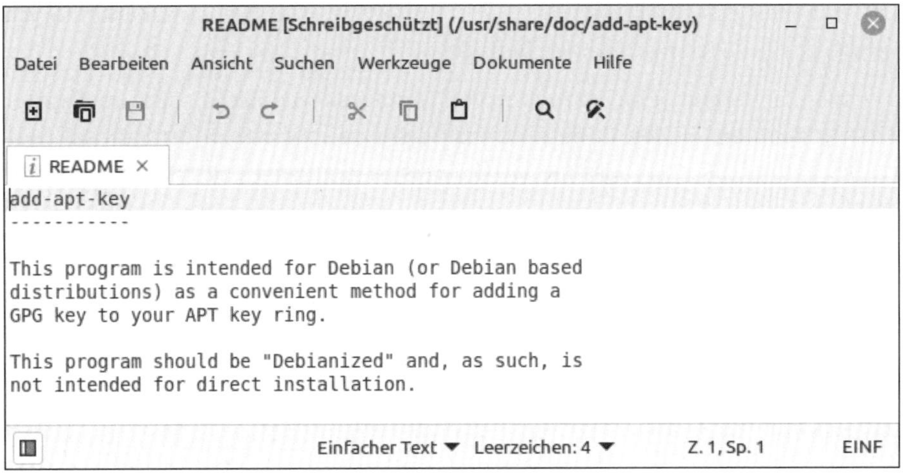

Abbildung 5.12 Die Textbearbeitung nach dem Start

5.4.1 Die Einstellungen der Textbearbeitung

Im Menü BEARBEITEN • EINSTELLUNGEN (siehe Abbildung 5.13) können Sie zunächst ein paar Standardeinstellungen ändern.

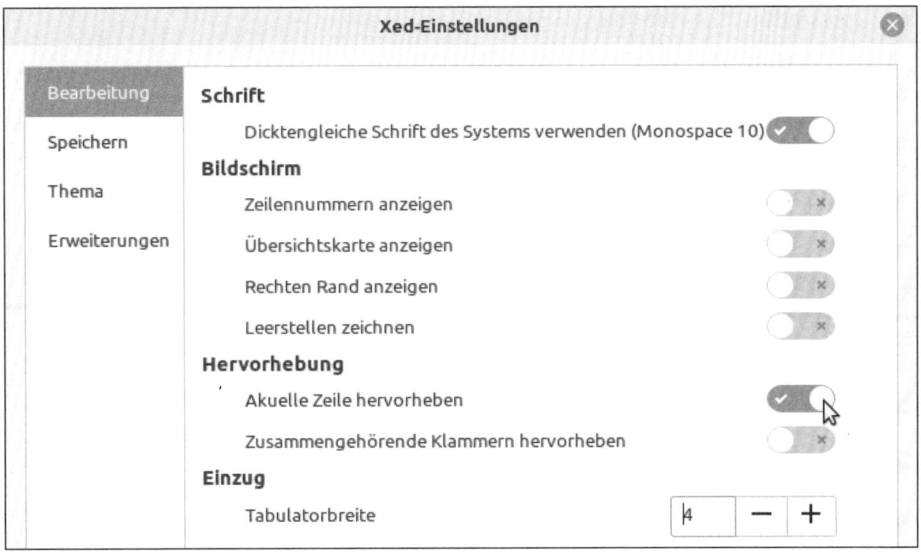

Abbildung 5.13 Die Einstellungen von Xed

Ich aktiviere immer den Punkt AKTUELLE ZEILE HERVORHEBEN. Dadurch erkenne ich sofort, in welcher Zeile ich mich gerade befinde.

Wer etwas mehr Sicherheit beim Bearbeiten von Textdateien wünscht, sollte im Register BEARBEITUNG auch die beiden Punkte VOR DEM SPEICHERN EINE SICHERUNGSKOPIE DER DATEIEN ERSTELLEN und DATEIEN AUTOMATISCH SPEICHERN aktivieren (siehe Abbildung 5.14).

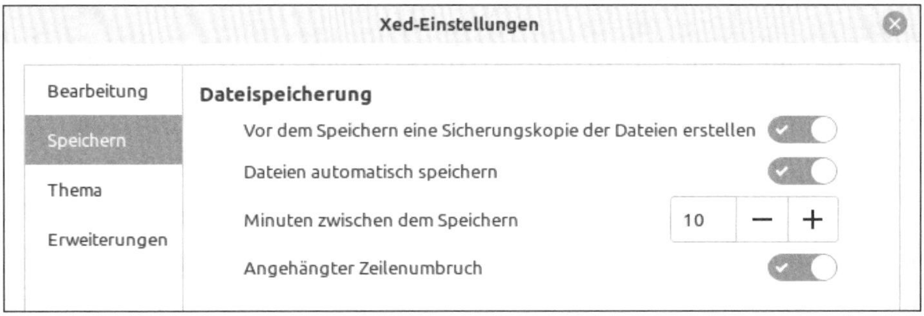

Abbildung 5.14 Speichern von Dateien

Eine Sicherungskopie behält dabei den gleichen Namen wie das Original, es wird jedoch noch eine Tilde (»~«) angehängt. Zusätzlich wird sie in Nemo mit einem »Recycling«-Symbol dargestellt (siehe Abbildung 5.15).

Solche Dateien werden jedoch nur angezeigt, wenn in Nemo die Einstellung VERBORGENE DATEIEN ANZEIGEN aktiviert ist.

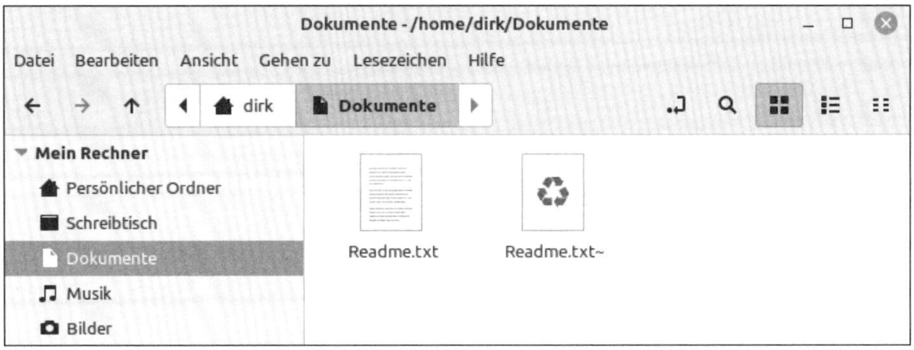

Abbildung 5.15 Eine Sicherungskopie der Datei »Readme.txt«

Sehr interessant ist auch das Register ERWEITERUNGEN. Hier finden Sie Tools, die Xed um weitere Funktionen erweitern. Eine Funktion, die ich regelmäßig nutze, ist z. B. die *Floskelliste*.

5.4.2 Das Format des Textes

Je nachdem, welche Art Textdatei Sie öffnen, ändert Xed auch den verwendeten *Hervorhebungsmodus*. Dadurch können Sie spezielle Formate besser lesen. Es handelt sich hierbei u. a. um XML-Dateien oder Linux-Skripte (siehe Abbildung 5.16).

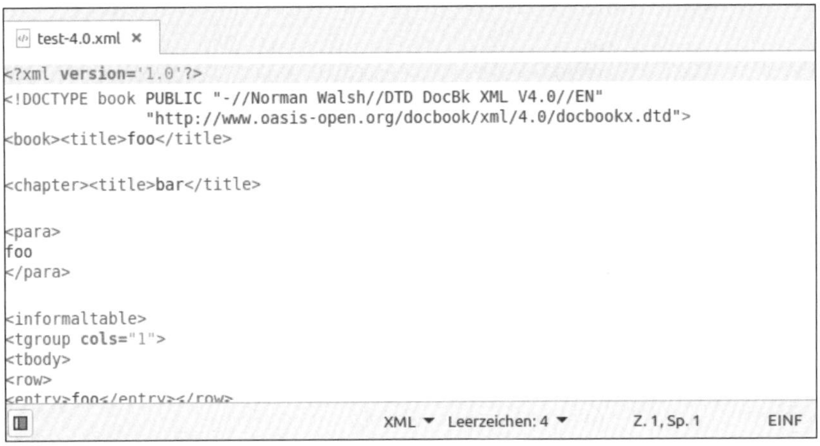

Abbildung 5.16 Eine XML-Datei in Xed

In der Statusleiste erkennen Sie, dass der Hervorhebungsmodus in XML geändert wurde. Falls eine Datei nicht im gewünschten Modus angezeigt wird, können Sie dies selbst im Menü ANSICHT • HERVORHEBUNGSMODUS anpassen (siehe Abbildung 5.17). Im Suchbereich (neben dem Symbol mit der Lupe) können Sie die Anzeige auch filtern.

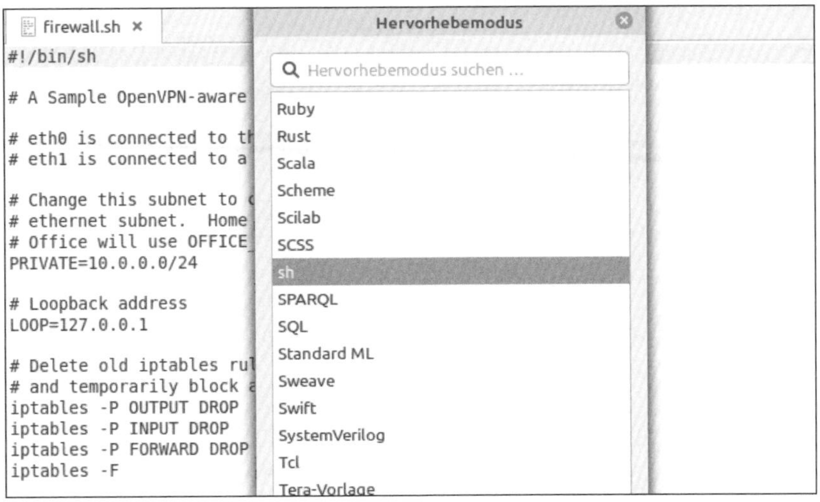

Abbildung 5.17 Der Modus wird in die Skriptansicht geändert.

Anschließend werden Komponenten eines Linux-Skripts in der Textdatei besonders hervorgehoben (siehe Abbildung 5.18).

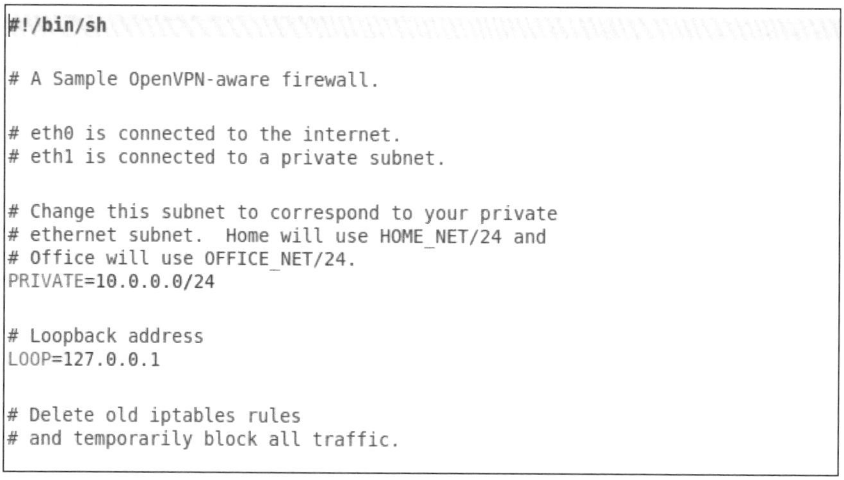

Abbildung 5.18 Umstellung auf die Ansicht für Linux-Skripte

5.4.3 Drucken

In Abschnitt 4.14.3, »Drucker«, habe ich Ihnen erklärt, wie Sie Ihren Drucker einrichten. Nun kommen wir endlich dazu, den Drucker auch zu verwenden. Über das Menü DATEI • DRUCKEN starten Sie die Druckauswahl (siehe Abbildung 5.19).

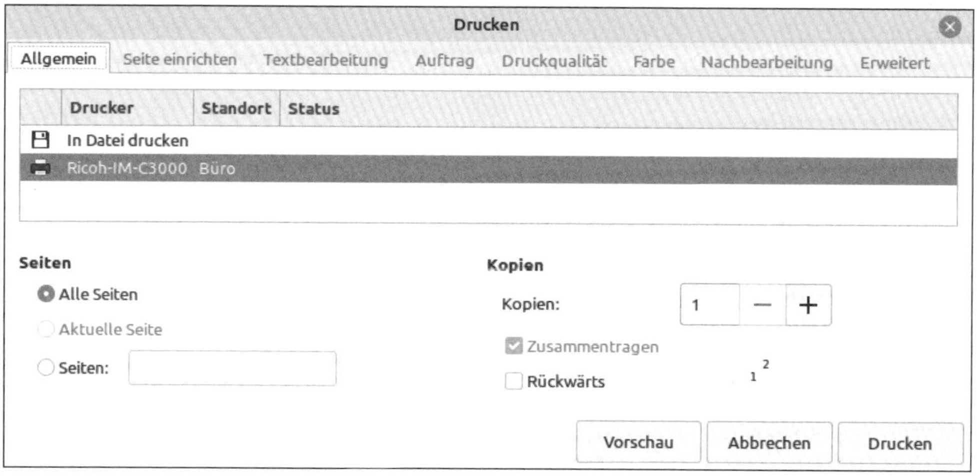

Abbildung 5.19 Die Druckauswahl unter Linux Mint

Hier wählen Sie den gewünschten Drucker aus und stoßen mit einem Klick auf DRUCKEN den Druckvorgang an. Je nach Drucker ändern sich die Ansicht und die Möglichkeiten in der Druckauswahl. Je nachdem, aus welcher Anwendung Sie drucken, kommt es zu weiteren Unterschieden. Der Druck einer Textdatei bietet eben andere Möglichkeiten als der eines Bildes. Die Einstellungen in den einzelnen Registern sind dabei meist selbsterklärend.

Interessant ist noch die Schaltfläche VORSCHAU, die eine Vorschau öffnet, in der Sie erkennen, wie das gedruckte Dokument aussehen wird.

Weitere Informationen zum Druck folgen in Abschnitt 8.3, »Drucken unter Linux Mint«.

5.5 LibreOffice

Die meisten Leser und Leserinnen werden bereits mit einer Office-Umgebung in Berührung gekommen sein. Viele von Ihnen kennen sicherlich *Microsoft Office* oder die Textverarbeitung *WordPad*. *LibreOffice* ist eine ebenbürtige Konkurrenz zu MS Office, die noch dazu kostenlos verfügbar ist. Inzwischen ist es bei den gängigsten Linux-Distributionen als Standard-Office-Paket installiert.

Seinen Ursprung hat LibreOffice bei der Firma *Star Division* aus Deutschland. Diese hatte vor vielen Jahren *Star Office* im Angebot, aus dem, über viele weitere Stationen, LibreOffice hervorging. LibreOffice ist dabei eine Abspaltung (Fork) von *OpenOffice.org*, wobei LibreOffice unter Linux-Systemen verbreiteter ist.

Details über die Abspaltung finden Sie hier: *https://de.wikipedia.org/wiki/LibreOffice*

Zu den Anwendungen von LibreOffice zählen:

- die Textverarbeitung *Writer*
- die Tabellenkalkulation *Calc*
- das Zeichenprogramm *Draw*
- das Präsentationsprogramm *Impress*
- der Formeleditor *Math*
- die Datenbankverwaltung *Base*

Wie eingangs erwähnt, würde es den Umfang des Buches sprengen, wenn ich Ihnen hier ausführlich die Funktionen von LibreOffice beschriebe. Aber ein paar Tipps, vor allem für Linux-Neulinge, sind dennoch notwendig.

5.5.1 Die LibreOffice-Hilfsfunktion

Ein erstes Anlaufziel für Ein- oder Umsteiger ist die Hilfefunktion von LibreOffice. Bei ihr handelt es sich um eine webbasierte Hilfe, die im Browser *Firefox* geöffnet wird. Ähnlich wie bei den deutschen Sprachpaketen kann es vorkommen, dass auch bei LibreOffice noch keine deutsche Hilfe installiert wurde. In der aktuellen Version war die Hilfe jedoch nach der Installation vorhanden. Ich lasse dieses Beispiel dennoch im Buch drin, damit Sie die Installation bei Bedarf auch für andere Anwendungen nachvollziehen können.

Daher kommen wir nun zu einem kleinen Wechsel und nutzen wieder die Synaptic-Paketverwaltung. Starten Sie sie, geben Sie im Suchfeld die Begriffe »libreoffice help de« ein, und wählen Sie bei DURCHSUCHEN den Punkt *Beschreibung und Name* (siehe Abbildung 5.20). Die Namen der Pakete sind immer in englischer Sprache.

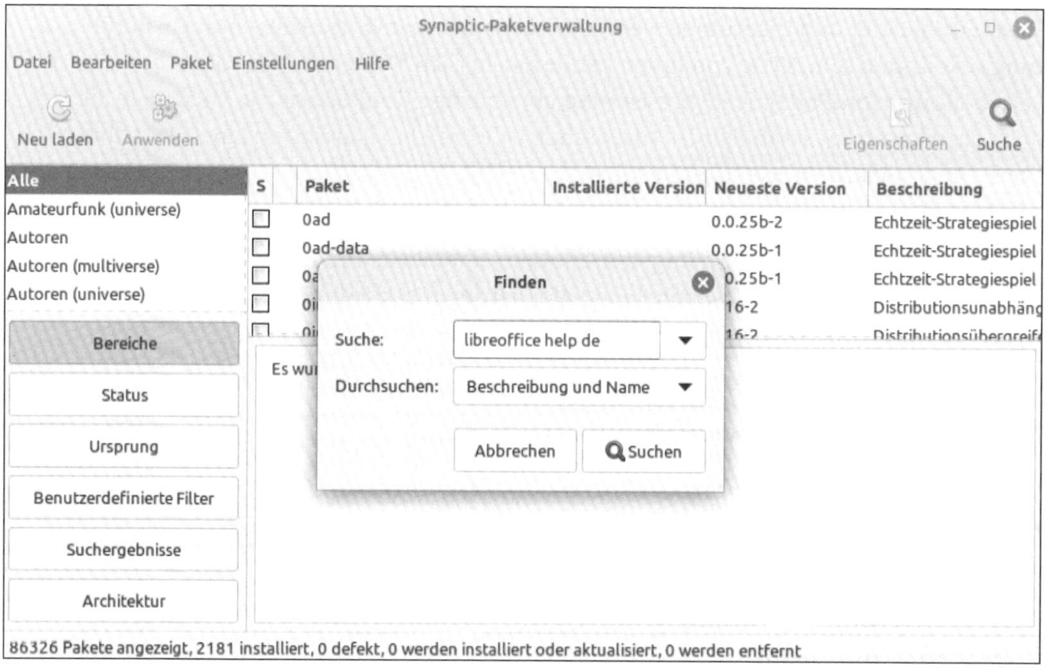

Abbildung 5.20 Die Suche nach der deutschen Hilfe

Die Paketverwaltung findet daraufhin das gesuchte Paket (Name: *libreoffice-help-de*; siehe Abbildung 5.21); markieren Sie es zur Installation.

Durch den Klick auf ANWENDEN wird die Installation gestartet, und Ihnen steht nach kurzer Zeit die LibreOffice-Hilfe in Deutsch zur Verfügung. Auf diese Art können Sie natürlich auch nach anderen Paketen suchen.

Installation im Terminal

Den Namen des Pakets könnten Sie auch im Terminal ermitteln:

```
apt-cache search libreoffice german help
```

Mit dem Befehl `apt-cache search` und den folgenden Suchbegriffen wird ein ähnliches Ergebnis ausgegeben wie bei der Synaptic-Paketverwaltung. Nach der Ermittlung des Pakets kann die Installation gestartet werden. Dazu ist nur die Eingabe der folgenden Befehlszeile notwendig:

```
sudo apt install libreoffice-help-de
```

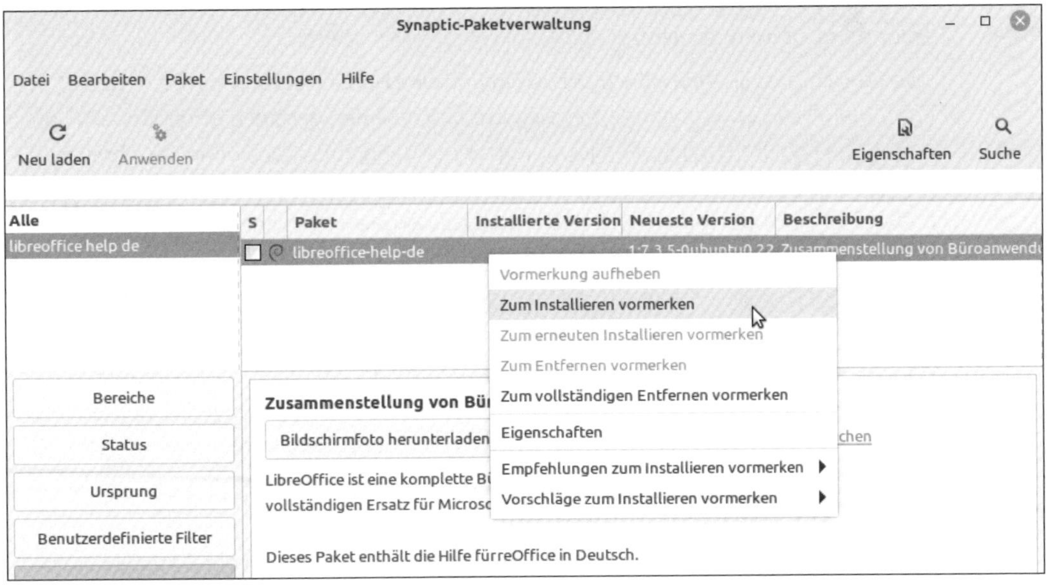

Abbildung 5.21 Die deutsche Hilfe für LibreOffice

Kommen wir nun zum eigentlichen Thema dieses Abschnitts: zur LibreOffice-Hilfe. Sie öffnen sie in einer LibreOffice-Anwendung über das Menü HILFE • LIBREOFFICE HILFE oder mit der [F1]-Taste. Nach dem Öffnen der Hilfe präsentiert sie sich mit ihrem Willkommensbildschirm wie in Abbildung 5.22.

Abbildung 5.22 Die Hilfe zu LibreOffice

Fehler beim Öffnen der Hilfe

Es ist möglich, dass sich die Hilfe nicht öffnet und eine Fehlermeldung erscheint (u. a. *Kein Zugriff auf Objekt*). Dabei handelt es sich um einen Fehler, der auch unter Ubuntu vorkommt und inzwischen behoben ist. Er dürfte nur dann auftreten, wenn Sie LibreOffice bereits gestartet haben, bevor Sie die Aktualisierungen durchgeführt haben. Beheben können Sie das Problem nur durch Entfernen des Verzeichnisses, in dem die Konfigurationsdateien von LibreOffice liegen. Dieses wird von LibreOffice später neu erstellt. Dazu muss Nemo gestartet werden, und es müssen temporär die verborgenen Dateien wieder angezeigt werden (siehe auch Abschnitt 4.7.6, »Verborgene Dateien und Ordner«).

In Nemo können Sie auf einfache Art nach Dateien suchen, deren Namen zumindest teilweise bekannt sind. Sie müssen dazu nur auf die Lupe in der Werkzeugleiste klicken und können den Namen (oder eben nur einen Teil davon) eingeben. Nemo beginnt dann die Suche ab dem Ordner, in dem Sie sich gerade befinden, und durchsucht sämtliche Unterordner.

Um Dateien im aktuellen Ordner zu finden, beginnen Sie einfach mit der Eingabe des Namens der Datei. Dann erscheint automatisch ein kleines Eingabefeld, und Nemo markiert die entsprechende Datei – falls vorhanden natürlich. Dies funktioniert jedoch nur mit der Eingabe des Anfangs vom Dateinamen. Eine Teilsuche wird nicht durchgeführt – nutzen Sie in dem Fall die Lupe.

Löschen Sie nun das Konfigurationsverzeichnis. Es befindet sich in Ihrem persönlichen Ordner unter *.config* und nennt sich »libreoffice«. Der absolute Pfad lautet hierbei:

/home/BENUTZERNAME/.config/libreoffice

Alternativ kann das Terminal verwendet werden:

```
rm -rf ~/.config/libreoffice
```

Achten Sie hier aber *unbedingt* auf die korrekte Eingabe, da mit diesem Befehl das Zielverzeichnis ohne Rückfrage und unwiderruflich gelöscht wird. Die Tilde (~) ist ein Platzhalter für Ihren persönlichen Ordner (bei mir zeigt sie auf */home/dirk*).

Nun öffnet sich die Hilfe zu dem Programm, aus dem sie aufgerufen wurde. Unter MODULE könnten Sie zu der Hilfe der anderen LibreOffice-Anwendungen wechseln (Writer, Draw usw.). Im linken Inhaltsverzeichnis (INHALTE) können Sie sich durch die Dokumentationen bewegen. Je nachdem, welcher Punkt dort markiert ist, ändert sich die Ansicht rechts (siehe Abbildung 5.23).

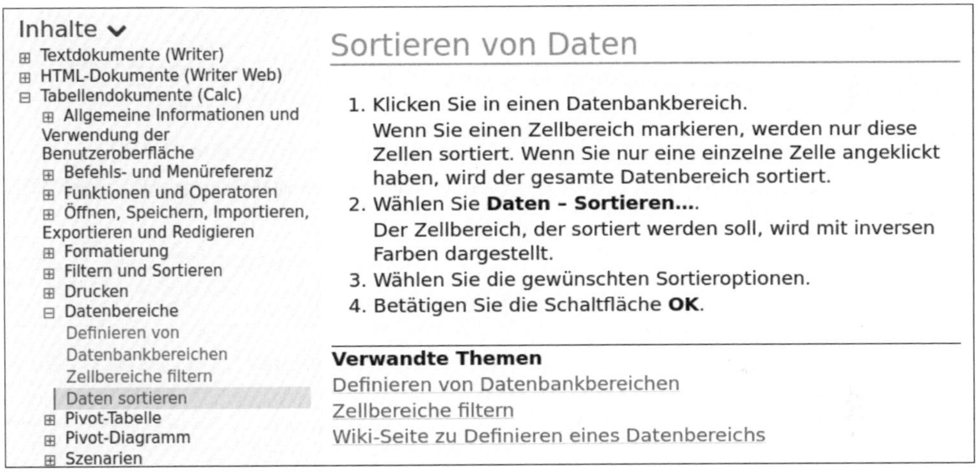

Abbildung 5.23 Die Hilfe zum Sortieren von Daten

Meist gibt es neben der Beschreibung auch Verknüpfungen zu VERWANDTEN THEMEN, die Ihnen häufig ebenfalls weiterhelfen werden.

Außer dem Inhaltsverzeichnis gibt es einen INDEX mit einer Suchfunktion. Bei diesen beiden ist es wichtig, welche Anwendung von LibreOffice aktiv ist. Achten Sie daher bei einer Suche darauf, was in diesem Moment aktiv ist, da ansonsten nicht die gewünschten oder sogar überhaupt keine Ergebnisse gefunden werden!

In Abbildung 5.24 suche ich in der Hilfe der Anwendung LibreOffice Calc nach dem Begriff »sortieren« und finde dort auch die entsprechende Funktion und sogar noch weitere.

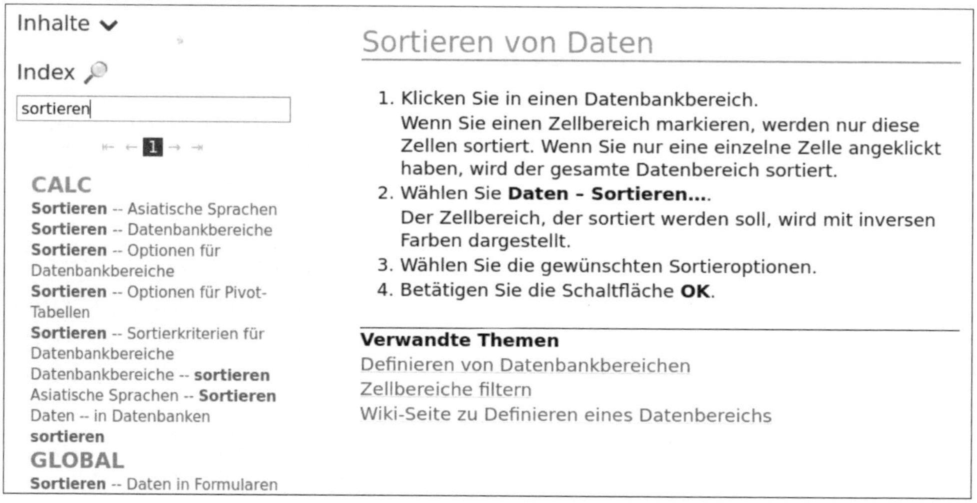

Abbildung 5.24 Suche nach der Sortierfunktion in Calc

Wenn ich die Suche im Bereich von Writer durchgeführt hätte (siehe Abbildung 5.25), wäre diese Calc-Funktion nicht gefunden worden (wobei der Writer natürlich auch Sortierfunktionen bietet).

Abbildung 5.25 Die Suche nach »sortieren« im Writer

Wenn Sie bestimmte Bereiche der Hilfe oder Beschreibungen zu Funktionen häufiger benötigen, können Sie dafür unter Firefox ein *Lesezeichen* erzeugen (siehe Abbildung 5.26). Hierdurch ersparen Sie sich bei einem späteren Aufruf die Suche nach der Hilfe und können sie unter LESEZEICHEN sofort öffnen.

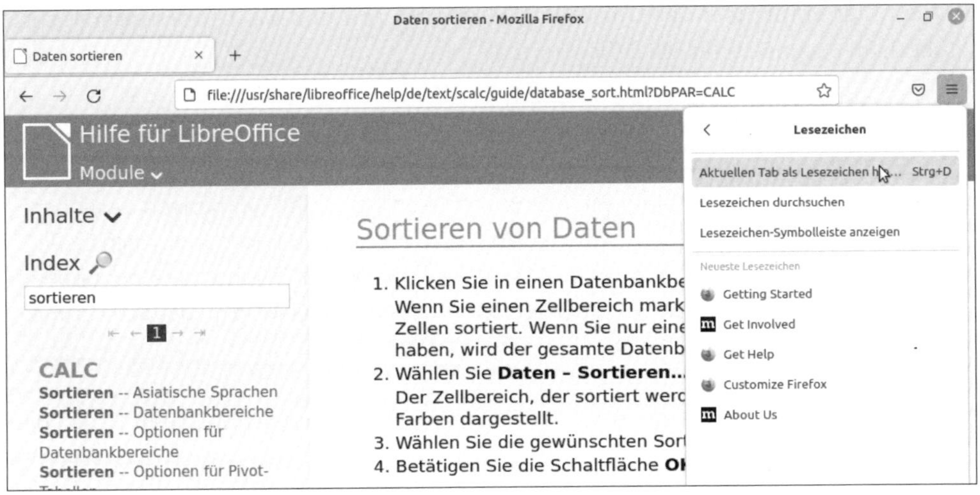

Abbildung 5.26 Ein Lesezeichen zur Beschreibung »Sortieren von Daten«

5.5.2 Datenaustausch

Gelegentlich möchten Sie sicher Dokumente oder Tabellen an Dritte weitergeben, die vielleicht nicht mit LibreOffice arbeiten. Wenn es Bekannte von Ihnen sind, sollten Sie sie gegebenenfalls auf LibreOffice aufmerksam machen. Da viele Privatnutzer mit illegalen Kopien von MS Office arbeiten, sind diese vielleicht an LibreOffice interessiert und kennen es nur noch nicht. Es läuft auch unter Windows- und Apple-Systemen und kann daher von fast jedermann genutzt werden.

Die Dokumente von LibreOffice werden im *Open Document Format* gespeichert (*ODF*, offenes Dokumentformat für Büroanwendungen). Dieses sollte ein weltweiter Standard für Office-Dokumente sein. Leider wird es von vielen Unternehmen und Behörden nicht oder nur wenig unterstützt. Diese nutzen oft MS Office und versenden Dokumente dann auch im Microsoft-Format (z. B. als *.docx* oder *.xlsx*). MS Office kann im Übrigen ebenfalls ODF-Dokumente öffnen – dies jedoch leider nur mangelhaft. Microsoft hat natürlich keinerlei Interesse an einem offenen Format. Wenn Sie Dokumente an Nutzer ohne LibreOffice weitergeben wollen, haben Sie drei Möglichkeiten:

1. Senden Sie das Dokument dennoch im LibreOffice-Format, also als ODF. Wenn es sich um simple Dokumente handelt, können viele Anwender diese öffnen. MS Office-Anwender müssen jedoch den Umweg über das Menü DATEI • ÖFFNEN gehen, da ein Öffnen per Doppelklick standardmäßig nicht funktioniert.
2. Sie speichern das Dokument im *PDF-Format*, das so gut wie jeder öffnen kann. Allerdings kann es dann nicht bearbeitet werden – was aber vielleicht auch erwünscht ist.

3. Wenn der Empfänger das Dokument bearbeiten soll und MS Office einsetzt, speichern Sie es einfach im MS Office-Format.

Zum Thema Formate

Diese »Probleme« haben übrigens auch MS Office-Nutzer. Wenn jemand die aktuellste MS Office-Version einsetzt und seine Dokumente an Nutzer mit vorherigen Versionen sendet, haben diese ebenfalls Probleme, die neuen Formate zu bearbeiten. Auch in diesem Fall müssen die Dokumente über SPEICHERN UNTER in anderen Formaten gespeichert werden. Alternativ gibt es für Besitzer älterer Versionen im Downloadbereich von Microsoft eventuell Erweiterungen, um neuere Dokumente zu öffnen.

Um in LibreOffice ein Dokument als PDF zu erzeugen, wählen Sie im Menü DATEI den Punkt EXPORTIEREN ALS (siehe Abbildung 5.27).

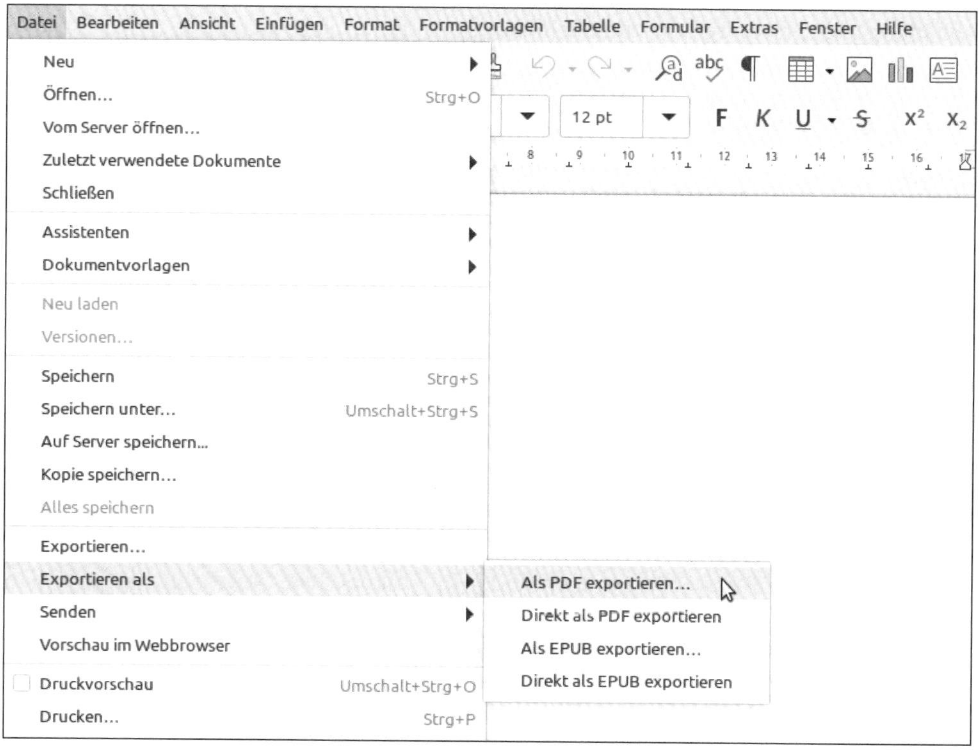

Abbildung 5.27 Ein Dokument im PDF-Format exportieren

Dort haben Sie die Auswahl zwischen ALS PDF EXPORTIEREN... und DIREKT ALS PDF EXPORTIEREN. Bei Ersterem öffnet sich dann noch ein Fenster, in dem Sie PDF-Optionen festlegen können (siehe Abbildung 5.28). Diese Optionen sollten Sie aber nur verändern, wenn sie Ihnen auch bekannt sind. Bei dem zweiten Punkt wird das PDF mit Standardeinstellungen erstellt.

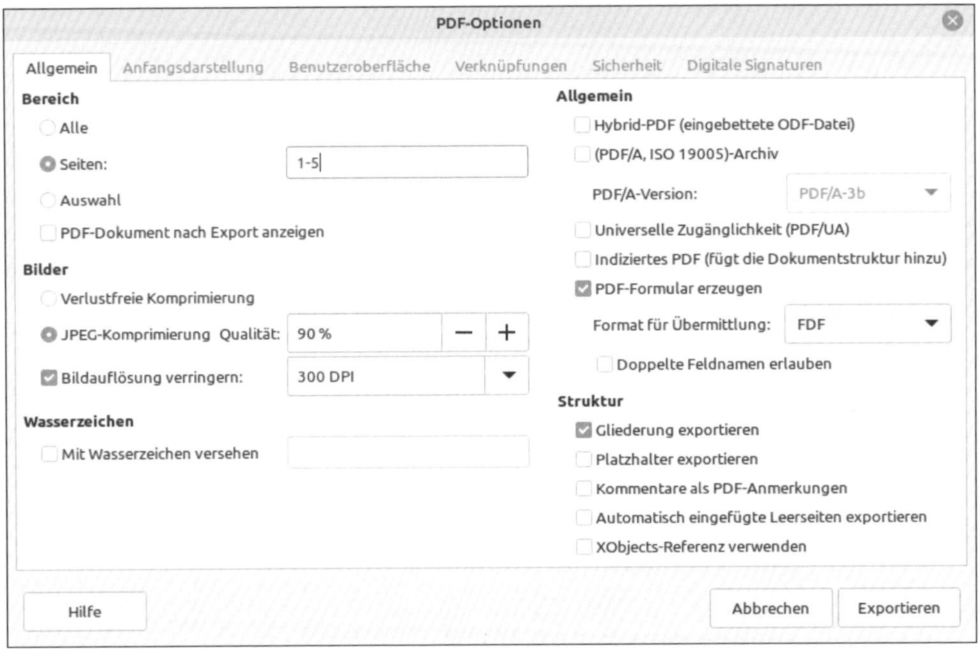

Abbildung 5.28 Die PDF-Optionen

Unter Bereich können Sie festlegen, ob alle Seiten oder eben nur ein gewisser Bereich exportiert werden soll. Nach einem Klick auf Exportieren wird nach einem Speicherort gefragt und das Dokument exportiert.

Wenn der Empfänger mit MS Office arbeitet und das Dokument auch bearbeiten soll, wählen Sie im Menü Datei den Punkt Speichern unter. Dort legen Sie das gewünschte Format in der Auswahlbox unten rechts fest.

Wichtig ist auch hier, dass Sie das korrekte Format auswählen. Ein Nutzer mit MS Office vor 2007 wird Probleme mit *.docx*-Dateien bekommen. Aber die meisten dürften inzwischen eine der neueren Versionen im Einsatz haben. Daher sollten Sie diesem Format den Vorzug geben (siehe Abbildung 5.29).

Umgekehrt (wenn Sie also Dokumente erhalten) werden Sie beim Öffnen weniger Probleme haben, da LibreOffice sehr viele Dokumentformate unterstützt. Wechseln Sie dazu einfach einmal in Datei • Öffnen, und öffnen Sie dort die Auswahl Alle Dateien. Es wird einige Zeit dauern, diese durchzusehen (siehe Abbildung 5.30).

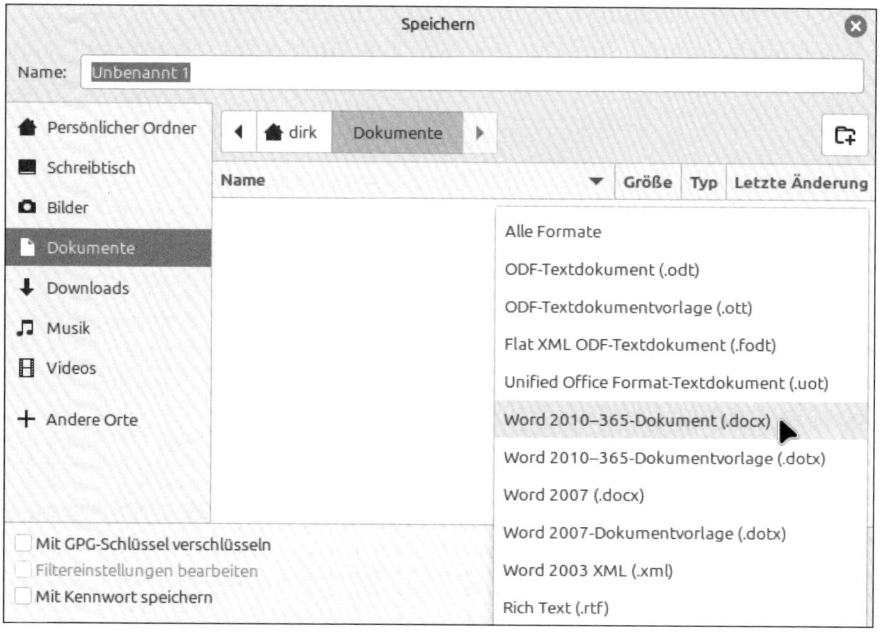

Abbildung 5.29 Speichern im Word 2010-365-Format

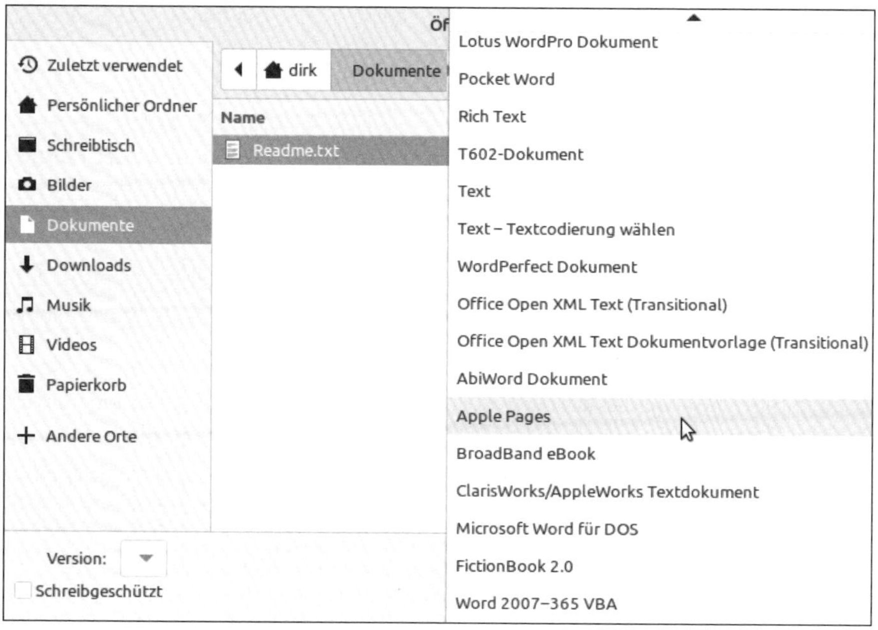

Abbildung 5.30 Eine kleine Auswahl der unterstützten Dateiformate

5.5.3 Windows-Schriftarten

Wenn Sie Dokumente von Windows-Nutzern im MS Office- oder auch LibreOffice-Format öffnen, kann es zunächst zu Problemen kommen. Die Ansicht der Dokumente ist möglicherweise anders als unter Windows. Dies liegt daran, dass bei Linux verschiedene Standardschriften von Windows (u. a. *Arial* und *Times New Roman*) nicht vorhanden sind.

Diese Schriften können Sie jedoch nachträglich installieren. Öffnen Sie dazu zunächst die Synaptic-Paketverwaltung oder die Anwendungsverwaltung aus dem Menü SYSTEMVERWALTUNG, und installieren Sie das Paket *ttf-mscorefonts-installer*.

Hier kommen Sie auch mit Microsoft in Berührung und müssen die EULA akzeptieren (siehe Abbildung 5.31).

Nach dem Akzeptieren werden die Schriftarten installiert und stehen auch unter LibreOffice zur Verfügung. Wenn Sie eine der LibreOffice-Anwendungen während der Installation offen hatten, müssen Sie sie eventuell neu starten.

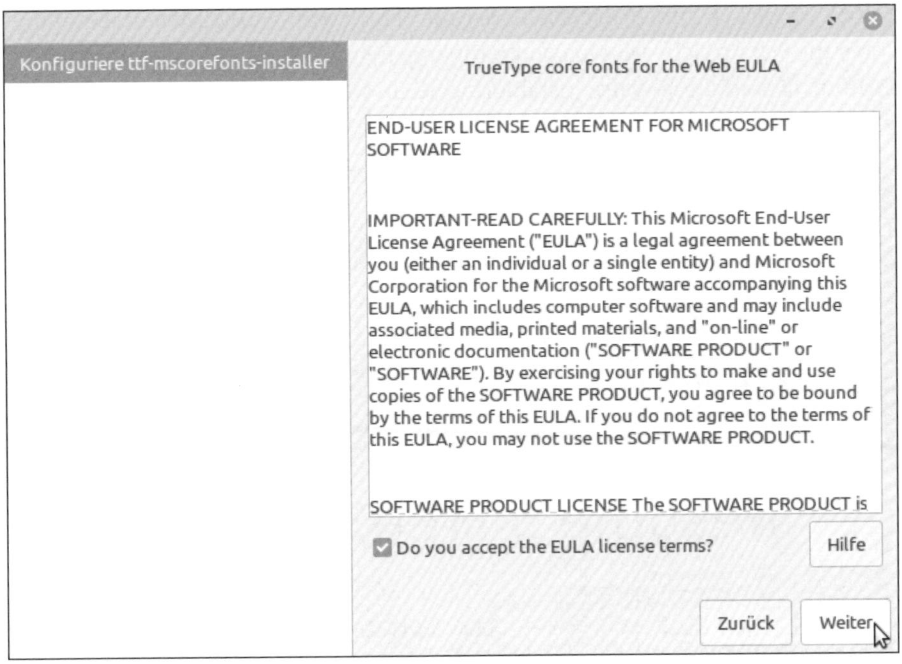

Abbildung 5.31 EULA – das »End User License Agreement«

Probleme mit dem ttf-mscorefonts-installer

Der *ttf-mscorefonts-installer* wird selbst meist korrekt installiert. Dieser soll im Hintergrund die benötigten Schriftarten von einer anderen Quelle herunterladen und installieren. Hierbei kommt es gelegentlich zu Problemen mit dem Download (da die Quellen gegebenenfalls überlastet sind), die jedoch nicht gemeldet werden. Wenn die Schriften Arial usw. also nicht vorhanden sind, wiederholen Sie die Installation von *ttf-mscorefonts-installer* nach einigen Minuten oder sogar Stunden. Einen besseren Überblick haben Sie hier, wenn die erneute Installation in der Konsole durchgeführt wird:

```
sudo apt reinstall ttf-mscorefonts-installer
```

Wenn hierbei Fehler beim Herunterladen erscheinen, wiederholen Sie die Installation so oft, bis es funktioniert.

Weitere (TTF-)Schriftarten können Sie ebenfalls über die Anwendungsverwaltung installieren. Suchen Sie dort einfach nach »ttf« oder »fonts«. Schriften aus anderen Quellen (Downloads, CD/DVD, USB-Sticks usw.) installieren Sie einfach per Doppelklick über Nemo. Dabei öffnet sich eine Vorschau, in der die Schriftart nochmals begutachtet und danach über die Schaltfläche INSTALLIEREN hinzugefügt werden kann (siehe Abbildung 5.32). Schriften, die auf diese Weise installiert werden, stehen jedoch nur dem aktuellen Benutzer zur Verfügung.

Abbildung 5.32 TTF-Schrift über Nemo installieren

5.5.4 LibreOffice Writer – die Textverarbeitung

Sie haben die deutsche Hilfe kennengelernt und zusätzliche Schriften installiert. Nun möchte ich Ihnen einige der LibreOffice-Anwendungen vorstellen. Vorab will ich Sie jedoch nochmals daran erinnern, dass Linux »lebt«. Gerade LibreOffice wird fortwährend weiterentwickelt, und Sie haben ja in den vorherigen Kapiteln bereits eine Aktualisierung durchgeführt. Noch dazu stammen meine Abbildungen von einer Beta-Version. Daher ist es möglich, dass die folgenden Abbildungen nicht ganz mit Ihrer Ansicht übereinstimmen.

Der *LibreOffice Writer* ist eine Anwendung zur Textverarbeitung. Sie können mit ihm Briefe oder Bücher schreiben, einen Seriendruck durchführen oder auch Visitenkarten entwerfen. Dazu bietet er Hunderte von Funktionen, um diese Texte und Absätze zu gestalten. Wie eingangs erwähnt, kann ich Ihnen natürlich nicht all diese Funktionen im Detail erklären und Sie zum professionellen Office-Benutzer machen. Aber eine Einführung möchte ich Ihnen dennoch geben.

Ihr erster Schritt sollte sein, Ihre Benutzerdaten unter Extras • Optionen im LibreOffice Writer einzugeben (siehe Abbildung 5.33). Dies erleichtert Ihnen die Nutzung verschiedener Assistenten. Ihre Eingaben an dieser Stelle gelten übrigens für alle LibreOffice-Anwendungen.

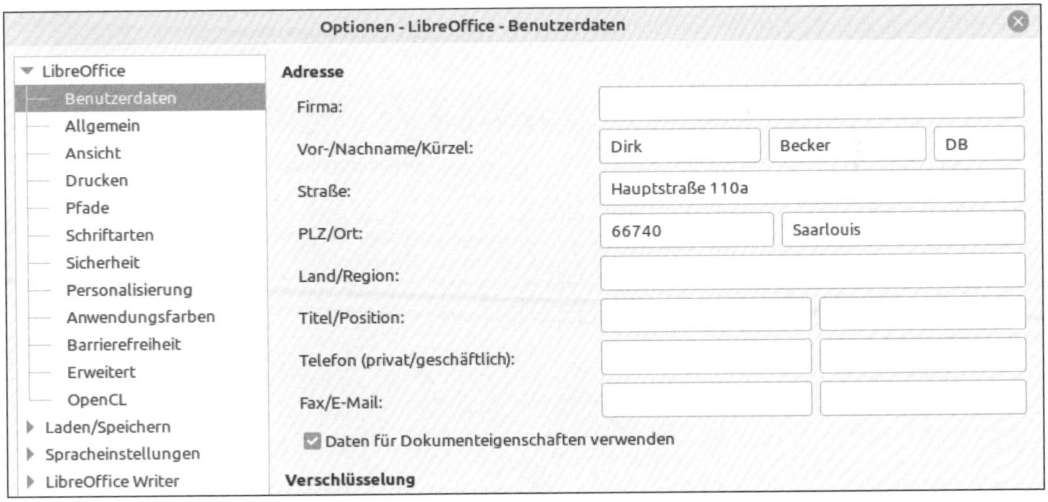

Abbildung 5.33 Die Benutzerdaten in den Optionen

Dann beginnen Sie damit, Ihren ersten Brief zu entwerfen. Dazu verwenden wir einen Assistenten, den Sie in LibreOffice Writer über das Menü Datei • Assistenten • Brief öffnen (siehe Abbildung 5.34).

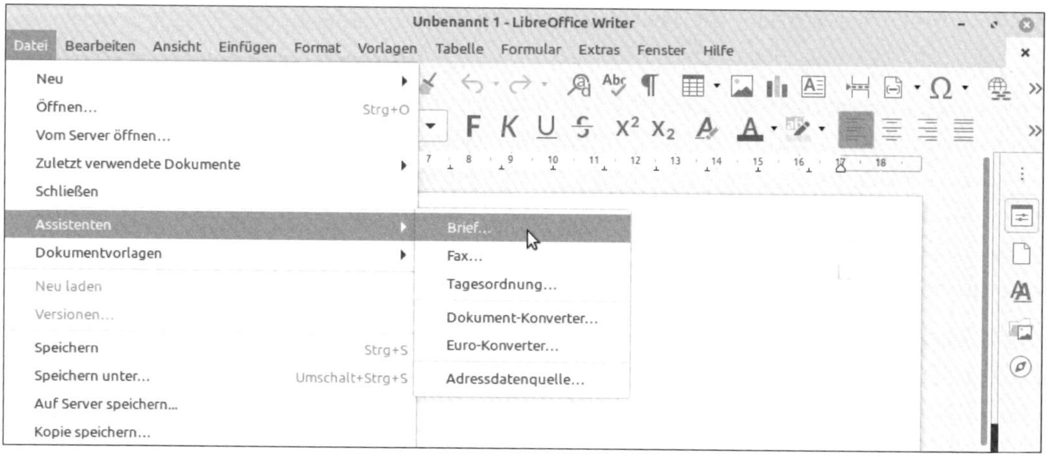

Abbildung 5.34 Den Briefassistenten öffnen

Dieser ist Ihnen nun bei der Erstellung des Layouts für den Brief behilflich. Dadurch erhalten Sie ein Dokument, das bereits einige Formatierungen enthält. Diese können Sie dann noch verfeinern. Im ersten Schritt legen Sie die SEITENVORLAGE fest. Ich entscheide mich für einen Privatbrief im Bürodesign (siehe Abbildung 5.35).

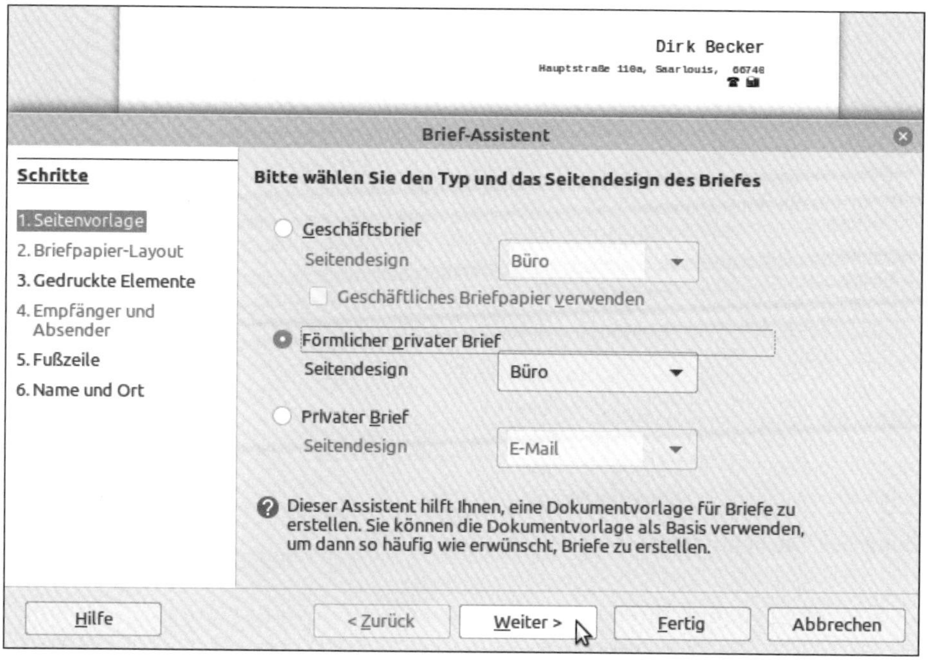

Abbildung 5.35 Ein förmlicher Privatbrief in modernem Design

Im Hintergrund erkennen Sie bereits das Layout und die übernommenen Benutzerdaten. Durch einen Klick auf die Schaltfläche WEITER gelangen Sie zum nächsten Schritt (siehe Abbildung 5.36).

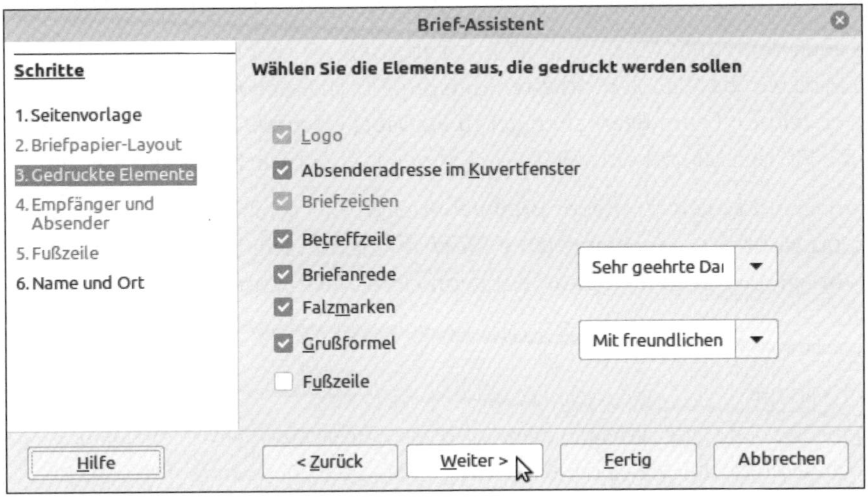

Abbildung 5.36 Zusätzliche Elemente

Hier können Sie zusätzliche Elemente aktivieren oder deaktivieren. Ich benötige keine Fußzeile. Bezüglich Briefanrede und Grußformel können Sie zwischen verschiedenen Vorschlägen auswählen. Danach folgt der letzte Schritt (siehe Abbildung 5.37).

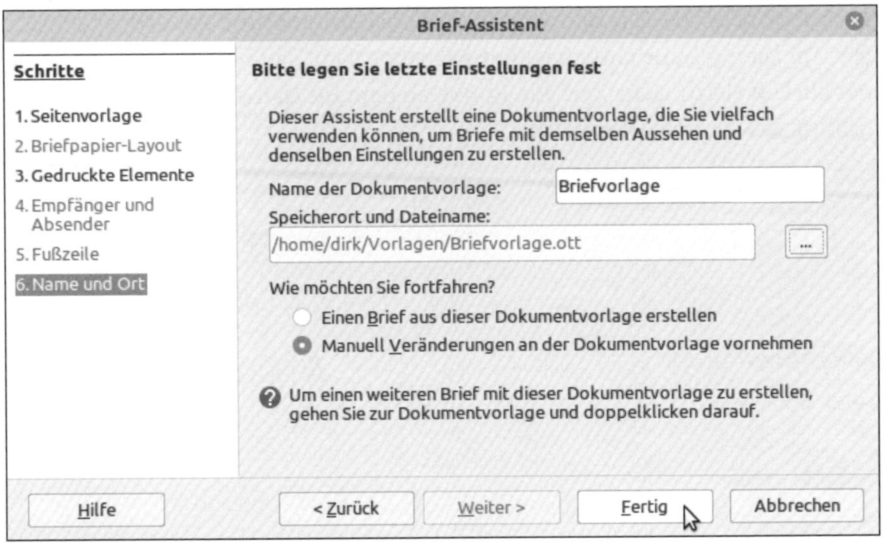

Abbildung 5.37 Einen Namen und Speicherort vergeben

Jetzt wird eine *Dokumentvorlage* erstellt. Ich habe ihr den Namen »Briefvorlage« gegeben und werde sie im Ordner *Vorlagen* in meinem persönlichen Ordner speichern. Der Ordner *Vorlagen* wird normalerweise von LibreOffice erstellt. Wenn nicht, können Sie ihn zuvor in Nemo manuell anlegen oder auch einen anderen Ordner als Ziel auswählen.

Wählen Sie auch den Punkt MANUELL VERÄNDERUNGEN AN DER DOKUMENTVORLAGE VORNEHMEN, da wir diese noch bearbeiten müssen. Durch einen Klick auf FERTIG wird die Vorlage erstellt und zum Bearbeiten geöffnet. Dabei erscheint noch eine Warnmeldung, weil die Vorlage Makros enthält. Diese können hier natürlich aktiviert werden.

Dass die Vorlage und nicht ein neuer Brief geöffnet wurde, sehen Sie übrigens an der *Titelleiste*. Dort steht der vergebene Name (*Briefvorlage.ott*). Die Endung *.ott* steht für Dokumentvorlagen. »Normale« Dokumente von LibreOffice Writer besitzen die Dateiendung *.odt*.

Dokumentvorlage

Eine *Dokumentvorlage* (oder *Vorlage*) dient dazu, ein neues Dokument zu erstellen, das auf einem anderen beruht. Viele Benutzer öffnen dazu »alte« Briefe, ändern diese ab und speichern sie unter einem neuen Namen. Der korrekte Weg bei Briefen oder häufig verwendeten Layouts ist jedoch, eine Dokumentvorlage zu erstellen. Wenn Sie diese dann z. B. in Nemo öffnen, wird LibreOffice mit einem neuen Dokument gestartet und übernimmt die Daten und das Layout der Vorlage.

In Abbildung 5.38 erkennen Sie auch, warum ich Sie diese Vorlage zunächst zum manuellen Verändern öffnen ließ: Der Name fehlt, und die Formatierung ist nicht spezifisch für deutsche Angaben (offensichtlich ist der Assistent nicht sauber ins Deutsche übersetzt). Daher klicken Sie zunächst auf den Punkt, an dem Ihr Name erscheinen soll, und wählen EINFÜGEN • FELDBEFEHL • AUTOR.

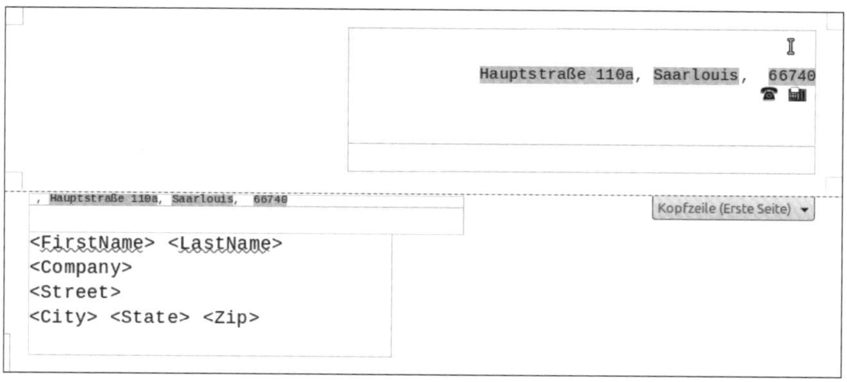

Abbildung 5.38 Die neue Dokumentvorlage (eine Briefvorlage)

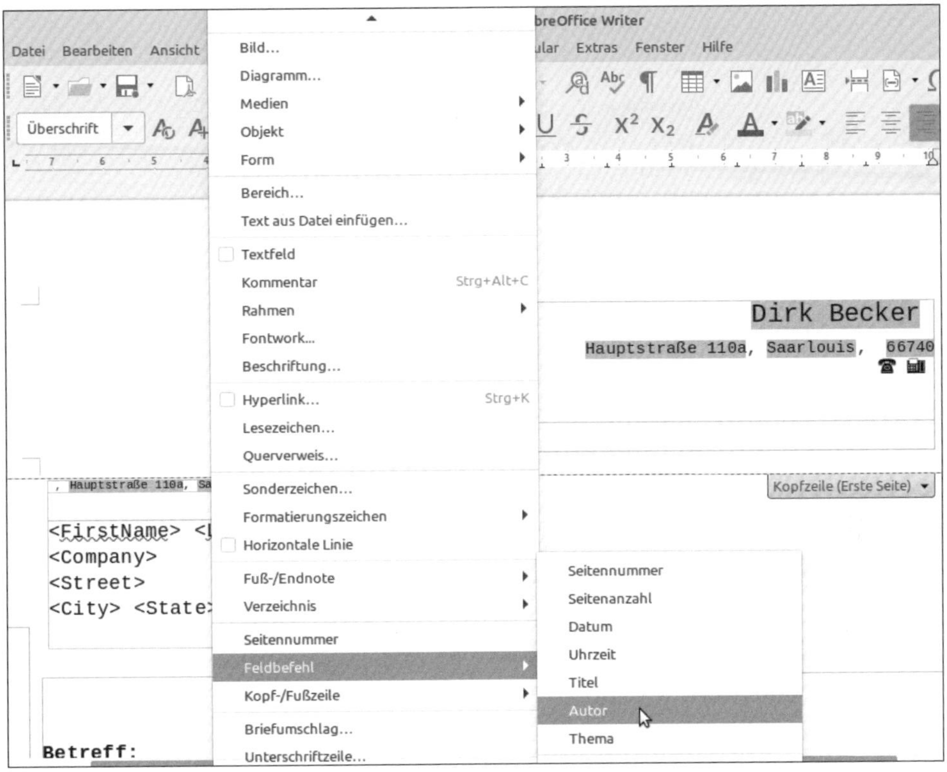

Abbildung 5.39 Den Autor einfügen

Nun haben Sie eine der vielen Funktionen von LibreOffice kennengelernt: *Feldbefehle*. Diese werden bei Vorlagen und Serienbriefen verwendet. In einer Vorlage wird z. B. der Feldbefehl *Datum* hinterlegt. Dadurch müssen Sie bei der Erstellung eines Briefes nicht das heutige Datum eintragen – dies erledigt der Feldbefehl.

Entfernen Sie nun das Feld mit der Postleitzahl (66740) und das Komma nach dem Ort (Saarlouis), und setzen Sie den Cursor vor diesen. Dann öffnen Sie über EINFÜGEN • FELDBEFEHL • WEITERE FELDBEFEHLE die Liste der Feldbefehle (siehe Abbildung 5.40).

Tastenkombinationen in Anwendungen

In allen Anwendungen (nicht nur in LibreOffice) existieren für die wichtigen Menübefehle *Tastenkombinationen*. Mit ihnen führen Sie einen Befehl aus, ohne ihn im Menü suchen zu müssen. Die Tastenkombination erscheint normalerweise im Menü hinter dem entsprechenden Eintrag. Für die Liste der Feldbefehle (bzw. ANDERE) ist es z. B. die Kombination `Strg` + `F2`. Ich kann Ihnen nur empfehlen, Tastenkombinationen zu nutzen, da Sie dadurch jede Menge Zeit sparen.

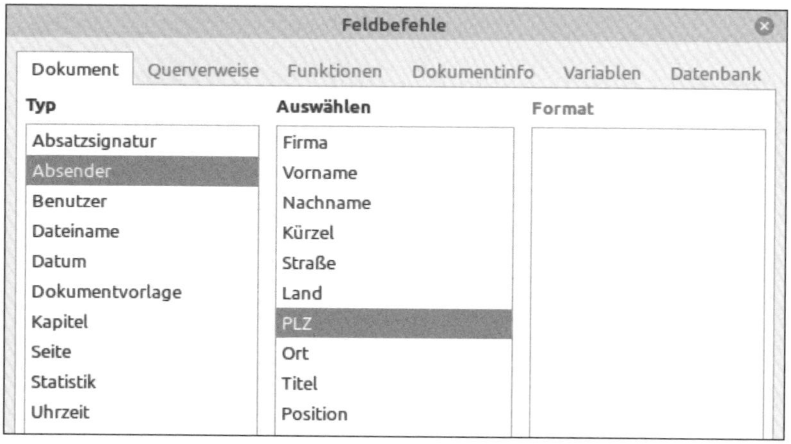

Abbildung 5.40 Die Feldbefehle von LibreOffice

In dieser Liste erhalten Sie einen Überblick über die zur Verfügung stehenden Felder und können sich zunächst ein wenig darin umschauen.

Danach wählen Sie im Typ Absender das Feld PLZ und fügen es durch einen Klick auf die Schaltfläche Einfügen hinzu. Übrigens sehen Sie hier auch noch die Felder Nachname und Vorname. Dies sind die Daten, die in den Optionen hinterlegt sind. Mit Autor haben wir den Namen des angemeldeten Benutzers eingefügt, der ja abweichend sein könnte. Mit Schliessen beenden Sie das Fenster. Leerstellen oder Kommas müssen Sie danach manuell eintragen.

Tun Sie dasselbe mit Ihrer Adresse über der Anschrift, und entfernen Sie gegebenenfalls die Felder im Bereich der Anschrift. Diese sind nur für Serienbriefe notwendig. Danach speichern Sie die Vorlage und schließen LibreOffice Writer.

Um nun einen neuen Brief zu erstellen, reicht unter Nemo ein Doppelklick auf die Dokumentvorlage *Briefvorlage.ott* (siehe Abbildung 5.41).

Dass dies ein neues, nicht gespeichertes Dokument ist, erkennen Sie wieder an der Titelleiste. »Spielen« Sie nun einfach ein wenig herum. Sie können im Brieftext die Schriftart ändern, ihn als *Blocksatz* statt *Linksbündig* formatieren, Hintergrundfarben beim Namen einfügen, simple Tabellen nutzen und vieles mehr.

Die Vorlagen werden von LibreOffice normalerweise in einem anderen Ordner verwaltet. Ich habe jedoch nur wenige im Einsatz und gehe daher, wie in diesem Beispiel angegeben, den Weg über den Ordner *Vorlagen*. Wenn Sie LibreOffice professioneller nutzen wollen, schauen Sie unter Datei • Dokumentvorlage • Verwalten nach und natürlich in der Hilfe.

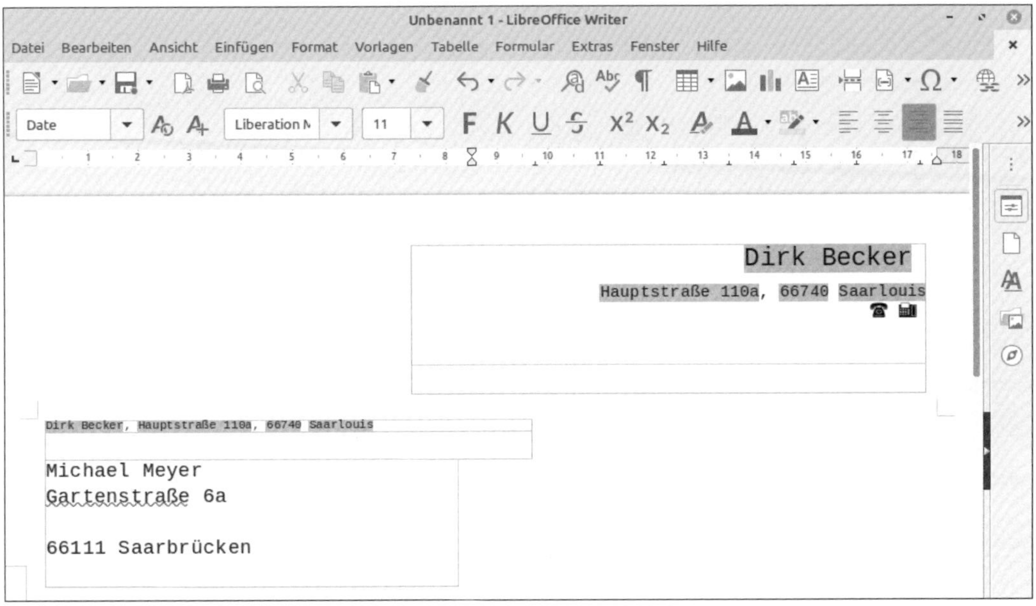

Abbildung 5.41 Der Kopf des neuen Briefes

5.5.5 LibreOffice Calc – die Tabellenkalkulation

Mit der Tabellenkalkulation von LibreOffice, *LibreOffice Calc*, können Sie tabellarisch Daten verarbeiten. Dazu zählen Flächen- und finanzmathematische oder auch kalendarische bzw. terminliche Berechnungen. Zusätzlich können Sie sie natürlich nutzen, um simple Listen zu führen. Dazu bietet die Tabellenkalkulation Ihnen sehr viele Funktionen für Berechnungen aller Art an (u. a. Summenbildungen, Datumsberechnungen, Formeln für Renditeberechnungen).

Ich werde Ihnen nun anhand eines simplen Fahrtenbuches ein paar der Funktionen vorführen. Starten Sie zunächst LibreOffice Calc, und geben Sie die Daten aus Abbildung 5.42 ein.

Für das Fahrtenbuch benötigen wir die folgenden Angaben: das Datum, das Ziel, den Namen des Fahrers, den Zweck der Fahrt und den jeweiligen Kilometerstand (bitte achten Sie nicht auf die Korrektheit meines Beispiels). Die gefahrene Entfernung wird später berechnet. Markieren Sie die eingegebenen Titel, und zentrieren Sie sie über das Formatierungssymbol in der Werkzeugleiste.

Im nächsten Schritt rahmen wir einen kleinen Bereich ein, um ihn hervorzuheben, damit er bei einem eventuellen Druck besser lesbar ist. Markieren Sie, um diesen Rahmen zu erstellen, die Felder B3 bis G20 (das Fahrzeug wird nur wenig genutzt).

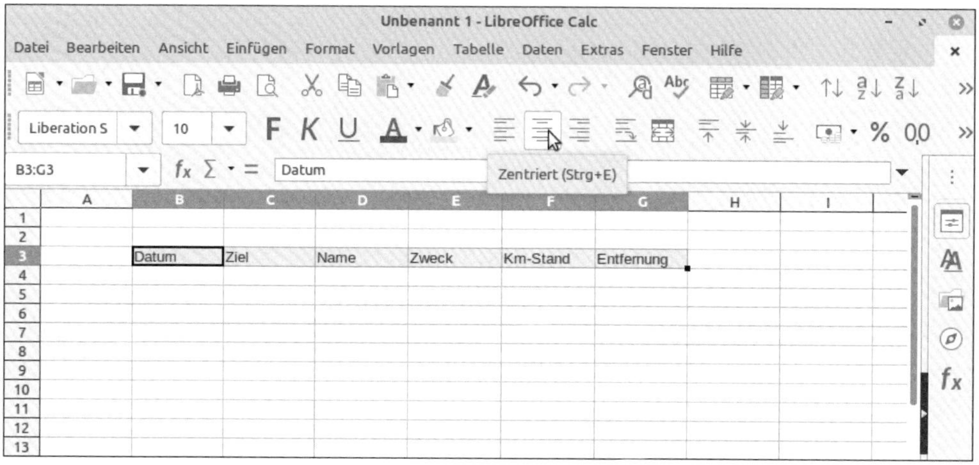

Abbildung 5.42 LibreOffice Calc

Den Rahmen selbst erzeugen Sie über das entsprechende Symbol in der Werkzeugleiste (siehe Abbildung 5.43).

Als Rahmen wähle ich die typischen Gitternetzlinien, damit alle Zellen umrahmt sind.

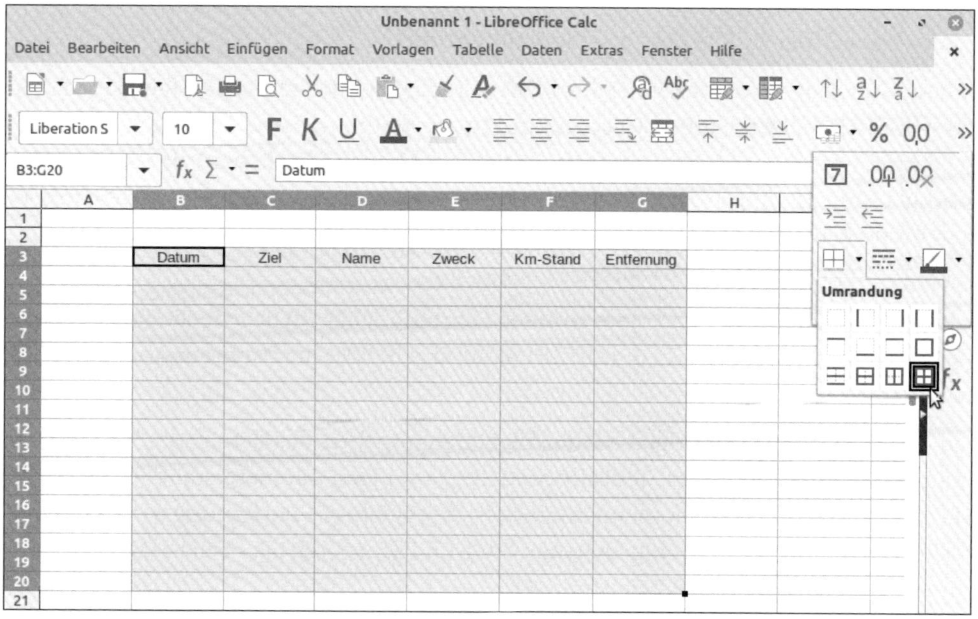

Abbildung 5.43 Markieren und einen Rahmen erstellen

Werkzeugleisten

Je nach Auflösung und Größe eines Anwendungsfensters kann es vorkommen, dass die Werkzeugleiste »abgeschnitten« ist und nicht alle Symbole angezeigt werden (siehe Abbildung 5.43). In diesem Fall können Sie die weiteren Symbole über die beiden »Größer als«-Pfeile (>>) einblenden.

Nun werden wir noch drei der Spalten formatieren und damit festlegen, welche Daten sie normalerweise enthalten und wie diese dargestellt werden sollen. Markieren Sie dazu zunächst die Datumsangaben B4 bis B20, und öffnen Sie dann über FORMAT • ZELLEN oder das Kontextmenü das Fenster ZELLEN FORMATIEREN.

Ich habe hier das Datumsformat auf ein vierstelliges Jahr festgelegt (siehe Abbildung 5.44). Sie können natürlich auch eines der anderen Formate nutzen. In den weiteren Registern können Sie zusätzliche Formatierungen vornehmen.

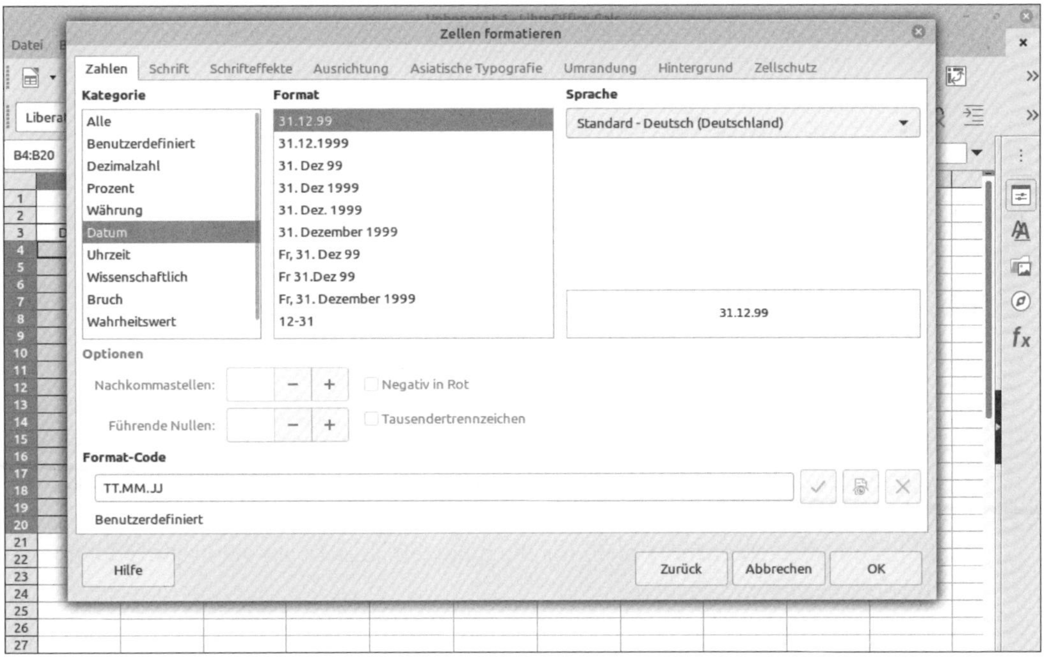

Abbildung 5.44 Das Datumsformat wurde festgelegt.

Die meisten davon sind selbsterklärend. Ich habe z. B. noch unter AUSRICHTUNG die horizontale Ausrichtung zentriert. Ähnlich bin ich bei den Zellen F4 bis G20 vorgegangen. Diese habe ich auf Zahlen mit TAUSENDERTRENNZEICHEN ohne NACHKOMMASTELLEN formatiert und zudem die Ausrichtung auf rechts gesetzt (siehe Abbildung 5.45). In der

Zeile FORMAT-CODE können Sie das verwendete Format bearbeiten. Dazu ist natürlich ein wenig Hintergrundwissen notwendig. Informationen finden Sie durch einen Klick auf die Schaltfläche HILFE.

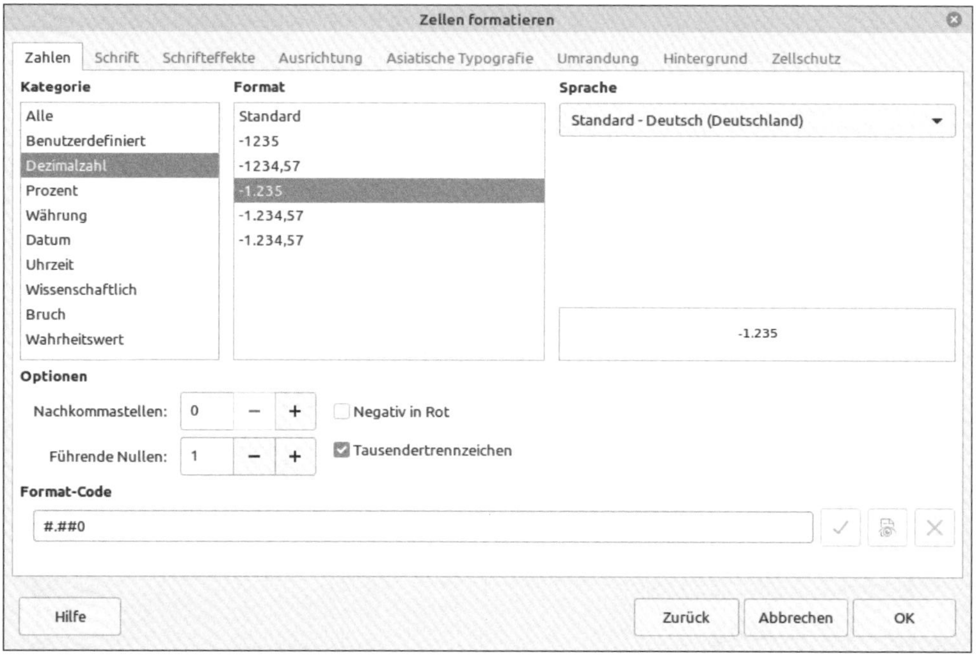

Abbildung 5.45 Das Zahlenformat

Nun gebe ich einige Beispieldaten ein und stelle fest, dass mir die Spaltenbreite nicht gefällt.

Die Spaltenbreite verändern Sie entweder mit der Maus (siehe Abbildung 5.46) oder über das Kontextmenü. Wenn Sie die Breite genau festlegen möchten, sollten Sie das Kontextmenü nutzen. Dabei müssen Sie jedoch auf die *Spaltenbezeichnung* (das »C«) klicken! (Damit die Screenshots noch ins Buch passen, ändere ich die Breite jedoch noch nicht.)

Kommen wir nun zu Ihrer ersten *Funktion*. Mit ihr soll berechnet werden, wie viele Kilometer gefahren wurden. Dazu ziehen wir einfach den aktuellen Kilometerstand vom vorherigen ab. Allerdings soll die Berechnung nur erfolgen, wenn ein Kilometerstand eingetragen ist. Geben Sie dazu wie in Abbildung 5.47 folgende Formel in G5 ein:

```
=WENN(F5>0;F5-F4;0)
```

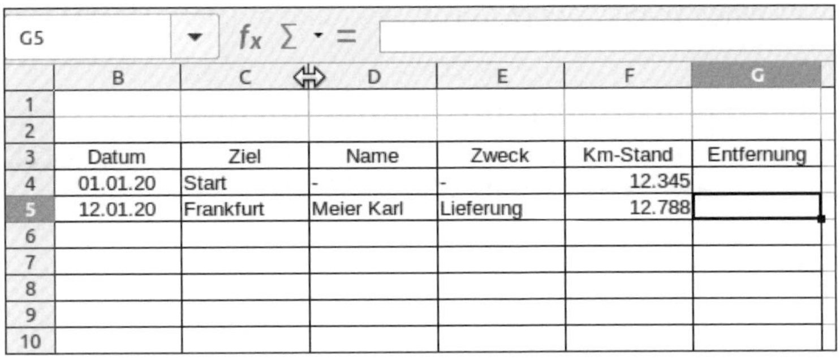
G5

	B	C	D	E	F	G
1						
2						
3	Datum	Ziel	Name	Zweck	Km-Stand	Entfernung
4	01.01.20	Start	-	-	12.345	
5	12.01.20	Frankfurt	Meier Karl	Lieferung	12.788	
6						
7						
8						
9						
10						

Abbildung 5.46 Beispieldaten und die Spaltenbreite

G5 =WENN(F5>0;F5-F4;0)

	B	C	D	E	F	G
1						
2						
3	Datum	Ziel	Name	Zweck	Km-Stand	Entfernung
4	01.01.20	Start	-	-	12.345	
5	12.01.20	Frankfurt	Meier Karl	Lieferung	12.788	443
6						
7						
8						
9						
10						
11						
12						
13						
14						
15						
16						
17						
18						
19						
20						
21						

Abbildung 5.47 Die erste Formel

Eine Funktion beginnt immer mit dem Gleichheitszeichen. Die Parameter zu einer Funktion befinden sich in Klammern und werden durch Semikola getrennt bzw. gegliedert. Diese Formel ist auch für Laien lesbar: *Wenn in Feld F5 ein Wert größer null steht, dann ziehe von dem Wert in F5 den Wert von F4 ab, ansonsten gib null zurück.* Das Ergebnis steht danach in G5 – die Formel wird in der Zelle nicht angezeigt.

Nach der Eingabe der Formel können Sie sie in die darunterliegenden Felder übernehmen. Dazu reicht es, das Feld G5 durch einen Klick auf das kleine schwarze Quadrat nach unten zu ziehen. LibreOffice Calc passt dabei automatisch die Parameter in der Formel an (F5, F6, F7 usw.).

Danach erstellen wir noch eine *Summenformel*, um die Gesamtkilometer zu berechnen (siehe Abbildung 5.48).

Dazu geben Sie in G21 zuerst nur =SUMME(ein. Nach der Eingabe der Klammer können Sie die Felder, die berechnet werden sollen, mit der Maus markieren. Sie schließen die Formel dann durch das Schließen der Klammer und das Betätigen der Eingabetaste ab. Sie können die Formel natürlich auch komplett manuell eingeben:

```
=SUMME(G5:G20)
```

Falls Sie bei der Eingabe der Summenformel einen Fehler gemacht haben, bearbeiten Sie sie durch Anklicken des Feldes und Betätigen von [F2]. Bestätigt wird eine Bearbeitung mit der Eingabetaste. Mit der [Esc]-Taste können Sie eine Eingabe verwerfen, und die vorherige Formel wird wiederhergestellt.

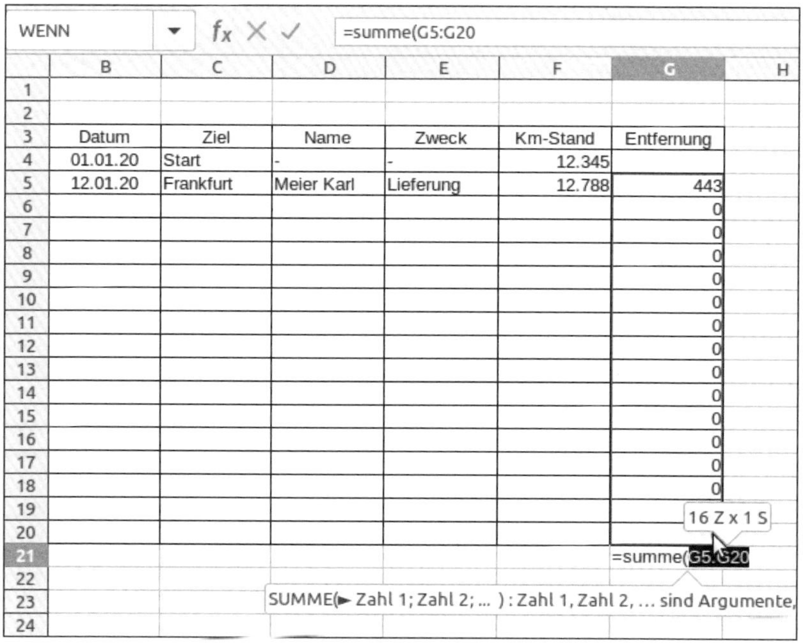

Abbildung 5.48 Die Summe wird berechnet.

Um Funktionen zu erstellen, bietet Ihnen LibreOffice Calc auch einen praktischen Assistenten (siehe Abbildung 5.49). Er findet sich unter EINFÜGEN • FUNKTION.

Hier finden Sie alle Funktionen in Kategorien unterteilt. Über die Schaltfläche HILFE erhalten Sie auch eine entsprechende Beschreibung dieser Funktionen.

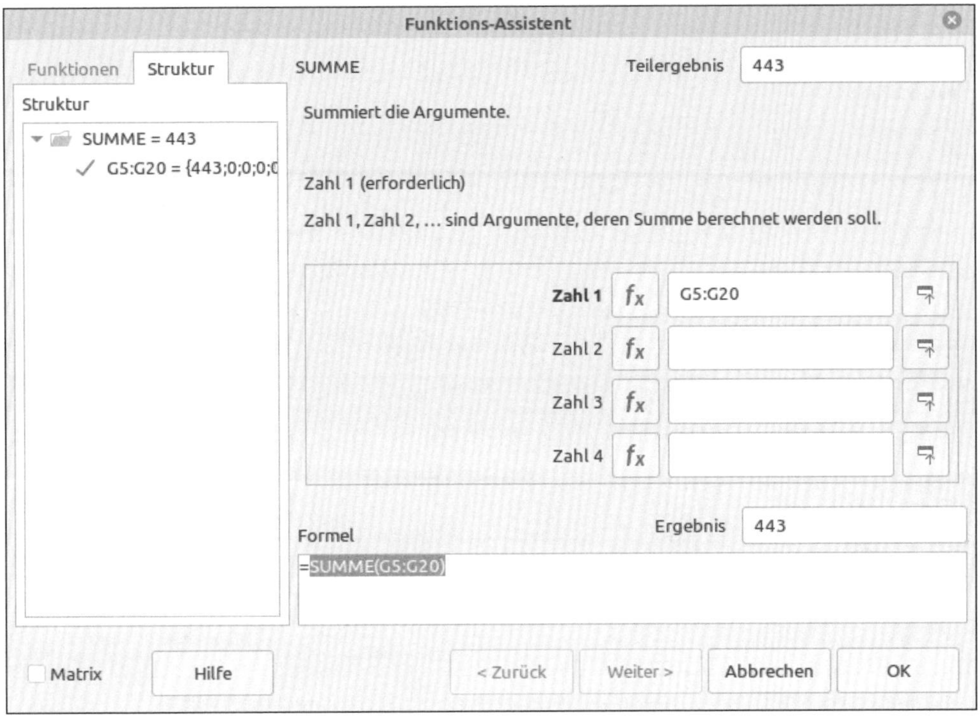

Abbildung 5.49 Der Funktions-Assistent

Wenn Sie nun die Tabelle drucken möchten, wechseln Sie zuerst in DATEI • SEITENANSICHT. Gerade bei Tabellen ist es sinnvoll, ihr Drucklayout vorab zu prüfen. Wenn Sie die Spaltenbreiten verändert haben, passt die Tabelle vermutlich nicht auf eine Seite, denn das Standardformat der Seite ist DIN A4 im Hochformat. Dieses sollten Sie aus der Seitenansicht mit der Schaltfläche SEITENFORMAT oder über das Menü FORMAT • SEITENVORLAGE in QUERFORMAT ändern. Zusätzlich können Sie hier die TABELLENAUSRICHTUNG auf dem Blatt festlegen (siehe Abbildung 5.50). Danach dürfte diese kleine Tabelle auf die Seite passen.

LibreOffice Calc bietet Ihnen noch weitere praktische Möglichkeiten, um auch größere Tabellen komfortabel zu drucken. Markieren Sie zunächst den zu druckenden Bereich, und wählen Sie dann FORMAT • DRUCKBEREICHE • FESTLEGEN. Dadurch können Sie bestimmen, welche Zellen gedruckt werden sollen. Wählen Sie daher in diesem Beispiel nur B3 bis G20, und legen Sie diese Auswahl im Menü als Druckbereich fest.

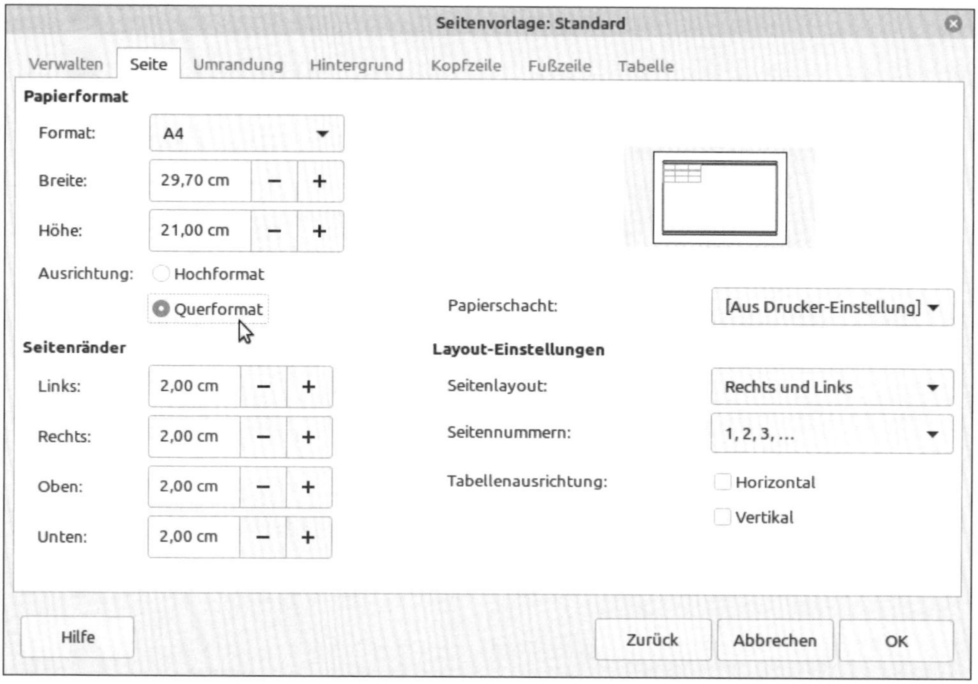

Abbildung 5.50 Die Seite im Querformat und die Tabellenausrichtung

Nun sehen Sie in der *Seitenansicht* den ausgewählten Druckbereich mit der Spalte *Entfernung* (siehe Abbildung 5.51).

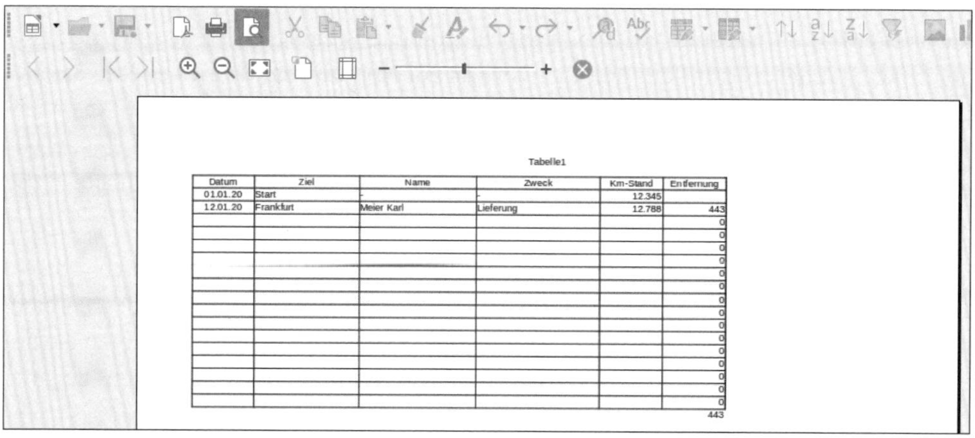

Abbildung 5.51 Die Seitenansicht eines Druckbereichs

Eine weitere gute Hilfe ist der SKALIERUNGSFAKTOR. Über ihn vergrößern oder verkleinern Sie den Druckbereich zusätzlich. Wenn nun z. B. die letzte Spalte auf einer neuen Seite gedruckt würde, Sie die Tabelle jedoch auf einer einzelnen Seite gedruckt haben möchten, brauchen Sie nicht die Spaltenbreiten zu bearbeiten. Sie verkleinern die Tabelle einfach im Ganzen mit dem SKALIERUNGSFAKTOR. Falls die Tabelle zu klein ist und die ganze Seitenbreite ausfüllen soll, ist dies umgekehrt natürlich ebenfalls möglich.

Ich habe die Tabelle um 20 % vergrößert, wodurch sie fast die ganze Breite der Seite einnimmt (siehe Abbildung 5.52).

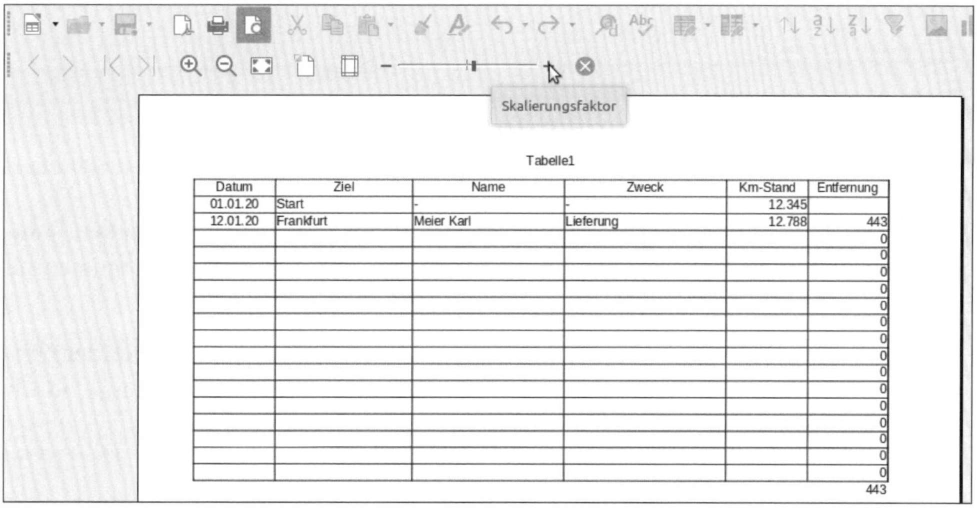

Datum	Ziel	Name	Zweck	Km-Stand	Entfernung
01.01.20	Start	-	-	12.345	
12.01.20	Frankfurt	Meier Karl	Lieferung	12.788	443
					0
					0
					0
					0
					0
					0
					0
					0
					0
					0
					0
					0
					0
					0
					0
					443

Abbildung 5.52 Die Tabelle wurde vergrößert.

Nach dem Drucken können Sie die Tabelle wie gewohnt speichern und weiterverwenden. Die Dokumente von LibreOffice Calc besitzen übrigens die Dateiendung *.ods*.

5.5.6 MS Office-Dokumente konvertieren

LibreOffice bringt einen Assistenten mit, der Word-, Excel- und PowerPoint-Vorlagen und -Dokumente in ODF-Dokumente konvertiert. Er führt Sie dabei schrittweise durch die Konvertierung.

Sie finden den Assistenten unter DATEI • ASSISTENTEN • DOKUMENTKONVERTER.

Den Punkt LOGDATEI ERSTELLEN (unten links in Abbildung 5.53) sollten Sie aktiviert lassen. Dadurch öffnet sich am Ende ein Logbuch, in dem Sie prüfen können, ob alle Dokumente erfolgreich konvertiert wurden.

Abbildung 5.53 Der Dateikonverter von LibreOffice

Wenn Sie bei der Migration der Dokumente die Standardordner verwendet haben, brauchen Sie in den Folgeschritten keine Änderungen vorzunehmen. Ansonsten müssen Sie nur die Quell- und Zielordner der Dokumente angeben.

Die Dokumente im MS Office-Format bleiben erhalten, sollten allerdings nach der Konvertierung **gesichert** und dann entfernt werden. Prüfen Sie die ODF-Dokumente jedoch noch vorab in Bezug auf ihre Korrektheit.

5.5.7 Weitere Informationen zu LibreOffice

Zu LibreOffice Writer und Calc haben Sie nun einige Assistenten und Möglichkeiten kennengelernt. Viele dieser Punkte sind auch in anderen Anwendungen von LibreOffice vorhanden. Die Formatierung der Seite existiert auch unter Writer, Draw und Impress. Zusätzlich gibt es natürlich überall anwendungsspezifische Funktionen.

Das Präsentationsprogramm *LibreOffice Impress* bietet Ihnen einen Assistenten zum Erstellen einer Präsentation (unter DATEI • ASSISTENTEN • PRÄSENTATION). Er nimmt Ihnen einiges an Arbeit beim Entwerfen des Layouts ab.

LibreOffice Draw ist ein vektorbasiertes Zeichenprogramm. Mit ihm können Sie u. a. Screenshots mit Pfeilen und Beschriftungen versehen, Programmablaufpläne entwerfen oder sogar technische Zeichnungen erstellen. Ich verwende es häufiger in der EDV und zu anderen Zwecken (z. B. für eine grafische Übersicht von Sicherheitsgruppen oder zum Entwerfen von Fluchtplänen).

Mit *LibreOffice Base* erstellen Sie eigene Datenbanken und verwalten vorhandene. Allerdings ist Base standardmäßig nicht installiert.

Hier noch ein paar Websites, auf denen Sie Informationen und Dokumentationen zu LibreOffice finden:

- *https://wiki.ubuntuusers.de/LibreOffice*
  (eine kurze Übersicht)
- *https://de.libreoffice.org/get-help/documentation*
  (offizielle LibreOffice-Dokumentationen; achten Sie hier auf die Versionen)
- *https://wiki.documentfoundation.org/Main_Page/de*
  (viele Informationen, ähnlich wie die integrierte Hilfe)
- *https://extensions.libreoffice.org*
  (jede Menge Erweiterungen und Vorlagen zu LibreOffice; achten Sie auch hier auf die Versionen!)

5.6 Der Bildbetrachter

Zum Anzeigen von Bildern bietet Linux Mint einen praktischen *Bildbetrachter* (siehe Abbildung 5.54). Er öffnet sich standardmäßig bei einem Doppelklick auf ein Bild. Sie finden ihn auch im Menü ZUBEHÖR • BILDBETRACHTER (eigenartigerweise befindet er sich nicht mehr im Menü GRAFIK).

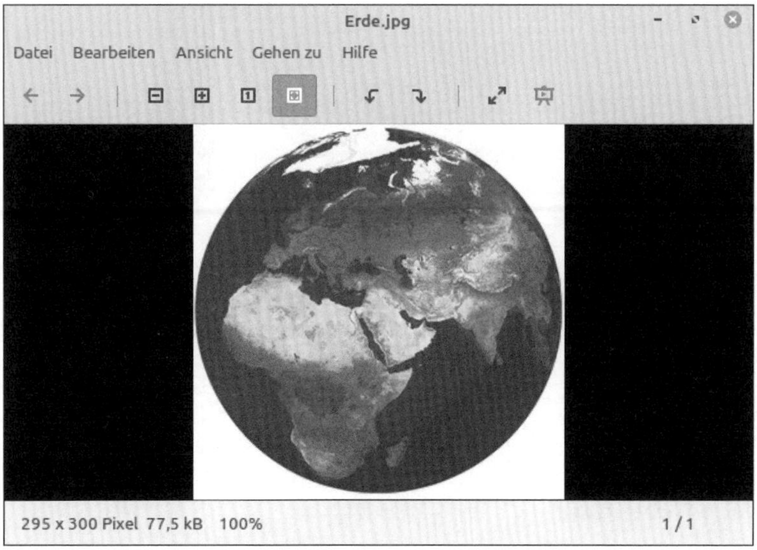

Abbildung 5.54 Der Bildbetrachter unter Linux Mint

Dunkle Themen

Einige Anwendungen sind seit Version 21 auf ein sogenanntes »dunkles Thema« eingestellt und werden bei Ihnen dementsprechend in (fast) Schwarz angezeigt. Ich habe dieses Thema so weit wie möglich umgestellt, weil so die Abbildungen im Buch besser zu erkennen sind.

Der Bildbetrachter bietet grundlegende Funktionen, um Bilder anzuzeigen, und simple Bearbeitungsmöglichkeiten (Bilder drehen und spiegeln). Sie können mit ihm die Bilder auch im Vollbildmodus oder als Diashow betrachten.

Durch Einblenden der Seitenleiste lassen Sie sich Detailinformationen und Metadaten zu den Bildern anzeigen (siehe Abbildung 5.55).

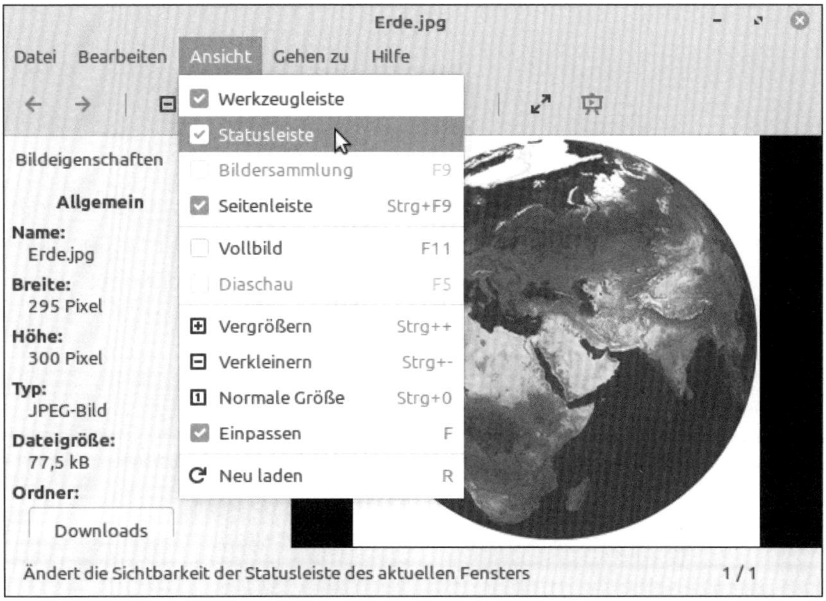

Abbildung 5.55 Die Seitenleiste des Bildbetrachters

Metadaten

Viele Dateiformate bieten die Möglichkeit, bestimmte Eigenschaften und Informationen zu hinterlegen, bei MP3-Dateien z. B. das Jahr oder Genre. Bei Fotografien speichern die meisten Kameras ebenfalls einige Informationen in den Bildern. Diese Daten – die sogenannten *Metadaten* – erleichtern u. a. die Katalogisierung.

In den Vollbildmodus eines Bildes kommen Sie entweder durch Drücken der Taste F11 oder über das Menü ANSICHT • VOLLBILD. Verlassen können Sie ihn mit der Taste Esc oder einem Doppelklick auf das Bild.

Parallel zum Vollbildmodus können Sie Bilder auch als DIASCHAU darstellen. Dabei werden auch weitere Bilder, die sich in dem aktuell geöffneten Ordner befinden, nacheinander angezeigt. Die Pause zwischen den Wechseln können Sie in den EINSTELLUNGEN festlegen. Zusätzlich gibt es die Möglichkeit, mit den Cursortasten (Pfeiltasten) vor- und zurückzublättern.

5.7 Pix – der Browser für Bilder

Die »Erweiterung« zum Bildbetrachter ist der Bilderbrowser *Pix*. Mit ihm verwalten Sie Bildersammlungen. Seien es Fotografien, gescannte und heruntergeladene Bilder oder eigene Kreationen: Pix ist ein praktischer Helfer, um den Überblick über solche Sammlungen zu behalten (siehe Abbildung 5.56).

Nachdem Sie Pix zum ersten Mal gestartet haben, zeigt er Ihnen den Inhalt des Ortes *Bilder* im Kleinformat (als *Thumbnail*) an. Wie der Bildbetrachter kann auch Pix diese Bilder im Vollbild oder als Diaschau darstellen.

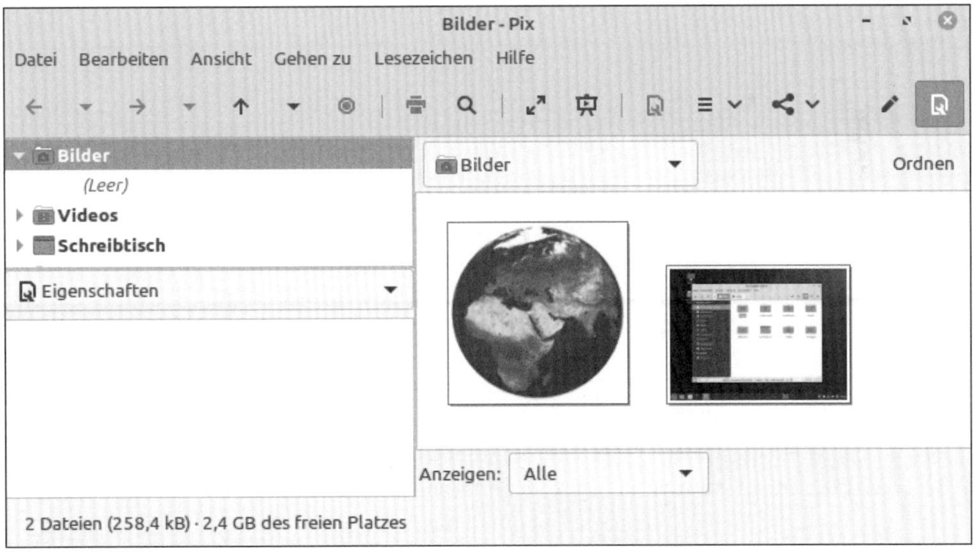

Abbildung 5.56 Pix nach dem Start

Pix bietet jedoch noch mehr Möglichkeiten. Einige der interessantesten sind hierbei die Vergabe von *Schlagwörtern* und *Kommentaren* und die Funktion FREIGEBEN (um Bilder auf Facebook, Flickr usw. zu speichern; auch über das Menü DATEI • EXPORTIEREN NACH).

Mit Schlagwörtern können Sie die Bilder u. a. später auf einfache Art *filtern*. Öffnen Sie dazu das Kontextmenü zu einem Bild, und wählen Sie dort den Befehl SCHLAGWÖRTER (siehe Abbildung 5.57).

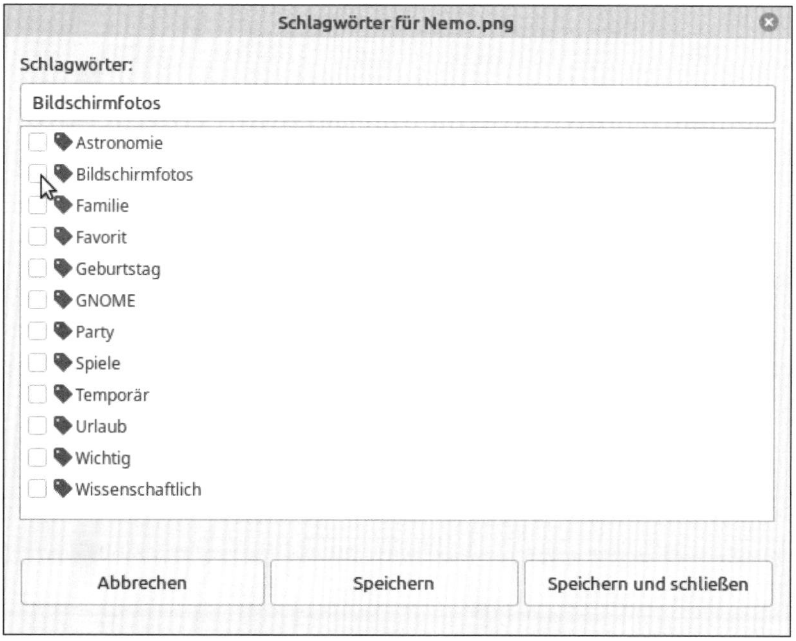

Abbildung 5.57 Einem Bild das Schlagwort »Bildschirmfotos« zuweisen

Um die Zuordnung von einem oder mehreren Schlagwörtern zu übernehmen, klicken Sie auf die Schaltfläche SPEICHERN UND SCHLIESSEN.

!

Probleme bei den Schlagwörtern

Bei der Vergabe von Schlagwörtern bemerkte ich ein Problem. Nach der Auswahl eines Schlagwortes verschwanden bei mir die anderen. Sie waren auch nach dem erneuten Start von Pix nicht mehr vorhanden. Erst durch das Löschen der Konfiguration von Pix erschienen sie wieder. Dieses Problem besteht bereits seit Version 19. Falls das Problem auch bei Ihnen noch besteht, können Sie über die Textzeile eigene Schlagwörter erstellen, die auch erhalten bleiben. Geben Sie diese einfach dort ein.

Nun können Sie die Ansicht von Pix nach diesem Schlagwort filtern. Standardmäßig ist in der Statusleiste bei dem Punkt ANZEIGEN der Eintrag ALLE BILDER ausgewählt. Wählen Sie hier zunächst den Punkt PERSONALISIEREN, und aktivieren Sie im folgenden Fenster SCHLAGWORT. Nach dem Schließen des Fensters steht Ihnen in der Auswahl nun auch SCHLAGWORT zur Verfügung. Wechseln Sie hier zu SCHLAGWORT (EINGEBETTET), und markieren Sie BILDSCHIRMFOTOS (siehe Abbildung 5.58).

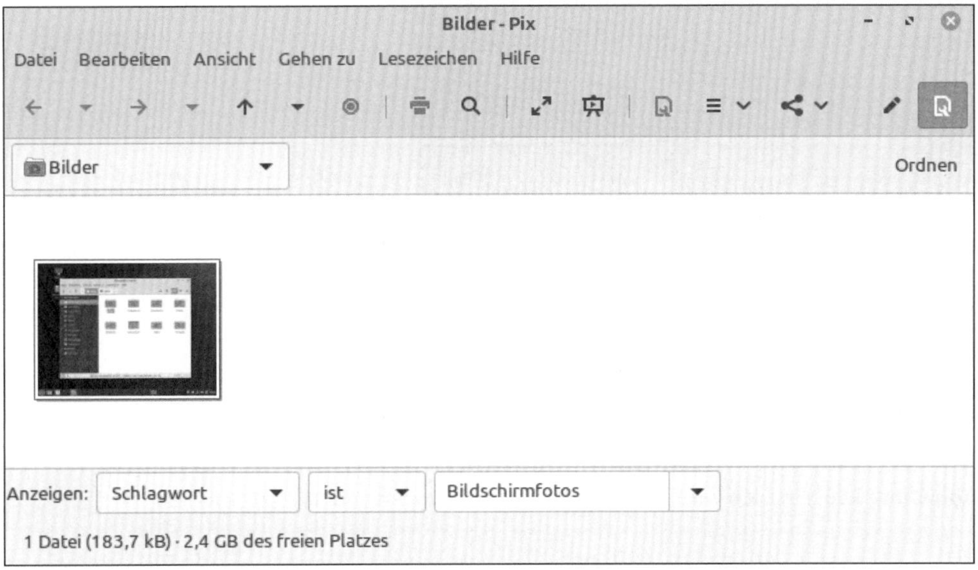

Abbildung 5.58 Nur Bilder mit dem Schlagwort »Bildschirmfotos« anzeigen

Pix merkt sich bei ANZEIGEN die zuletzt genutzten Filter. Das heißt, beim erneuten Öffnen werden wiederum nur Bilder mit dem Schlagwort BILDSCHIRMFOTOS angezeigt. Setzen Sie den Filter daher nach seiner Verwendung am besten wieder auf ALLE zurück, damit Sie wieder alle Bilder sehen.

Zusätzlich bietet Pix verschiedene grundlegende Bearbeitungsmöglichkeiten. Dazu öffnen Sie ein Bild zunächst mit einem Doppelklick.

Blenden Sie danach über die Werkzeugleiste das Menü zum Bearbeiten ein. Hier können Sie nun u. a. den Kontrast, die Farben und die Schärfe korrigieren (siehe Abbildung 5.59). Jedoch ist Pix kein Ersatz für ein Bildbearbeitungsprogramm. Dafür bietet sich GIMP an (siehe Abschnitt 5.9).

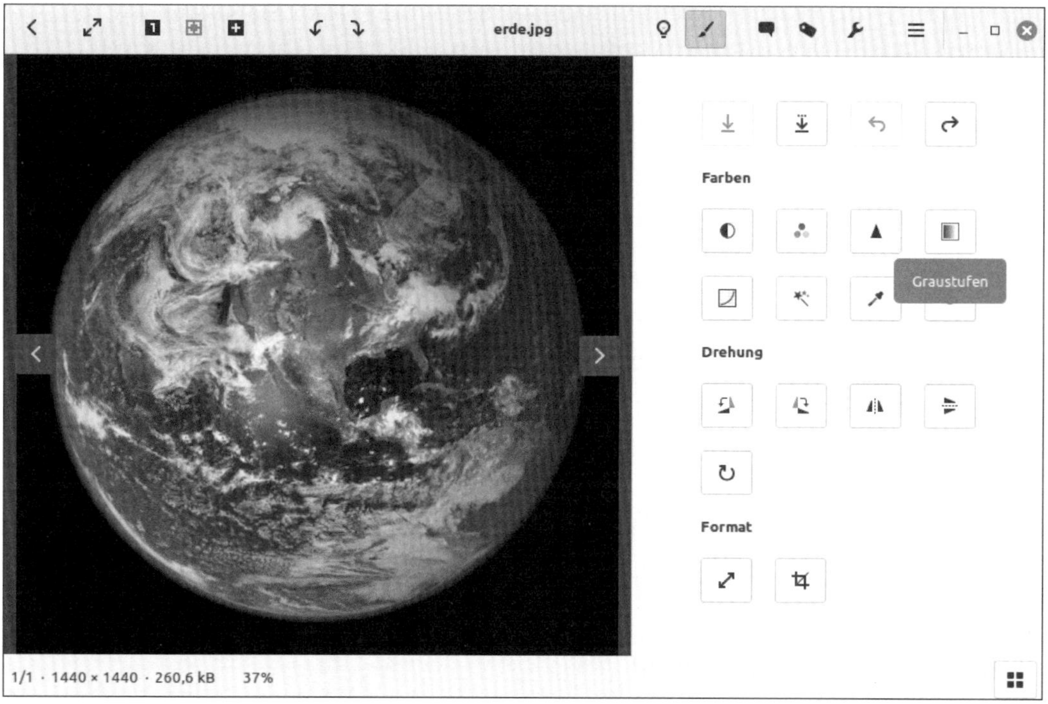

Abbildung 5.59 Ein Foto wird gleich in Graustufen umgewandelt.

5.8 Zeichnung – das »Malprogramm«

Inzwischen haben Sie einen Bildbetrachter und einen Bilderbrowser kennengelernt. Eine wirkliche Bearbeitung ist mit diesen Programmen jedoch nicht möglich. Vor Kurzem hat das Linux-Mint-Team hierzu ein einfaches Zeichenprogramm eingeführt. Mit diesem können Sie einfache Zeichnungen erstellen oder auch Bilder bearbeiten (es ist allerdings keine Anwendung zur Fotobearbeitung).

Zu diesem Programm brauche ich nicht viel zu schreiben, da es in den meisten Punkten selbsterklärend ist. Sie wählen in der linken Werkzeugleiste ein Zeichenwerkzeug und malen damit. Vorher kann, je nach gewähltem Werkzeug unter FORM-OPTIONEN, noch der Typ, die Strichdicke oder die Hintergrundfarbe angepasst werden. Wenn Sie mit etwas nicht zufrieden sind, können Sie die Änderung mit RÜCKGÄNGIG auch wieder verwerfen.

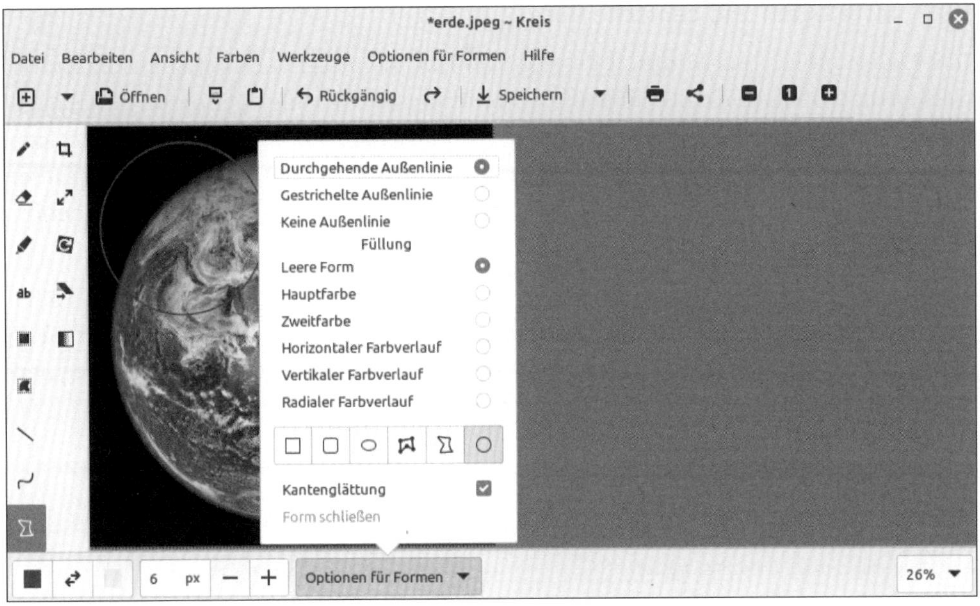

Abbildung 5.60 Das Bild der Erde mit ein paar Anpassungen

5.9 GIMP

Da das im vorigen Abschnitt vorgestellte Zeichenprogramm recht simpel ist, kommen wir nun zu *dem* Foto- und Bildbearbeitungsprogramm unter Linux: *GNU Image Manipulation Program* – kurz *GIMP*. Ich setze GIMP außer zur Fotobearbeitung auch intensiv beim Schreiben meiner Bücher ein. Mit diesem Programm bearbeite ich u. a. sämtliche Screenshots.

GIMP reicht mit seinen Funktionen zwar nicht an *Adobe Photoshop* heran, ist jedoch für die meisten Benutzer sicherlich völlig ausreichend. Zusätzlich ist das Programm kostenlos und auch unter anderen Betriebssystemen (u. a. Windows) nutzbar.

GIMP

GIMP ist, wie auch LibreOffice, zu umfangreich, als dass ich an dieser Stelle detailliert auf jede Funktion eingehen könnte. In der Hilfe und im Internet finden Sie viele Anleitungen und Bücher zur Foto- und Bildbearbeitung. Im Rheinwerk Verlag sind dazu die beiden Bücher von Robert Klaßen und Jürgen Wolf erschienen. Dennoch werde ich Ihnen hier natürlich einige grundlegende Funktionen erklären.

5.9.1 Installation und deutsche Hilfe

GIMP wird unter Linux Mint seit Version 20 nicht mehr standardmäßig installiert. Wir werden die Installation daher über die Anwendungsverwaltung oder im Terminal nachholen. Wenn Sie der Meinung sein sollten, niemals eine Fotobearbeitung zu benötigen, muss GIMP natürlich nicht installiert werden. Lesen Sie in dem Fall einfach nur diesen Abschnitt durch, und behalten Sie GIMP im Hinterkopf – falls Sie es doch noch benötigen sollten.

Sie finden GIMP in der Anwendungsverwaltung im Bereich GRAFIK UND BILDBEARBEITUNG. Zusätzlich kann auch eine deutsche Hilfe installiert werden. Das Paket heißt *gimp-help-de*. Installieren Sie es bei Bedarf ebenfalls über die Anwendungs- oder Synaptic-Paketverwaltung oder auch im Terminal.

Installation der Hilfe im Terminal

Den Namen des Pakets können Sie im Terminal ermitteln:

```
apt-cache search gimp help
```

Als Ergebnis liefert Ihnen die Ausgabe verschiedensprachige Pakete, darunter *gimp-help-de – Dokumentation für GIMP (Deutsch)*. Installieren Sie dieses mit:

```
sudo apt install gimp-help-de
```

Es folgt ein Hinweis, dass ein zusätzliches Paket notwendig ist. Diesen müssen Sie natürlich mit [J] bestätigen.

5.9.2 Der erste Start von GIMP

Nach dem Start wird GIMP bei Ihnen vermutlich auch mit einem dunklen Thema angezeigt. Ich habe dieses unter den EINSTELLUNGEN in das SYSTEMTHEMA geändert. GIMP präsentiert sich mit drei verschiedenen Fenstern bzw. *Docks* (siehe Abbildung 5.61):

1. mit dem Menü- und Bildfenster ❶
2. mit dem Werkzeugkasten (linker Bereich) ❷
3. mit dem Ebenen- und Pinsel-Dock (rechter Bereich) ❸

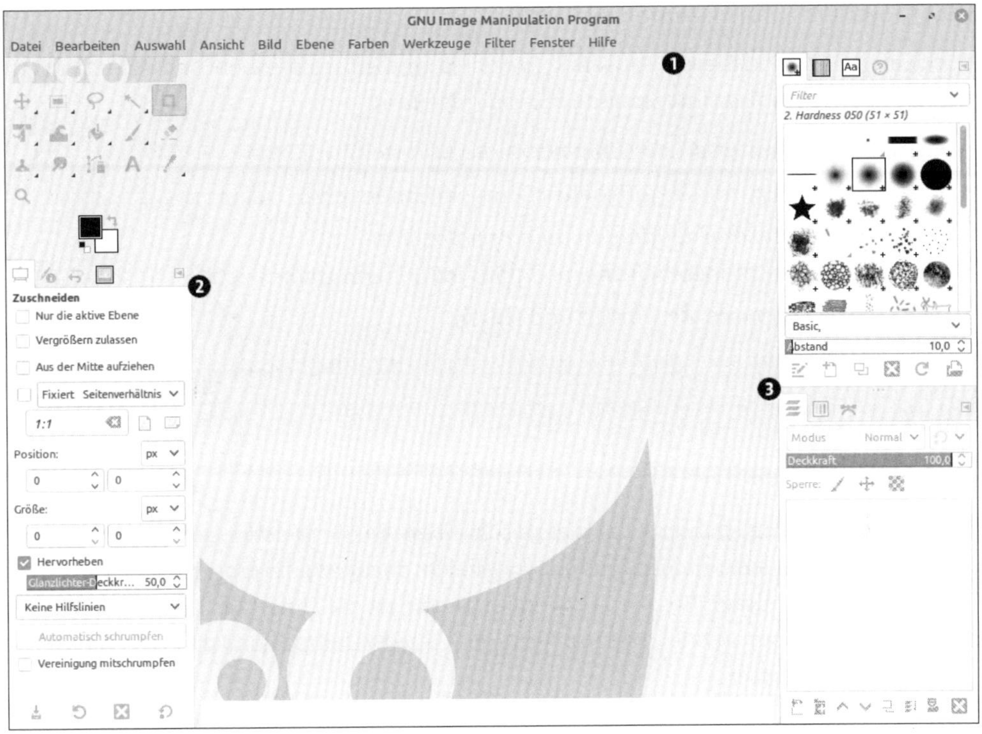

Abbildung 5.61 GIMP nach dem ersten Start

5.9.3 Speichern und Laden von Bildern

Das Standardformat von GIMP lautet *XCF* (eXperimental Computing Facility). Dabei werden auch Texte und verschiedene Ebenen berücksichtigt, und Sie können diese später weiterbearbeiten. Zusätzlich können Sie Bilder in allen gängigen Bildformaten exportieren oder auch importieren (BMP, JPEG, PNG, GIF usw.).

Standardmäßig speichern Sie Ihre Bilder über den gängigen Weg des Menüs im XCF-Format. Wenn Sie ein Bild jedoch z. B. als JPEG speichern möchten, müssen Sie es über Datei • Exportieren »exportieren«. Dabei werden Textbausteine und verschiedene Ebenen mit dem Bild verschmolzen. Sie können das Format beim Export durch die Erweiterung im Dateinamen festlegen:

- *Urlaubsbild.bmp* – als *Bitmap*
- *Beispiel.jpg* – im *JPEG File Interchange Format*

Öffnen können Sie Bilder, unabhängig vom Format, über das Menü Datei • Öffnen.

5.9.4 Weitere Informationen zu GIMP

Auch über GIMP existieren Tausende Websites mit Informationen und Anleitungen. Hier finden Sie ein paar interessante »Standardseiten«:

- *https://wiki.ubuntuusers.de/Gimp* (Kurzinfo und weitere Links)
- *https://docs.gimp.org/de/* (offizielles Benutzerhandbuch in Deutsch)
- *https://docs.gimp.org/de/gimp-imaging-photos.html*
  (das Kapitel zur Fotobearbeitung; ebenfalls im Benutzerhandbuch)
- *http://www.gimpusers.de* (Forum und Hilfen)
- *https://www.gimp-werkstatt.de* (ebenfalls ein Forum und Hilfen)

5.10 Firefox

Über *Firefox* brauche ich hier nicht viel zu schreiben, da die meisten Leserinnen und Leser diesen Browser sicherlich kennen und vielleicht sogar bereits einsetzen. Selbst wenn Sie bisher einen anderen Browser verwendet haben, ist die Nutzung ähnlich. Firefox ist der Standardbrowser auf vielen Linux-Systemen und in Deutschland einer der am meisten genutzten Browser.

5.10.1 Add-ons: Werbung ausblenden

Der Browser Firefox zeichnet sich vor allem dadurch aus, dass er erweitert werden kann. Es gibt eine Unmenge von Miniprogrammen, die neue Funktionen oder praktische Werkzeuge liefern.

Zu diesen Erweiterungen zählen solche, die die Werbung auf Webseiten ausblenden. Dadurch wird das Surfen bedeutend angenehmer und auch schneller. Man kann darüber streiten, ob dieses schädlich für freie Websites ist, da diese ja häufig durch Werbung finanziert werden. Für meinen Geschmack sind jedoch zu viele Webseiten so penetrant mit Werbung »zugemüllt«, dass es kaum noch zu ertragen ist. Mit einem schwachen Tablet-PC sind diese Seiten teilweise überhaupt nicht nutzbar. Zum Teil meide ich solche Seiten aus Prinzip. Andererseits bin ich froh, dass es passende Erweiterungen gibt.

Um die Werbung auszublenden, installieren Sie ein *Add-on* (bzw. eine Erweiterung). In die Verwaltung der Erweiterungen gelangen Sie über die Menüschaltfläche rechts in der Werkzeugleiste (siehe Abbildung 5.62).

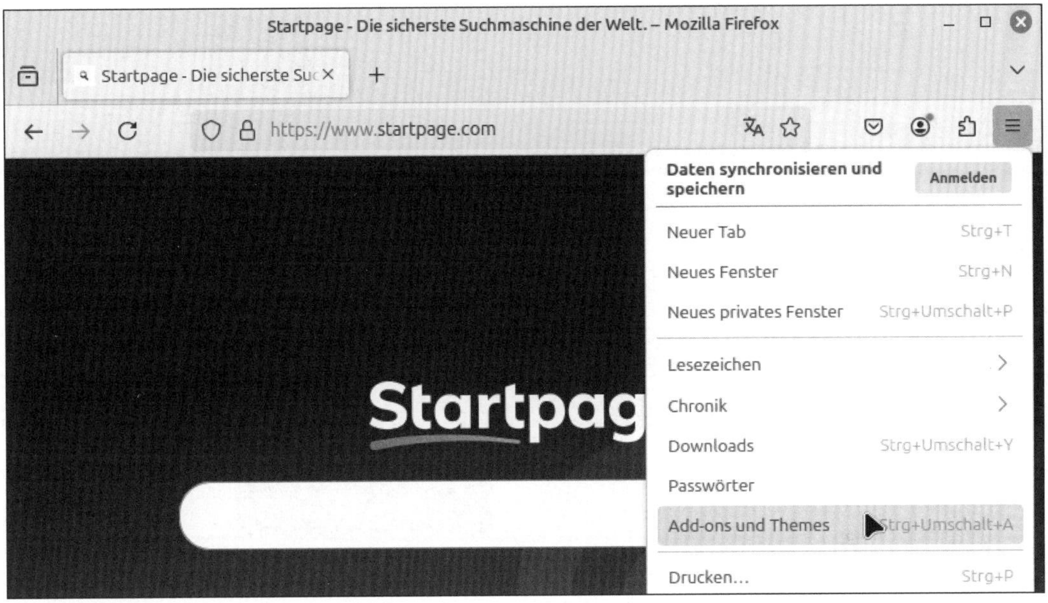

Abbildung 5.62 Über die Menüschaltfläche die Add-ons verwalten

Nach dem Klick auf die Schaltfläche ADD-ONS UND THEMES können Sie Erweiterungen verwalten und danach suchen. Inzwischen existieren mehrere Erweiterungen, um Werbung zu filtern. Eine der ersten und erfolgreichsten war hierbei *Adblock Edge Plus*. Eine gute Alternative hierzu ist *uBlock Origin*, die ich Ihnen auch empfehle.

Geben Sie nun im Suchfeld den Begriff »uBlock Origin« ein, und bestätigen Sie dies mit der Eingabetaste. Danach folgt eine Liste mit Suchergebnissen, aus der Sie den Eintrag UBLOCK ORIGIN auswählen (siehe Abbildung 5.63).

Über die Schaltfläche ZU FIREFOX HINZUFÜGEN wird die Erweiterung heruntergeladen und zu Firefox hinzugefügt. Danach ist uBlock Origin umgehend einsatzbereit. Testen Sie dies einfach, indem Sie verschiedene Webseiten öffnen.

Der Werkzeugleiste wurde bei der Installation ein Symbol hinzugefügt. Darüber können Sie uBlock Origin komplett ausschalten oder auf speziellen Seiten deaktivieren (Klick in Verbindung mit der `Strg`-Taste). Dies ist nützlich, da manche Seiten mit einem Werbeblocker nicht nutzbar sind oder Sie bei manchen Seiten eventuell doch die Werbung einblenden möchten (siehe Abbildung 5.64).

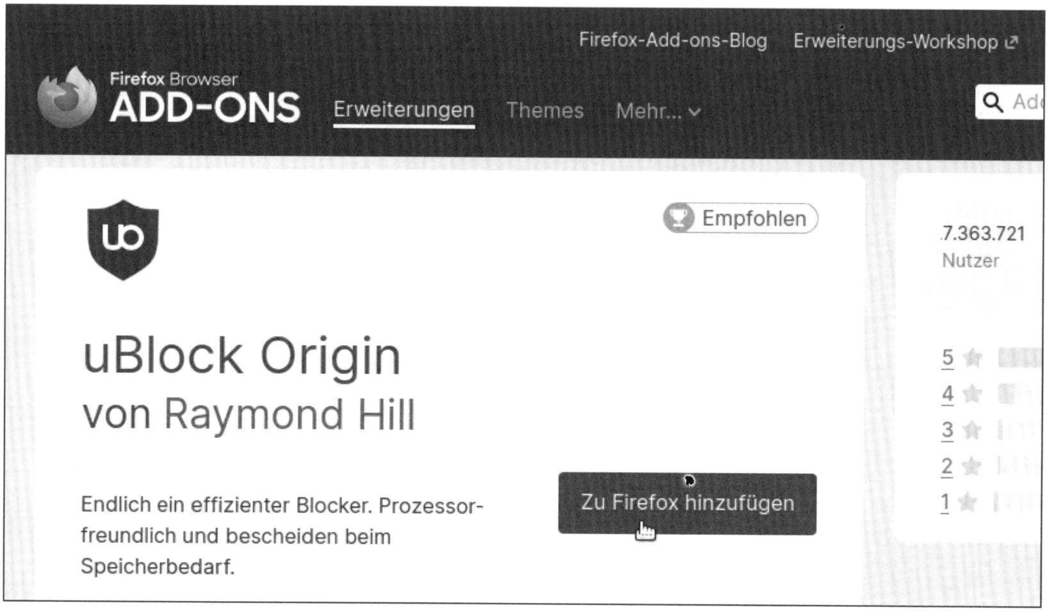

Abbildung 5.63 uBlock Origin suchen und installieren

Abbildung 5.64 uBlock Origin auf Linux Mint deaktivieren

5.11 Das Mailprogramm Thunderbird

Wenn Sie Ihre Mails über einen Webdienst, also per Browser, organisieren, benötigen Sie das Mailprogramm *Thunderbird* nicht. Falls Sie jedoch ein Mailprogramm nutzen wollen, ist es eine gute Wahl.

Beim ersten Start bietet Thunderbird Ihnen an, Ihr Mailkonto mit einem Assistenten zu erstellen oder ein vorhandenes Mailkonto einzurichten (siehe Abbildung 5.65).

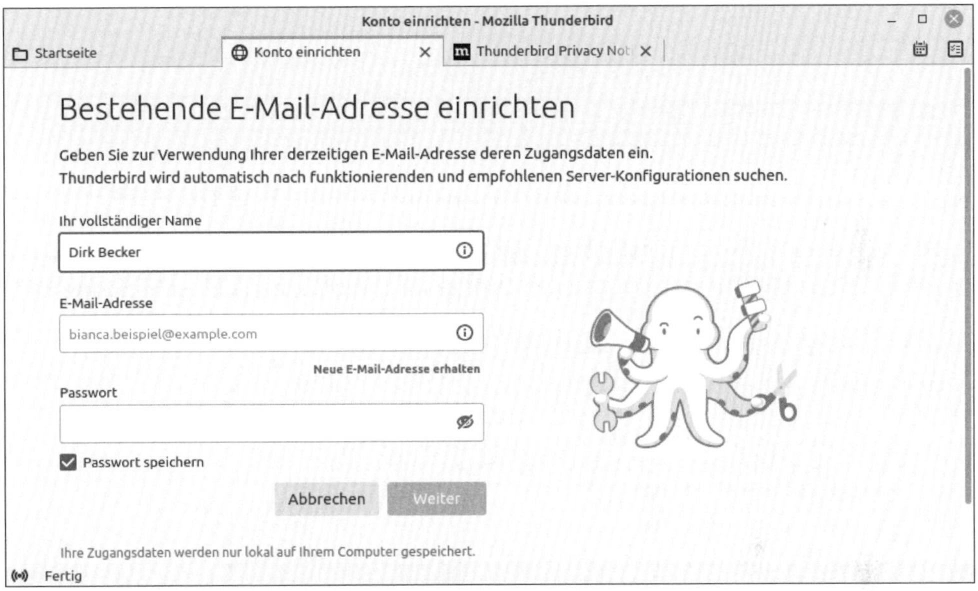

Abbildung 5.65 Der erste Start von Thunderbird

5.11.1 Ein gesichertes Benutzerprofil wiederherstellen

Wenn Sie Thunderbird bereits genutzt und, wie in Abschnitt 2.6.2, »Mails«, erläutert, Ihr Benutzerprofil gesichert haben, können Sie dieses einfach wiederherstellen.

Zunächst kopieren Sie das gesicherte Profil in den verborgenen Ordner von Thunderbird (*.thunderbird* im persönlichen Ordner). Danach starten Sie den Profilmanager, indem Sie das Terminal öffnen und dort folgenden Befehl eingeben (der Parameter `profilemanager` ist englisch – daher mit zusätzlichem »e«):

```
thunderbird --profilemanager
```

Im Profilmanager können Sie nun über CREATE PROFILE ein Profil erstellen (siehe Abbildung 5.66; dieser Weg ist auch zur Wiederherstellung der richtige).

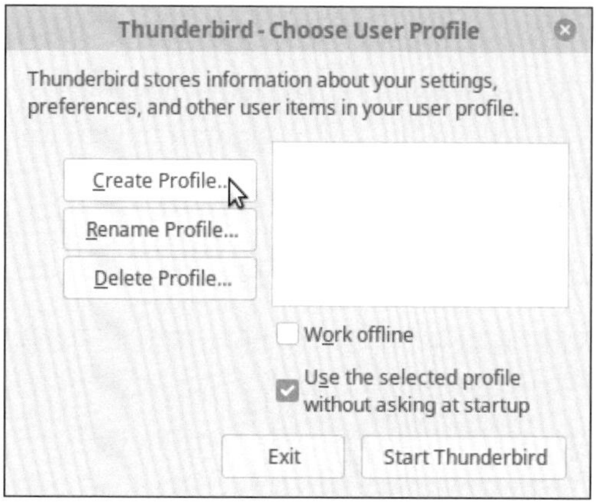

Abbildung 5.66 Es wurde noch kein Profil erstellt.

In der nach dem Willkommensfenster folgenden Auswahl geben Sie einen Profilnamen an und wählen über CHOOSE FOLDER den Ordner Ihres Profils aus (siehe Abbildung 5.67).

Abbildung 5.67 Ein Profilname wurde vergeben, und der Ordner ist ausgewählt.

Ich habe die Sicherung eines Profils mit dem Namen *dirk* in den Unterordner *.thunderbird* kopiert und dieses Profil hier ausgewählt. Der Profilmanager erstellt nun kein neues Profil, sondern übernimmt das vorhandene.

Mehrere Profile sind bei Privatanwendern selten notwendig – vor allem, wenn für jeden Anwender ein eigener Benutzer in der Systemverwaltung erstellt wurde. Wenn Sie jedoch z. B. ein Notebook einsetzen, könnten für zu Hause ein »Privatprofil« und für das Büro ein »Büroprofil« sinnvoll sein.

Abbildung 5.68 Ein neues Profil mit den migrierten Daten

Bei mehreren Profilen sollten Sie das Häkchen bei USE THE SELECTED PROFILE WITHOUT ASKING AT STARTUP entfernen. Dadurch erscheint beim Start von Thunderbird immer eine Profilauswahl.

Weitere Informationen finden Sie unter:

https://support.mozilla.org/de/kb/Benutzerprofile-Thunderbird

5.11.2 Ein Mailkonto einrichten

Falls Sie kein vorhandenes Profil übernommen haben, sollten Sie beim ersten Start umgehend auch ein Mailkonto und damit auch ein neues Profil einrichten. Wenn Sie einen gängigen Mailanbieter nutzen (Yahoo, Gmail, GMX o. Ä.), ist diese Einrichtung in wenigen Schritten durchgeführt.

Im ersten Schritt geben Sie dazu nur Ihren Namen, die korrekte E-Mail-Adresse und das Passwort ein (siehe Abbildung 5.69). Nach einem Klick auf WEITER überprüft Thunderbird automatisch den passenden Mailserver zu diesem Mailkonto.

In Abbildung 5.70 schlägt Thunderbird die zu verwendenden Mailserver vor. Sie haben auch die Auswahl zwischen *IMAP* und *POP3*. Wenn Ihr Provider es anbietet, sollten Sie IMAP nutzen. Dadurch können Sie meist die Mails auch von anderen Orten per Weboberfläche verwalten. Falls die Angaben nicht stimmen oder nicht gefunden wurden, können Sie sie über die Schaltfläche MANUELL EINRICHTEN anpassen.

Abbildung 5.69 Der erste Schritt, um das Mailkonto einzurichten

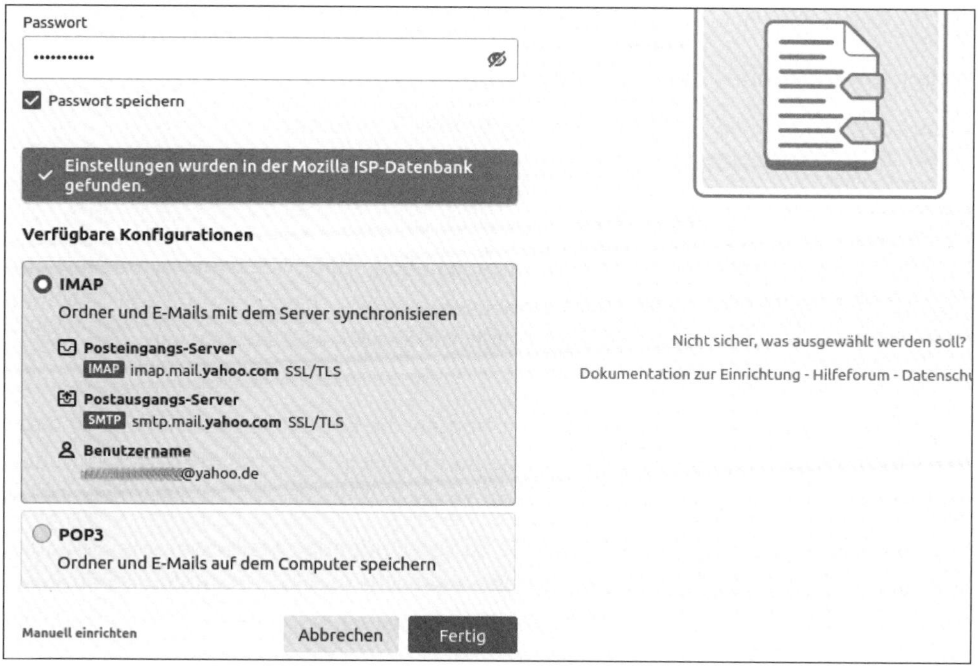

Abbildung 5.70 Die notwendigen Daten wurden gefunden.

Beenden Sie die Einrichtung durch einen Klick auf FERTIG, und Thunderbird synchronisiert die Mails (ich habe einen IMAP-Server genutzt). Danach ist Thunderbird einsatzbereit.

5.11.3 Ein Überblick

Nach dem Einrichten des Mailkontos wird Thunderbird geöffnet und ruft umgehend die ersten Mails ab. In Abbildung 5.71 sehen Sie den Zugriff auf ein eingerichtetes Mailkonto – natürlich auch mit Werbemails.

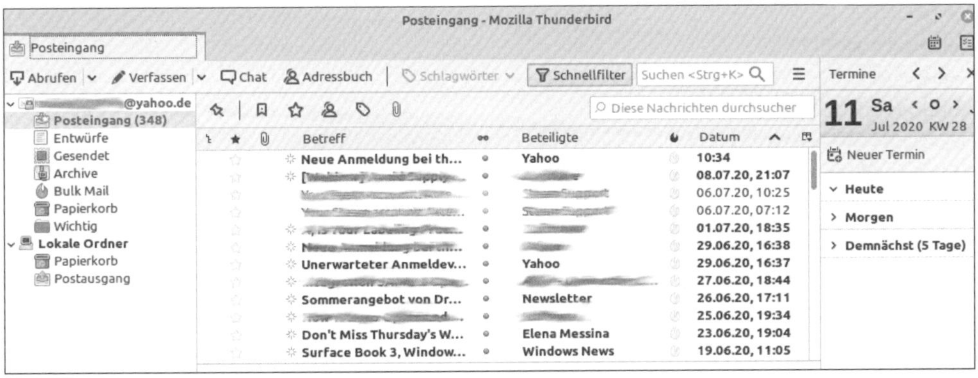

Abbildung 5.71 Mails eines Yahoo-Kontos

Sie können nun Mails schreiben, beantworten und verwalten und dazu ein Adressbuch führen. Da Mailprogramme bereits seit vielen Jahren im Einsatz sind, gehe ich hier nicht weiter ins Detail. Neben den Mails bietet Thunderbird aber auch noch die Möglichkeit, *Termine* und *Aufgaben* zu verwalten. Bis vor Kurzem musste hierzu eine Erweiterung (ein sogenanntes *Add-on*) installiert werden, die jedoch inzwischen standardmäßig dazugehört. Öffnen können Sie diese Erweiterung über die Symbole oben rechts. In Abbildung 5.72 öffne ich die *Kalenderfunktion*.

Hier können Termine verwaltet werden. Die Funktion der Aufgaben wird im Privatbereich seltener genutzt. Aber sie ist sehr hilfreich bei der Realisierung kleinerer Projekte. Alle Punkte sind hier weitestgehend selbsterklärend bzw. intuitiv zu verwenden.

Wie bei einigen anderen Anwendungen auch, ist bei Thunderbird die Menüleiste standardmäßig ausgeblendet. Hier finde ich diese Entscheidung nicht so gut, da sie meiner Meinung nach das Arbeiten in Thunderbird erschwert. Um die Menüleiste anzuzeigen, drücken Sie einfach die Tastenkombination `Alt` + `D` auf Ihrer Tastatur. Dadurch wird sie eingeblendet. Unter ANSICHT • SYMBOLLEISTEN kann sie nun dauerhaft aktiviert werden (siehe Abbildung 5.73).

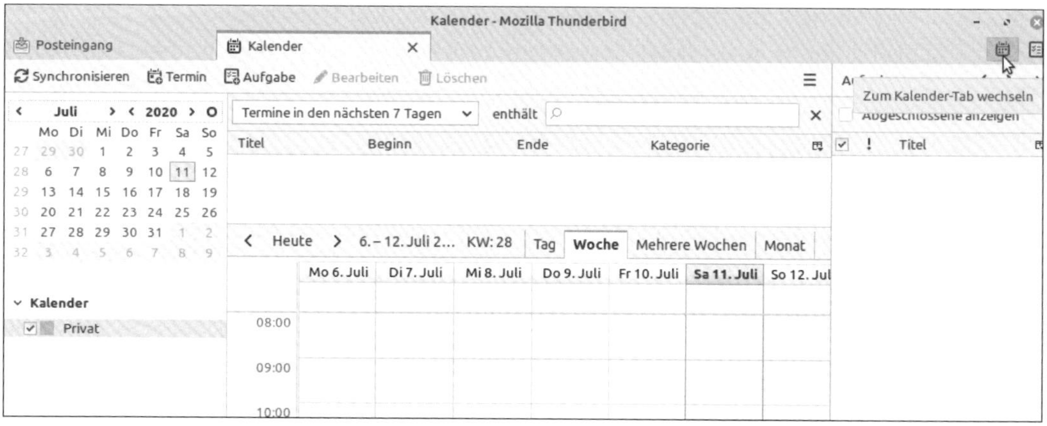

Abbildung 5.72 Die Kalenderfunktion

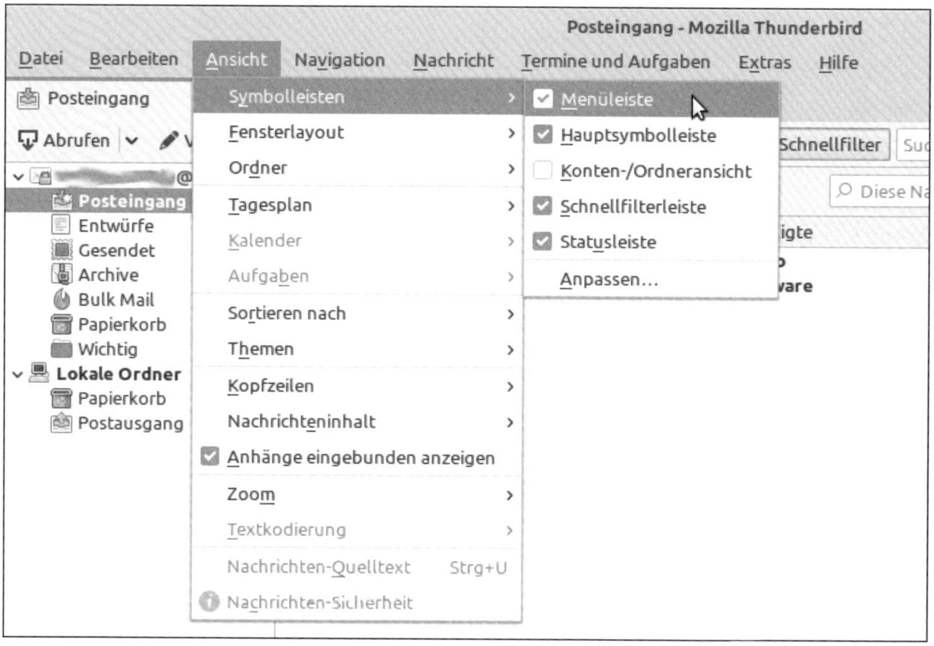

Abbildung 5.73 Die Menüleiste dauerhaft einblenden

In anderen Anwendungen können Sie die Menüleiste bei Bedarf meist auf die gleiche Weise einblenden.

5.12 Die Musikverwaltung mit Rhythmbox

Mit *Rhythmbox* verwalten Sie Ihre Musiksammlung und können Hörspiele oder Radio hören. Rhythmbox ist dabei einfach aufgebaut und intuitiv nutzbar. Wenn Sie bereits andere Anwendungen dieser Art einsetzen, dürften Sie daher keine Probleme damit haben, Rhythmbox zu verwenden.

Einige der wichtigsten Funktionen sind:

- umfangreiche Bibliotheksverwaltung
- »intelligente« bzw. automatische Wiedergabelisten
- spielt Musik, Hörbücher ab
- Internetradio
- Podcasting
- erweiterbar

Zunächst sollten Sie sich im Menü die EINSTELLUNGEN anschauen. Das Menü erkennen Sie an dem Symbol mit den drei Linien – wie u. a. bei Firefox.

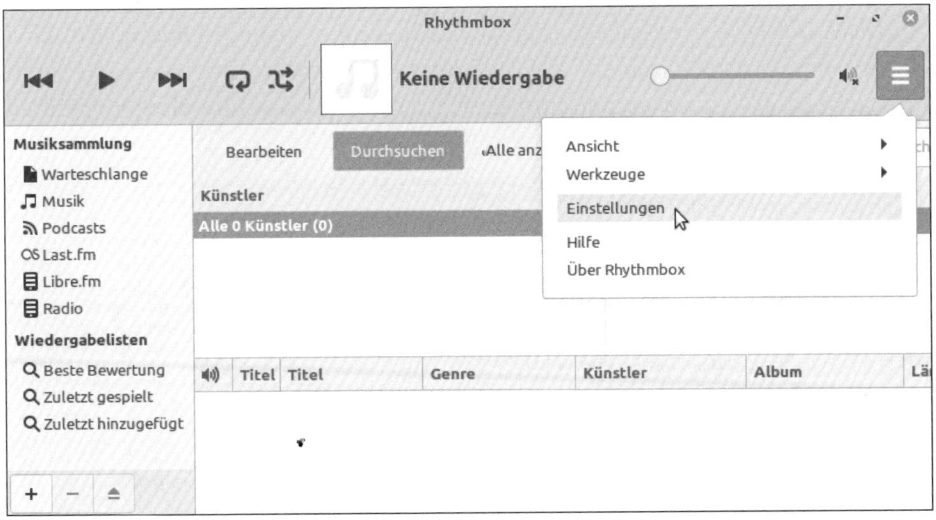

Abbildung 5.74 Das Menü bei Rhythmbox

Im ersten Register, ALLGEMEIN (siehe Abbildung 5.75), können Sie Ansichten und sichtbare Spalten festlegen. Ich aktiviere hier gerne noch zusätzlich das JAHR und die LETZTE WIEDERGABE. Im Register WIEDERGABE ist es möglich, die Überblendung zwischen gespielten Liedern zu aktivieren. Da das nicht jeder mag, ist diese Option standardmäßig deaktiviert.

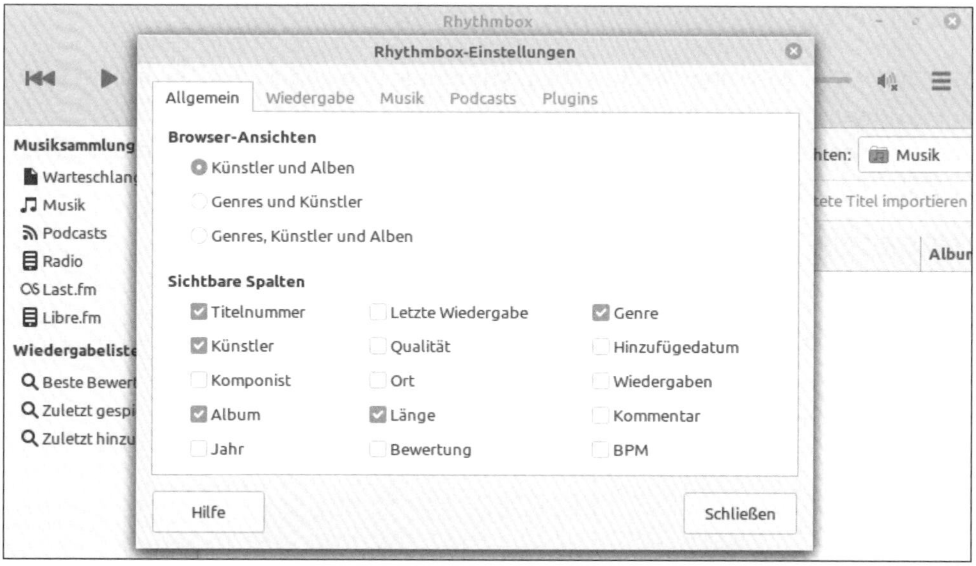

Abbildung 5.75 Die Standardeinstellung nach dem ersten Start

Im Register Musik legen Sie die Quelle der Musikdateien fest (siehe Abbildung 5.76). Eine Aktivierung des Kontrollkästchens bei Die Musiksammlung auf neue Dateien überwachen sorgt dafür, dass neu hinzugefügte Alben usw. automatisch eingelesen werden.

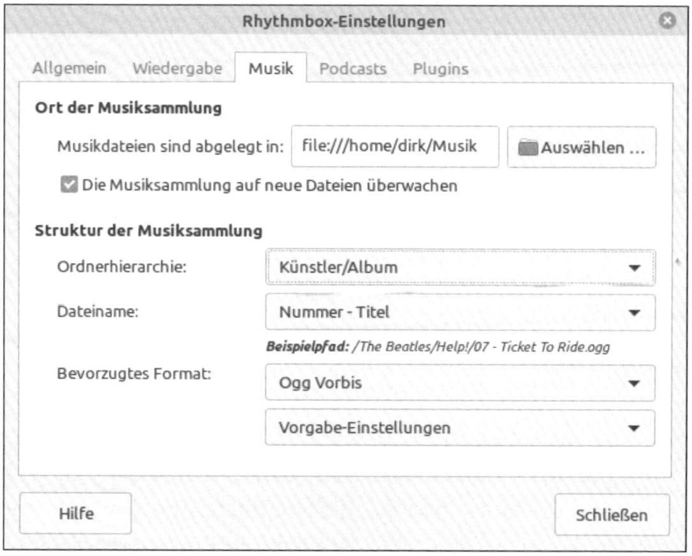

Abbildung 5.76 Das Register »Musik«

Wenn Sie Podcasts nutzen, können Sie diese im gleichnamigen Register konfigurieren. Rhythmbox schlägt hier auch den Ordner *Musik* vor. Ich empfehle Ihnen, dazu in Nemo noch einen Unterordner *Podcasts* im Musikordner zu erstellen. Auf diese Weise trennen Sie die Podcasts ein wenig von der normalen Musiksammlung. Diesen neuen Ordner müssen Sie natürlich nach der Erstellung hier in den EINSTELLUNGEN entsprechend zuordnen.

Nach den vorgenommenen Einstellungen schauen wir noch nach den *Erweiterungen* bzw. *Plugins*. Bei der Installation sind viele der Plugins von Rhythmbox bereits aktiviert. Unter PLUGINS können Sie nun aufräumen und unnötige Erweiterungen abschalten oder auch zusätzliche aktivieren (siehe Abbildung 5.77).

Falls z. B. keine Apple-Geräte vorhanden sind, deaktivieren Sie einfach die Erweiterung *Tragbare Wiedergabegeräte – iPod*.

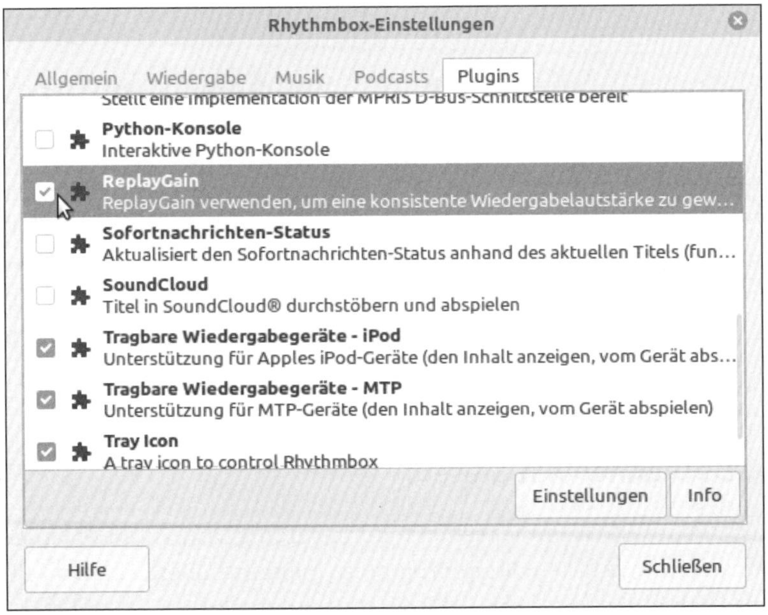

Abbildung 5.77 Die Erweiterungen von Rhythmbox

Ich nutze hier gerne die Erweiterung *ReplayGain*, die dafür sorgt, dass alle Titel bei der Wiedergabe (in etwa) die gleiche Lautstärke haben.

Wenn sich Ihre Musiksammlung bereits im Ordner *Musik* befindet und Sie in den Einstellungen die Überwachung des Musikordners aktiviert haben, sieht Rhythmbox nicht mehr so leer aus (siehe Abbildung 5.78).

Bei der Migration habe ich meine CDs bereits in den Musikordner kopiert. Rhythmbox hat beim Import für viele CDs noch das dazugehörige Cover heruntergeladen, falls es bei der automatischen Bildsuche fündig geworden ist.

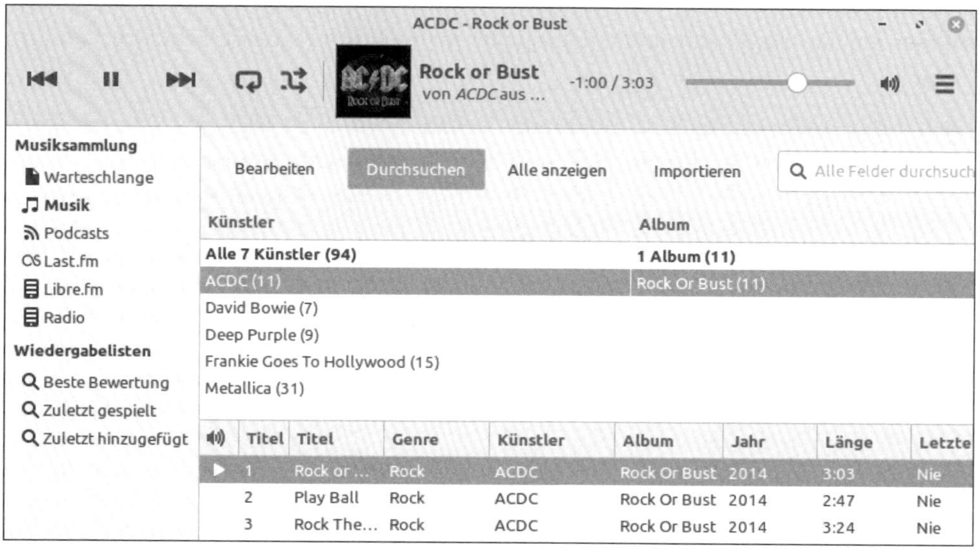

Abbildung 5.78 Rhythmbox mit ein paar Musikalben

Um manuell Musik hinzuzufügen, können Sie die Schaltfläche IMPORTIEREN verwenden. Hier öffnet sich ein Menü, über das Sie u. a. Musik auch aus anderen Quellen hinzufügen können.

5.13 CDs und DVDs brennen mit Brasero

Da das Brennen von CDs oder DVDs immer seltener durchgeführt wird, ist unter Linux Mint seit Version 19 standardmäßig kein Brennprogramm mehr installiert. Für den Fall, dass Sie dennoch eines benötigen, installieren Sie die Anwendung *Brasero* über die Anwendungsverwaltung.

Brasero war bis Version 18 die Standardanwendung zum Brennen von CDs und DVDs unter Linux Mint (und GNOME) und dürfte für diese Zwecke ausreichend sein. Das Programm unterstützt alle gängigen Funktionen und ist intuitiv zu bedienen. Zusätzlich unterstützt es Plugins und bietet einen praktischen Covereditor.

Abbildung 5.79 Brasero

5.14 Videos abspielen

Um Videos abzuspielen, gibt es mehrere Möglichkeiten. Der Standardplayer unter Linux Mint nennt sich *Celluloid* (siehe Abbildung 5.80).

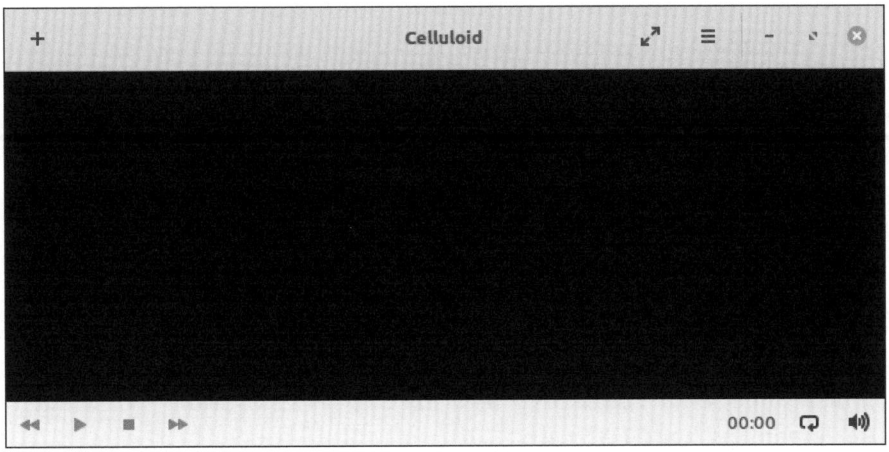

Abbildung 5.80 Der Standardvideoplayer (Celluloid)

Celluloid spielt alle gängigen Formate ab (prüfen Sie bei Problemen, ob die Multimedia-Codecs installiert wurden; siehe Abschnitt 4.10.3). Seine Oberfläche ist simpel, und es gibt nur wenige Einstellmöglichkeiten. Für Laien ist Celluloid daher ein guter Player, bei dem man nicht viel falsch machen kann.

Ein weiterer Player, der auf fast allen Betriebssystemen einsetzbar ist, ist der *VLC Media Player* (siehe Abbildung 5.81). Er muss manuell mit der Anwendungsverwaltung installiert werden und ist direkt im Bereich *Film und Klang* zu finden. Achten Sie hier jedoch darauf, nicht die Version mit *Flathub* im Namen zu installieren (dazu kommen wir später).

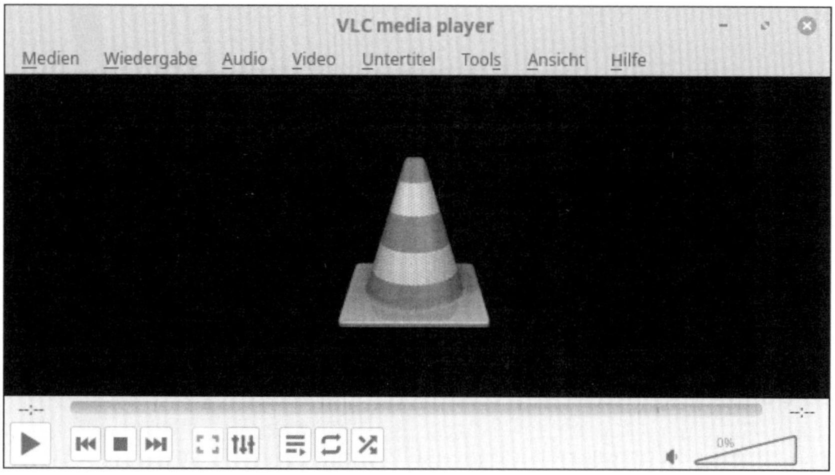

Abbildung 5.81 Der VLC Media Player

Der VLC Media Player bringt eigene Videofilter mit und ist daher unabhängig von Systemeinstellungen. Zusätzlich bietet er enorme Einstellmöglichkeiten, für die jedoch auch gewisse Kenntnisse über Videoformate usw. vonnöten sind. Die simple Standardoberfläche kann durch Skins geändert werden (siehe Abbildung 5.82.)

Um einen Film statt mit Celluloid mit dem VLC Media Player zu öffnen, reicht ein Rechtsklick auf das Video. Wählen Sie dann VLC MEDIA PLAYER unter ÖFFNEN MIT aus (siehe Abbildung 5.83).

Die Auswahl gilt jedoch nur für dieses eine Mal. Bei einem erneuten Doppelklick wird wieder Celluloid verwendet. Eine dauerhafte Änderung für alle Videos können Sie im Cinnamon-Menü über EINSTELLUNGEN • BEVORZUGTE ANWENDUNGEN vornehmen. Schauen Sie dazu in Abschnitt 4.13.5 nach.

Abbildung 5.82 VLC in einem anderen Design mit Grüßen an die Leser

Abbildung 5.83 Ein Video temporär mit dem VLC Media Player starten

5.15 (PDF-)Dokumente betrachten

Der *Dokumentenbetrachter* (*Xreader*) wird zur Darstellung von PDF- und EPUB-Dokumenten eingesetzt (siehe Abbildung 5.84). Er kann natürlich auch weitere Formate öffnen (u. a DVI und XPS).

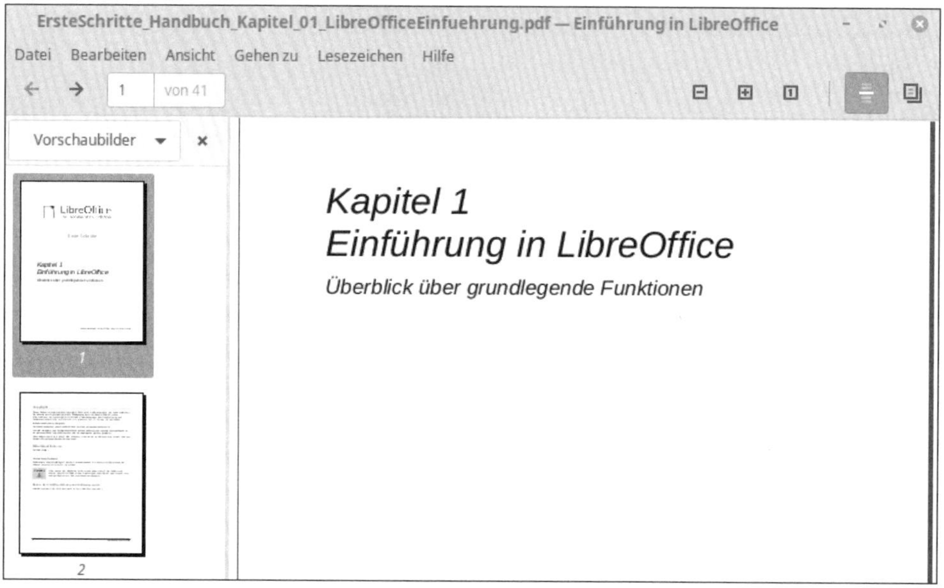

Abbildung 5.84 Der Dokumentenbetrachter mit einem LibreOffice-Handbuch

Die Seitenleiste können Sie im Menü ANSICHT oder mit der Taste F9 aus- und einblenden. Neben den Vorschaubildern können Sie, durch einen Klick auf VORSCHAUBILDER, in der Seitenleiste auch verschiedene andere Ansichten wählen (dies ist zum Teil jedoch auch vom Aufbau des geöffneten Dokuments abhängig).

Der Dokumentenbetrachter bietet auch einen Vollbild- und Präsentationsmodus. Letzterer ist auch auf Tablet-PCs praktisch, um beispielsweise Bücher zu lesen.

5.16 Die Archivverwaltung: Packen und Entpacken

Sicherlich haben Sie bereits mit *Archivdateien* gearbeitet. Diese werden häufig zum Versenden von Mailanhängen oder für Downloaddateien eingesetzt. Eine solche Archivdatei besteht meist aus mehreren Dateien, die ohne Verluste komprimiert (also verkleinert) wurden. Zusätzlich können sie mit einem Passwort geschützt werden.

Es gibt eine Unmenge an Formaten, wobei die gängigsten die Archivformate ZIP, RAR und TAR.GZ (auch TGZ) sind. ZIP und RAR sind dabei meist auf Windows-Rechnern im Einsatz, während TAR.GZ/TGZ ein typisches Format unter Linux ist. Die gängigen Archivprogramme unterstützen mehrere Formate. Unter Linux Mint kommt dazu die *Archivverwaltung* zum Einsatz (siehe Abbildung 5.85). Sie finden sie im Menü ZUBEHÖR, und sie öffnet sich nach einem Doppelklick auf ein Archiv.

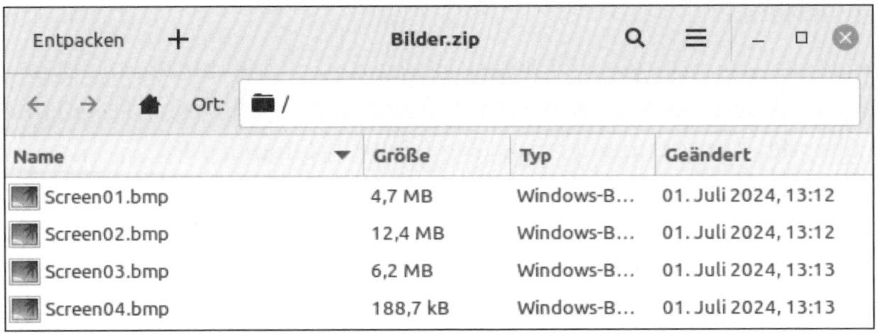

Abbildung 5.85 Die Archivverwaltung mit einem Bilderarchiv

In diesem Beispiel ist ein ZIP-Archiv mit vier Bildern geöffnet. Detaillierte Informationen rufen Sie über das Menüsymbol oben rechts und dann über EIGENSCHAFTEN auf.

Das Archiv in Abbildung 5.86 ist stark komprimiert. Die Originalgröße aller Dateien beträgt 23,6 MByte, und das Archiv hat nur eine Größe von 1,5 MByte. Nach dem Schließen der Eigenschaften könnten Sie ein Bild durch einen Doppelklick öffnen oder über die Werkzeugleiste entpacken.

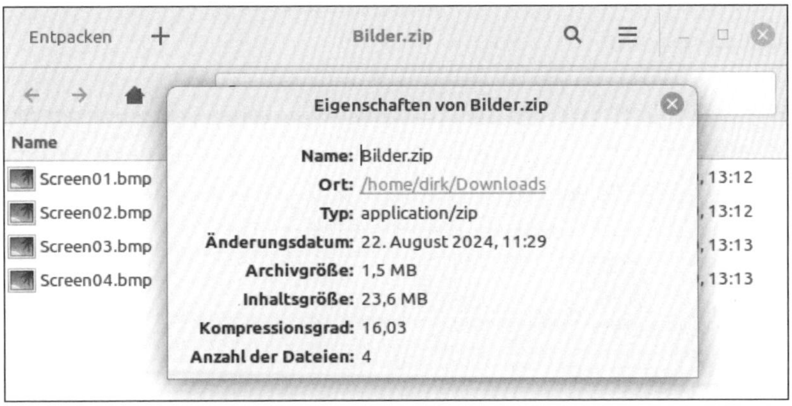

Abbildung 5.86 Die Eigenschaften des Archivs

Kompressionsgrad

Der *Kompressionsgrad* ist natürlich abhängig von den Dateien. Die hier verwendeten Bilder sind Bitmaps (BMP). Dies ist ein unkomprimiertes und verlustfreies Bildformat. Mit JPEGs würde dieser hohe Kompressionsgrad nicht erreicht, da JPEG-Dateien selbst bereits (mit Verlusten) komprimiert sind.

5.16.1 Entpacken in Nemo

Bequemer wird es jedoch, wenn Sie die Archivverwaltung zusammen mit Nemo nutzen. Das Beispiel *Bilder.zip* können Sie in Nemo einfach über das Menü BEARBEITEN • HIER ENTPACKEN oder über das Kontextmenü entpacken (siehe Abbildung 5.87).

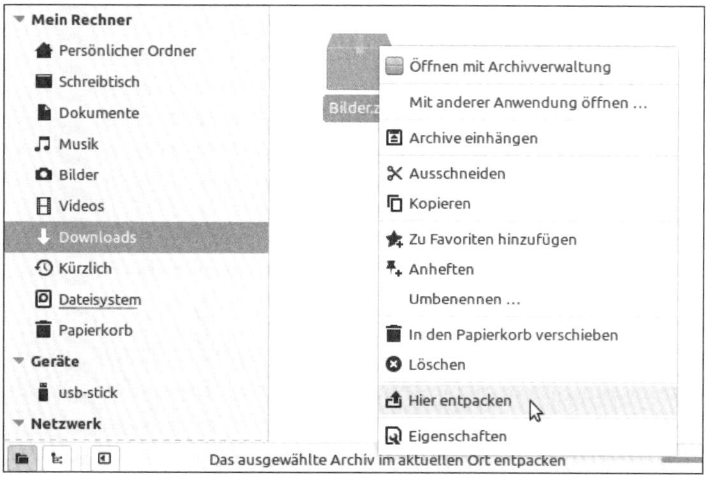

Abbildung 5.87 Dateien entpacken

Durch das Menü HIER ENTPACKEN werden die im Archiv befindlichen Dateien in den aktuellen Ordner entpackt. Wenn mehr als eine Datei enthalten ist, wird dafür ein Ordner mit dem Namen des Archivs angelegt.

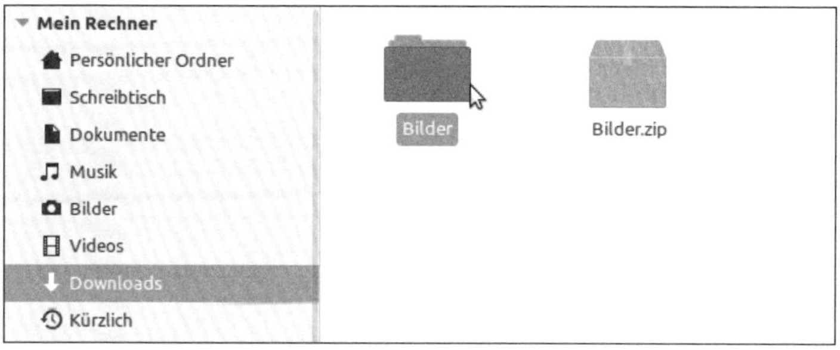

Abbildung 5.88 Der neue Ordner »Bilder«

5.16.2 Dateien mit Nemo packen

Um Dateien in ein Archiv zu packen oder zu komprimieren, können Sie ebenfalls Nemo einsetzen. Dabei ist es möglich, Dateien einzeln oder einen Ordner mit seinem Inhalt zu komprimieren.

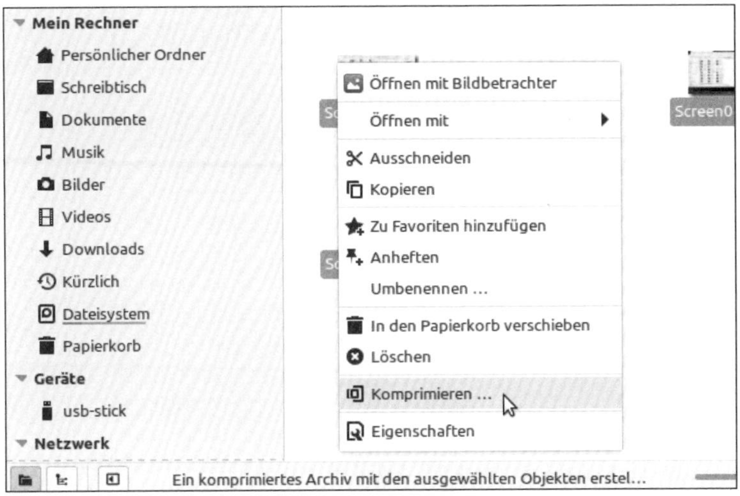

Abbildung 5.89 Einzelne Dateien komprimieren

Im Beispiel in Abbildung 5.89 habe ich einzelne Dateien markiert und komprimiere diese über das Kontextmenü. Dann öffnet sich ein Fenster, in dem ich das Archivformat auswähle (siehe Abbildung 5.90) und bei Bedarf ein Passwort vergebe (siehe Abbildung 5.91).

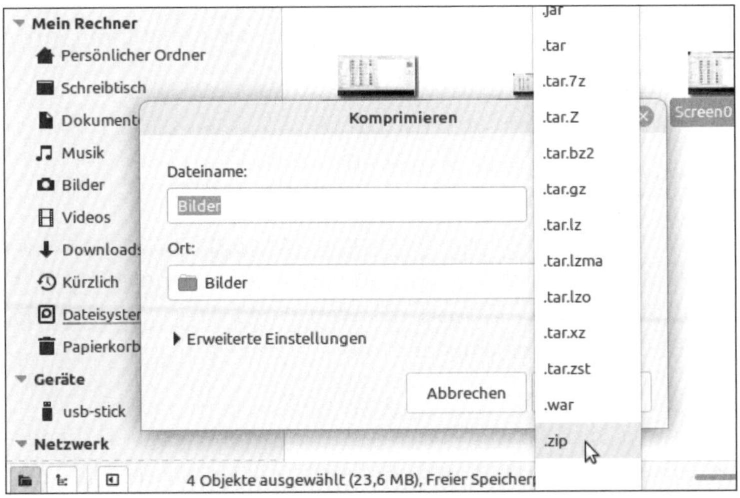

Abbildung 5.90 Die Auswahl des Archivformats

Ich entscheide mich hier für das ZIP-Format. Dann öffne ich noch die ERWEITERTEN EINSTELLUNGEN, um ein Passwort zu vergeben.

Abbildung 5.91 Ich schütze das ZIP-Archiv mit einem Passwort.

Das Passwort sollte mindestens acht Zeichen lang sein, Groß- und Kleinbuchstaben sowie Zahlen und Sonderzeichen enthalten. Durch einen Klick auf ANLEGEN erstellt die Archivverwaltung das ZIP-Archiv. Dieses können Sie dann z. B. als Anhang mit einer E-Mail versenden.

5.17 Das System überwachen

Auch unter Linux kann es sein, dass Ihr System durch eine Anwendung zu sehr ausgelastet ist, oder Sie möchten Informationen über den aktuellen Status sehen. Bei Linux Mint gibt es dazu im Menü SYSTEMVERWALTUNG das Werkzeug *Systemüberwachung*, mit dem Sie Prozesse überwachen und verschiedene Informationen erhalten (siehe Abbildung 5.92).

Im Register PROZESSE finden Sie aktuelle Anwendungen und Systemprozesse aufgelistet. Durch einen Klick auf einen der Spaltennamen können Sie die Einträge sortieren. In Abbildung 5.92 habe ich nach der Spalte CPU sortiert, wodurch die Prozesse mit der höchsten Auslastung zu erkennen sind. Nicht mehr reagierende Anwendungen können Sie hier markieren und durch einen Klick auf die Schaltfläche PROZESS BEENDEN »abschießen« (die Schaltfläche erscheint erst beim Markieren eines Prozesses). Nicht gespeicherte Daten gehen dabei jedoch verloren!

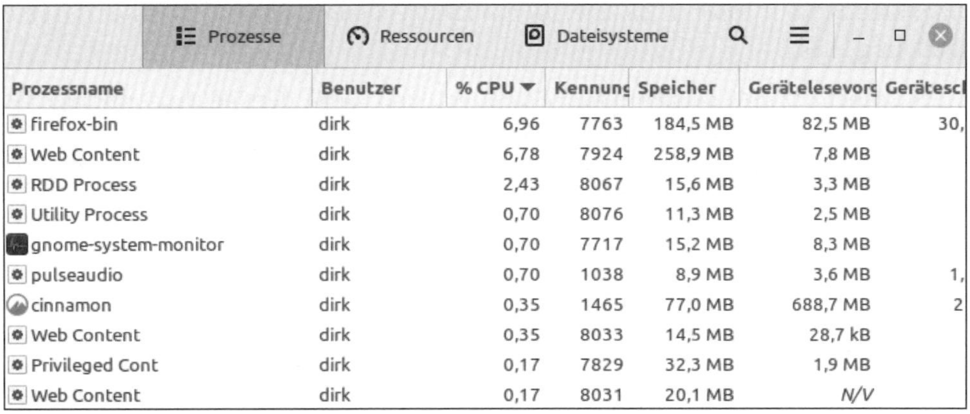

Prozessname	Benutzer	% CPU	Kennunç	Speicher	Geräteleseʋorç	Gerätescl
firefox-bin	dirk	6,96	7763	184,5 MB	82,5 MB	30,
Web Content	dirk	6,78	7924	258,9 MB	7,8 MB	
RDD Process	dirk	2,43	8067	15,6 MB	3,3 MB	
Utility Process	dirk	0,70	8076	11,3 MB	2,5 MB	
gnome-system-monitor	dirk	0,70	7717	15,2 MB	8,3 MB	
pulseaudio	dirk	0,70	1038	8,9 MB	3,6 MB	1,
cinnamon	dirk	0,35	1465	77,0 MB	688,7 MB	2
Web Content	dirk	0,35	8033	14,5 MB	28,7 kB	
Privileged Cont	dirk	0,17	7829	32,3 MB	1,9 MB	
Web Content	dirk	0,17	8031	20,1 MB	N/V	

Abbildung 5.92 Die Systemüberwachung

Standardmäßig werden nur Ihre eigenen Prozesse angezeigt. Im Menü oben rechts können Sie dies allerdings ändern und auch die Prozesse anderer Benutzer oder des Systems einblenden.

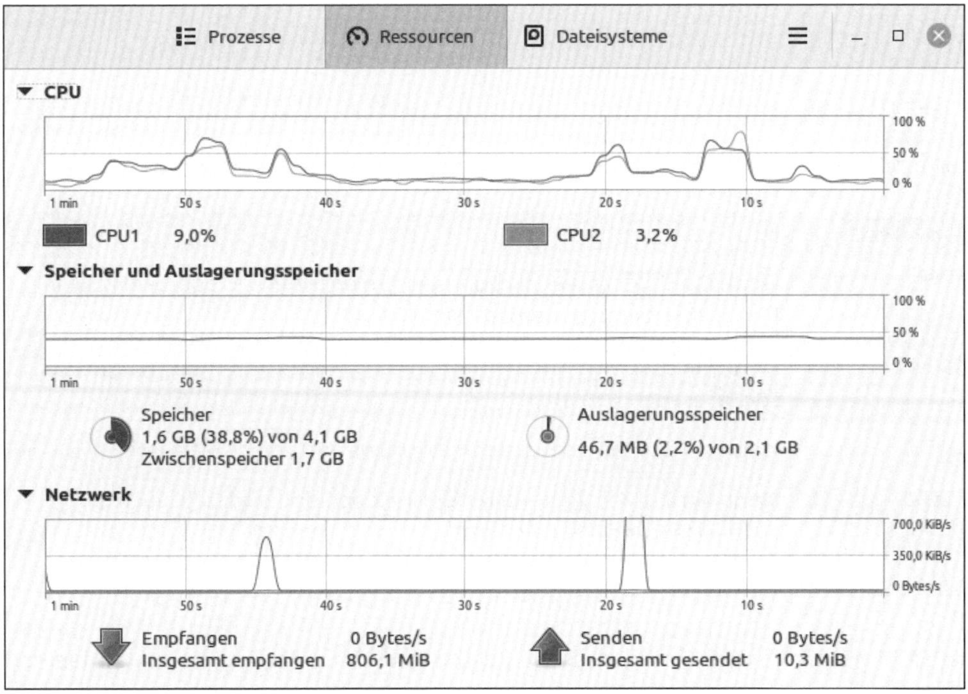

Abbildung 5.93 Die Systemressourcen

Unter RESSOURCEN erhalten Sie einen Überblick über den aktuellen Systemstatus (siehe Abbildung 5.93).

Wie Sie sehen, ist die CPU kaum ausgelastet (9,0 und 3,2 %), der Speicherverbrauch ist niedrig (38,8 %) und der Netzwerkverkehr ist normal.

Im Register DATEISYSTEME finden Sie Informationen (Größe, Belegung usw.) über die aktuell eingehängten Laufwerke.

5.18 Der USB-Stick-Formatierer

Es wird häufiger vorkommen, dass Sie einen USB-Stick formatieren wollen. Dazu hat das Mint-Team den *USB-Stick-Formatierer* bereitgestellt.

Bevor Sie eine Formatierung durchführen, sollten Sie darüber nachdenken, wie Sie den Datenträger verwenden werden. Der Hintergrund sind verschiedene mögliche Dateisysteme bei der Formatierung:

- FAT32
- exFAT
- NTFS
- EXT4

Bei der Entscheidung können Ihnen die Informationen aus Tabelle 5.2 helfen:

Dateisystem	Info
FAT32	wenn ein Datenträger als Bootmedium oder für Audiodateien (z. B. in Ihrem Pkw) genutzt werden soll
exFAT	wenn ein Datenaustausch mit möglichst vielen Systemen möglich sein soll (u. a. auch Apple)
NTFS	wenn ein Datenaustausch mit Windows-Systemen stattfinden soll
EXT4	wenn der Datenträger nur unter Linux genutzt wird (z. B. auch zur Datensicherung)

Tabelle 5.2 Übersicht über die Dateisysteme

Bei EXT4 haben Sie den Vorteil, dass die Rechte und Linux-Attribute erhalten bleiben können. Dies ist bei der Datensicherung wichtig. Dieses Dateisystem wird jedoch nicht von Windows unterstützt.

Sie starten den *USB-Stick-Formatierer* über das Menü ZUBEHÖR • USB-STICK-FORMATIERER oder einfach über das Kontextmenü des USB-Sticks (siehe Abbildung 5.94).

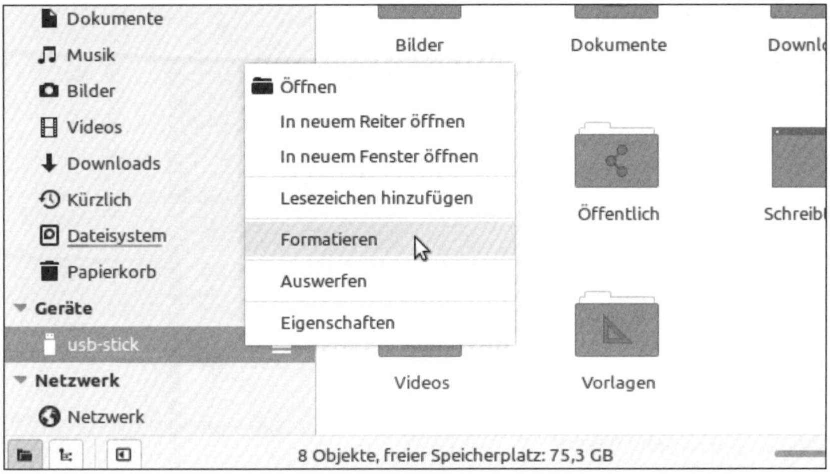

Abbildung 5.94 Start über das Kontextmenü

Nach dem Start können Sie das Dateisystem und einen Namen festlegen (siehe Abbildung 5.95). Sie sollten einen aussagekräftigen Namen verwenden. Dadurch erkennen Sie den USB-Stick besser, wenn Sie mehrere verwenden.

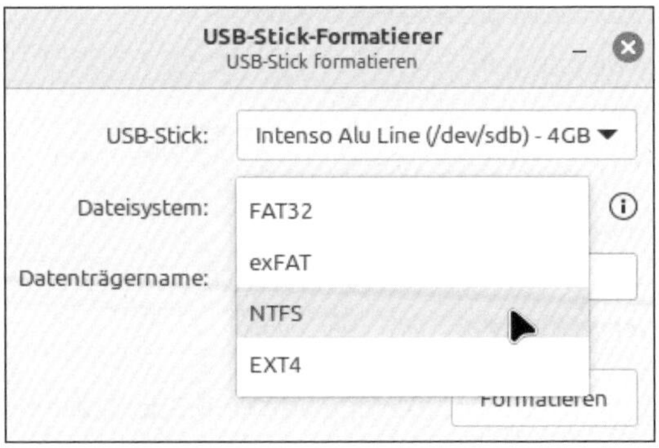

Abbildung 5.95 Das Dateisystem wird ausgewählt.

Nach einem Klick auf die Schaltfläche FORMATIEREN wird noch nach Ihrem Passwort gefragt, und der Stick wird formatiert.

Denken Sie daran, dass beim Formatieren sämtliche Daten gelöscht werden. Falls sich also noch benötigte Daten auf dem USB-Stick befinden, müssen diese vorher gesichert werden.

Kurzinformationen zu den Dateisystemen

Wenn Sie den Mauszeiger über der Dateisystemauswahl platzieren, erscheint eine Beschreibung der verschiedenen Systeme.

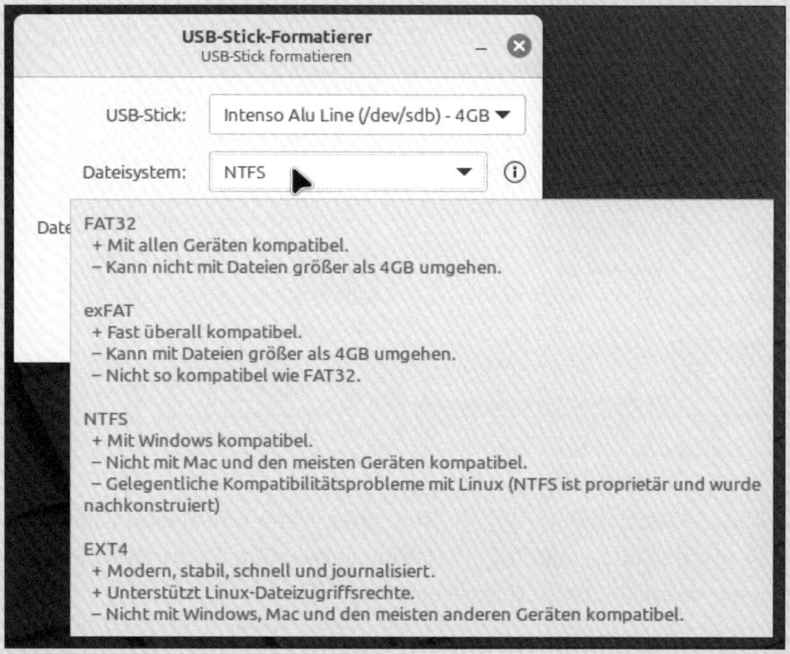

Abbildung 5.96 Kurzinformation zu den Dateisystemen

Solche Informationen finden Sie häufig auch in anderen Anwendungen und Bereichen.

5.19 Laufwerke verwalten und formatieren

Der USB-Stick-Formatierer dient nur zur einfachen Formatierung von USB-Sticks. Wenn Sie jedoch eine USB- oder eine neu eingebaute Festplatte verwalten müssen, können Sie dies mit der Anwendung *Laufwerke* durchführen. Diese befindet sich im Menü EINSTELLUNGEN und ZUBEHÖR.

Laufwerke verwalten

Das Bearbeiten von Festplatten verlangt gewisse Grundkenntnisse. Sie sollten sich zumindest ein wenig mit Partitionen und Dateisystemen auskennen. Ansonsten besteht die Gefahr, dass Sie Daten verlieren!

Wichtig ist als Erstes die korrekte Auswahl des Datenträgers. Nach dem Start wird die erste Festplatte angezeigt, die in den meisten Fällen Ihr Linux-System enthält. Wählen Sie daher in der Laufwerksauswahl den Datenträger, den Sie formatieren oder verwalten möchten (siehe Abbildung 5.97).

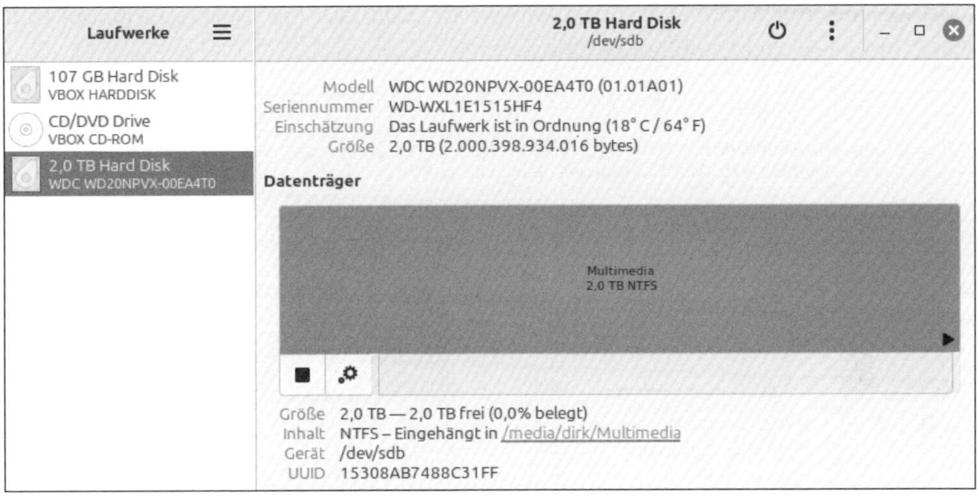

Abbildung 5.97 Eine externe Festplatte wurde ausgewählt.

Sie erkennen nun einige Informationen zu der Festplatte. In Abbildung 5.97 ist sie zurzeit mit NTFS formatiert und eingehängt. Um Änderungen daran vorzunehmen, muss diese Festplatte zunächst ausgehängt werden. Ansonsten können Sie keine Änderungen durchführen (siehe Abbildung 5.98).

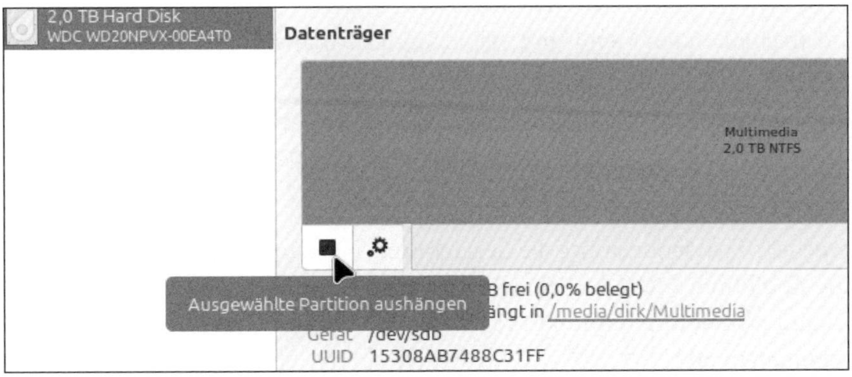

Abbildung 5.98 Das Dateisystem aushängen

Eine neue bzw. leere Festplatte wäre nicht eingehängt, und es würde stattdessen Playsymbol angezeigt.

Nachdem Sie das Dateisystem bzw. die Festplatte ausgewählt und bei Bedarf ausgehängt haben, kann die Formatierung beginnen. Markieren Sie dazu die zu formatierende Partition (bei mir *Multimedia*), und klicken Sie dann auf das Werkzeugsymbol (mit den Zahnrädern; siehe Abbildung 5.99).

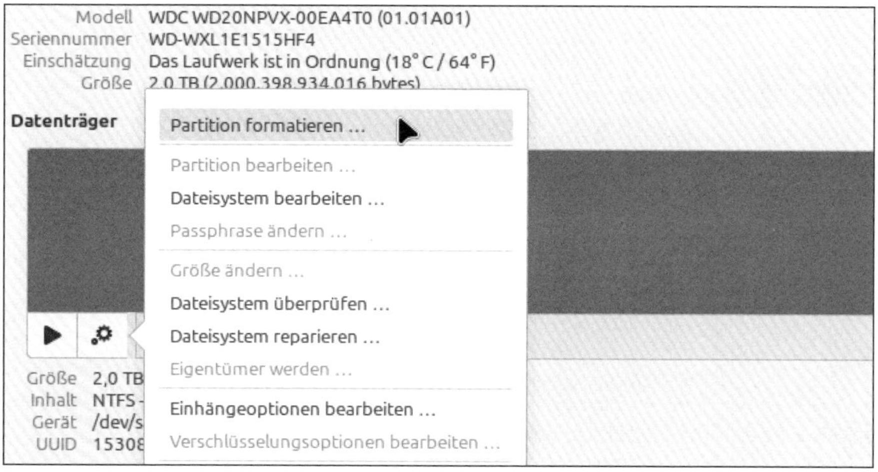

Abbildung 5.99 Die Formatierung starten

Wenn es sich um eine Festplatte ohne Partition handelt, klicken Sie auf das Plussymbol (+). Dadurch öffnet sich ein Fenster, in dem vorher die Größe der Partition festgelegt wird. Erst dann folgt der Schritt mit der Formatierung.

In dem darauf erscheinenden Menü sind, neben dem Formatieren, einige weitere Optionen möglich (siehe Abbildung 5.100).

Hier wähle ich das Linux-Dateisystem EXT4, da ich den Datenträger für die Datensicherung nutzen möchte. Informationen zu den wichtigsten Dateisystemen finden Sie in Abschnitt 5.18, »Der USB-Stick-Formatierer«.

Als Name vergebe ich passenderweise die Bezeichnung »Backup«. Durch einen Klick auf WEITER (siehe Abbildung 5.100) öffnet sich ein Fenster mit Detailangaben. Bei leeren Festplatten nennt sich der Menüpunkt hier ERSTELLEN (statt WEITER), und die Detailangaben erscheinen nicht.

Nach Fertigstellung können Sie das Laufwerk umgehend verwenden.

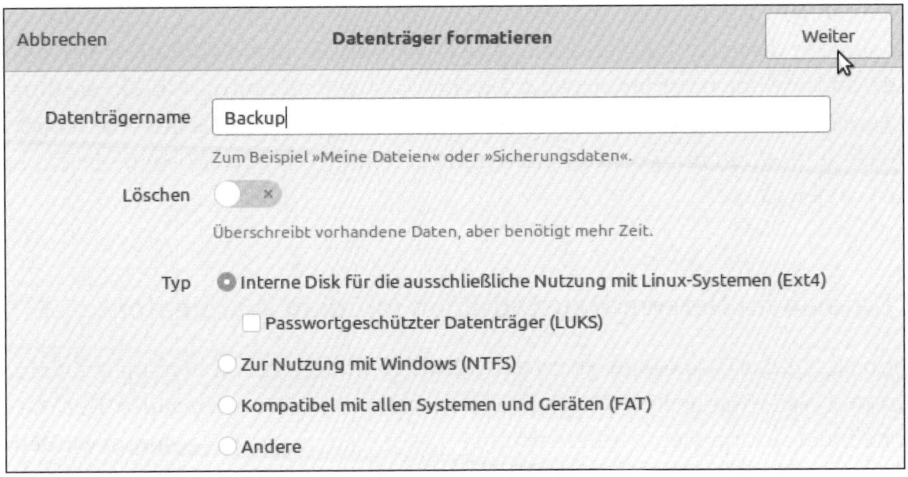

Abbildung 5.100 Detailangaben für die Formatierung

Lassen Sie sich nicht von der Auswahl LÖSCHEN irritieren. Die Daten sind nach dem Formatieren nicht mehr vorhanden. Sie könnten jedoch mit entsprechenden Werkzeugen wiederhergestellt werden. Wenn Sie z. B. eine Festplatte, die zuvor mit sensiblen Daten gefüllt war, weitergeben, aktivieren Sie hier den Schalter LÖSCHEN. Dies ist zwar auch noch nicht zu hundert Prozent sicher, macht jedoch eine Wiederherstellung bedeutend aufwendiger. Zusätzlich wird hierbei die Festplatte geprüft – was bei der Schnellformatierung nicht der Fall ist.

Nach der Formatierung kann der Datenträger eingehängt und verwendet werden (siehe Abbildung 5.101). Mit dem roten Minussymbol könnten Sie die Partition wieder löschen.

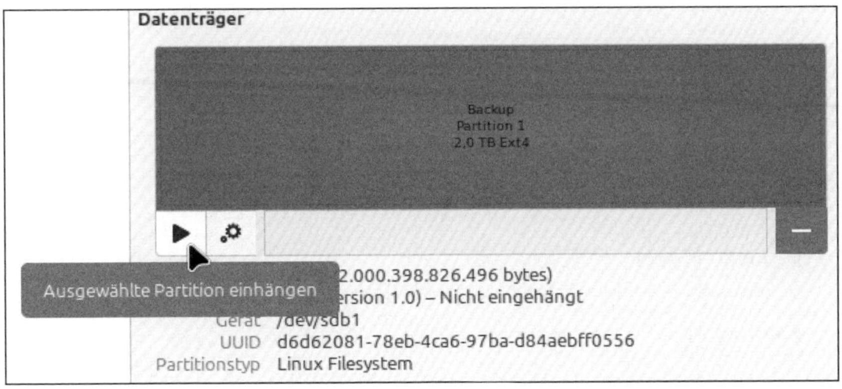

Abbildung 5.101 Das Dateisystem einhängen

Die Anwendung *Laufwerke* kann jedoch noch bedeutend mehr als nur formatieren. Allerdings sind für diese Funktionen auch gewisse Kenntnisse über Festplatten, Partitionen und Dateisysteme notwendig. Wenn Sie entsprechende Kenntnisse besitzen, dürften Sie keine Probleme im Umgang mit der Anwendung haben. Beachten Sie jedoch, dass Sie damit Ihre Datenträger bearbeiten und beschädigen können. Sichern Sie daher wichtige Dateien immer!

5.20 Dateien im Netzwerk austauschen mit dem Warpinator

In Version 20 hat das Linux-Mint-Team ein Werkzeug integriert, mit dem man auf einfache Art und Weise Dateien im Netzwerk austauschen kann: den *Warpinator*. Der Warpinator befindet sich im Menü ZUBEHÖR und muss auf jedem System gestartet werden, mit dem Daten ausgetauscht werden sollen. Nach dem Start sucht er sofort nach anderen Systemen.

Ich gehe nun nicht weiter auf dieses Werkzeug ein, da ich später den »professionelleren« Datenaustausch im Netzwerk erkläre.

5.21 Die Datensicherung

Linux Mint bietet eine eigene Anwendung namens *Datensicherungswerkzeug* an, mit der Sie verschiedene Daten und Einstellungen sichern können (siehe Abbildung 5.102). Aber wie der Name bereits sagt, eignet sich das *Daten*sicherungswerkzeug nicht für eine *System*sicherung. Für Letztere sollten Sie auf Lösungen wie Clonezilla oder Timeshift (siehe Abschnitt 5.22, »Die Systemsicherung mit Timeshift«) zurückgreifen.

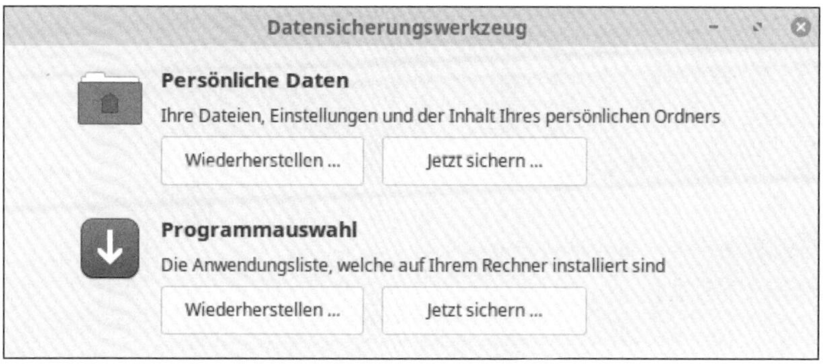

Abbildung 5.102 Das Datensicherungswerkzeug

Starten Sie die Anwendung über das Menü SYSTEMVERWALTUNG • DATENSICHERUNGSWERKZEUG.

Das Datensicherungswerkzeug ist gut geeignet, um Ihre Dokumente und Multimediadateien zu sichern. Zusätzlich bietet es eine Möglichkeit, eine spätere Neuinstallation zu erleichtern. Allerdings fehlen dem Werkzeug (immer) noch einige praktische Funktionen (u. a. ein Zeitplaner sowie die Speicherung der Backup-Aufträge), die hoffentlich in den nächsten Versionen hinzukommen werden.

Der Bereich PERSÖNLICHE DATEN bietet Ihnen die Möglichkeit, Daten zu sichern oder wiederherzustellen, und im Bereich PROGRAMMAUSWAHL können Sie eine Liste der aktuell installierten Anwendungen erstellen.

5.21.1 Das Sicherungsziel der Datensicherung

Vor der Datensicherung müssen Sie ein *Ziel* bestimmen. Standardmäßig nutzt das Datensicherungswerkzeug den Ordner *Dokumente/Sicherungen* in Ihrem persönlichen Ordner. Ich empfehle Ihnen hier jedoch eine externe Festplatte. Sie sollte möglichst mit dem Dateisystem EXT4 formatiert sein – wobei dies für die Datensicherung nicht zwingend notwendig ist. Aber dadurch bleiben bei manuellen Kopiervorgängen alle Linux-Attribute erhalten, und es kommt nicht zu Dateikonflikten (aufgrund Groß- und Kleinschreibung oder Sonderzeichen). Allerdings kann die Festplatte dann nicht an einem Windows-Rechner verwendet werden. Verwenden Sie auf keinen Fall das FAT32-System, da es nicht besonders stabil ist und keine Dateien größer als 4 GByte erlaubt.

Bevor Sie die Sicherung beginnen, muss das Sicherungsziel angeschlossen und eingehängt sein. Zusätzlich sollten Sie Unterordner mit dem Namen *Archive* oder *Backup Dirk* o. Ä. erstellen.

5.21.2 Daten sichern

Die Datensicherung erfolgt in eine *Archivdatei* vom Typ *Tar*. Die Zeiten der Sicherung sollten Sie abhängig von der Anzahl der Daten und von der Nutzung festlegen. Wenn Sie z. B. ständig Bilder bearbeiten, ist eine regelmäßige Sicherung wichtig. Nutzen Sie den Rechner jedoch nur zum Internetsurfen und gelegentlichen Briefeschreiben, reicht gegebenenfalls auch eine monatliche Sicherung. Da dem Datensicherungswerkzeug ein Zeitplaner fehlt, müssen Sie die Sicherung manuell anstoßen. Falls Sie eine Neuinstallation planen, sollten Sie ebenfalls vorher eine aktuelle Archivsicherung durchführen und diese verwenden, um die Daten in das neue System einzuspielen.

Das Datensicherungswerkzeug sichert dabei wichtige Ordner aus Ihrem persönlichen Verzeichnis (u. a. Dokumente und Bilder). Die versteckten Verzeichnisse und Konfigurationsdateien von Anwendungen werden dabei nicht berücksichtigt, können jedoch manuell hinzugefügt werden.

Kommen wir nun zu einer typischen Sicherung, indem Sie auf die Schaltfläche JETZT SICHERN klicken. Im ersten Schritt legen Sie das Ziel der Sicherung fest (siehe Abbildung 5.103).

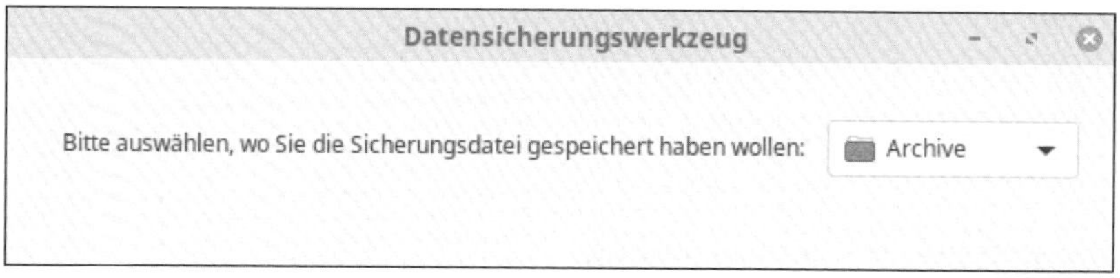

Abbildung 5.103 Die Quelle auswählen

Die Datensicherung schlägt den Unterordner *Sicherungen* vor. Über die Auswahl suche ich nun meine externe Festplatte, auf der ich den Unterordner *Archive* erstellt habe – Sie können es natürlich auch beim Standardordner belassen.

Im nächsten Schritt können Sie Dateien und Ordner ausschließen. Ich möchte z. B. die Videos nicht sichern (siehe Abbildung 5.104).

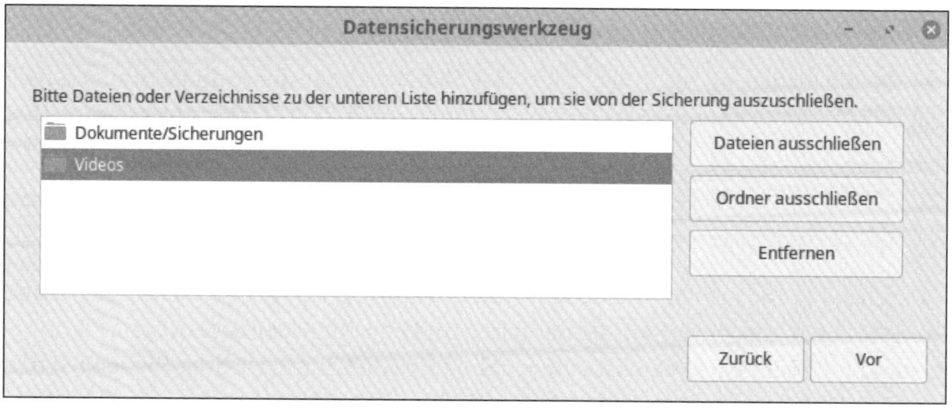

Abbildung 5.104 Ordner und Dateien von der Sicherung ausschließen

Die hier angegebenen Dateien und Ordner werden übersprungen, also ignoriert. Das Verzeichnis *Dokumente/Sicherungen* wurde bereits vom Datensicherungswerkzeug eingefügt – man will ja nicht die Sicherungen nochmals sichern. Im nächsten Schritt könnten Sie auf ähnliche Art noch gesonderte Dateien und Verzeichnisse einschließen. Dies ist sinnvoll, um gegebenenfalls Konfigurationsordner mit einzuschließen.

Ich habe hier die Ordner von Mozilla Firefox und Thunderbird hinzugefügt (siehe Abbildung 5.105). Da diese versteckt sind, wären sie ja nicht gesichert worden – was bei lokal gespeicherten E-Mails ziemlich ärgerlich wäre.

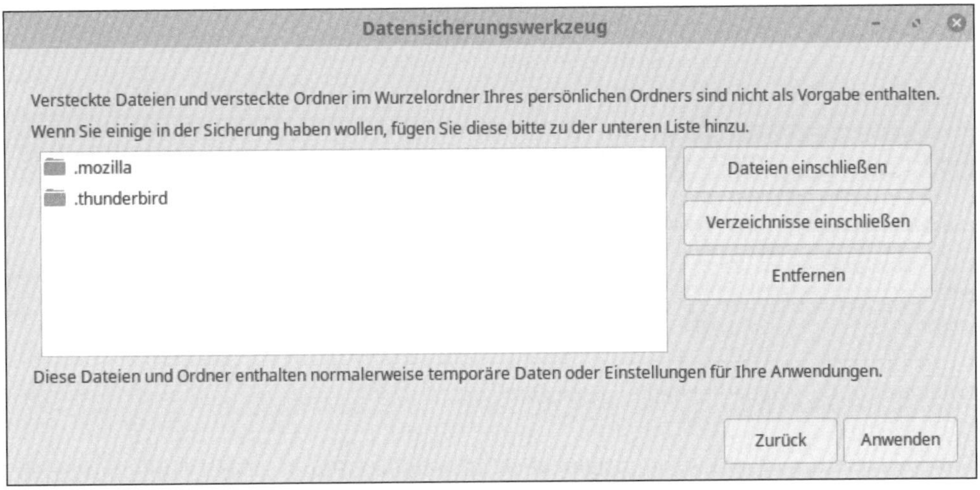

Abbildung 5.105 Zusätzliche Dateien und Ordner einschließen

Nach dem Bestätigen über die Schaltfläche ANWENDEN beginnt die Sicherung. Der Dateiname des Archivs setzt sich aus dem Tagesdatum und der Uhrzeit zusammen. Den Zielordner der Archivsicherung sollten Sie gelegentlich in Nemo aufräumen und darüber hinaus alte Archive entfernen.

5.21.3 Daten wiederherstellen

Die Wiederherstellung ist davon abhängig, was Sie wiederherstellen möchten. Einzelne Dateien sollten Sie einfach mit der Archivverwaltung (siehe Abschnitt 5.16) aus dem Archiv entpacken. Das Datensicherungswerkzeug ist hierfür nicht notwendig.

Die komplette Wiederherstellung einer Sicherung sollten Sie dagegen mit dem Datensicherungswerkzeug über WIEDERHERSTELLEN durchführen. Dies ist z. B. nach einer Neuinstallation sinnvoll.

Sie können zunächst das Archiv auswählen, aus dem die Daten wiederhergestellt werden sollen.

Dann wird die Frage gestellt, ob vorhandene Dateien überschrieben werden sollen, und es stehen Ihnen wie in Abbildung 5.106 zwei Möglichkeiten zur Auswahl:

1. Nein – nur fehlende Dateien »überschreiben«
2. Ja – Änderungen überschreiben und den Inhalt von vorhandenen Dateien wiederherstellen

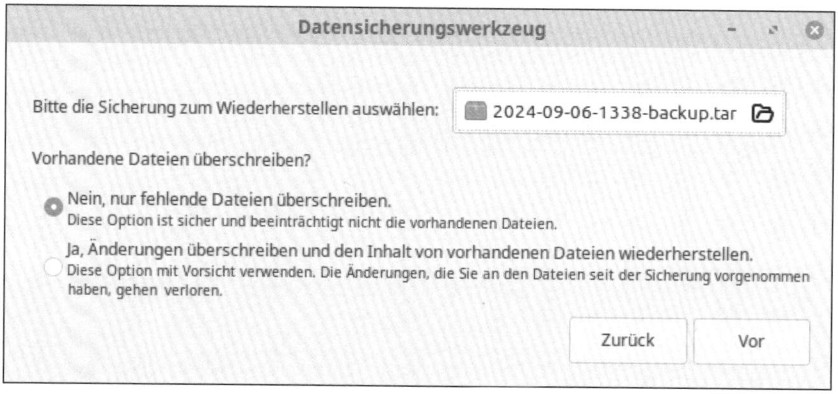

Abbildung 5.106 Wiederherstellung eines Archivs

Die Übersetzung ist ein wenig unglücklich ausgefallen. Punkt 1 stellt einfach nur fehlende Dateien wieder her. Vorhandene werden nicht mit Daten aus der Sicherung überschrieben. Punkt 2 stellt ebenfalls fehlende Dateien wieder her, überschreibt jedoch auch vorhandene.

Im Prinzip dürfte der Punkt 1 in der Regel für eine Wiederherstellung ausreichen. Denken Sie bei Punkt 2 daran, dass die Sicherung gegebenenfalls noch »alte« Dateien enthält und damit Ihre veränderten Dateien wieder auf einen alten Stand gebracht werden.

Nach dem Klick auf VOR wird die Wiederherstellung gestartet. Wenn Sie Ihren persönlichen Ordner wiederhergestellt haben, sollten Sie einen Neustart durchführen.

5.21.4 Programmauswahl sichern

Sie haben inzwischen mehrmals Anwendungen installiert und die praktische Anwendungsverwaltung kennengelernt. Möchten Sie Linux Mint neu installieren, bietet das Datensicherungswerkzeug dazu eine gute Erweiterung an. Sie können mit ihm eine Liste der aktuell installierten Anwendungen sichern. Mit dieser Sicherung werden dann nach einer Neuinstallation alle jetzt installierten Anwendungen »in einem Rutsch« (sozusagen »all off ähmo«) neu installiert. Sie müssen diese nicht einzeln suchen und auswählen.

Um die Auswahl zu sichern, starten Sie das Datensicherungswerkzeug und wählen dort die Schaltfläche JETZT SICHERN im Bereich der *Programmauswahl*.

Danach öffnet sich ein Fenster, in dem die von Ihnen installierten Programme aufgelistet sind (siehe Abbildung 5.107).

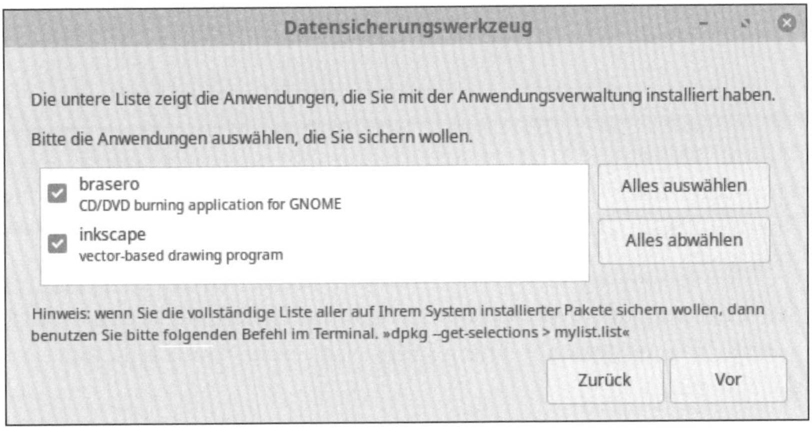

Abbildung 5.107 Die Anwendungsauswahl sichern

Hier gibt es nicht viel einzustellen (beispielsweise können Sie hier nicht mehr gewünschte Anwendungen abwählen). Sie müssen auch kein Ziel festlegen, die Auswahl wird in den Standardordner *Dokumente/Sicherungen* kopiert. Nach dem Start durch einen Klick auf VOR ist die Datei innerhalb von ein bis zwei Sekunden erstellt.

Sicherung der Programmauswahl

Denken Sie daran, dass der Ordner *Dokumente/Sicherungen* von der Datensicherung ausgeschlossen ist. Wenn Sie eine Neuinstallation planen, sollte die Auswahl der Programme daher manuell auf einen USB-Stick o. Ä. kopiert werden.

5.21.5 Die Programmauswahl wiederherstellen

Wenn Sie Linux Mint neu installiert haben, können Sie die fehlenden Anwendungen anhand der erstellten Liste der Programmauswahl wieder installieren. Starten Sie dazu das Datensicherungswerkzeug, und wählen Sie den Punkt WIEDERHERSTELLEN im Bereich der Programmauswahl.

Im ersten Fenster wählen Sie die gesicherte Liste aus (siehe Abbildung 5.108).

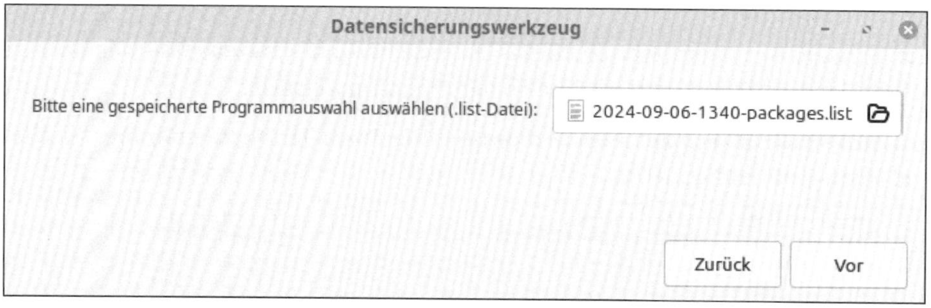

Abbildung 5.108 Die zuvor gesicherte Anwendungsliste wurde ausgewählt.

Nach der Bestätigung mit VOR vergleicht das Datensicherungswerkzeug die Liste mit den aktuell installierten Paketen. Um Ihnen den Ablauf zu verdeutlichen, habe ich eine Anwendung deinstalliert.

Bei diesem Vergleich fiel nun auf, dass das Brennprogramm *Brasero* fehlt, und es wird zur Installation vorgeschlagen (siehe Abbildung 5.109). Nach einer Neuinstallation wäre diese Liste natürlich länger.

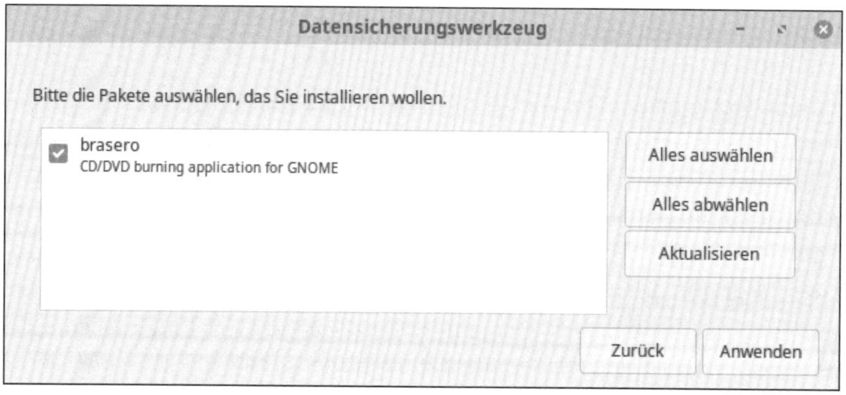

Abbildung 5.109 Brasero wird zur Installation vorgeschlagen.

Hier können Sie auch einzelne Anwendungen ausschließen, falls Sie diese nicht mehr installieren wollen. Nach Bestätigung und Abfrage des Passwortes startet die Installation der fehlenden Anwendungen (siehe Abbildung 5.110).

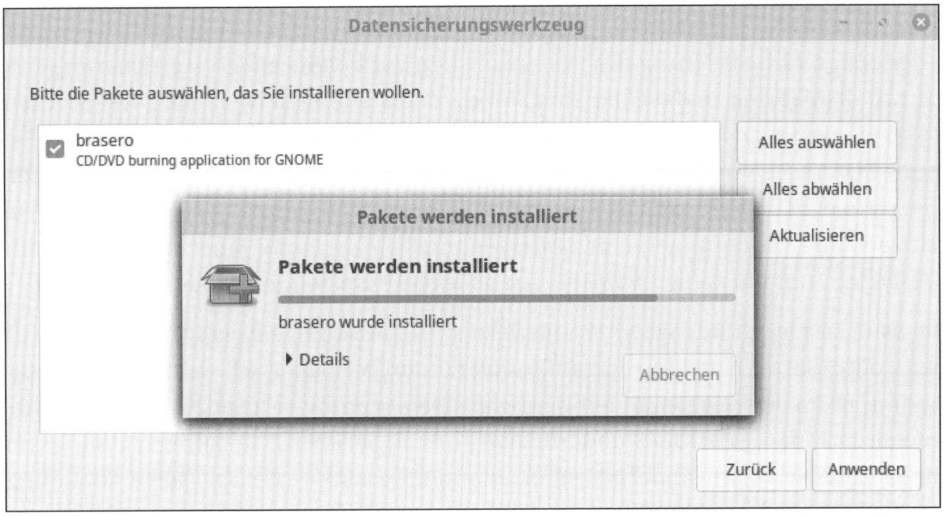

Abbildung 5.110 Die fehlenden Pakete werden heruntergeladen und installiert.

5.22 Die Systemsicherung mit Timeshift

Linux Mint bietet inzwischen auch eine Systemsicherung an. Dabei werden wichtige Systemdateien mit einem Kopierprogramm (eigentlich ist es eher ein Synchronisationsprogramm) in regelmäßigen Abständen gesichert. Das Programm, das hierbei (im Hintergrund) zum Einsatz kommt, ist *rsync*. Die zweite Möglichkeit ist eine Sicherung über das Dateisystem *BTRFS*. Wir haben jedoch eine Standardinstallation durchgeführt, wodurch Linux Mint mit dem Dateisystem *EXT4* installiert wurde. Daher kann die Systemsicherung nur mithilfe von *rsync* durchgeführt werden. BTRFS hat gegenüber EXT4 einige Vorzüge und dürfte dieses in nicht allzu ferner Zukunft als Standarddateisystem unter Linux ablösen. Einige Distributionen nutzen es bereits standardmäßig bei der Installation. Sie haben jedoch als Einsteiger keine gravierenden Nachteile dadurch, dass unter Linux Mint noch EXT4 verwendet wird. Bei Bedarf ist es sogar möglich, das EXT4-Dateisystem in BTRFS zu konvertieren (worauf ich in diesem Buch jedoch nicht eingehe).

Die eigentliche Systemsicherung wird mit dem Werkzeug *Timeshift* durchgeführt. Dieses Werkzeug haben wir bereits bei der Aktualisierung des Systems verwendet. Bei der Sicherung mit *rsync* geht Timeshift im Übrigen sparsam mit Ihrem Speicherplatz um. Es erstellt eine Komplettsicherung und danach sogenannte *differenzielle Sicherungen*. Dabei werden nur Dateien gespeichert, die sich seit der letzten Komplettsicherung geändert haben oder neu hinzugekommen sind.

Starten Sie Timeshift nun über das Menü SYSTEMVERWALTUNG.

5.22.1 Timeshift konfigurieren

Vor der ersten Aktualisierung des Systems haben wir bereits eine erste Sicherung mit Timeshift erstellt und es dabei bei den Standardeinstellungen belassen. Diese werden wir nun ein wenig anpassen, um die Systemsicherung noch zu optimieren. Öffnen Sie dazu die EINSTELLUNGEN über das entsprechende Symbol in der Werkzeugleiste. Im ersten Register der Einstellungen ist es möglich, den Schnappschusstyp auszuwählen. Wie bereits erwähnt, ist bei Ihnen hier nur *rsync* möglich, da Linux Mint nicht auf einem *BTRFS*-Dateisystem installiert wurde. Lassen Sie diese Einstellung daher unverändert.

Im Register ORT legen Sie das Sicherungsziel fest. Wenn Sie nur eine Festplatte eingebaut haben, sollte diese Einstellung ebenfalls unverändert bleiben. Auch wenn eine Systemsicherung normalerweise nicht auf dem gleichen Datenträger abgelegt werden sollte, empfehle ich Ihnen, es bei der Standardeinstellung zu belassen. Nur bei der Nutzung von mehr als einer Festplatte ändern Sie den Ort auf die zweite Festplatte (siehe Abbildung 5.111). Diese muss dazu allerdings ebenfalls mit EXT4 formatiert sein (bzw. mit einem kompatiblen Linux-Dateisystem). Es wäre auch möglich, einen USB-Stick oder eine USB-Festplatte zu verwenden. Sowohl der Stick als auch die Festplatte müssten dann jedoch dauerhaft angeschlossen sein, da Timeshift die Sicherung regelmäßig im Hintergrund durchführt.

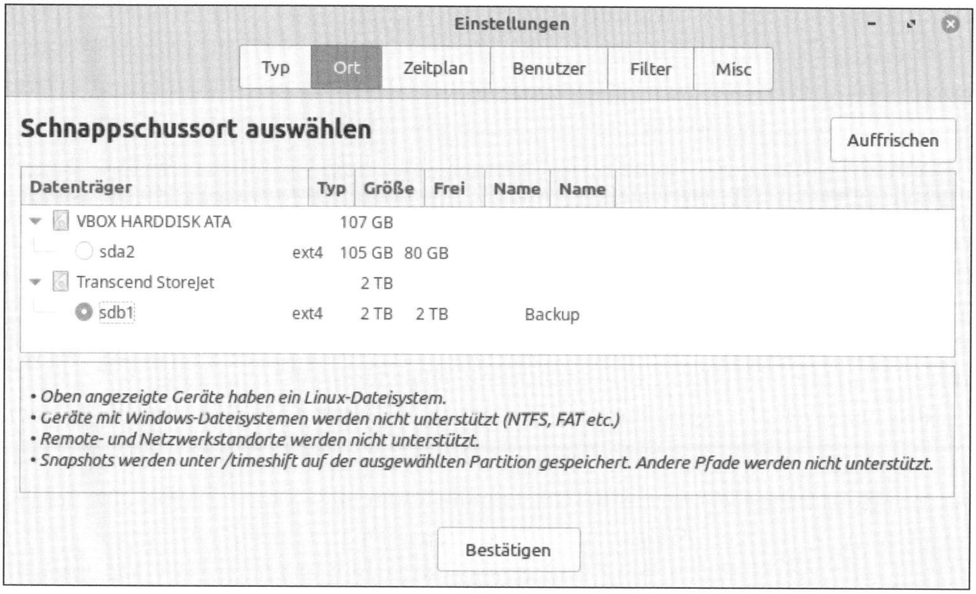

Abbildung 5.111 Den Zielort für die Schnappschüsse ändern

Im unteren Bereich informiert Timeshift Sie noch über grundlegende Punkte der Sicherung. Unter anderem werden diese auf dem Ziellaufwerk im Hauptverzeichnis unter */timeshift* abgelegt. Netzwerkpfade und Windows-Dateisysteme werden dabei nicht unterstützt.

Die folgenden drei Register sind nun wichtiger für unsere Einstellungen. Zunächst können Sie den ZEITPLAN anpassen. Die Standardeinstellung steht auf täglicher Sicherung. Von diesen Sicherungen sollten Sie auf jeden Fall stets fünf behalten. Mit der täglichen Sicherung können Sie allerdings nicht auf einen Stand von vor über einer Woche zurückgreifen. Daher sollten Sie auch monatliche Sicherungsstände behalten und zusätzlich eine Sicherung unmittelbar nach dem Systemstart durchführen (siehe Abbildung 5.112).

Sie können hierbei auch noch die Anzahl der aufzubewahrenden Schnappschüsse erhöhen. Aber denken Sie daran, dass dies auch zu Lasten des Festplattenspeichers geht.

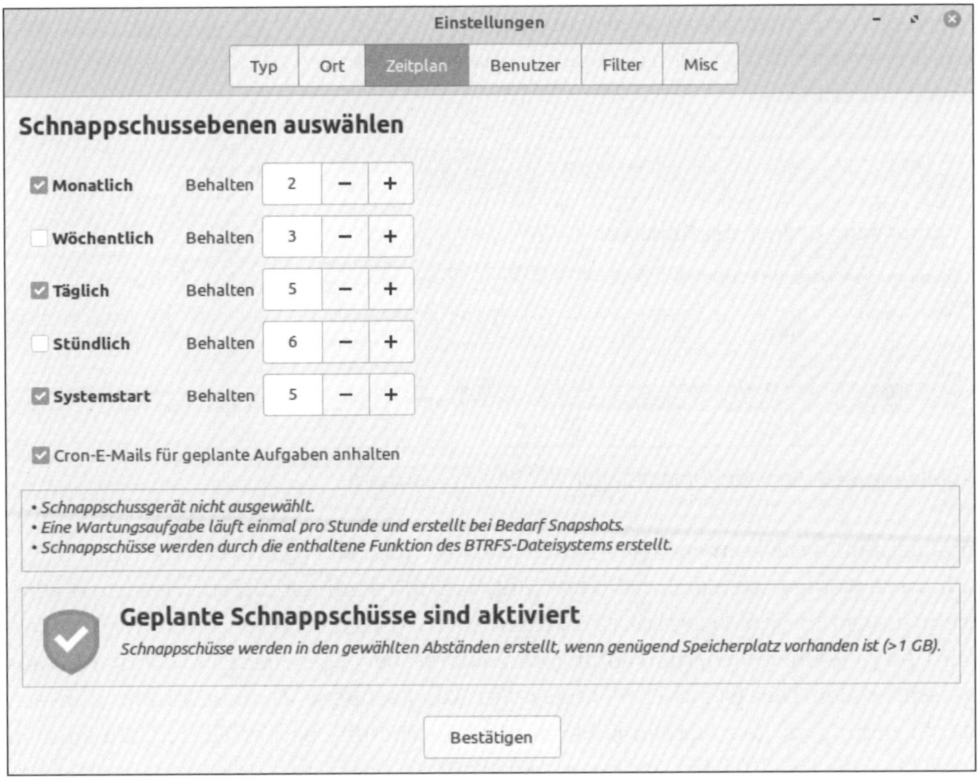

Abbildung 5.112 Zusätzliche Sicherungen im Zeitplan aktivieren

Die BENUTZER werden standardmäßig bei der Systemsicherung ausgeschlossen. Wenn Sie diese Daten sichern wollen, sollten Sie die Datensicherung verwenden. Allerdings werden bei der Datensicherung Ihre persönlichen Einstellungen nicht mitgesichert. Daher wäre es zu überlegen, diese in die Systemsicherung mit aufzunehmen. Hier gibt es je nach Nutzer verschiedene Wünsche. Sie müssen sich bewusst sein, dass im Falle einer kompletten Wiederherstellung auch Änderungen, die Sie in den Systemeinstellungen vorgenommen haben, zurückgesetzt werden. Da ich nicht ständig Anpassungen vornehme, ist dieser Aspekt für mich eher nebensächlich, und ich würde diese Option nicht aktivieren. Wenn Sie dies jedoch wünschen, aktivieren Sie die Option NUR VERSTECKTE DATEIEN EINSCHLIESSEN bei allen Benutzern (siehe Abbildung 5.113). Allerdings betrifft dies auch die Einstellungen bei Mozilla Firefox und Thunderbird – und damit bei Letzterem auch Ihre E-Mails. Doch dazu kommen wir noch.

Die Option ALLE DATEIEN EINSCHLIESSEN empfehle ich allerdings überhaupt nicht – zumindest dann nicht, wenn nur mit einer Festplatte gearbeitet wird. Bei Aktivierung dieser Option würden nämlich auch Dokumente, Videos usw. mitgesichert und natürlich bei einer Wiederherstellung wieder zurückgesetzt, was die meisten sicher gar nicht wollen. Des Weiteren ginge dann der Speicherplatz sicher schnell zur Neige – trotz differenzieller Sicherung.

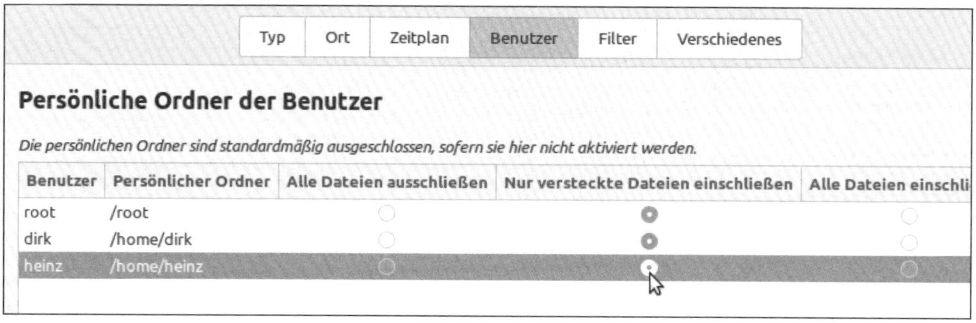

Abbildung 5.113 Auch die Einstellungen der Benutzer sichern

Im Register FILTER können Dateien und Ordner zur Sicherung hinzugefügt oder ausgeschlossen werden. Ich habe vorhin erwähnt, dass u. a. Thunderbird auch gesichert wird, wenn die Option NUR VERSTECKTE DATEIEN EINSCHLIESSEN bei den Benutzern aktiviert wird. Im Falle einer Wiederherstellung wären dann aber gegebenenfalls wichtige E-Mails verschwunden. Dies ist sicher nicht gewollt. Daher schließe ich diese Ordner nun von der Sicherung aus (sie werden ja bei der Datensicherung berücksichtigt). Sie können jetzt über die Schaltflächen DATEIEN HINZUFÜGEN oder ORDNER HINZUFÜGEN ebendiese explizit zur Sicherung hinzufügen bzw. weitere ausschließen. In Abbildung 5.114 wurden die Ordner *.mozilla* und *.thunderbird* bei dem Benutzer *dirk* ausgeschlossen. Dies erkennt man an dem vorangesetzten Minus.

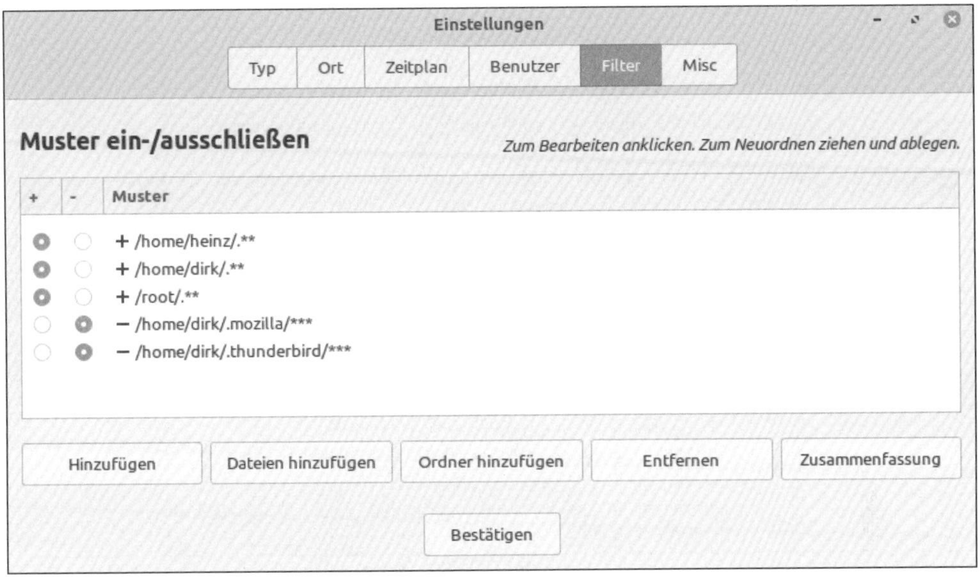

Abbildung 5.114 Ordner ausschließen

Das Plus vor den Benutzerordnern zeigt hingegen, dass diese zur Sicherung hinzugefügt werden. Dies haben unsere Einstellungen im Register BENUTZER bewirkt.

Da Sie noch keine tiefer gehenden Kenntnisse über Linux besitzen, würde ich Ihnen davon abraten, weitere Ordner hinzuzufügen. Denken Sie dabei auch immer daran, dass es sich hier um eine Systemsicherung und eben nicht um eine Datensicherung handelt.

5.22.2 Eine Systemsicherung manuell erstellen

Die Systemsicherungen werden von Timeshift automatisch gemäß den im Zeitplan hinterlegten Einstellungen durchgeführt. In manchen Fällen möchten Sie vielleicht manuell eine Sicherung anstoßen. Eine manuelle Sicherung empfehle ich Ihnen u. a. unmittelbar vor einer kompletten Wiederherstellung des Systems. Dadurch könnten Sie später wieder zum jetzigen Zustand zurückkehren.

Dies geschieht einfach und ohne Rückfrage über die Schaltfläche ERSTELLEN. Im Gegensatz zur automatischen Sicherung öffnet sich hierbei ein Fenster, das Sie über den Status informiert (siehe Abbildung 5.115).

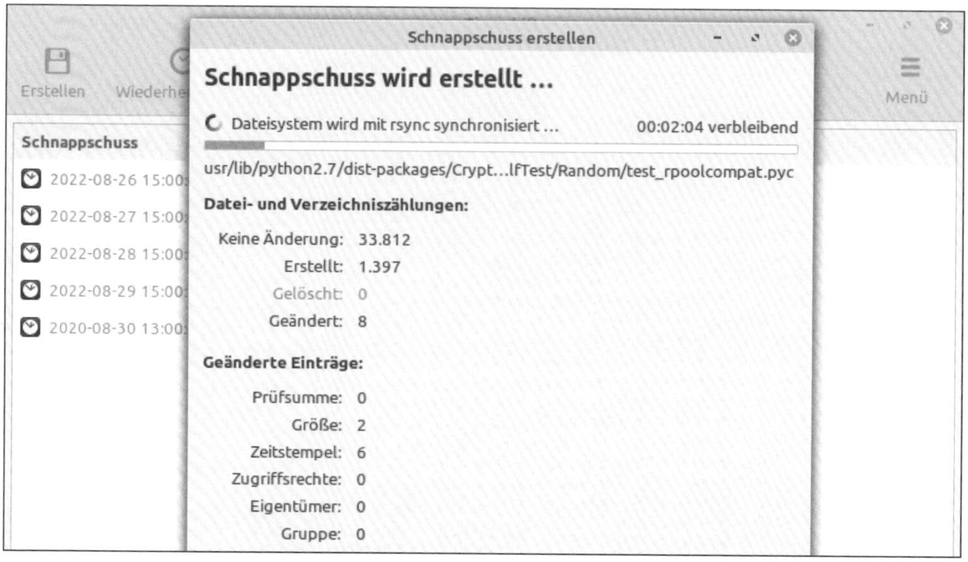

Abbildung 5.115 Eine manuelle Sicherung läuft.

5.22.3 Einzelne Dateien wiederherstellen

Die Systemsicherung erlaubt es, einzelne Dateien oder Ordner wiederherzustellen. Von Laien wird diese Lösung sicher seltener genutzt werden, da es ja nicht jedem klar ist, welche Systemdateien bei Problemen betroffen sind und wo diese sich überhaupt befinden. Jedoch könnte es aufgrund von Hinweisen in Foren o. Ä. vorkommen, dass Sie auf diese Möglichkeit zurückgreifen.

Markieren Sie dazu einfach die entsprechende Sicherung, und wählen Sie die Schaltfläche DURCHSUCHEN in der Werkzeugleiste. Danach öffnet sich Nemo mit den Rechten des Superusers. Mit diesem können Sie die entsprechenden Dateien suchen und an ihren ursprünglichen Ort zurückkopieren. Die Struktur der Unterverzeichnisse entspricht dabei der Struktur von Linux. Nach dem Überschreiben der (defekten) Originale führen Sie am besten einen Neustart durch, damit die betroffenen Programme neu initialisiert werden.

5.22.4 Komplette Wiederherstellung

Für den Fall, dass Ihr Linux-Mint-System nach einer Aktualisierung oder nach größeren manuellen Änderungen nicht mehr korrekt arbeitet, können Sie auf eine vorherige Sicherung zugreifen und diese komplett wiederherstellen. Zuvor empfehle ich Ihnen jedoch, das System noch einmal manuell zu sichern. Dadurch können Sie auch den aktuellen Zustand wiederherstellen. Je nachdem, welche Probleme auftreten werden, werden Sie vielleicht froh darüber sein.

Markieren Sie dazu den gewünschten Schnappschuss, und wählen Sie WIEDERHERSTELLEN in der Werkzeugleiste. Nun öffnet sich ein Fenster, in dem Sie das Ziellaufwerk und verschiedene weitere Punkte auswählen können (siehe Abbildung 5.116).

Abbildung 5.116 Feineinstellungen vor der Wiederherstellung

Hier müssen Sie im Normalfall nichts verändern. Wenn sich die Sicherung auf einer zweiten Festplatte befindet, achten Sie nur darauf, dass das Ziellaufwerk korrekt ist. Der Bootloader GRUB wird standardmäßig neu installiert. Nach einem Klick auf WEITER startet Timeshift nun einen Probelauf, bei dem noch nichts verändert wird. Danach erscheint eine Zusammenfassung, in der alle Dateien, die wiederhergestellt oder gelöscht werden, aufgelistet sind. Eine Überprüfung dieser Liste ist gerade für Laien schwierig. Beim Durchstöbern werden Sie gegebenenfalls die eine oder andere Anwendung sehen, die geändert oder nach der Sicherung installiert wurde.

Nach einem erneuten Klick auf WEITER erscheint noch ein Warnhinweis, und danach wird die Wiederherstellung gestartet. Dabei wechselt Timeshift in einen speziellen Modus, da die Wiederherstellung im laufenden Betrieb nicht möglich ist. Nach Fertigstellung wird automatisch ein Neustart ausgelöst, und das System befindet sich anschließend wieder im »alten« Zustand.

Beachten Sie bei einer kompletten Wiederherstellung auch Ihre Passwörter. Wenn Sie sie geändert haben, sind nun wieder die alten Passwörter aktiv.

Eine Wiederherstellung rückgängig machen

Wenn Sie, wie mehrmals erwähnt, vor einer kompletten Wiederherstellung eine manuelle Sicherung durchgeführt haben, können Sie das System, wie gerade erklärt, auch wieder auf diesen Stand zurücksetzen.

5.23 Eine Firewall und Schutz vor Viren

Kommen wir nun zum *Virenscanner* und zur *Firewall* unter Linux Mint:

Sie brauchen keine. *ENDE.*

Das war natürlich ein wenig kurz. Vor allem, da Linux Mint ja eine Firewall anbietet. Etwas genauer muss ich Ihnen das daher doch noch erläutern. Fangen wir einmal so an:

Ich habe auf keinem einzigen meiner Linux-Arbeitsplätze eine persönliche Firewall oder einen Virenscanner installiert bzw. aktiviert!

Viren sind unter Linux die Ausnahme – das gilt daher auch für *Virenscanner*. Es existieren inzwischen zwar Viren, die auch unter Linux gefährlich sind. Dies betrifft jedoch vorwiegend Serversysteme. Dabei handelt es sich meist um Viren, die sowohl unter Windows als auch unter Linux funktionieren. Sie wurden z. B. in der (Web-)Programmiersprache PHP geschrieben und dienen u. a. für Angriffe auf Webserver. Wenn Sie sich also nicht absolut sorglos verhalten, droht Ihnen im Privatbereich auch keine wirkliche Gefahr. Arbeiten Sie nicht ständig als Superuser (bzw. *root*), und betrachten Sie Fremdquellen und Mails kritisch (zu Ersterem folgen Details in Abschnitt 6.3, »Paketquellen im Detail«). Die Sicherheit unter Linux ist ja vielleicht ein Grund, warum Sie zu Linux Mint gewechselt sind. Ähnlich ist es inzwischen auch unter Windows. Hier sind viele Sicherheitswerkzeuge Augenwischerei – aber das ist nicht das Thema dieses Buches.

Im *Serverbereich* sind ebenfalls selten Virenscanner installiert, Firewalls meist nur bei entsprechenden Internetservern. Auf einem meiner Mailserver läuft ein Virenscanner. Dieser überprüft die E-Mails auf Viren, bei denen es sich in 99,999 % (wenn nicht noch mehr) aller Fälle um Viren für Windows-Systeme handelt. Ich hatte noch *nie* einen Linux-Virus – und wir haben enormen Mailverkehr!

Auch eine *persönliche Firewall* benötigen Sie auf einem Privatrechner nicht. Denn dafür, Internetseiten zu filtern oder Angriffe aus dem Internet zu verhindern, ist die Firewall Ihres Routers zuständig! Den Anwendungen aus den Standardquellen können Sie vertrauen und müssen sie nicht mit einer Firewall überwachen. Wenn Sie als Laie Windows-Anwendungen herunterladen, fangen Sie sich meist noch Werbesoftware (*Adware*), Symbolleisten für Browser oder Schlimmeres ein. Hier ist eine persönliche Firewall daher unter Umständen sinnvoll. Aber dies geschieht bei Installationen unter Linux Mint zum Glück nicht.

Eine Ausnahme gilt für mobile Geräte, mit denen Sie auch fremde Netzwerke nutzen (z. B. Notebooks im Hotel-WLAN, auf die auch spezielle Netzwerkzugriffe möglich sind). Hier könnte eine persönliche Firewall zum Einsatz kommen. Aber bedenken Sie, dass trotz einer Firewall der Zugriff auf diese Ressourcen möglich ist (Sie wollen dies ja). Sie können diese Zugriffe jedoch überwachen oder, mit entsprechenden Netzwerkkenntnissen, nur in Ihrem privaten Netzwerk zulassen.

Linux Mint bietet standardmäßig keine offenen Zugriffspunkte an. Und wenn Sie solche verwenden, ist es wichtig, dass sichere Anmeldungen zum Einsatz kommen. Bei mobilen Geräten sollten daher auch keine *Gastzugänge* eingerichtet werden (Details hierzu folgen später in Abschnitt 8.1.1, »WLAN-Profile und -Einstellungen«).

Für den Fall, dass Sie eine Firewall einrichten möchten, folgt hierzu in Abschnitt 8.2, »Persönliche Firewall«, eine kurze Anleitung.

Weitere Details zu diesem Thema finden Sie hier:

- *https://wiki.ubuntuusers.de/Personal_Firewalls*
- *https://wiki.ubuntuusers.de/Sicherheits-Einmaleins*

Falls bei Ihnen aus Sicherheitsgründen doch ein Virenscanner notwendig ist, schauen Sie bei renommierten Anbietern nach. Viele bieten auch eine Linux-Version an (vorzugsweise die entsprechende Ubuntu-Version). Linux Mint bietet zwar einen Virenscanner (*clamav*), dieser ist jedoch eher für Server, Skripte oder für die manuelle Nutzung gedacht. Warten Sie mit der Installation und dem Kauf zumindest so lange, bis Sie Kapitel 7 vollständig durchgearbeitet haben. Danach haben Sie Kenntnisse über die Installation von Fremdanwendungen.

Kapitel 6

Noch mehr Anwendungen

Unn noch e paa Dinnga unn so Dinngens meee ...
Und Wünsche werden doch wahr: Details und viele weitere Möglichkeiten, die Anwendungswünsche erfüllen.

In den vorangegangenen Kapiteln habe ich Ihnen in einigen Beispielen die verschiedenen Standardmethoden erläutert, mit denen Sie unter Linux Mint Anwendungen bzw. Pakete installieren. Dazu zählen:

- die Anwendungsverwaltung
- die Synaptic-Paketverwaltung
- der Konsolenbefehl `apt`

In diesem Kapitel lernen Sie einige Hintergründe zur Installation und weitere Möglichkeiten kennen. Allerdings werde ich zunächst einige Alternativen aufzählen, die ebenfalls in den Linux-Mint-Quellen vorhanden sind. Dadurch will ich verhindern, dass Sie gegebenenfalls auf fremde Pakete zurückgreifen, obwohl dies nicht notwendig wäre.

Am Ende dieses Kapitels haben Sie die notwendigen Kenntnisse, um alle von Ihnen benötigten Anwendungen »zusammenzubekommen«, sei es durch Linux-Alternativen oder »Windows-Lösungen« (wie z. B. Wine) oder mit VirtualBox.

6.1 Weitere Anwendungen und Alternativen

Dieser Abschnitt ist keine Beschreibung von Anwendungen, sondern nur eine Auflistung von guten Anwendungen und Alternativen zu Windows-Programmen, die in den Standardquellen bereits enthalten sind. Diese Auflistung soll Ihnen beim Umstieg von Windows auf Linux Mint helfen.

6.1.1 Internet und Mail

Skype

Skype ermöglicht es Ihnen, mit anderen Nutzern zu chatten und Videotelefonie durchzuführen.

Paketname: *skype*

Chromium

Der Chromium-Browser ist eine Alternative zum installierten Standardbrowser Mozilla Firefox.

Alternative für: Internet Explorer, Edge, Mozilla Firefox

Paketname: *chromium-browser*

Tor Browser

Der Tor Browser ermöglicht es Ihnen, anonym im Internet zu surfen. Er ist auch das »Eingangstor« in das in den Medien (teilweise zu Unrecht) immer wieder negativ erwähnte *Darknet*. Tor baut auf Firefox auf.

Dieses Paket ist jedoch »nur« eine Hilfe, um Tor herunterzuladen und zu installieren. Tor aktualisiert sich danach selbst – und nicht über die Aktualisierungsverwaltung.

Alternative für: Internet Explorer, Edge, Mozilla Firefox

Paketname: *torbrowser-launcher*

Evolution

Evolution ist eine sogenannte *Groupware Suite*. Damit können Sie Ihre E-Mails, Termine und Kontaktdaten verwalten.

Wie von MS Outlook gewohnt, sind auch Aufgabenlisten und Notizen möglich. Evolution bietet mehr Möglichkeiten als der Mailclient Thunderbird.

Alternative für: MS Outlook, Mozilla Thunderbird

Paketname: *evolution*

Remmina

Wenn Sie Zugriff auf RDP- oder VNC-Sitzungen benötigen, ist Remmina ein praktischer Helfer. Mit ihm starten und verwalten Sie verschiedene Remotesitzungen.

Alternative für: MS Remotedesktopverbindung (mstsc), VNC-Clients

Paketname: *remmina*

6.1.2 Grafik- und Bildbearbeitung

Inkscape

Wenn Sie mit vektorbasierten Bildern arbeiten möchten, ist Inkscape die richtige Wahl. Es ist ein professionelles Zeichenprogramm zum Erstellen und Bearbeiten von Vektorgrafiken.

Alternative für: Adobe Illustrator, Corel Draw, LibreOffice Draw

Paketname: *inkscape*

Simple Scan

Wie der Name schon sagt, ist Simple Scan ein einfaches Scanprogramm, um einen angeschlossenen Scanner zu nutzen. Unter Linux Mint nennt es sich *Dokumenten-Scanner*.

Paketname: *simple-scan* (bereits installiert)

Sweet Home 3D

Sweet Home 3D hilft Ihnen dabei, die Hauseinrichtung neu zu planen.

Paketname: *sweethome3d*

6.1.3 Multimedia

Avidemux

Mit Avidemux können Sie Filme schneiden und konvertieren.

Paketname: *Avidemux* (nur in der Anwendungsverwaltung zu finden)

SMPlayer

Die Anwendung SMPlayer ist eine Oberfläche für den verbreiteten Media Player *MPlayer*. Dieser ist eine beliebte Alternative zum VLC Media Player und anderen Videoprogrammen.

Alternative für: Windows Media Player, VLC Media Player, Videos (bzw. Totem)

Paketname: *smplayer*

k3b

k3b ist ein sehr gutes CD/DVD-Brennprogramm. Sie können mit ihm auch ISO-Abbilder erstellen.

Alternative für: Nero, Brasero

Paketname: *k3b*

Handbrake

Um DVD-Filme in andere Formate umzuwandeln, können Sie auf Handbrake zurückgreifen. Danach können Sie einen »gerippten« Film auch mit *Avidemux* weiterbearbeiten.

Paketname: *handbrake*

EasyTAG

EasyTAG ist ein tolles Werkzeug für das Verwalten der ID3-Tags verschiedener Audiodateien (MP3, FLAC usw.). Der Umgang mit ihm ist ein wenig gewöhnungsbedürftig.

Paketname: *easytag*

cheese

cheese ist eine nette Anwendung, um Bilder über eine Webcam zu erstellen und mit Effekten zu versehen. Gleichzeitig können Sie mit cheese Ihre Kamera testen.

Paketname: *cheese*

Kodi (ehemals XBMC)

Kodi ist ein Media Center, mit dem Sie Bilder-, Video- und Musiksammlungen verwalten und abspielen können. Dabei werden auch Filminformationen usw. mit Datenbanken aus dem Internet abgeglichen. Zusätzlich können Sie damit, die entsprechende Hardware vorausgesetzt, auch fernsehen. Kodi ist eigentlich für Geräte im Wohnzimmer gedacht, daher ist die Bedienung auch auf Fernbedienungen abgestimmt. Ich nutze es auf einem Barebone, der hinter dem Fernseher befestigt ist. Aber auch auf Ihrem »normalen« Rechner ist es bestens verwendbar.

Zu Kodi finden Sie einen umfassenden und detaillierten Leitfaden von Dennis Rühmer im Vierfarben Verlag: *Smart-TV mit Kodi. Die verständliche Anleitung*, der aber leider vergriffen ist.

Alternative für: VLC Media Player, Videos (bzw. Totem)

Paketname: *kodi*

6.1.4 PDF und E-Books

Calibre

Calibre ist eine Anwendung zur Verwaltung und zum Lesen Ihrer E-Books. Sie beherrscht fast alle gängigen Formate (u. a. natürlich EPUB) und kann auch in verschiedene »Richtungen« konvertieren. Allerdings verlangt der Umgang mit Calibre ein wenig Einarbeitungszeit.

Paketname: *calibre*

PDF Mod

PDF Mod ist ein kleines Werkzeug zum Bearbeiten von PDF-Dateien. Sie können damit u. a. Seiten herauslösen, drehen oder verschieben.

Paketname: *pdfmod*

6.1.5 Werkzeuge und Hilfsmittel

Festplattenbelegung analysieren

Mit diesem Werkzeug analysieren Sie die Belegung Ihrer Festplatte.

Paketname: *baobab* (bereits installiert)

ClamTk

Mit dem Virenscanner ClamTk überprüfen Sie Dateien und Ordner in Bezug auf Viren. Sinnvoll ist er, wenn Sie häufiger Windows-Anwendungen zur Nutzung unter Wine oder VirtualBox (die Beschreibung zu Wine folgt noch) herunterladen.

Paketname: *clamtk*

Bildschirmlupe (KMagnifier)

Mit der Bildschirmlupe können Sie einen Teil des Bildschirms vergrößern.

Paketname: *kmag*

6.1.6 Weitere Informationen

Eine umfangreiche Auflistung und Beschreibung verschiedener Anwendungen finden Sie auch unter:

https://wiki.ubuntuusers.de/Software

6.2 Die Paketverwaltung im Detail

Nun folgt ein wenig Theorie, und wir werden etwas detaillierter auf die Verwaltung der *Pakete* eingehen. Wie Ihnen bereits bekannt ist, stammt Linux Mint von Ubuntu ab, das wiederum auf Debian basiert. In Debian werden Pakete mit dem *Advanced Packaging Tool* (APT) verwaltet. Dieses Werkzeug haben Sie mit den Konsolenbefehlen `apt` und `apt-cache` bereits kennengelernt. APT verwaltet hierbei Pakete und lädt sie bei Bedarf herunter. Die eigentliche Installation dieser Pakete erfolgt jedoch (im Hintergrund) mit dem *Debian Package Manager* (dpkg).

Zu APT existiert eine Erweiterung mit dem Namen *aptitude*, mit der Sie Pakete komfortabel im Terminal verwalten (siehe Abbildung 6.1). Da es sich hier um eine Konsolenanwendung handelt, werde ich auf aptitude jedoch nicht weiter eingehen.

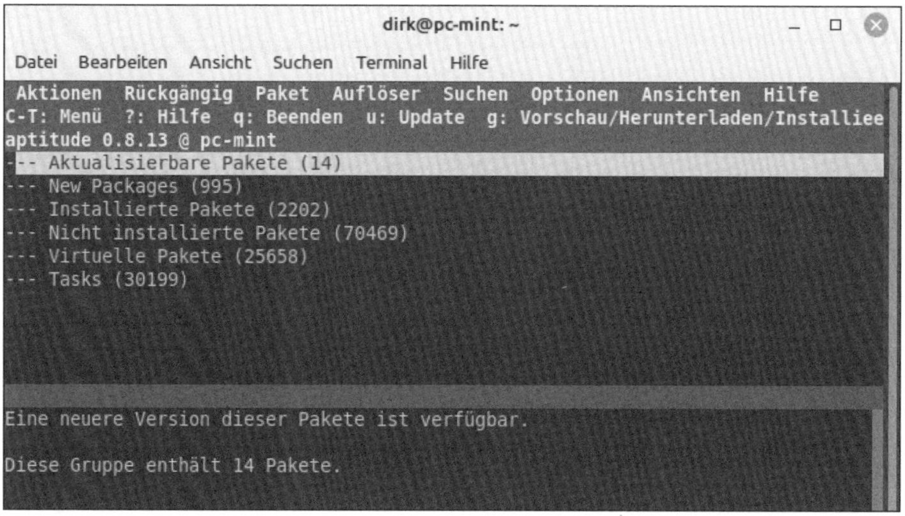

Abbildung 6.1 aptitude – der Paketmanager für die Konsole (bzw. das Terminal)

Für die grafischen Oberflächen gibt es viele weitere Paketmanager, die auf APT aufbauen – u. a. die Linux-Mint-Anwendungsverwaltung und die Synaptic-Paketverwaltung.

6.2.1 Abhängigkeiten

Bei den bisherigen Installationen sind häufig weitere Pakete mit installiert worden. Dabei handelt es sich meist um Befehlsbibliotheken oder weitere Anwendungen, die von den zu installierenden Anwendungen benötigt werden. Diese zusätzlichen Pakete bezeichnet man als *Abhängigkeiten*.

In vielen Fällen werden diese Abhängigkeiten auch von anderen Anwendungen benötigt. Daher muss die Paketverwaltung darauf achten, welche Anwendungen welche Abhängigkeiten benötigen, und darf diese natürlich erst deinstallieren, wenn keine weiteren Anwendungen mehr von ihnen abhängig sind. Wenn Sie z. B. ein Paket entfernen wollen, von dem andere Pakete abhängig sind, verlangt die Paketverwaltung, dass diese ebenfalls entfernt werden (siehe dazu auch Abschnitt 4.9.3, »Pakete deinstallieren«).

Achten Sie daher unbedingt darauf, was die Paketverwaltung meldet. Ansonsten kann es vorkommen, dass einzelne Anwendungen oder schlimmstenfalls das System nicht mehr nutzbar sind.

Beim Entfernen eines Pakets, das mit Abhängigkeiten installiert wurde, werden diese Abhängigkeiten im Übrigen nicht entfernt. Sie bleiben in dem Fall, dass keine anderen Anwendungen sie benötigen bzw. von ihnen abhängig sind, »unnütz« erhalten. Es gibt jedoch Möglichkeiten, auch diese Abhängigkeiten sauber zu entfernen.

Ungenutzte Pakete können Sie im Terminal mit folgendem Befehl deinstallieren:

```
sudo apt autoremove
```

6.2.2 Advanced Packaging Tool (APT)

Das *Advanced Packaging Tool* ist das Herz der Paketverwaltung. Es existieren dazu Konsolenbefehle, mit denen verschiedene Aufgaben durchgeführt werden. Sie können Paketquellen nach Aktualisierungen überprüfen, Aktualisierungen installieren, Pakete suchen und installieren und diese natürlich auch wieder entfernen.

Das grundlegende Konsolenprogramm dazu ist *apt-get*. Es ist sehr umfangreich und wird meist in Skripten oder von (Installations-)Anwendungen genutzt. Die Neuentwicklung, die das Arbeiten in der Konsole vereinfachen soll, ist *apt*. Es vereint weitestgehend wichtige Funktionen von `apt-get` und `apt-cache`. Bei diesem Programm erhalten Sie auch eine farbige Ausgabe oder Fortschrittsbalken, was *apt-get* nicht bietet. Daher ist *apt* das praktischere (Konsolen-)Werkzeug für den Anwender. Das Programm *apt-get* nutze ich im Buch nur, wenn *apt* dazu keinen Befehl liefert.

Mit den beiden Programmen können Sie u. a. folgende Routinen durchführen:

Befehl	Funktion
`apt-get update` `apt update`	Überprüft die Paketquellen nach Neuerungen.
`apt-get upgrade` `apt upgrade`	Installiert Aktualisierungen bzw. »Updates«.
`apt-get dist-upgrade` `apt full-upgrade`	Wie *upgrade*, nur werden hierbei auch nicht mehr benötigte Pakete deinstalliert.

Tabelle 6.1 Mögliche Befehle mit »apt-get«und »apt«

Befehl	Funktion
`apt-get install` *paket* `apt install` *paket*	Installiert ein Paket aus den Paketquellen.
`apt-get remove` *paket* `apt remove` *paket*	Entfernt bzw. deinstalliert ein Paket.
`apt-get autoremove` `apt autoremove`	Entfernt ungenutzte Pakete bzw. Abhängigkeiten.
`apt-get clean` `apt clean`	Leert den Paketcache.
`dpkg -i` *paketdatei* `apt deb` *paketdatei*	Installiert ein Paket aus einer Datei.

Tabelle 6.1 Mögliche Befehle mit »apt-get«und »apt« (Forts.)

Es gibt auch noch einen `apt`-Befehl für die Paketsuche *apt-cache search*. Dieser lautet `apt search SUCHTEXT`. Allerdings nutze ich meist `apt-cache`, da mir hier standardmäßig das Suchergebnis besser gefällt. Testen Sie einfach selbst die Unterschiede in der Konsole.

Die von APT heruntergeladenen Pakete bleiben in einem *Paketcache* erhalten. Diesen können Sie gelegentlich mit `clean` leeren.

Die `apt`-Befehle müssen Sie natürlich zusammen mit `sudo` aufrufen, da Sie dafür Superuser-Rechte benötigen:

```
sudo apt clean
```

6.2.3 Debian Package Manager (dpkg)

Die von APT verwalteten Pakete werden mit dem *Debian Package Manager* (dpkg) installiert. Im Grunde bemerken Sie hiervon weder bei der Nutzung von `apt` noch bei der Anwendungsverwaltung etwas. Er dient in den meisten Fällen nur dazu, die von einem Paketmanager heruntergeladenen Pakete zu installieren oder nicht mehr gewünschte Pakete zu deinstallieren.

In den folgenden Abschnitten werden Sie dpkg noch kennenlernen, um selbst heruntergeladene Pakete manuell im Terminal zu installieren.

6.2.4 Pakete

Ich habe Ihnen inzwischen viel über das Installieren und Entfernen von Paketen erklärt. Offen ist jedoch, um was es sich bei diesen *Paketen* überhaupt handelt.

Ein Paket ist genau genommen ein sogenanntes *Debian-Paket*. Ein Debian-Paket wiederum ist eine Datei, die das zu installierende Programm und einiges an zusätzlichen Informationen enthält. Zu diesen Informationen zählen u. a. Abhängigkeiten, Versionsinformationen und eventuelle Konfigurationseinstellungen. Diese Daten sind komprimiert, um den Download und Platzbedarf zu minimieren.

Debian-Pakete besitzen die Dateiendung *.deb*. Häufig sind in dem Dateinamen zusätzlich sowohl die Versionsnummer als auch die Angabe hinterlegt, ob es sich um ein 32-Bit- oder um ein 64-Bit-Paket handelt. Ein eigenständig heruntergeladenes Paket für VirtualBox für 64-Bit-Systeme besitzt z. B. den Namen:

virtualbox-VERSION~Ubuntu~xenial_amd64.deb

6.2.5 Paketquellen

Die bisher besprochenen Anwendungen und Pakete befanden sich alle in sogenannten *Paketquellen*. Dabei handelt es sich zunächst um die Standardpaketquellen von Linux Mint. Diese Quellen werden bei der Installation automatisch festgelegt.

Paketquellen sind meist Server im Internet, auf denen die Installationspakete für Linux Mint hinterlegt sind. Bei Installationen werden diese Pakete von der Anwendungsverwaltung heruntergeladen und dann installiert.

Bei den Standardservern können Sie dabei davon ausgehen, dass sie *sicher* sind und die Anwendungen sorgsam gewartet werden. Es ist aber auch möglich, DVDs oder Festplattenbereiche als Paketquellen anzugeben. Dies ist jedoch für Privatnutzer weniger interessant.

6.3 Paketquellen im Detail

Alle Anwendungen, die Sie bis jetzt installiert haben, stammen aus den Standardpaketquellen. Diese können Sie jedoch verändern und erweitern. In diesem Abschnitt lernen Sie, wie Sie die Standardquellen verändern und weitere hinzufügen. Zusätzliche Quellen werden auch als *Fremdquellen* oder, aus dem Englischen kommend, als *Repositorys* bezeichnet.

> **Fremdquellen**
>
> Wichtig ist dabei, dass Sie beim Hinzufügen weiterer Quellen auch sicherstellen, dass diese *vertrauenswürdig* sind! Es könnte sonst vorkommen, dass Anwendungen mit Schadsoftware installiert werden (z. B. Programme, die es darauf abgesehen haben, Zugangsdaten und Passwörter zu stehlen). Fügen Sie daher nur Fremdquellen von vertrauenswürdigen Seiten hinzu (z. B. von seriösen Firmen oder gemäß den Empfehlungen des Linux-Mint-Teams).
>
> Eine detaillierte Beschreibung zu Risiken mit Fremdquellen finden Sie hier:
>
> *https://wiki.ubuntuusers.de/Fremdquellen*

6.3.1 Die offiziellen Paketquellen

In den SYSTEMEINSTELLUNGEN können Sie die *Paketquellen* (und auch *Anwendungspaketquellen*) bearbeiten. Nach dem Öffnen befinden Sie sich zunächst im Bereich OFFIZIELLE PAKETQUELLEN (siehe Abbildung 6.2).

Abbildung 6.2 Die offiziellen Paketquellen von Linux Mint

In diesem Bereich sind zwei SPIEGELSERVER als Quelle angegeben. Der Hauptserver stellt spezielle Linux-Mint-Pakete zur Verfügung, und der Basisserver ist eine Ubuntu-Quelle. Da Linux Mint von Ubuntu abstammt, können viele Pakete direkt aus Ubuntu-Quellen installiert werden.

Spiegelserver

Als *Spiegelserver* bezeichnet man Server, die zur Entlastung der Hauptserver deren Pakete ebenfalls anbieten. Diese Pakete werden dann in regelmäßigen Abständen synchronisiert bzw. gespiegelt. Sie sollten daher auf Spiegelserver in Ihrer Nähe zurückgreifen. Sie finden dazu mehrere Server aus Deutschland.

Häufig wird argumentiert, diese Server seien auch schneller als die Originalquellen. Dies ist jedoch auch abhängig von deren Internetanbindung, vom Server selbst und von der Auslastung des entsprechenden Servers.

Ein erster Schritt könnte sein, einen Spiegelserver für Haupt und Basis aus der Umgebung auszuwählen. Klicken Sie dazu auf die entsprechenden Server. Danach öffnet sich eine Übersichtsliste, in der Zugrifftests durchgeführt werden, um Ihnen auch einen schnellen Server anzubieten (siehe Abbildung 6.3).

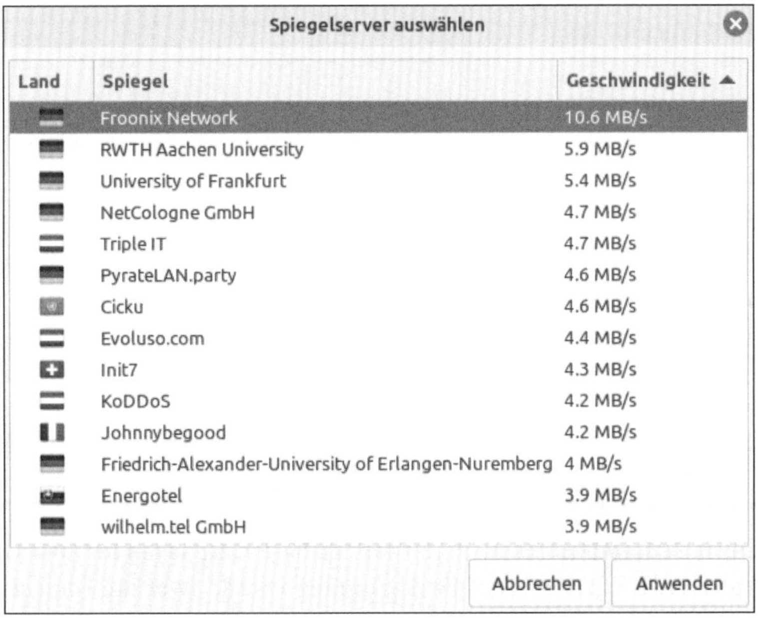

Abbildung 6.3 Einen Spiegelserver auswählen

Warten Sie hier eine geraume Zeit, bis Ergebnisse vorliegen. Nach der Auswahl der beiden neuen Server ist es notwendig, den Zwischenspeicher bzw. Puffer von APT zu aktualisieren (siehe Abbildung 6.4). Hierbei werden Informationen über die angebotenen Pakete und deren aktuelle Versionsstände heruntergeladen.

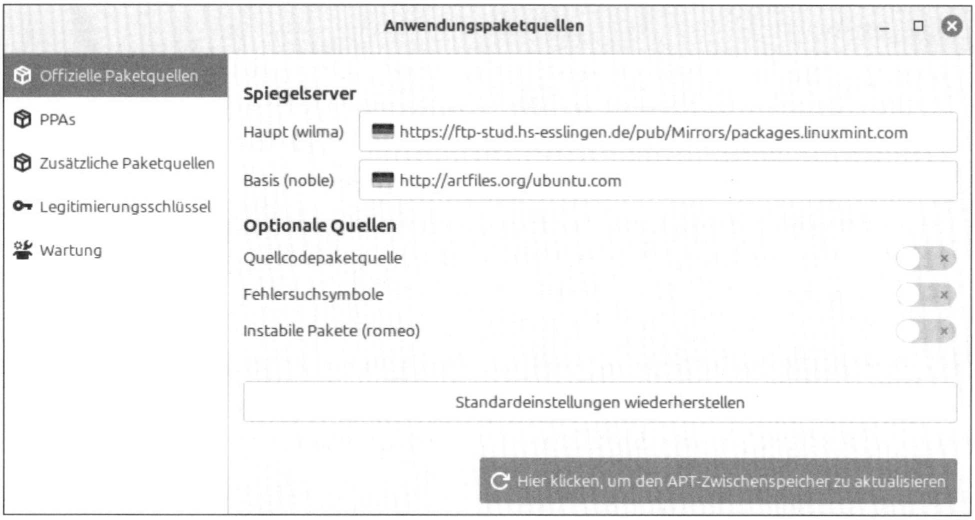

Abbildung 6.4 Den APT-Puffer erneuern

Beobachten Sie beim Erneuern des Zwischenspeichers die Meldungen in dem darauf erscheinenden Statusfenster. Blenden Sie die Details gegebenenfalls über EINZELNE DATEIEN ANZEIGEN ein. Wenn hier Fehlermeldungen erscheinen, sollten Sie den Spiegelserver wieder ändern.

Die optionalen Komponenten sollten Sie nicht verändern. Eventuell werden Sie in Zukunft einmal die Empfehlung erhalten, den Punkt INSTABILE PAKETE zu aktivieren. Dadurch werden auch Pakete geladen, die noch nicht ausgiebig getestet wurden – aber aktueller sind. Allerdings kann es dabei zu Inkompatibilitäten oder sogar zu Abstürzen kommen.

6.3.2 Personal Package Archive (PPA)

Im Bereich für die *Personal Package Archives* (PPAs) können Sie Paketquellen für (meist) einzelne Anwendungen hinzufügen. Diese Pakete stammen von der Website *Launchpad*, die von Canonical, dem Herausgeber von Ubuntu, verwaltet wird. Auf dieser Website können Entwickler und Entwicklerinnen ihre Softwarepakete anbieten. Aus Ihrer Sicht ist der Sinn dieser PPAs, dass Sie Zugriff auf Pakete erhalten, die nicht in den Standardquellen vorhanden sind oder auf Launchpad in aktuellerer Version vorliegen.

Meist erhalten Sie Informationen zu den PPAs auf den Herstellerseiten einer Software oder in Foren. Wichtig ist hier, dass diese PPA-Quelle nicht veraltet ist und gepflegt wird (Stichwort: Aktualisierungen). Es kommt z. B. auch vor, dass Entwicklerinnen und Entwickler ihre Software zwar dort vor geraumer Zeit angeboten haben, diese aber nicht mehr pflegen.

Ich nehme als Beispiel einmal die Bildbearbeitung GIMP. Zurzeit ist sie mit der Version 2.10.30 auf meinem System installiert. Wenn ich nun auf eine nicht offizielle PPA-Quelle von GIMP zurückgreife, wird mir (zumindest jetzt) eine aktuellere Version angeboten.

Dazu müssen Sie zunächst eine neue PPA-Quelle erstellen. Klicken Sie hierzu auf NEUES PPA HINZUFÜGEN, und geben Sie dort als Quelle folgenden Text ein (siehe Abbildung 6.5):

```
ppa:ubuntuhandbook1/gimp
```

PPA und GIMP

Ihre Versionen werden sich mit Sicherheit von meinen unterscheiden, da ich hier eine Beta-Version von Linux Mint einsetze. Dies gilt natürlich auch für andere Pakete.

Prüfen Sie gegebenenfalls vorab, ob sich die PPA-Quelle nicht inzwischen geändert hat. Informationen dazu befinden sich auf der Seite:

https://wiki.ubuntuusers.de/GIMP

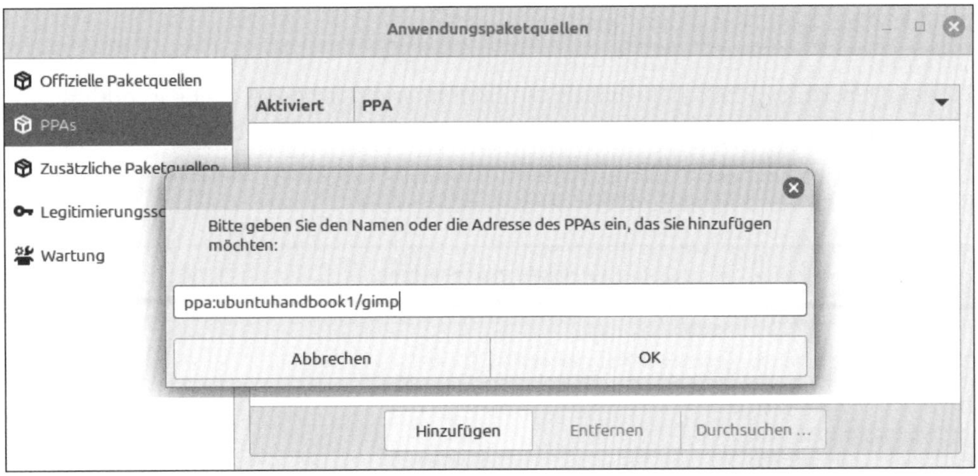

Abbildung 6.5 Das PPA von GIMP

Der Name des PPAs, `ppa:ubuntuhandbook1/gimp`, setzt sich aus dem Benutzernamen des Entwicklers bzw. der Entwicklerin (`ubuntuhandbook1`) und dem Namen des Archivs (`gimp` – der Programmname) zusammen. Allerdings ist häufig auch eine andere Reihenfolge üblich: `ppa:libreoffice/ppa`. Hier ist *libreoffice* der Benutzername – obwohl dies eigentlich die gewünschte Anwendung ist und *ppa* der Name des Archivs. Lassen Sie sich davon jedoch nicht verwirren, und achten Sie einfach auf die korrekte Schreibweise.

Nach dem Hinzufügen erscheint ein Fenster mit ausführlichen Informationen, die Sie akzeptieren. Nun ist die Quelle hinzugefügt, und wie auch bei den Spiegelservern muss der Puffer von APT erneuert werden (siehe Abbildung 6.6).

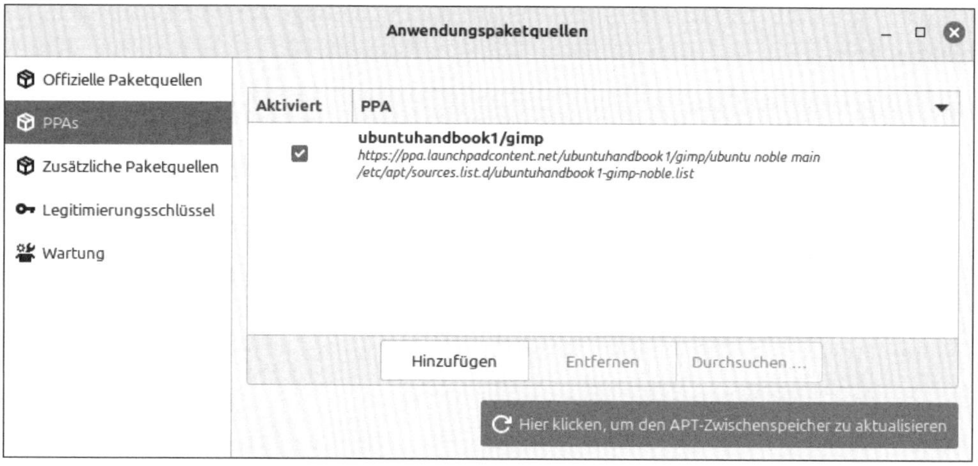

Abbildung 6.6 Das PPA von GIMP wurde hinzugefügt.

Zusätzlich wird zur PPA-Quelle häufig ein *Legitimierungsschlüssel* (siehe Abbildung 6.7; auch *GPG-Key* genannt) hinzugefügt. Pakete werden in den Paketquellen digital signiert. Mit dem Legitimierungsschlüssel wird dann sichergestellt, dass das heruntergeladene Paket korrekt ist und nicht durch Dritte verändert wurde.

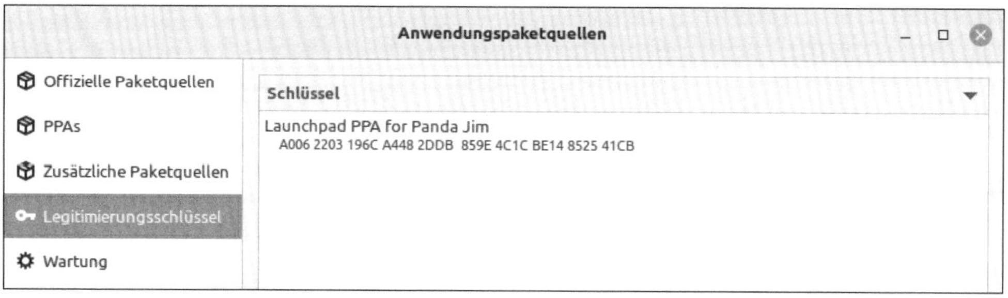

Abbildung 6.7 Ein Legitimierungsschlüssel

Dabei kann der Name des Schlüssels von dem PPA-Namen abweichen.

In der Aktualisierungsverwaltung wird danach die aktuellere GIMP-Version angeboten (siehe Abbildung 6.8; gegebenenfalls ist auch hier ein AUFFRISCHEN notwendig).

Wenn keine Aktualisierung von GIMP gefunden wurde, ist auf Launchpad auch keine neuere Version vorhanden.

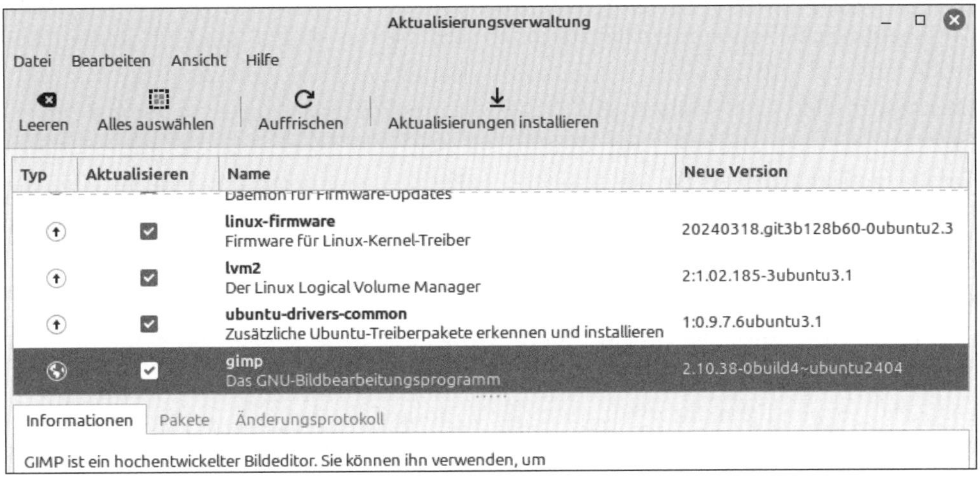

Abbildung 6.8 Die aktuellere Version 2.10.38 von GIMP

PPAs

Vergessen Sie bei der Verwendung von PPAs nicht, dass es sich hier um *Fremdquellen* handelt. Die Pakete werden nicht vom Linux-Mint-Team geprüft und freigegeben. Daher kann es zu Stabilitätsproblemen oder Inkompatibilitäten mit Abhängigkeiten kommen.

Sie sollten daher nicht damit beginnen, alle gängigen Anwendungen auf PPA umzustellen, um aktuellere Versionen zu erhalten!

Sie können PPAs auch bequem im Terminal hinzufügen. Dazu sind wieder die Rechte des Superusers (*root*) und der Befehl `add-apt-repository` notwendig:

```
sudo add-apt-repository ppa:ubuntuhandbook1/gimp
```

Danach aktualisieren Sie den Zwischenspeicher:

```
sudo apt update
```

Wenn Sie ein PPA wieder entfernen möchten, markieren Sie es in der PPA-Liste und wählen die Schaltfläche ENTFERNEN. Das Gleiche gilt für den Legitimierungsschlüssel. Diesen Beispieleintrag sollten Sie nun auch wieder entfernen! Eine bereits installierte Software ist davon jedoch nicht betroffen und wird nicht entfernt.

6.3.3 Zusätzliche Paketquellen

In der Vergangenheit war es noch oft so, dass wichtige Programme in den offiziellen Quellen fehlten und über Hobbyprojekte von enthusiastischen Nutzern bereitgestellt wurden. Da Sie aber mittlerweile wirklich fast jede Linux-Software auch in den offiziellen Quellen oder als PPA finden, müssen Sie selten auf diese Zusatzangebote zurückgreifen. Die einzige Ausnahme können Paketquellen sein, die von »Profis« benötigt werden. Außerdem bieten Softwareanbieter wie *Teamviewer* eigene Paketquellen an, um ihre Software zu verteilen. Aber dennoch gilt: Ziehen Sie möglichst die Pakete vor, die aus den offiziellen Quellen stammen. Dort können Sie sich sicher sein, dass sie mit der Mint-Version getestet wurden, die Sie einsetzen. Paketquellen von Drittanbietern sollten Sie nur nutzen, wenn Sie Pakete in den offiziellen Quellen vermissen oder es andere sehr triftige Gründe gibt.

Im Bereich ZUSÄTZLICHE PAKETQUELLEN können Sie, ähnlich wie bei den offiziellen Paketquellen, diese zusätzlichen Quellen hinzufügen. Dabei handelt es sich häufig auch um ganze *Kategorien* mit mehreren Programmen und nicht um einzelne Anwendungen. Die notwendigen Informationen dazu finden Sie bei den Anbietern solcher Fremdquellen. Auch hier gilt natürlich: Denken Sie an die Sicherheit des Systems. Sind die Anbieter vertrauenswürdig und sorgsam? Vor allem bei Quellen mit mehreren Anwendungen müssen diese kompatibel mit dem System sein.

Da die Auswahl an solchen Paketquellen inzwischen auch sehr dürftig ist, werde Ihnen daher hier nur die Funktion erklären, ohne ein Beispiel einzubinden. Es wird jedoch noch eines in Abschnitt 6.7, »Wine – Windows-Anwendungen unter Linux Mint«, folgen, in dem wir immer die aktuellste Version einer Anwendung benötigen, die (zurzeit) allerdings nicht als PPA angeboten wird.

Zwischenablage nutzen

Sicher kennen Sie bereits die Zwischenablage. Bei Paketquellen müssen Sie meist eine URL oder lange Befehle im Terminal eingeben. Auf den entsprechenden Webseiten gibt es dazu meist ein Listing. Dieses können Sie mit der Maus markieren und über die Zwischenablage einfügen. Als Laie nutzen Sie dazu anfangs nach dem Markieren am besten das Kontextmenü. Für den Fall, dass Sie die Tastenkombinationen nutzen möchten: Mit [Strg] + [C] können Sie den markierten Text in die Zwischenablage kopieren, und mit [Strg] + [V] wird dieser aus der Zwischenablage eingefügt. Im Terminal müssen Sie zusätzlich die Umschalttaste verwenden. Einfügen ist dort also nicht [Strg] + [V], sondern [Strg] + [⇧] + [V].

Um eine neue Quelle hinzuzufügen, wechseln wir wieder in die Anwendungspaketquellen. Was nun zuerst getan wird, ist abhängig von der Quelle. Meist ist zunächst ein LEGITIMIERUNGSSCHLÜSSEL notwendig. Mit diesem Schlüssel werden die Dateien der Quelle signiert, und die Paketverwaltung kann so überprüfen, ob Ihnen keine manipulierten Pakete untergeschoben werden.

Wenn eine Schlüssel-ID angeboten wird, kann der Legitimierungsschlüssel meist über HERUNTERLADEN importiert werden. Geben Sie dort einfach die **letzten** acht Zeichen des Schlüssels ein (siehe Abbildung 6.9). Wenn Sie den kompletten Schlüssel eingetragen haben, versucht die Paketverwaltung, die entsprechenden Zeichen zu finden. Danach wird der Schlüssel vom Schlüsselserver heruntergeladen und importiert.

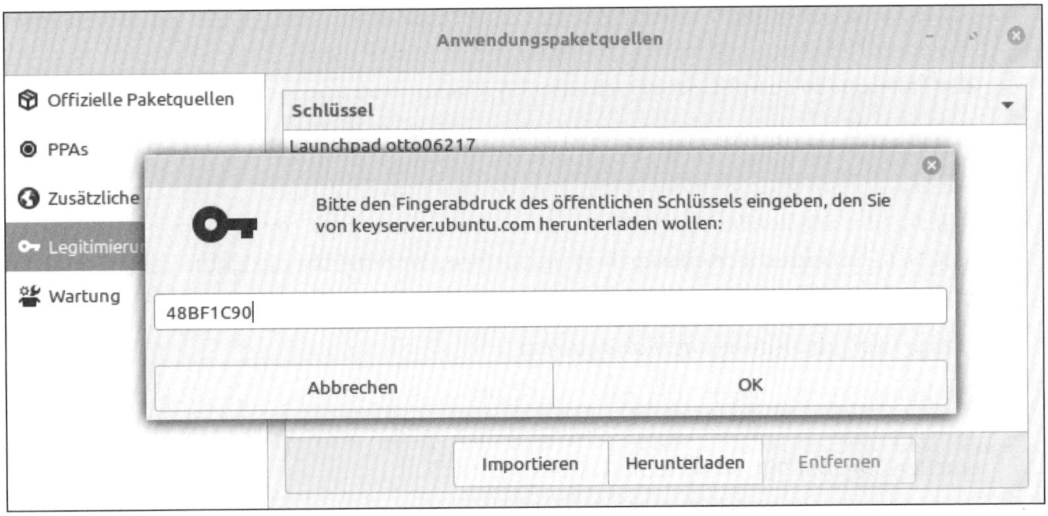

Abbildung 6.9 Ein Schlüssel wird heruntergeladen.

Dieses Beispiel funktioniert jedoch nicht bei allen Paketquellen. Die zweite Möglichkeit ist, den Schlüssel im Browser herunterzuladen und über die Schaltfläche IMPORTIEREN einzubinden.

Dabei handelt es sich meist um eine Datei mit der Endung *.key*. Und natürlich kann der Schlüssel durch eine Eingabe im *Terminal* importiert werden. Dies wird auf den Webseiten meist genau in einem Listing beschrieben. Der Befehl kann z. B. so aussehen:

```
sudo apt-key adv --keyserver hkp://keyserver.ubuntu.com:80 --recv-keys
931FF8E79F0876134EDDBDCCA87FF9DF48BF1C90
```

Den Befehl müssen Sie einzeilig ohne Umbruch eingeben. Zusätzlich ist Groß- und Kleinschreibung wichtig. Nutzen Sie daher möglichst immer die Zwischenablage, um Tippfehler zu vermeiden – wer gibt schon gerne lange und verwirrende Zeichenketten ein?

Wenn weder der Fingerabdruck bzw. die Schlüssel-ID bekannt ist noch ein Schlüssel heruntergeladen werden kann, fahren Sie mit der Einrichtung der Paketquelle fort. Nach der Aktualisierung des Zwischenspeichers erscheint dann eine Fehlermeldung, die die ID anzeigt (u. a. `NO_PUBKEY 76F1A20FF987672F`). Um dies besser zu erkennen, sollten Sie in dem Fall auch `sudo apt update` in der Konsole nutzen.

Die eigentliche Fremdquelle wird nun im Bereich ZUSÄTZLICHE PAKETQUELLEN über die Schaltfläche HINZUFÜGEN hinzugefügt. Geben Sie dazu manuell die auf der entsprechenden Webseite angegebene Quelle ein, oder nutzen Sie die Zwischenablage. Die URL der Paketquelle besteht aus verschiedenen Abschnitten und sieht wie folgt aus:

deb http://[URL der Quelle] [Version] [Informationen]

Sie beginnt entweder mit *deb* (fertig kompilierte Anwendungen bzw. Binärpakete) oder *deb-src* (die Quellcodes), gefolgt von der Adresse (z. B. *http://repo.steampowered.com/steam/*). Die beiden letzten Angaben sind Informationen über die Linux-Version und die enthaltenen Komponenten (Information). Weitere Informationen finden Sie unter:

https://wiki.ubuntuusers.de/Paketquellen

Nachdem Sie die Quelle und den Schlüssel eingetragen haben, müssen Sie den Zwischenspeicher wieder neu laden. Dies wird im Kopf des Fensters der Anwendungspaketquellen angeboten und wird mit OK bestätigt.

In der Anwendungsverwaltung oder der Synaptic-Paketverwaltung werden Ihnen nun die zusätzlichen Pakete angeboten, die die neue Quelle bereitstellt.

Versionsangabe

Bei manchen Quellen ist es wichtig, dass Sie den Versionsteil durch den Namen Ihrer Linux-Mint- oder Ubuntu-Version ersetzen (zu finden im Bereich OFFIZIELLE PAKETQUELLEN: HAUPT (WILMA) oder BASIS (NOBLE NUMBAT)). Wie Sie nun erkennen, welche Versionsangabe Sie benötigen, ist oftmals unklar. Konsultieren Sie dazu die Dokumentation der Software, die Sie installieren möchten. Daher sollten Sie nur zusätzliche Quellen hinzufügen, wenn Sie entsprechende Kenntnisse haben oder die Informationen dazu ausreichend sind (z. B. von der Linux-Mint- oder Ubuntu-Community).

6.4 Debian-Pakete manuell installieren

Neben der Möglichkeit, Anwendungen über weitere Fremdquellen zu installieren, können Sie auch selbst ein Debian-Paket herunterladen und manuell installieren. Dazu verwenden Sie den *Debian Package Manager* (dpkg) oder das grafische *Paket-Installationsprogramm* (GDebi).

Installieren mit dpkg oder GDebi

Diese Art der Installation ist mit Vorsicht zu genießen. Die auf diese Weise installierten Pakete können Probleme bereiten, da sie nicht über das *Advanced Packaging Tool* (APT) verwaltet werden. Setzen Sie die manuelle Installation also nur dann ein, wenn das Paket nicht über APT-Quellen installiert werden kann. Zusätzlich müssen Sie bedenken, dass solche Anwendungen *nicht* in der Aktualisierungsverwaltung auftauchen und daher immer manuell aktualisiert werden müssen.

6.4.1 Pakete herunterladen

Wenn Sie Anwendungen manuell installieren möchten, ist es wichtig, die korrekte Version herunterzuladen. Es werden meist Pakete für verschiedene Debian-, Ubuntu- oder Linux-Mint-Versionen angeboten. (Denken Sie daran, dass Linux Mint auf Ubuntu basiert und dieses von Debian abstammt.) Es kann jedoch sein, dass bei (meist simplen) Anwendungen nur ein Paket für alle Distributionen vorhanden ist. In den meisten Fällen gibt es jedoch aufgrund verschiedener Versionsstände der Bibliotheken entsprechende Pakete. Ein gutes Beispiel hierfür ist VirtualBox. Diese Software befindet sich zwar auch in den Paketquellen, da ich jedoch immer die aktuellste Version einsetze, muss ich sie manuell installieren.

In Abbildung 6.10 sehen Sie verschiedene Debian-Pakete der Software VirtualBox (unter *https://www.virtualbox.org*). Es existieren Versionen für verschiedene Ubuntu- und Debian-Versionen. Suse, Fedora und andere können wir natürlich nicht verwenden, da sie nicht das Debian-Paketformat nutzen.

In diesem Beispiel ist die erste Ubuntu-Auswahl die korrekte Version, denn sie ist für *Ubuntu 24.04* bzw. *Wilma* (zu finden in den Paketquellen unter OFFIZIELLE PAKETQUELLEN). Laden Sie von hier die korrekte Version herunter. Zu beachten wäre natürlich auch, dass es eine 64-Bit-Version sein muss (wie Linux Mint). Eine 32-Bit-Version existiert von VirtualBox allerdings nicht. Achten Sie aber unbedingt bei allen anderen Anwendungen darauf.

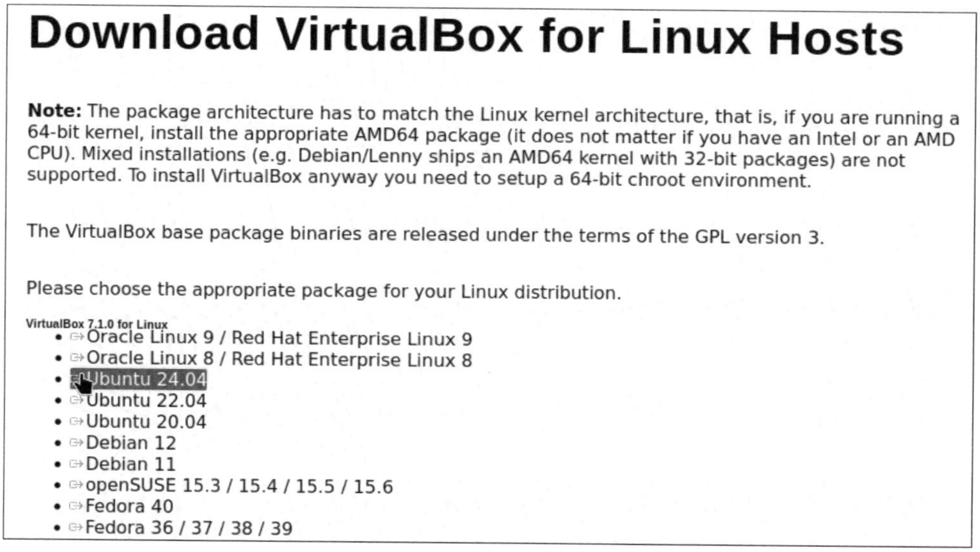

Abbildung 6.10 Die Paketauswahl von VirtualBox

6.4.2 Debian-Pakete installieren und aktualisieren

Nach dem Herunterladen befindet sich das VirtualBox-Paket in Ihrem Ordner *Downloads*. Durch einen Doppelklick darauf öffnet sich das Paket-Installationsprogramm aus Abbildung 6.11 (*GDebi*).

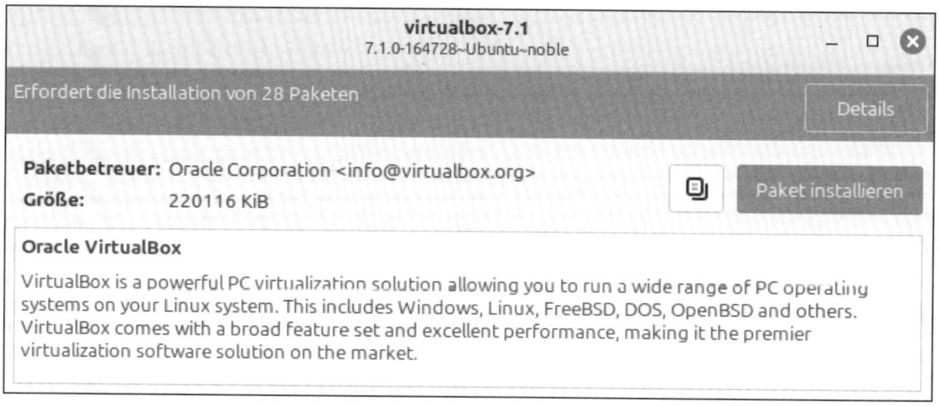

Abbildung 6.11 Paket-Installationsprogramm (GDebi)

Wie bereits erwähnt, befindet sich VirtualBox in den Standardquellen. Daher kann ein entsprechender Hinweis erscheinen (je nachdem, wie lange die VirtualBox-Version bereits veröffentlicht ist). Den Hinweis können Sie in diesem Beispiel ignorieren.

Wie Sie erkennen können, erfordert VirtualBox noch die Installation weiterer Pakete. Dies geht aus den *Abhängigkeitsinformationen* des Debian-Pakets hervor. Über PAKET INSTALLIEREN starten Sie schließlich die Installation.

Auch hier ist die Installation über das Terminal möglich:

```
sudo dpkg -i ~/Downloads/virtualbox-VERSION-amd64.deb
```

Den Teil `virtualbox-VERSION-amd64.deb` müssen Sie natürlich durch den korrekten Paketnamen ersetzen.

Wenn, wie in diesem Beispiel, noch Abhängigkeiten bestehen (bzw. zusätzliche Pakete erforderlich sind), wird die Installation mit dpkg mit einer entsprechenden Meldung abgebrochen. Nun müssen die Abhängigkeiten wie folgt installiert werden:

```
sudo apt-get -f install
```

Dabei wird VirtualBox ebenfalls automatisch installiert. Wenn dies nicht der Fall sein sollte, führen Sie dpkg wie angegeben noch einmal aus.

Die Aktualisierung eines Pakets erfolgt auf die gleiche Weise wie die Installation: Sie laden das Paket manuell herunter und installieren es einfach mit GDebi oder dpkg.

6.4.3 Debian-Pakete entfernen

Ein manuell installiertes Paket wird am besten mit der Synaptic-Paketverwaltung entfernt. Suchen Sie dort nach dem Paket, und wählen Sie, wie bei anderen Anwendungen auch, im Kontextmenü den Punkt ZUM ENTFERNEN VORMERKEN (siehe Abbildung 6.12). Dieser Ablauf ist Ihnen ja bereits bekannt.

Eine Alternative dazu besteht darin, ein Paket im Terminal zu deinstallieren:

```
sudo dpkg -r virtualbox-VERSION
```

Sie müssen hier statt der Datei den Paketnamen angeben (zu erkennen in Abbildung 6.12). Allerdings wird Ihnen der Paketname aller Voraussicht nach nicht immer geläufig sein. Verwenden Sie daher lieber die Synaptic-Paketverwaltung.

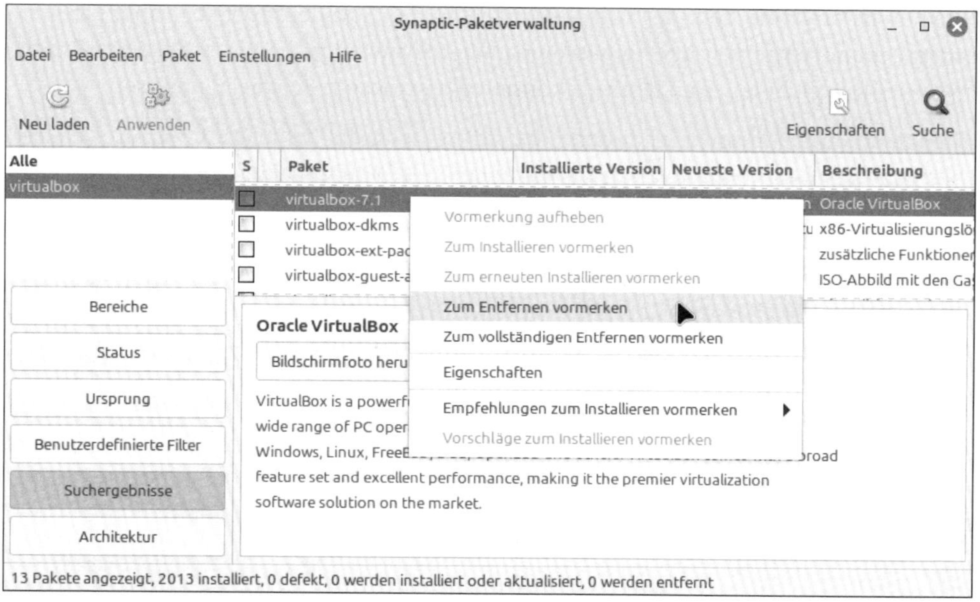

Abbildung 6.12 VirtualBox wieder entfernen

6.5 Flatpak – eine Alternative

Mit der Version 18.3 hat eine weitere Art von Anwendungsinstallation auch in Linux Mint Einzug gehalten: *Flatpak*.

6.5.1 Flatpak im Detail

Sie haben in den vorangegangenen Abschnitten bereits von *Abhängigkeiten* und *Bibliotheken* gelesen, die von den Anwendungen benötigt werden. Die Anwendungsverwaltung installiert diese automatisch zusammen mit der entsprechenden Anwendung. Bei Flatpaks geht man einen anderen Weg. Hierbei handelt es sich um Pakete, die eine eigene *Laufzeitumgebung* (die auch *Runtime* genannt wird) sowie Bibliotheken mitbringen. Damit sollen Konflikte bei Aktualisierungen bzw. Deinstallationen vermieden werden. Es wird jedoch nicht für jedes Paket eine Laufzeitumgebung installiert. Alle Flatpak-Pakete, die die gleiche Umgebung benötigen, teilen sich diese.

Ein Flatpak-Paket läuft also unabhängig von anderen Anwendungen in einem sogenannten *Container* – und damit vereinfacht gesagt auch unabhängig vom Betriebssystem (Linux Mint). Dadurch wird die Sicherheit erhöht, denn Anwendungen können abgekapselt und Daten oder Systembereiche vor ihnen geschützt werden.

Ein weiterer Vorteil ist, dass Anwendungen teilweise ohne Änderungen oder Anpassungen auf unterschiedlichen Linux-Distributionen lauffähig sind. Da nicht jedes System die gleichen Bibliotheksversionen und Installationsmethoden (wie z. B. apt) nutzt, ist dies eine interessante Lösung für die distributionsübergreifende Anwendungsverteilung unter Linux. Daraus ergibt sich auch einer der Hauptvorteile. Da ist vor allem die Möglichkeit zu nennen, Anwendungen zu installieren, die in neueren Versionen vorliegen und aufgrund der Bibliotheken des Betriebssystems nicht lauffähig wären. Es können in Zukunft so z. B. auf einem »alten« Linux Mint auch aktuelle Anwendungen installiert werden.

Vor einigen Jahren stand ich dieser Art von Installationen noch sehr skeptisch gegenüber. Hintergrund bei mir war der große Platzbedarf bei den Installationen. Inzwischen wurde dieser jedoch optimiert, und auf neueren Systemen sind die Laufwerke so groß, dass es nun wirklich nicht auf ein paar Megabyte ankommt. Wobei es sich bei diesen »paar« Megabyte schnell um 2 bis 3 GByte handeln kann – inklusive der Laufzeitumgebung.

6.5.2 Ein Flatpak installieren

Ich brauche Ihnen nicht im Detail zu erläutern, wie ein Flatpak installiert wird, denn dies erfolgt fast wie gewohnt über die Anwendungsverwaltung. Es gibt hier jedoch einen gravierenden Unterschied zu anderen Paketen: Flatpaks können unter Linux Mint *nicht* über die Synaptic-Paketverwaltung oder über apt in der Konsole installiert werden. Sie müssen dazu die Anwendungsverwaltung verwenden. Nur diese nutzt die entsprechenden Werkzeuge. In Abbildung 6.13 habe ich nach der Anwendung *FreeCAD* gesucht, die unter Linux Mint nur als Flatpak zur Verfügung steht. Die Synaptic-Paketverwaltung (im Vordergrund) hat diese nicht gefunden.

Abbildung 6.13 FreeCAD – nur in der Anwendungsverwaltung

Wenn ein Paket sowohl in den »normalen« Paketquellen als auch als Flatpak zur Verfügung steht, erkennen Sie dies an dem Zusatz *Flathub* in den Suchergebnissen. In Abbildung 6.14 wurde das Bildbearbeitungsprogramm Gimp zweimal gefunden.

Abbildung 6.14 Gimp wird zweimal gefunden.

Welche Version Sie hier installieren, bleibt natürlich Ihnen überlassen. Ich nutze meist die Version, die auch zu Linux Mint gehört, und Flatpaks nur für spezielle Anwendungen oder wenn ich auf jeden Fall die aktuellste Version benötige. Gimp stand hier beispielsweise unter Linux Mint in den normalen Paketquellen in Version 2.10.36 zur Verfügung, als Flatpak jedoch bereits in der aktuelleren Version 2.10.38. Allerdings würde bei einer Installation des Flatpaks ca. 3,9 GByte an Speicherplatz belegt werden.

Durchstöbern können Sie die zur Verfügung stehenden Flatpaks in der Anwendungsverwaltung unter der gleichnamigen Kategorie. Diese befinden sich auch nur dort und sind nicht auf die anderen Kategorien verteilt. Ich hoffe jedoch, dass sich dies in Zukunft noch ändern wird.

6.5.3 Weitere Informationen

Die Pakete kommen zurzeit von einer zentralen Quelle, die sich *Flathub* nennt (*https://flathub.org*). Dort können Sie ebenfalls nach den angebotenen Anwendungen schauen. Flatpaks werden nicht wie andere Anwendungen mit benötigten Bibliotheken usw. in den Systemordnern abgelegt. Sie befinden sich standardmäßig unter */var/lib/flatpak*. Parallel zu den Anwendungen liegen dort auch die benötigten Laufzeitumgebungen.

Flatpak bringt ein eigenes Werkzeug für die Konsole mit. Dieses wird auch von der Anwendungsverwaltung verwendet, um Flatpak-Pakete zu verwalten. Da dessen Einsatz, gerade für Linux-Anfänger, ein wenig komplizierter ist als z. B. der Einsatz von `apt` und es noch dazu kein »Standard« ist, werde ich dieses Werkzeug nicht im Detail beschreiben. Sie können sich damit jedoch in der Konsole einen Überblick über installierte Flatpaks verschaffen. Mit dem Befehl `flatpak list` werden installierte Flatpak-Pakete angezeigt, und `flatpak info` zeigt die entsprechenden Detailinformationen dazu (siehe Abbildung 6.15).

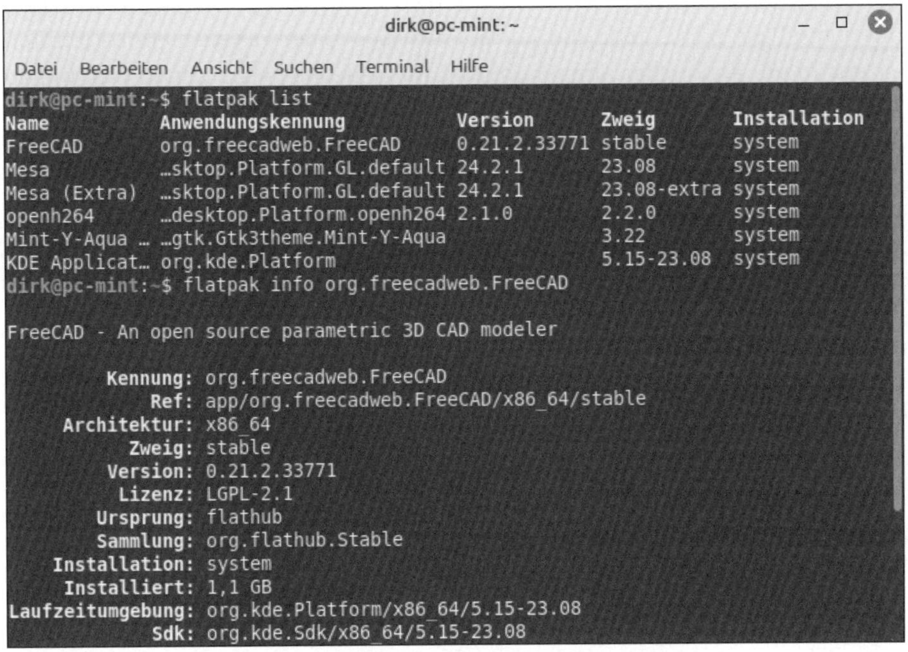

Abbildung 6.15 Informationen über installierte Flatpaks anzeigen

Der Befehl »flatpak«

Der Befehl `flatpak` steht Ihnen erst nach der Installation zumindest eines Flatpak-Pakets zur Verfügung. Erst dann werden auch die notwendigen Flatpak-Werkzeuge installiert. Wenn Sie diesen Abschnitt also nur lesen und den Befehl testen wollen, erscheint eine Fehlermeldung.

Dadurch, dass Flatpak-Anwendungen mit eigener Laufzeitumgebung laufen, sind diese auch von der Systemumgebung abgekapselt. Sie befinden sich ja in einem eigenen *Container*. Darum können sie ohne spezielle Einstellungen auch nicht auf Ihre Daten im System zugreifen. Dies könnte zwar teilweise sogar gewünscht sein, wäre aber bei dem Beispiel von VLC Unsinn – dieser soll ja Ihre Videos abspielen. Die Anwendungsverwaltung nimmt Ihnen diese Konfigurationsarbeit ab und sorgt dafür, dass ein Zugriff auf das System besteht. Bei Verwendung des Konsolenwerkzeugs von Flatpak müssten Sie all dies jedoch manuell konfigurieren.

Ein Manko ist, dass es aufgrund der Abkapselung vom System gelegentlich auch zu Problemen kommen kann. So kann es z. B. vorkommen, dass Anwendungen die Einstellungen des Erscheinungsbildes bzw. die Themen nicht verwenden können. Setzen Sie Flatpaks daher also stets mit Bedacht ein, und ziehen Sie nach genauem Abwägen durchaus die »normalen« Pakete vor, denn die Vorteile, die Container-Pakete bieten, kommen meistens erst in professionellen Umgebungen zum Zuge oder wenn die Anwendungen nicht in der Anwendungsverwaltung angeboten werden.

6.6 Snap – eine weitere Alternative

Snap ist eine weitere Alternative, die ich Ihnen hier jedoch nur ganz kurz vorstellen will. *Snap* ist ein von Ubuntu entwickeltes Paketsystem, das sich ähnlich verhält wie Flatpak. Allerdings gibt es diesbezüglich Kontroversen, da sich Ubuntu hierbei ein wenig »unfair« gegenüber den Benutzern verhält. Unter anderem wird unter Ubuntu das *Chromium-Paket* nicht aus den Paketquellen installiert, sondern ohne Rückfrage des Benutzers als Snap-Paket. Ubuntu wird daher vorgeworfen, Snap zu verwenden, um Benutzer vom Ubuntu Store (der die Snap-Pakete enthält) abhängig zu machen. Aus diesem Grund haben sich die Verantwortlichen von Linux Mint entschieden, keine Unterstützung für Snap anzubieten.

Der Paketname von Snap ist *snapd* und nicht, wie zu erwarten wäre, »snap«. Allerdings kann dieses Paket unter Linux Mint nicht installiert werden, da es aus den eben genannten Gründen zurzeit nicht unterstützt wird. Ich gehe daher auch nicht weiter auf es ein, wollte Ihnen jedoch die Informationen darüber nicht vorenthalten. Aber keine Sorge: Sie sind auf jeden Fall mit den bisher vorgestellten Möglichkeiten gut ausgestattet, um eine passende Anwendung zu installieren.

6.7 Wine – Windows-Anwendungen unter Linux Mint

Wenn Sie immer noch bestimmte Anwendungen benötigen, die nur für die Windows-Welt programmiert wurden und für die unter Linux keine Alternativen existieren, gibt es vielleicht eine Lösung: *Wine*.

Mit Wine ist es möglich, Windows-Anwendungen auch unter Linux zu starten. Allerdings benötigen Sie für Wine auch tiefer gehende Kenntnisse über Windows und Windows-Anwendungen. Ich werde Ihnen hier einige Grundlagen dazu erläutern.

Wine

Wine ist ein Programm, mit dem Sie Windows-Anwendungen auch unter Linux nutzen können. Allerdings muss ich Ihre Euphorie schon vorab ein wenig dämpfen: Es funktioniert bei Weitem nicht mit allen Anwendungen. Und wenn es funktioniert, kann es bei der Nutzung gelegentlich zu Problemen kommen.

Ob eine Anwendung lauffähig ist und welche Probleme auftreten können, können Sie gegebenenfalls in der AppDB (*Application Database – Anwendungsdatenbank*) von Wine herausfinden:

https://appdb.winehq.org/

6.7.1 Wine installieren

Wine ist bei allen gängigen Linux-Versionen in deren Paketquellen enthalten. Da Wine jedoch eine spezielle Anwendung ist, empfehle ich Ihnen hier die Nutzung einer *zusätzlichen Paketquelle*, um auch wirklich eine aktuelle Umgebung zu gewährleisten (Wine ist also eine der wenigen Anwendungen, bei denen auch für Sie diese Einrichtung sinnvoll ist; siehe dazu auch Abschnitt 6.3.3). Um die zusätzliche Paketquelle einzurichten, verwenden wir im Folgenden die *Konsole* und nicht die grafische Oberfläche bzw. nicht die *Anwendungspaketquellen*. Hintergrund ist, dass es so meist auch in Foren oder auf Webseiten vorgeschlagen wird. Infos zu den Quellen finden Sie unter:

https://wiki.winehq.org/Ubuntu

Öffnen Sie möglichst diese Seite im Browser, damit die folgenden Befehle über die Zwischenablage eingefügt werden können.

Da wir ein 64-Bit-System einsetzen, muss vor der Installation noch folgender Befehl eingegeben werden (dadurch wird auf Ihrem System auch eine 32-Bit-Umgebung aktiviert und es hat nichts mit der Paketquelle zu tun):

```
sudo dpkg --add-architecture i386
```

Nun folgen die Installation des *Legitimierungsschlüssels* und die Einrichtung der *Paketquelle*. Achten Sie wie immer auf Groß- und Kleinschreibung:

```
sudo wget -nc -O /usr/share/keyrings/winehq-archive.key https://dl.winehq.org/
wine-builds/winehq.key
```

```
sudo wget -NP /etc/apt/sources.list.d/ https://dl.winehq.org/wine-builds/ubuntu/
dists/noble/winehq-noble.sources
```

```
sudo apt update
```

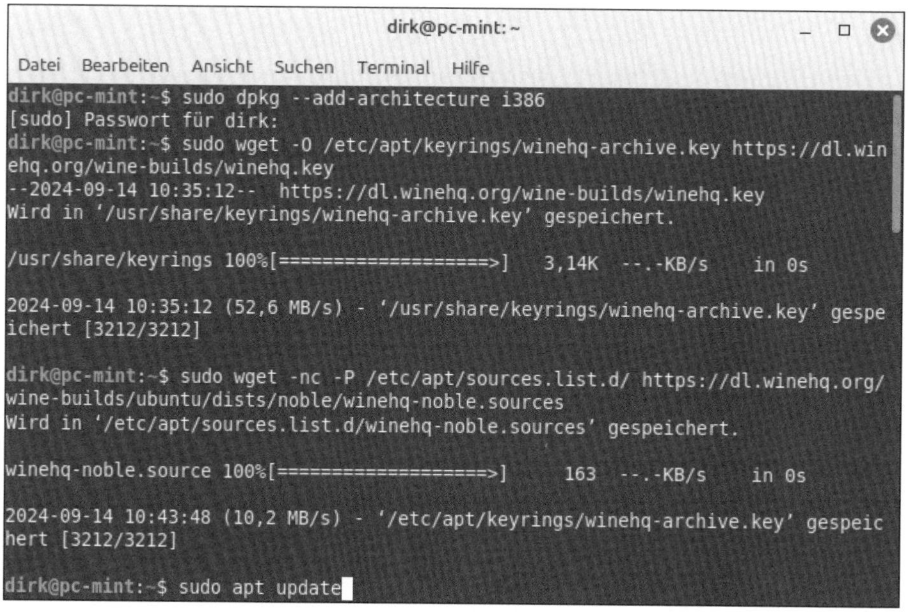

Abbildung 6.16 Die Quellen werden im Terminal hinzugefügt. (Die Anzeige wurde von mir verkürzt.)

Danach kann die Installation beginnen. Wir installieren hierbei nicht nur Wine, sondern auch ein Werkzeug mit dem Namen *Winetricks* und darüber hinaus mit dem Parameter `install-recommends` auch »empfohlene Anwendungen«:

```
sudo apt install --install-recommends winehq-stable winetricks
```

Fehler: Das Paket winehq-stable kann nicht gefunden werden.
Wenn das Paket *winehq-stable* nicht gefunden und damit nicht installiert wird, ist bei Wine noch keine aktuelle, stabile Version von Wine für die neue Linux-Mint-Version vorhanden. Ändern Sie in dem Fall den Paketnamen auf *winehq-devel*:

```
sudo apt install --install-recommends winehq-devel winetricks
```

Hierbei wird eine Version installiert, die sich noch in einem Teststadium befindet, aber bereits sehr stabil läuft (ähnlich wie die Versionen der Debian-Distribution).

Nach der Installation steht Ihnen das Werkzeug WINETRICKS im Menü ZUBEHÖR zur Verfügung (siehe Abbildung 6.17).

Allerdings finden Sie für Wine kein Startsymbol im Menü. Wine wird entweder im Terminal oder über das Kontextmenü eines Windows-Programms in Nemo aufgerufen.

Abbildung 6.17 Winetricks

6.7.2 Winetricks – Windows-Bibliotheken installieren

Winetricks ist zwar bereits ein wenig in die Jahre gekommen, aber dennoch ein praktischer Helfer für verschiedene Punkte. Sie können mit ihm u. a. spezielle Funktionen oder Konfigurationen von Wine bearbeiten, ohne jedes Mal die Konsole zu verwenden (u. a. die, die in vorherigen Versionen auch als Starter im Menü vorhanden waren). Und manche Windows-Anwendungen benötigen bestimmte Windows-Bibliotheken. Auch diese können Sie mit Winetricks installieren. Hier erkennen Sie auch, dass zur Nutzung von Wine gewisse Kenntnisse notwendig sind. Bei fehlenden Bibliotheken bräche eine Anwendung nach dem Start mit einer entsprechenden Fehlermeldung ab. Und wenn eine Windows-Anwendung nicht startet, ist nicht immer zu erkennen, warum dies so ist. Für den Fall, dass in Foren oder im Internet keine ausführliche Installationsanleitung zu finden ist, sind Sie auf sich allein gestellt, um festzustellen, welche Bibliothek fehlt.

Da Winetricks ein Windows-Programm ist, wird auch Wine verwendet. Dadurch kann der Start mehrere Sekunden dauern. Wine erstellt nun beim ersten Start einen Standard *Wineprefix* in dem versteckten Ordner *.wine* unter Ihrem Benutzerordner. Um diesen auch unter Nemo zu finden, öffnen Sie Ihren persönlichen Ordner und blenden die verborgenen Dateien ein (über ANSICHT • VERBORGENE DATEIEN ANZEIGEN). Bei der Erstellung des Wineprefix werden auch verschiedene notwendige Bibliotheken dort installiert (siehe Abbildung 6.18).

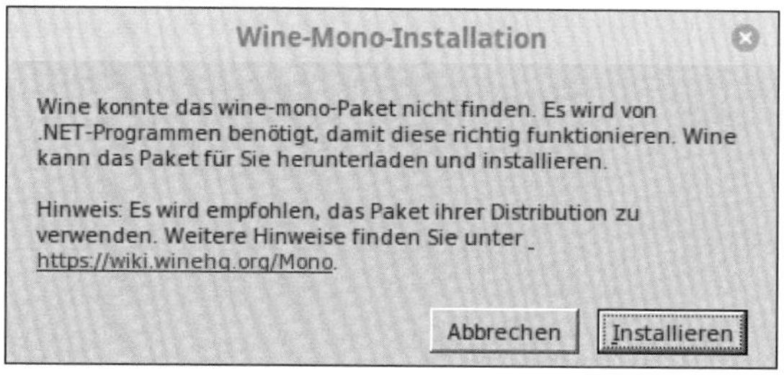

Abbildung 6.18 Wine benötigt selbst noch verschiedene Bibliotheken.

Das *Mono*-Paket wird von verschiedenen Windows-Programmen benötigt. Akzeptieren Sie daher die Installation.

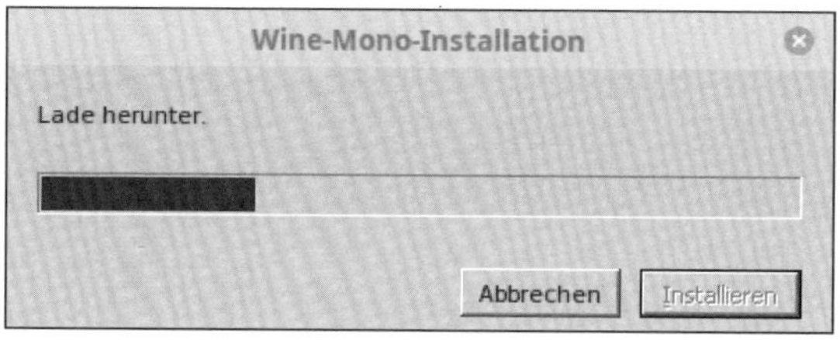

Abbildung 6.19 Mono wird heruntergeladen und installiert.

Wenn alle notwendigen Pakete heruntergeladen und installiert sind, erscheint eine (englischsprachige) Warnmeldung. Diese teilt Ihnen mit, dass Sie eine 64-Bit-Wine-Umgebung (*Wineprefix*) unter Wine verwenden und dass es daher zu Problemen kommen kann. Manche 32-Bit-Windows-Anwendungen laufen nicht korrekt in der 64-Bit-Umgebung. Und es sind leider noch nicht alle Werkzeuge von Wine für die Verwaltung von diesen Anwendungen ausgelegt. Merken Sie sich dies für den Fall, dass es bei Ihnen zu Problemen mit »alten« Windows-Anwendungen kommt. Man kann bei Bedarf auch ein 32-Bit-Wineprefix erstellen. In diesem können dann jedoch keine 64-Bit-Anwendungen gestartet werden. Daher ignorieren wir diese Warnung und nutzen auch das 64-Bit-Wineprefix.

Beim Start fragt Winetricks, was Sie tun wollen (gegebenenfalls müssen Sie Winetricks auch erneut starten). Hier können Sie sich eine Hilfe (im Browser) anzeigen lassen oder auch von Winetricks vorgeschlagene Programme und Spiele installieren. Wählen Sie nun die Punkte STANDARD WINEPREFIX AUSWÄHLEN und danach WINDOWS-DLL INS-

TALLIEREN, und bestätigen Sie jeweils mit OK. Nun befinden Sie sich in einer Paketübersicht (siehe Abbildung 6.20).

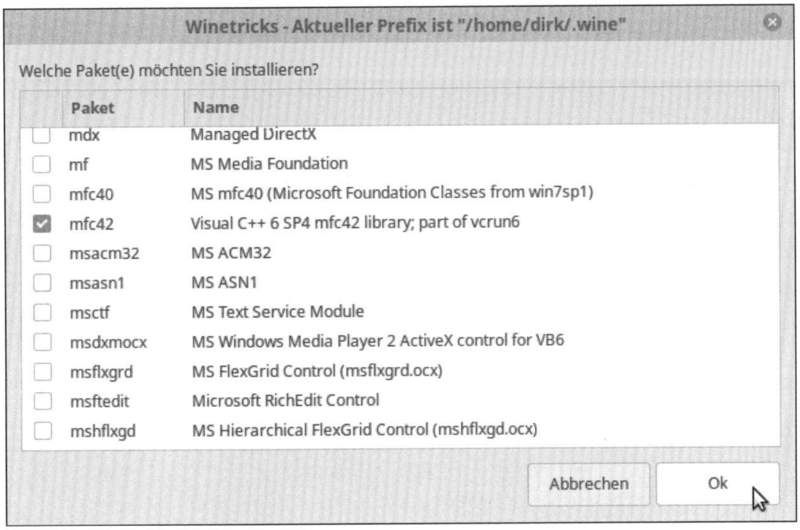

Abbildung 6.20 Die verfügbaren Windows-Bibliotheken (DLLs)

Hier finden Sie jede Menge Bibliotheken und auch Anwendungen zur Auswahl. Viele (ältere) Anwendungen nutzen z. B. noch VISUAL C++ 6 (das Paket MFC42). Daher markieren Sie es, und installieren es mit OK. Die Installation des Pakets erfolgt in dem zu Beginn automatisch erstellten Wineprefix und damit im Verzeichnis *.wine* in Ihrem Benutzerordner. Nach der Fertigstellung können Sie mit der Schaltfläche ABBRECHEN in vorherige Menüs wechseln und schließlich Winetricks beenden.

Sie wissen nun, wie man mit Winetricks bei Bedarf spezielle Bibliotheken installieren kann. Dies wird bei der Nutzung von Windows-Anwendungen häufiger nötig sein. Die Installation der vorgeschlagenen Programme und Spiele läuft ähnlich ab.

Wenn Sie im ersten Menü von Winetricks den Punkt STANDARD WINEPREFIX AUSWÄHLEN aktivieren, folgt im nächsten Menü, neben der Möglichkeit, eine Windows-DLL zu installieren, auch eine Auswahl verschiedener Werkzeuge von Wine (*winecfg*, *regedit* usw.). Zu diesen Werkzeugen kommen wir jedoch später.

6.7.3 Eine Anwendung starten

Vorab möchte ich Sie nochmals an die Systemsicherheit erinnern. Sie arbeiten bekanntermaßen als »einfacher« Benutzer und rufen Anwendungen, die die Rechte des Superusers benötigen, mit `sudo` auf oder werden nach Ihrem Passwort gefragt. Tun Sie dies nicht mit Wine bzw. den Windows-Anwendungen! Damit wären Problemen und Viren Tür und Tor geöffnet, und es ist auch nicht notwendig. Unter Wine benötigen Sie für die Installation einer Windows-Anwendung *keine* administrativen Rechte.

Laden Sie nun über eine sichere Quelle das (32-Bit-)Paket der Freeware IrfanView herunter. Ich nutze dazu meist Downloadbereiche bekannter PC-Zeitschriften oder die offizielle Website, in diesem Fall:

https://www.irfanview.com

Sichere Quellen für Windows-Anwendungen

Ein häufig gemachter Fehler von Windows-Anwendern ist, dass sie einfach in Google nach einer Anwendung suchen und diese von der Quelle eines der ersten Suchergebnisse herunterladen. Das sollten Sie sich abgewöhnen. Häufig sind die ersten Ergebnisse Downloadseiten, die Ihnen zusätzliche Werbesoftware (meist als »Downloadmanager« getarnt) unterjubeln. Laden Sie ausschließlich von den jeweiligen Originalseiten oder sauberen Quellen herunter. Zu sauberen Quellen zähle ich u. a. *www.chip.de* und *www.heise.de*. Geben Sie gegebenenfalls schon bei der Suche »chip« oder »heise« mit an (Suchbegriffe: »chip irfanview download«). Allerdings kann auch in der Anwendung selbst Werbesoftware enthalten sein. Achten Sie daher bei der Installation auf eventuelle Zusatzpakete, die nicht notwendig sind.

Achten Sie darauf, dass Sie die *Setup-Version* herunterladen. Nach dem Download installieren Sie die Windows-Anwendung, wie unter Windows gewohnt, über ihre Setup-Routine. Starten Sie diese dazu in Nemo mit einem Doppelklick. Es ist manchmal der Fall, dass die Windows-Dateiendung *.EXE* mit der Archivverwaltung verknüpft ist. In dem Fall öffnen Sie per Rechtsklick das Kontextmenü und wählen dort den Punkt ÖFFNEN MIT • WINE WINDOWS-PROGRAMMSTARTER (siehe Abbildung 6.21). Nun öffnet sich ein erstes Windows-Fenster mit der Setup-Routine von IrfanView (siehe Abbildung 6.22).

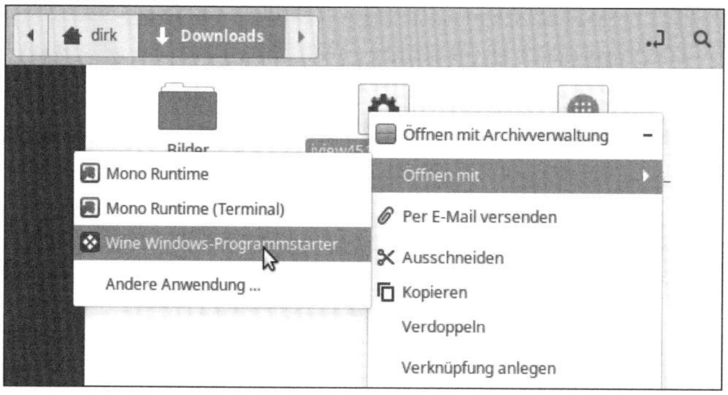

Abbildung 6.21 Die Setup-Routine von IrfanView mit Wine starten

Abbildung 6.22 Die Setup-Routine von IrfanView

Bestätigen Sie hier alle Punkte mit WEITER, bis die Installation beginnt. Vielleicht wird noch danach gefragt, ob andere Programme oder Toolbars mit installiert werden dürfen. Solche Zusatzprogramme sollten Sie natürlich deaktivieren! Nach der Installation können Sie IrfanView verwenden (siehe Abbildung 6.23).

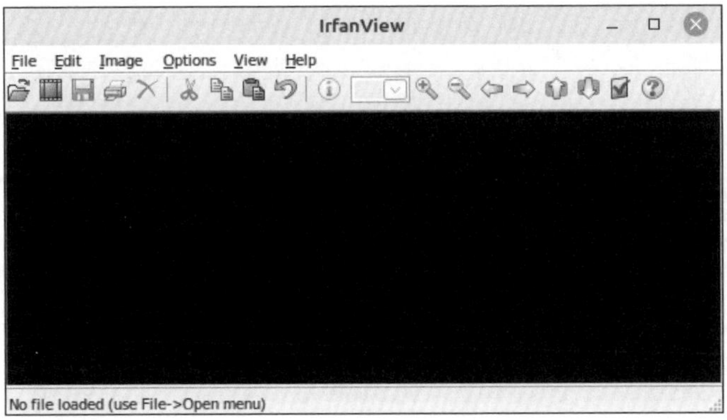

Abbildung 6.23 IrfanView läuft unter Linux Mint.

Bei der Installation wurden von Wine automatisch auch Programmstarter für IrfanView im Startmenü und auf dem Schreibtisch erstellt (siehe Abbildung 6.24). Darüber können Sie IrfanView später erneut aufrufen.

Anwendungen mit MSI installieren

In diesem Beispiel haben wir eine Anwendung mit einer Setup-Routine installiert. Viele Windows-Anwendungen nutzen zur Installation inzwischen jedoch auch den *Microsoft Installer* (MSI). Sie erkennen diese Anwendungen an der Dateiendung *.msi*.

Um eine solche Anwendung zu installieren, reicht ein Doppelklick auf sie. Optional bringt Wine noch das Werkzeug *msiexec* mit. Mit ihm können Sie die Installation im Terminal starten:

```
msiexec /i PFAD/PROGRAMMNAME.msi
```

Beispiel: `msiexec /i ~/Downloads/IrfanView.msi`

Abbildung 6.24 IrfanView im Menü von Cinnamon

6.7.4 Entfernen von Anwendungen

Um eine Windows-Anwendung wieder zu entfernen, gehen Sie zunächst ähnlich vor wie in der Systemsteuerung unter Windows selbst. Wine bietet hierzu eine Software, in der die installierten Anwendungen aufgelistet sind und entfernt werden können. Sie finden diese auch im Werkzeug *Winetricks*. Wählen Sie hier zunächst STANDARD WINEPREFIX AUSWÄHLEN und UNINSTALLER STARTEN.

Nach dem Markieren der nicht mehr benötigten Anwendung können Sie sie über ÄNDERN/ENTFERNEN deinstallieren (siehe Abbildung 6.25). Allerdings werden hier nur 32-Bit-Anwendungen aufgelistet – eines der bereits geschilderten Probleme mit 64-Bit-Anwendungen. Eine 64-Bit-Anwendung sollten Sie über deren eigene Deinstallationsroutine entfernen.

Wenn Sie den Grafikbetrachter IrfanView nicht mehr benötigen, kann er hier wieder entfernt werden.

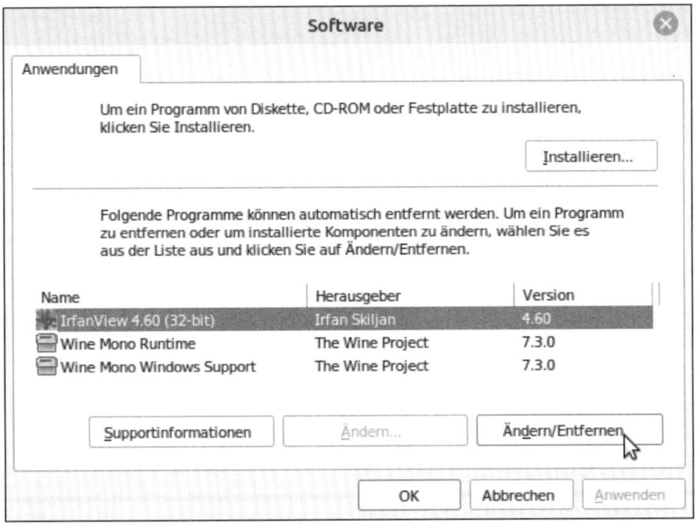

Abbildung 6.25 Die Softwareverwaltung unter Wine

Nun darf ich Ihnen allerdings auch nicht vorenthalten, dass die Deinstallation unter Wine nicht immer sauber abläuft. Gelegentlich bleiben hierbei Menüeinträge zurück, die Sie dann manuell entfernen müssen, oder aber das ganze Programm lässt sich nicht entfernen. In letzterem Fall kann der *Wineprefix*-Ordner gelöscht werden. Dadurch werden jedoch auch alle anderen Programme entfernt, die sich in diesem Prefix befinden.

6.7.5 Ein wenig mehr Wine

Um die Windows-Anwendungen zu nutzen, müssen Sie etwas mehr über Wine und seine »Umgebung« erfahren. Den Aufbau des Dateisystems unter Linux habe ich Ihnen ja bereits erklärt. Es gibt hier keine Laufwerksbuchstaben. Um Windows-Anwendungen sinnvoll nutzen zu können, müssen diese jedoch Zugriff auf die Dateien und Dokumente unter Linux Mint erhalten. Wine bringt selbst ein paar Werkzeuge mit, die Ihnen dabei helfen, diese Umgebung zu verstehen. Allerdings befinden sie sich nicht im Menü, sondern müssen über das Terminal gestartet werden. Öffnen Sie dieses, und geben Sie den Befehl `winefile` ein.

Danach startet ein etwas altertümlich aussehender Dateimanager (siehe Abbildung 6.26). Wenn Sie bereits mit Windows 3.x gearbeitet haben, werden Sie sich an den damaligen Dateimanager erinnern.

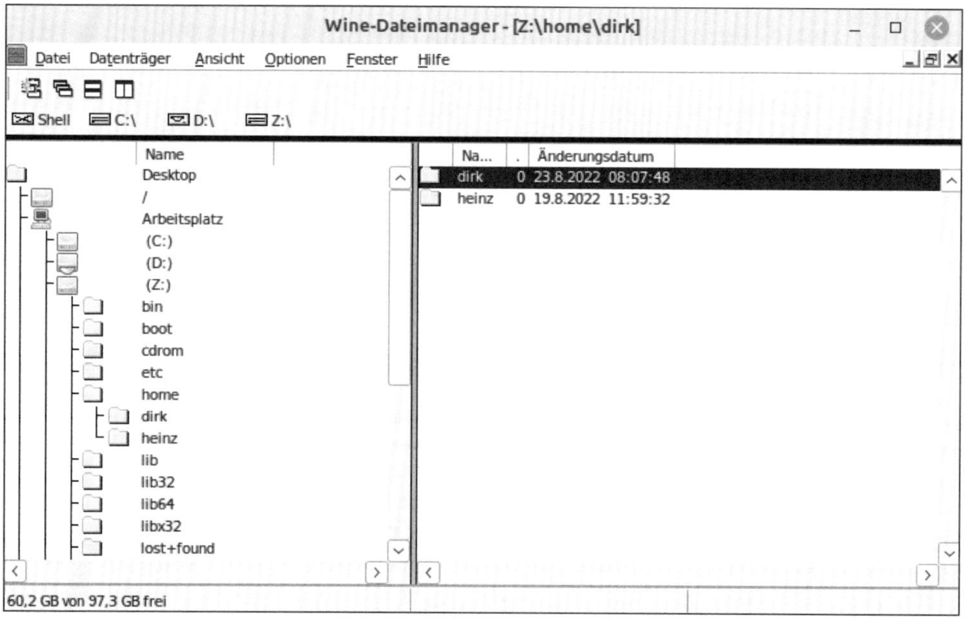

Abbildung 6.26 Der Wine-Dateimanager

Nach seinem Start öffnet der Dateimanager das Laufwerk *Z:*. Dies ist ein Verweis auf das Dateisystem von Linux Mint – ähnlich einem Netzlaufwerk.

Wenn Sie in seiner Werkzeugleiste auf C:\ klicken, öffnet sich ein Fenster mit einem ähnlichen Inhalt wie ein Laufwerk *C:* auf einem Windows-Rechner (siehe Abbildung 6.27).

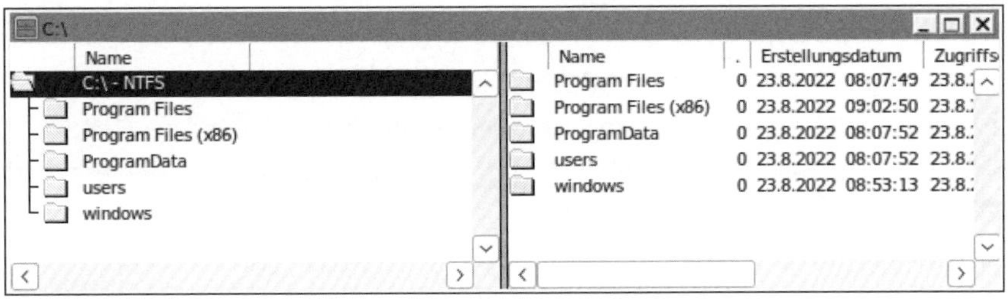

Abbildung 6.27 Das »Laufwerk C:« im Dateimanager

Bei diesem Laufwerk *C:* handelt es sich um den verborgenen Ordner *.wine/drive_c*. Wie bereits erwähnt, befindet sich dieser in Ihrem persönlichen Ordner.

In Abbildung 6.28 sehen Sie das *Laufwerk C:* in Nemo. Diesen Ordner sollten Sie sich merken, da Sie bei häufiger Verwendung von Wine auch das eine oder andere Mal Zugriff darauf benötigen. Im Unterordner *Program Files (x86)* befindet sich übrigens der eben installierte Grafikbetrachter IrfanView – vorausgesetzt, Sie haben auch die 32-Bit-Version installiert. Denken Sie nun daran, in Nemo die verborgenen Dateien auch wieder auszublenden.

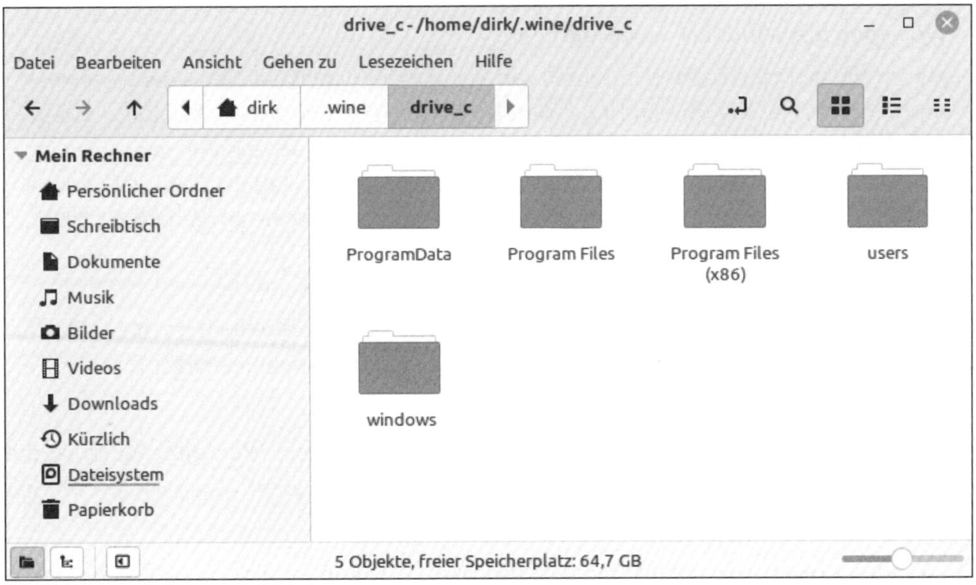

Abbildung 6.28 »drive_c« bzw. Laufwerk C: unter Nemo

Ein Tipp für verborgene Ordner

Wenn Sie den Namen des verborgenen Ordners kennen, können Sie diesen auch erreichen, indem Sie den Namen in die Adresszeile von Nemo eingeben. Während der Eingabe schlägt Ihnen Nemo dann bereits den kompletten Namen vor. Dazu müssen Sie jedoch auf die *Pfadeingabe* umschalten.

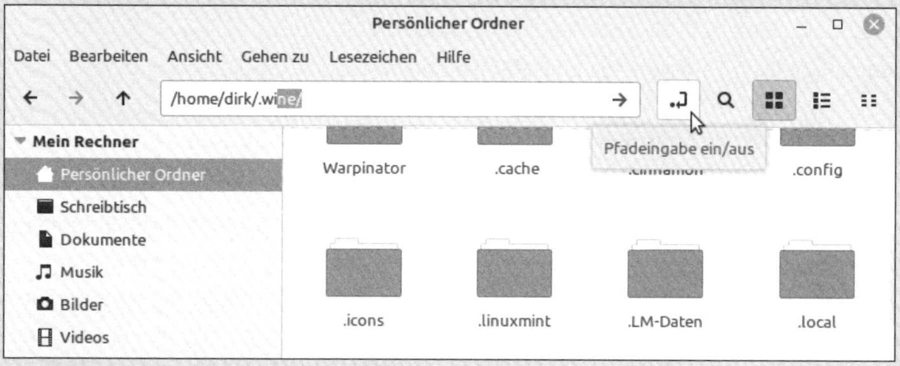

Abbildung 6.29 Verborgene Ordner über die Adresszeile erreichen

Wo liegen die Windows-Anwendungen?

Manch ein Benutzer macht sich Sorgen darüber, was bei der Installation einer Windows-Anwendung alles mit seinem Linux Mint passiert. Wie Ihnen bereits bekannt ist, legt Wine den verborgenen Ordner *.wine* an. Dort befinden sich auch die Windows-Installationen (standardmäßig im Ordner *drive_c*). Es werden bei Installationen einer Windows-Anwendung also keine Dateien im Linux-Dateisystem abgelegt – Ihr Linux Mint bleibt »sauber«.

Neben dem in die Jahre gekommenen Dateimanager existiert jedoch noch ein modernes Programm – der *Wine Explorer*. Ihn starten Sie über die Eingabe `wine explorer` im Terminal (siehe Abbildung 6.30).

Kommen wir zu einem weiteren Werkzeug, das Wine mitliefert. Wer unter Windows die Eingabeaufforderung kennt, kann im Terminal mit dem Befehl `wineconsole cmd` eine ähnliche Umgebung unter Wine starten.

Diese Wine-Konsole bzw. der *Wine-Befehlsprozessor* (siehe Abbildung 6.31) kennt auch viele der üblichen Kommandos der Eingabeaufforderung. Mit dem Befehl `help` verschaffen Sie sich einen Überblick darüber. Mit dem Befehlsprozessor könnten Sie nun z. B. Batchdateien ausführen.

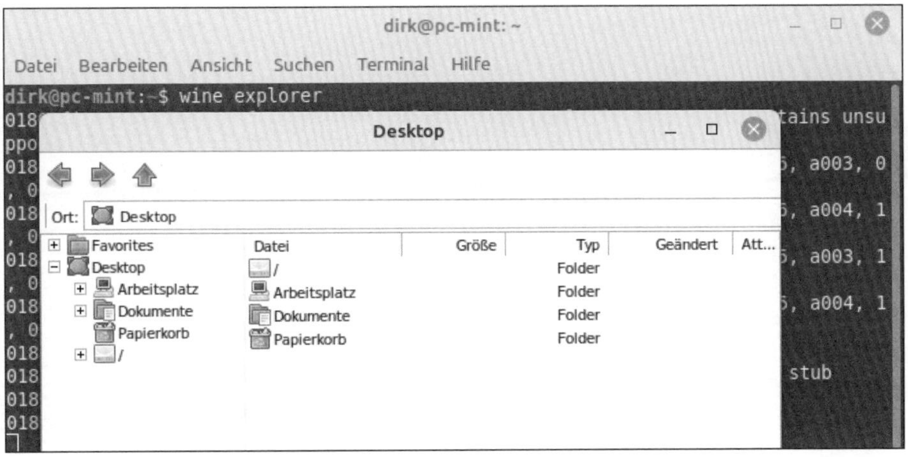

Abbildung 6.30 Der modernere Wine Explorer

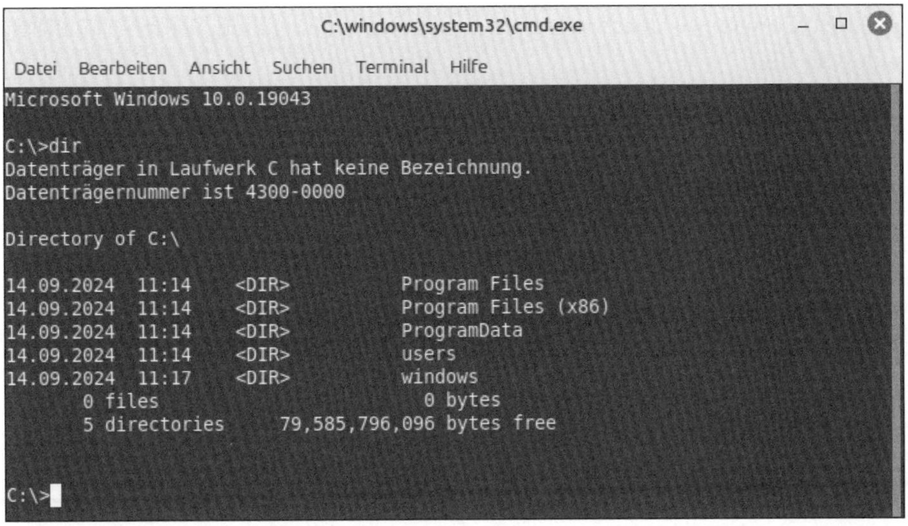

Abbildung 6.31 Der Wine-Befehlsprozessor

Für spezielle Einstellungen bringt Wine ein weiteres Werkzeug mit: die *Wine-Konfiguration*. Dieses Werkzeug können Sie ebenfalls in der Konsole mit dem Befehl `winecfg` oder über Winetricks unter STANDARD WINEPREFIX AUSWÄHLEN • WINECFG STARTEN starten (siehe Abbildung 6.32).

Abbildung 6.32 Die Wine-Konfiguration

Auf diese Einstellungen werde ich jedoch hier nicht weiter eingehen. Weitere Details zu Wine finden Sie hier:

https://wiki.ubuntuusers.de/Wine

6.8 Windows in einer virtuellen Maschine

Sie haben keine Alternative gefunden, und Ihre Windows-Anwendung ist auch nicht unter Wine lauffähig? Dann finden Sie in diesem Abschnitt vermutlich eine Lösung. Hier zeige ich Ihnen, wie Windows-Anwendungen ebenfalls unter Linux nutzbar sind. Installieren Sie dazu VirtualBox unter Linux Mint.

6.8.1 Die Installation: manuell oder aus den Paketquellen?

Wählen Sie hierzu das Paket *VirtualBox* (Paketname: *virtualbox-qt*) und *Virtualbox-guest-additions-iso* aus der Anwendungsverwaltung, oder laden Sie die aktuelle Version von der Website herunter (siehe dazu Abschnitt 6.4, »Debian-Pakete manuell installieren«). Bei der Installation aus den Standardquellen reicht auch die folgende Befehlszeile:

```
sudo apt install virtualbox-qt virtualbox-guest-additions-iso
```

Falls Sie USB 2.0 oder USB 3.0 nutzen wollen, ist zusätzlich das Zusatzpaket *Oracle VM VirtualBox Extension Pack* erforderlich. Dieses muss heruntergeladen werden, da es sich nicht in den Quellen befindet (es handelt sich dabei auch nicht um ein Debian-Paket).

VirtualBox und das Zusatzpaket

Bei Nutzung des *Oracle VM VirtualBox Extension Packs* empfehle ich Ihnen auch die manuelle Installation von VirtualBox per DEB-Paket (siehe Abschnitt 6.4). Diese Software nutze ich bereits seit Jahren, und ich hatte bislang keine Probleme mit ihr. Es ist nur etwas »lästig«, die Anwendung immer manuell zu aktualisieren. Aber wenn Sie die Paketquellen nutzen und dort eine Aktualisierung von VirtualBox erfolgt, müssen Sie das Zusatzpaket sowieso manuell aktualisieren (es muss immer die gleiche Version besitzen wie VirtualBox). Daher können Sie auch gleich beide Anwendungen manuell verwalten.

6.8.2 Eine virtuelle Maschine für ein Windows-System

Zur Einrichtung von VirtualBox muss ich hier nicht viel mehr schreiben, da Sie bereits in Abschnitt 2.4, »VirtualBox«, eine Anleitung finden. Für die Erstellung einer virtuellen Maschine habe ich Ihnen ebenfalls in Abschnitt 3.1.1, »VirtualBox: Eine virtuelle Maschine erstellen«, ein Beispiel gezeigt. Sie können also anhand der genannten Abschnitte eine virtuelle Maschine für Windows erstellen. Achten Sie nur darauf, die korrekte Windows-Version auszuwählen.

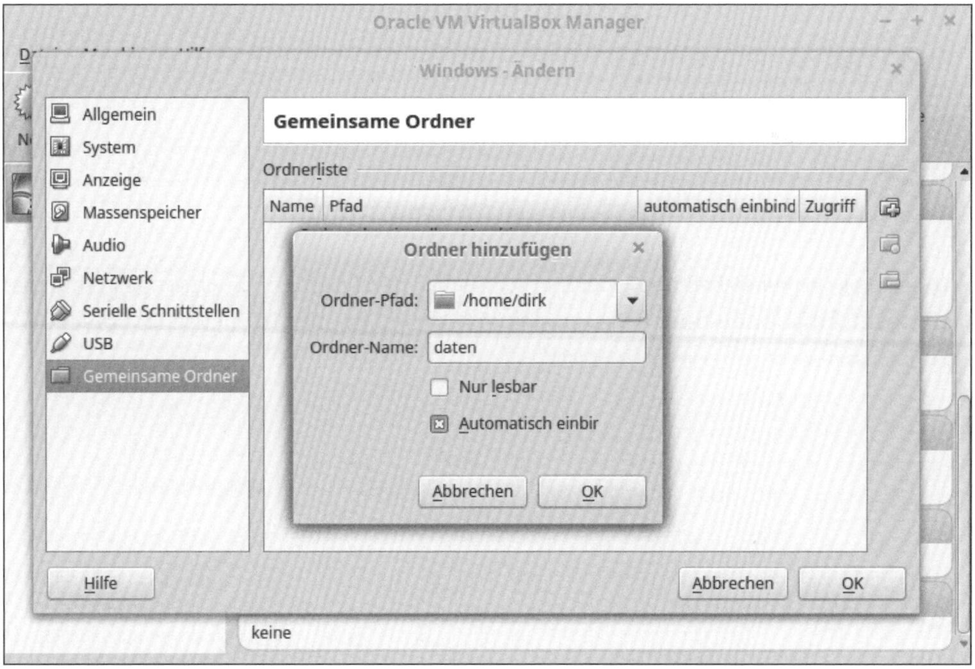

Abbildung 6.33 Den Zugriff auf den persönlichen Ordner ermöglichen

Nach der Installation von Windows sollten Sie über das Menü GERÄTE • MEDIUM MIT GASTERWEITERUNGEN EINLEGEN die *Gasterweiterungen* installieren. Hierdurch werden notwendige Treiber und Funktionen (u. a. die Möglichkeit der Nutzung *Gemeinsamer Ordner*) installiert, wodurch Windows besser in die virtuelle Maschine integriert ist. Nach dem Einlegen befindet sich unter Windows eine virtuelle CD, von der Sie die Installationsroutine starten können.

Mit den *Gemeinsamen Ordnern* gewähren Sie dem Windows-System Zugriff auf das Dateisystem von Linux, ohne dazu extra Netzwerkfunktionen einzurichten. Sie finden die *Gemeinsamen Ordner* in den Einstellungen der virtuellen Maschine. Nach dem Start der Maschine wird der Ordner dort eingebunden.

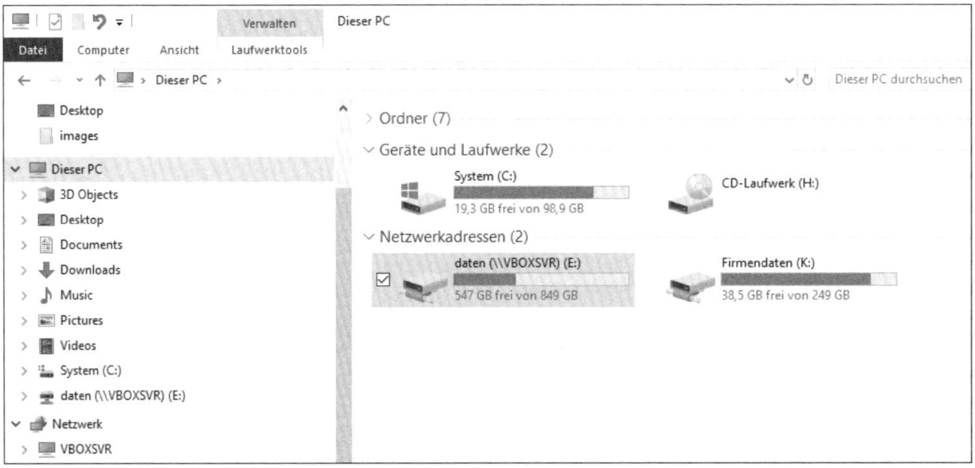

Abbildung 6.34 Ein gemeinsamer Ordner unter Windows

VirtualBox kann natürlich noch viel mehr, als ich Ihnen in diesem Buch vorgestellt habe. Weitere Informationen finden Sie im Menü HILFE – leider nur in englischer Sprache.

Kapitel 7
Spielen unter Linux Mint

Ei jetz awwa ab uffs Schesselong: Ma spillen!
Nun geht es aufs Sofa: Wir spielen!

Nachdem Sie sich durch die vorangegangenen, sicher oft anstrengenden Kapitel durchgearbeitet haben, kommen wir nun zu einem entspannenden Thema: Spielen unter Linux Mint. Bei der Planung dieses Buches ging ich davon aus, dass ich einiges über die manuelle Installation von Spielen recherchieren und schreiben müsste. Hintergrund ist nämlich, dass ich zugegebenermaßen nicht mehr zu den »Spielezockern« gehöre. Daher bin ich nicht wirklich auf dem Laufenden, welche Spiele aktuell sind und welche überhaupt in den Quellen angeboten werden. So war ich angenehm überrascht, wie viele Spiele bequem über die Anwendungsverwaltung installiert werden können. Viele davon musste man vor ein paar Jahren noch umständlich herunterladen und manuell installieren – verbunden mit der einen oder anderen Anpassung. Das hat sich geändert, und außerdem bieten sogar einige Spielehersteller bereits aktuelle Spiele speziell für Linux an.

Ich denke, dass die meisten Leser und Leserinnen mit den folgenden Lösungen zufrieden sein werden – vor allem, da viele davon kostenlos sind. Die echten »Zocker« haben sich vermutlich sowieso für eine Dual-Boot-Lösung entschieden, um ihre Spiele unter Windows zu nutzen.

7.1 Spiele aus den Standardquellen

Über die Spiele aus den Standardquellen muss ich nicht viel berichten, außer dass es viele sind. Dies reicht von 3D-Spielen bis hin zu solchen, die bereits seit vielen Jahren »im Programm« sind. In der Anwendungsverwaltung können Sie dazu, wie Ihnen sicherlich schon bekannt ist, in verschiedenen Spielekategorien stöbern (siehe Abbildung 7.1).

Hier finden Sie sicherlich anhand der Bewertungen auch das eine oder andere passende Spiel für sich selbst. Viele der Spiele sind auch eine Nachbildung großer Originale, da diese nicht für Linux-Systeme erschienen sind (siehe Abbildung 7.2).

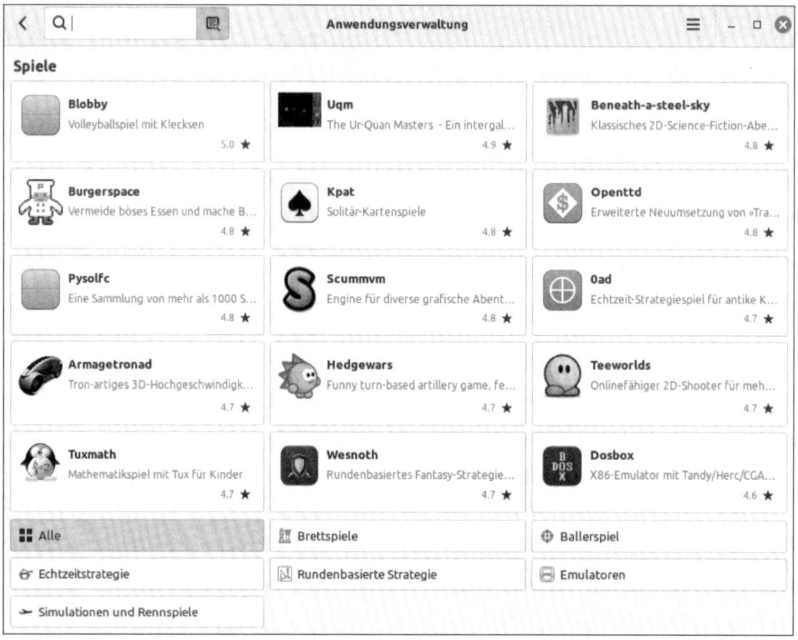

Abbildung 7.1 Die Kategorie »Spiele« in der Anwendungsverwaltung

Abbildung 7.2 »SuperTuxKart« – erinnert an »Super Mario Kart«

7.2 Alte DOS-Spiele entstauben

Anmerkung des Autors

Dieser Abschnitt mag Ihnen auf den ersten Blick »unnötig« erscheinen, weil Sie die alten Klassiker nicht gespielt haben – schade! Allerdings erhielt ich von einigen Leserinnen und Lesern der Vorauflagen die Rückmeldung, dass ihnen diese Informationen sehr geholfen hätten. Sie konnten dadurch alte Spiele, die teilweise unter Windows nicht mehr funktionierten, wieder zum Laufen bringen. Da dieser Abschnitt ohnehin nur wenige Seiten hat und noch dazu, wie die meisten anderen, mit einem Lerneffekt zum besseren Verständnis beitragen soll (Stichwörter: Archive und Konfigurationen), denke ich, kann man es dabei belassen.

Vielleicht haben Sie noch Spiele aus MS-DOS-Zeiten auf dem Speicher – oder im Keller. Diese können Sie (mit wenigen Ausnahmen) in der *DOSBox* spielen. Die DOSBox ist ein Programm, das eine MS-DOS-Umgebung unter Linux *emuliert*. Dadurch können Sie Spiele aus dieser Zeit wiederbeleben. Neben den Spielen funktionieren natürlich auch alte Anwendungen.

MS-DOS

MS-DOS (*Microsoft Disk Operating System*) ist das erste von Microsoft vertriebene Betriebssystem. Es wurde 1982 vorgestellt und bis in die 90er-Jahre entwickelt. Auch unter Windows 95 und 98 war es noch präsent. Es ist nicht multitaskingfähig und hatte zunächst keine grafische Oberfläche. Zum Einsetzen der DOSBox sind daher auch gewisse Kenntnisse über MS-DOS erforderlich.

Die Installation der DOSBox erfolgt über die Anwendungsverwaltung oder den folgenden Befehl:

```
sudo apt install dosbox
```

Nach der Installation finden Sie den Emulator im Menü SPIELE. Nach einem ersten Start werden Sie bemerken, dass alles in Englisch ist – einschließlich des Tastaturlayouts (siehe Abbildung 7.3).

In der Paketquelle fehlt das deutsche Sprachpaket. Dieses müssen Sie manuell von der Website herunterladen:

https://www.dosbox.com/download.php?main=1

Sie finden das Sprachpaket als ZIP-Archiv im Downloadbereich (siehe Abbildung 7.4).

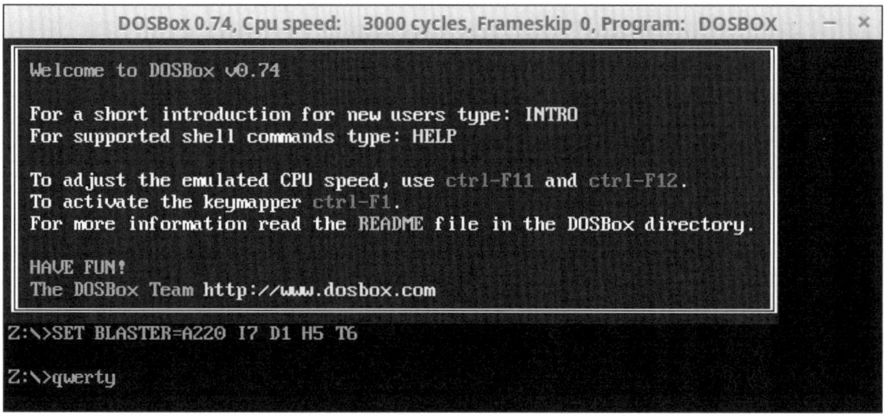

Abbildung 7.3 Der erste Start der DOSBox

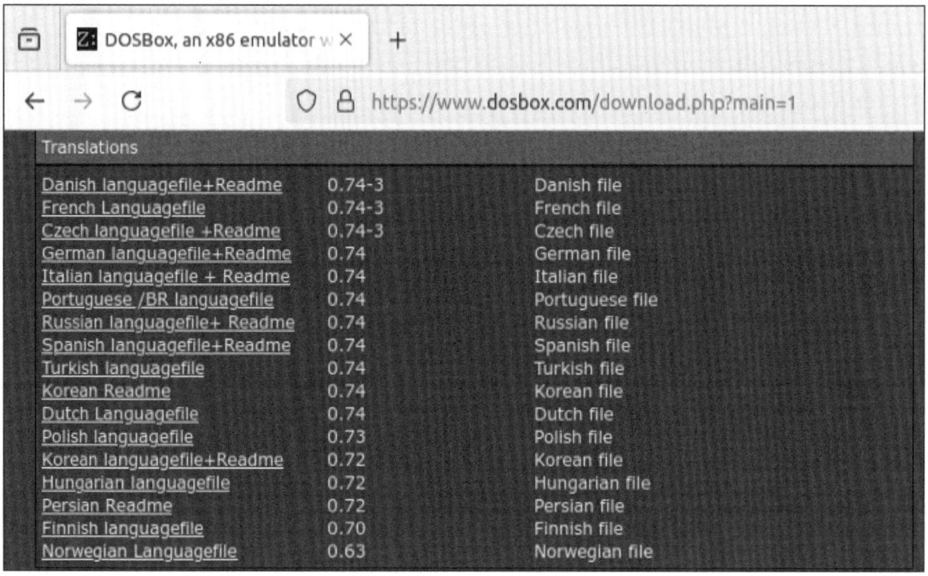

Abbildung 7.4 Download des Sprachpakets

Der Konfigurationsordner von DOSBox ist, wie in Linux gewohnt, im persönlichen Ordner verborgen, und sein Name lautet *.dosbox*. Öffnen Sie den Ordner in Nemo (am besten über die Adresszeile; aktivieren Sie dazu die Pfadeingabe), und entpacken Sie dann das heruntergeladene ZIP-Archiv dort hinein (z. B. per Drag & Drop). Die im Archiv vorhandene Konfigurationsdatei sollte dabei nicht entpackt werden (siehe Abbildung 7.5).

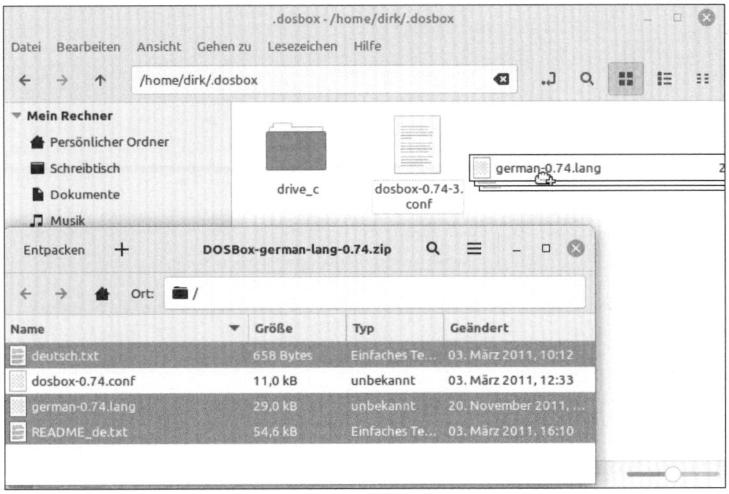

Abbildung 7.5 Entpacken des ZIP-Archivs per Drag & Drop

Nun erstellen wir einen Ordner, in dem wir später die DOS-Programme ablegen können. Hier orientieren wir uns am besten an Wine und nennen den Ordner *drive_c*. Erstellen Sie also in Nemo einen Ordner mit diesem Namen im Konfigurationsordner der DOS-Box. Dies funktioniert im Übrigen auch im Terminal:

```
mkdir ~/.dosbox/drive_c
```

Die Tilde (~) ist Ihnen bereits begegnet. Sie ist ein Platzhalter für den persönlichen Ordner (bei mir also für */home/dirk*).

Danach müssen Sie die Konfigurationsdatei *dosbox-0.74.3.conf* mit einem Doppelklick öffnen und im Texteditor bearbeiten (siehe Abbildung 7.6). Dort wird zunächst das Tastaturlayout auf Deutsch umgestellt und der neue Ordner »bekannt gemacht«.

Ändern Sie hier die Zeile `keyboardlayout=auto` in

```
keyboardlayout=gr
```

Fügen Sie im Bereich `[autoexec]` die folgenden Zeilen an:

```
mount c ~/.dosbox/drive_c
c:
```

Nach einem erneuten Start präsentiert sich die DOSBox in deutscher Sprache und mit deutschem Tastaturlayout. Einsteiger können sich durch die Eingabe von `intro` oder `help` einen ersten Überblick verschaffen. Erwähnenswert ist hier der *Keymapper*. In ihm können Sie Tastenzuordnungen verändern, was bei manchen Spielen sinnvoll ist. Verlassen können Sie die DOSBox durch die Eingabe von `Exit`.

Abbildung 7.6 Die Konfigurationsdatei der DOSBox

Als Nächstes können Sie Ihre DOS-Programme in den Ordner *~/.dosbox/drive_c* kopieren und in der DOSBox starten (siehe Abbildung 7.7).

Abbildung 7.7 Duke 3D in der DOSBox

Wenn Sie Anwendungen starten, wird es vorkommen, dass die Maus in der DOSBox »gefangen« ist. Um sie wieder freizugeben, betätigen Sie einfach die Tastenkombination `Strg` + `⇧` + `F10`.

Auf der Website finden Sie Hilfe, weitere Informationen und Erweiterungen zur DOS-Box:

https://www.dosbox.com

7.3 Steam – kommerzielle Spiele

Auch große Spielehersteller haben inzwischen die Linux-Nutzer als Kunden ausgemacht. Ein Beispiel dafür ist der Spieleanbieter *Valve*. Er bietet seit einigen Jahren eine Anwendung mit dem Namen *Steam* an, mit der Sie viele Ihrer Spiele auch unter Linux nutzbar machen können. Allerdings ist ein Großteil dieser Spiele natürlich kommerziell. Zudem hat Valve neben den Spielen auch einige Videos im Angebot.

Denken Sie vorab jedoch daran, dass viele Spiele 3D-Funktionen benötigen. Diese werden auf einem älteren System nicht sauber laufen. Falls Ihr PC jedoch über eine nicht allzu alte Grafikkarte von *NVIDIA* oder *AMD* verfügt, dürfte ein großer Anteil der Spiele auch spielbar sein.

Die Anwendung *Steam* bringt eigene Laufzeitumgebungen mit, damit die Spiele z. B. unter Windows und Linux funktionieren. Valve arbeitet im Übrigen auch eng mit Grafikkartenherstellern zusammen. Ihr Ziel ist es, dass Spiele in Zukunft auf allen Systemen nutzbar sind. Zurzeit gilt dies jedoch nur für einen Teil der angebotenen Spiele. Manche sind nur unter Windows und eben nicht unter Linux spielbar. Dies wird Ihnen in der Software jedoch angezeigt.

Auf die komplette Anwendung *Steam* kann ich in diesem Abschnitt jedoch nicht eingehen, da es in diesem Buch ja um Linux Mint geht. Steam ist sehr umfangreich, und eine detaillierte Beschreibung würde das Kapitel sprengen. Allerdings ist das Programm sehr intuitiv zu bedienen und bietet eine gute Hilfe bzw. guten Support.

7.3.1 Anmeldung bei Steam

Um Steam nutzen zu können, sollten Sie vorab auf der Website von Steam einen Benutzerzugang einrichten. Dies ist zwar auch bei der Installation möglich, aber auf diese Weise können Sie sich bereits ein wenig auf der Website mit dem Angebot vertraut machen. Beim Erstellen des Zugangs müssen Sie u. a. Ihre E-Mail-Adresse und ein Passwort angeben. Eine Zahlungsmethode muss nur hinterlegt sein, wenn Sie auch Spiele erwerben möchten. Zum Testen der Umgebung reicht zunächst der einfache Zugang. Das Passwort sollte dennoch nicht zu simpel sein und nicht für andere Zugänge genutzt werden. Die Erstellung des Zugangs erfolgt unter:

https://store.steampowered.com

Nach der Erstellung können Sie verschiedene Einstellungen vornehmen. Dabei sollten Sie in dem Bereich *Plattformeinstellungen* (ziemlich unten) die Auswahl STEAMOS + LINUX aktivieren, wodurch nicht spielbare Windows- und macOS-Spiele ausgeblendet werden. (Dabei können jedoch, je nachdem, wie Sie später in Steam suchen, auch Windows-Spiele gefunden werden.)

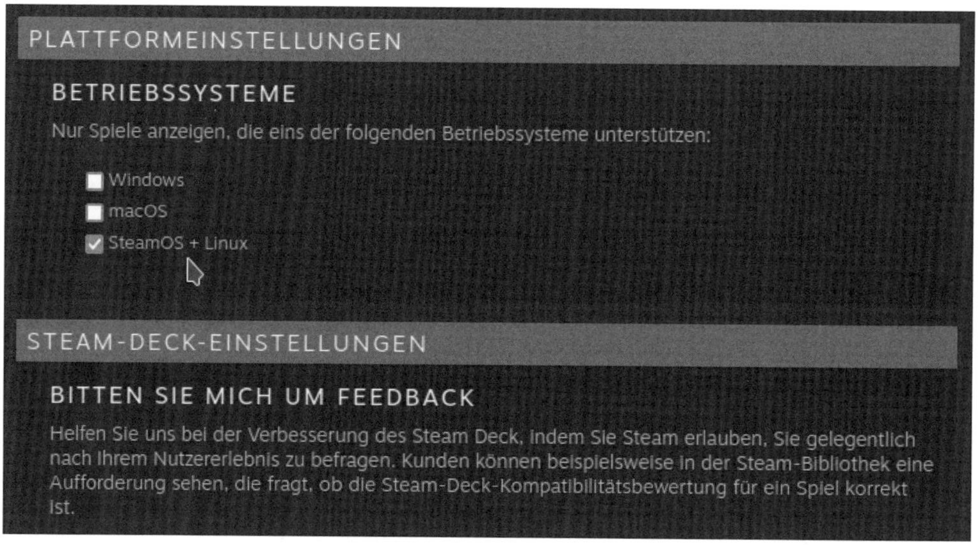

Abbildung 7.8 Nur Linux-Spiele anzeigen

7.3.2 Steam installieren

Steam bietet Ihnen eine kostenlose Software zum Herunterladen an, die auf den meisten Linux-Distributionen genutzt werden kann. Unter Linux Mint wurde bis Version 20 nur eine Flatpak-Version angeboten. Inzwischen steht jedoch zusätzlich eine »normale« Installation zur Verfügung. Sie können Steam also wie gewohnt über die Anwendungsverwaltung installieren (siehe Abbildung 7.9). Ich nutze in diesem Beispiel die Flatpak-Version (mit dem Namen *Steam (Flathub)*).

Abbildung 7.9 Steam über die Anwendungsverwaltung installieren

Nach dem ersten Start lädt Steam noch ein paar eigene Aktualisierungen herunter. Bis zum endgültigen Start kann es auch einige Sekunden dauern. Dann können Sie über SIGN IN WITH ACCOUNT NAME Ihre Zugangsdaten eingeben (siehe Abbildung 7.10; oder, falls noch nicht geschehen, über CREATE A FREE ACCOUNT einen neuen Benutzer erstellen).

Abbildung 7.10 Die Anmeldung bei Steam

Offensichtlich übernimmt das Programm die Spracheinstellungen nicht aus dem angelegten Benutzer. Sie können dies jedoch über die Einstellungen Store preferences nachholen (siehe Abbildung 7.11).

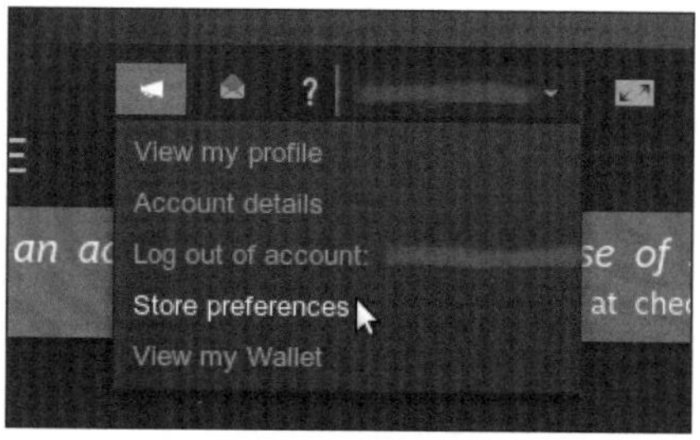

Abbildung 7.11 Die Einstellungen von Steam öffnen

Wechseln Sie in den Einstellungen zu Languages, und wählen Sie dort Deutsch als Sprache. Nach der Umstellung ist dennoch nicht alles in Deutsch. Einige Menüpunkte, Spielbeschreibungen usw. erscheinen noch in Englisch. Dies ändern Sie im Menü Steam • Settings • Interface. Wählen Sie dort im Bereich Select the language ebenfalls Deutsch.

7.3.3 Steuerung der Spiele

Die meisten Spiele können mit Gamepads, Maus oder per Tastatur gesteuert werden. Infos dazu finden Sie in der Beschreibung der Spiele oder nach dem Start im Spiel selbst. Die Konfiguration und der Test eines Gamepads erfolgen im Menü Steam • Einstellungen • Controller.

7.3.4 Spiele installieren

Nun können Sie über das Webmenü Spiele • Kostenlos (nicht die obere Menüleiste; siehe Abbildung 7.12) verschiedene kostenlose Spiele installieren und testen. Auch an dieser Stelle möchte ich darauf hinweisen, dass Steam die Oberfläche des Shops gelegentlich verändert. Daher können meine Angaben hier von den aktuellen abweichen.

»Kostenlose« Spiele

Denken Sie bei der Nutzung daran, dass heute leider viele Spiele nicht wirklich kostenlos sind. Bei vielen dieser Spiele müssen Sie nach kurzer Zeit irgendwelche Dinge oder weitere Level kaufen, um weiterspielen zu können. Diese Spiele sind daher nicht vergleichbar mit den tatsächlich kostenlosen Spielen unter Linux, die zumeist Open-Source-Spiele sind.

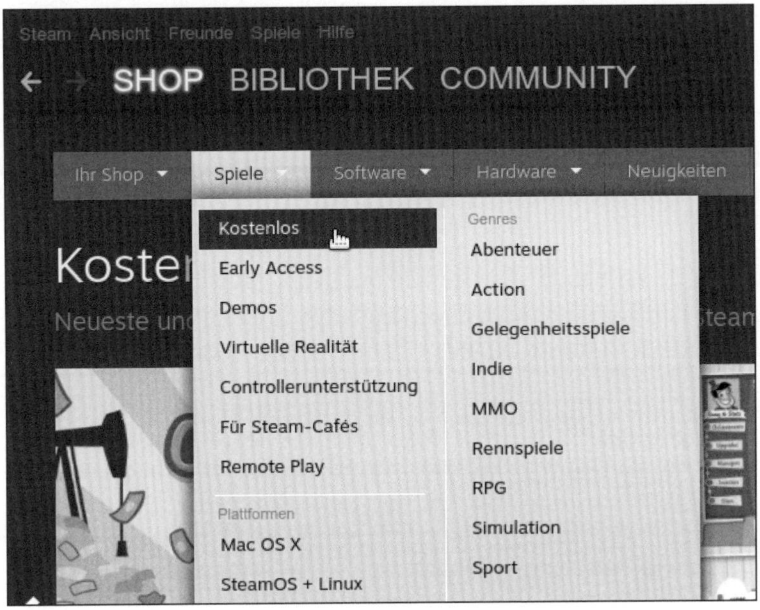

Abbildung 7.12 Kostenlose Spiele testen

Die Installation von Spielen unter Steam muss ich Ihnen nicht im Detail erklären, da diese simpel ist. Der grundlegende Ablauf ist ähnlich wie in der Anwendungsverwaltung. Suchen Sie nach einem Begriff, oder stöbern Sie ein bisschen im sehr umfangreichen Katalog. Sie finden dann Detailseiten, auf denen die Spiele sehr umfangreich vorgestellt werden. Es laufen sogar Vorschauvideos eines Spiels.

Nach der Installation befinden sich die Spiele in Ihrer BIBLIOTHEK. Ob ein Spiel bereits installiert ist, erkennen Sie in den Suchergebnissen an dem Zusatz »In Bibliothek«.

7.3.5 Fazit

Sie haben nun einen Zugang zu einer großen Spieleplattform mit einer praktischen Oberfläche zum Verwalten der Spiele. Es gibt noch weitere kommerzielle Anbieter, die Sie bei Interesse ebenfalls testen können. Deren Angebote sind dabei jedoch recht unterschiedlich. Teilweise müssen die Spiele manuell heruntergeladen und entpackt werden. Achten Sie auch immer darauf, ob die Spiele überhaupt unter Linux laufen – manche sind nämlich nur für Windows.

Weitere interessante Anbieter sind:

- *https://itch.io*
- *https://www.gog.com*

7.4 Weitere Quellen

Wie Sie in Abschnitt 7.1 gelesen haben, sind gerade bei Linux Mint bereits sehr viele Spiele in den Standardquellen vorhanden. Dennoch möchte ich Ihnen abschließend ein paar interessante Websites mit weiteren Quellen zu Linux-Spielen oder Informationen darüber nennen:

- *https://wiki.ubuntuusers.de/Spiele*
- *https://games4linux.de* (nicht mehr aktuell)
- *https://holarse.de*
- *https://www.gamingonlinux.com* (englisch)
- *https://lutris.net* (Lutris ist eine vielversprechende Spieleplattform, allerdings nur in Englisch. Sie ist in der *Anwendungsverwaltung* enthalten; hier werden auch etwas mehr Linux-Kenntnisse benötigt.)

Kapitel 8
Weitere Funktionen, Tipps und Tricks

Watt ma hat, datt hat ma.
Der Teufel steckt im Detail.

8

In diesem Kapitel werde ich Ihnen, ein wenig »unstrukturiert«, aber dennoch detailliert, weitere Funktionen erklären und Tipps zu verschiedenen Anwendungen geben.

Punkte, die Sie nicht benötigen, sollten Sie dennoch »überfliegen«, da in vielen Abschnitten noch weitere Praxistipps zu finden sind, die Ihnen auch an anderen Orten weiterhelfen können.

8.1 Die Netzwerkeinstellungen

Die meisten Leser und Leserinnen werden einen Router und DHCP einsetzen und daher bereits ihre Netzwerkverbindung eingerichtet haben. Hier möchte ich Ihnen dennoch ein paar weitere Informationen zu diesem Thema geben. Allerdings sind dazu auch ein wenig Netzwerkkenntnisse notwendig.

8.1.1 WLAN-Profile und -Einstellungen

Wenn Sie mit Ihrem Linux-Mint-System unterwegs sind, werden Sie häufiger fremde Funknetze verwenden müssen. Dies können Funknetze von Bekannten, Gastzugänge bei Firmen oder auch Hotelnetzwerke sein.

Diese Netzwerke können Sie problemlos unter Linux Mint verwalten. Für jede der hergestellten Verbindungen wird dabei ein *Profil* erstellt. Zunächst erkennen Sie ein neues Funknetz an seinem Symbol in der Leiste (siehe Abbildung 8.1).

Die Verbindung stellen Sie wie gewohnt her. Ich verbinde mich nun mit dem Funknetz eines Mobilfunkanbieters (SFR WIFI FON). Je nach Anbieter kann nach einem Legitimierungsschlüssel gefragt werden. Gerade Gastzugänge oder Hotelnetzwerke sind oft unterschiedlich. Viele nutzen ein offenes Funknetz, bei dem zunächst nicht nach einem Schlüssel gefragt wird.

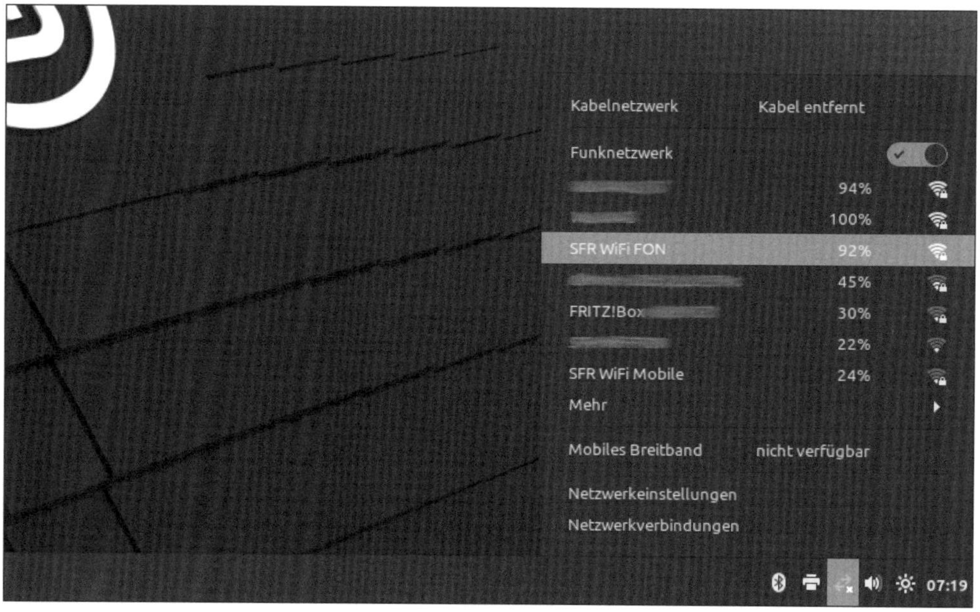

Abbildung 8.1 Ein Gastzugang im Ausland

Erst bei Nutzung des Internets erscheint dann als erste Seite eine Zugangsabfrage. In diesem Zugang war jedoch ein simpler Schlüssel notwendig. Öffnen Sie nun durch einen Klick auf das Netzwerksymbol in der Leiste die *Netzwerkeinstellungen* (siehe Abbildung 8.2).

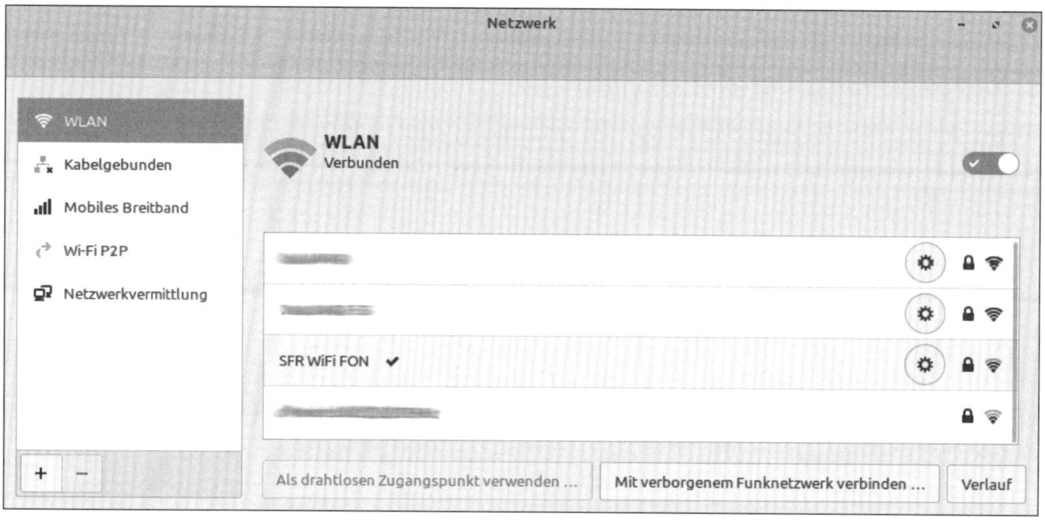

Abbildung 8.2 Die Verbindung mit SFR wurde hergestellt.

Hier finden Sie eine Ansicht der verfügbaren Funknetze. Mit *SFR WiFi FON* wurde, wie Sie an dem Häkchen erkennen, eine Verbindung hergestellt. Bei den Symbolen rechts handelt es sich eigentlich um zwei Schaltflächen. Die erste führt in die Einstellungen (das Zahnradsymbol). Darauf folgen zwei Symbole mit Informationen zu den Funknetzen (das Netz ist verschlüsselt, und die Qualität ist gut). Durch einen Klick darauf können Sie eine Verbindung herstellen oder beenden.

Die Profile anderer oder bereits verwendeter Netze werden durch einen Klick auf Verlauf aufgeführt (siehe Abbildung 8.3).

Abbildung 8.3 Alle bekannten Funknetzwerke

Falls Sie ein Netzwerk nicht mehr benötigen, können Sie es markieren und durch einen Klick auf die Schaltfläche Vergessen entfernen.

Schließen Sie nun die Liste der bekannten Netzwerke wieder. In dem Fenster der Netzwerkeinstellungen gelangen Sie durch einen Klick auf das Zahnradsymbol der Gastverbindung in die Einstellungen dieser Verbindung.

In der Detailansicht können Sie die vom DHCP-Server (bzw. Router) übergebene Netzwerkadresse prüfen (siehe Abbildung 8.4).

Die Details sind für Leser und Leserinnen mit Netzwerkkenntnissen selbsterklärend.

Für Laien sind unter Kennung die beiden Punkte Automatisch verbinden und Anderen Benutzern zur Verfügung stellen interessant (siehe Abbildung 8.5).

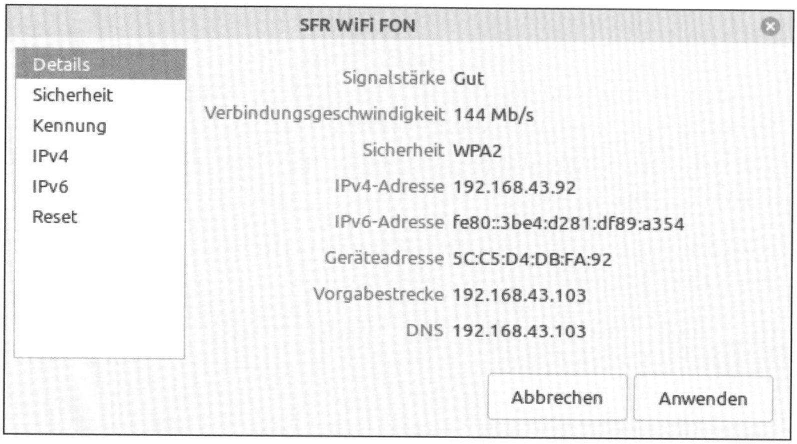

Abbildung 8.4 Die Detailansicht der Einstellungen von »SFR WiFi FON«

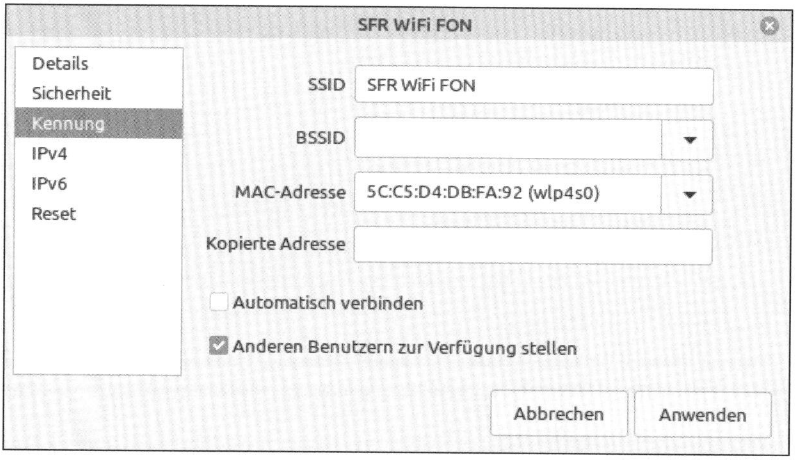

Abbildung 8.5 Verschiedene Einstellungen zum Funknetz

Die Deaktivierung von AUTOMATISCH VERBINDEN sorgt dafür, dass die Verbindung manuell hergestellt werden muss. Dies ist sinnvoll, wenn gleichzeitig mehrere Netzwerke zur Verfügung stehen. Im Büro nutze ich z. B. in den meisten Fällen die Kabelverbindung. Wenn ich jedoch den Raum wechsle, stelle ich manuell auf WLAN um und verwende dann auch nicht die Kabelverbindung. Daher steht die WLAN-Verbindung nicht auf »automatisch«.

Wenn Sie den Punkt ANDEREN BENUTZERN ZUR VERFÜGUNG STELLEN deaktivieren, dürfen nur Sie die Verbindung nutzen – die anderen auf Ihrem System eingerichteten Benutzer eben nicht. Dies kann bei Rechnern mit mehreren Benutzern sinnvoll sein.

8.1.2 Profile bei Kabelverbindungen

Wie auch bei WLAN-Verbindungen können Sie für Kabelverbindungen (LAN) ebenfalls Profile verwalten. Dies ist für Nutzer sinnvoll, die häufiger Netzwerke verwenden, bei denen kein DHCP zur Verfügung steht.

Dadurch können Sie für alle Verbindungen jeweils ein Profil mit Netzwerkadresse, Gateway (bzw. Vorgabestrecke) usw. erstellen. Standardmäßig existiert nur ein Profil mit DHCP, das auch für viele Netzwerke ausreichend sein dürfte.

In Abbildung 8.6 ist nicht direkt zu erkennen, dass die Netzwerkadresse über einen DHCP-Server vergeben wurde.

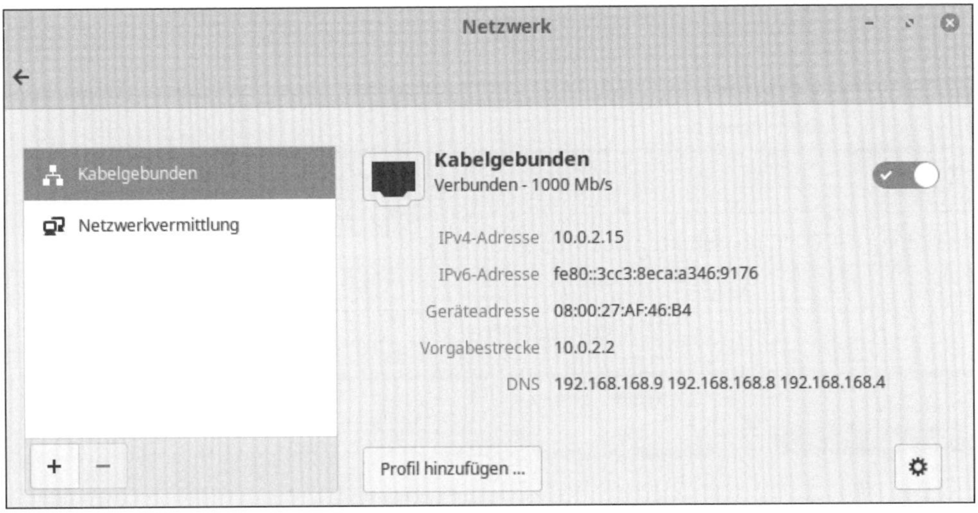

Abbildung 8.6 Die Standardeinstellungen bei einer Kabelverbindung

Durch einen Klick auf das Werkzeugsymbol öffnen sich die Einstellungen, in denen Sie die Details finden (siehe Abbildung 8.7).

Die Adressvergabe steht hier (Bereich IPv4) auf AUTOMATISCH (DHCP).

Wie auch beim WLAN können Sie hier weitere Profile hinzufügen. Dazu schließen Sie die Eigenschaften und klicken in den Netzwerkeinstellungen auf PROFIL HINZUFÜGEN.

Auch hier werden sich Leserinnen und Leser mit Netzwerkkenntnissen zurechtfinden (siehe Abbildung 8.8). Im Bereich KENNUNG ist es wichtig, einen aussagekräftigen NAMEN für das Profil zu vergeben, und bei MAC-ADRESSE müssen Sie die Netzwerkkarte auswählen, für die dieses Profil zutrifft. Die meisten werden nur eine Netzwerkkarte haben; es gibt aber mittlerweile auch Rechner mit zwei oder mehr LAN-Anschlüssen.

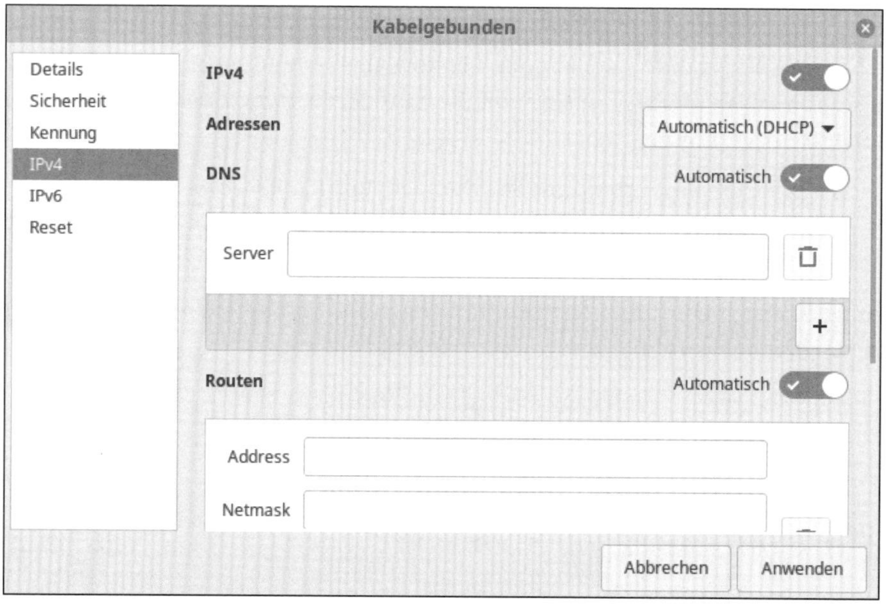

Abbildung 8.7 Die Eigenschaften des Standardprofils

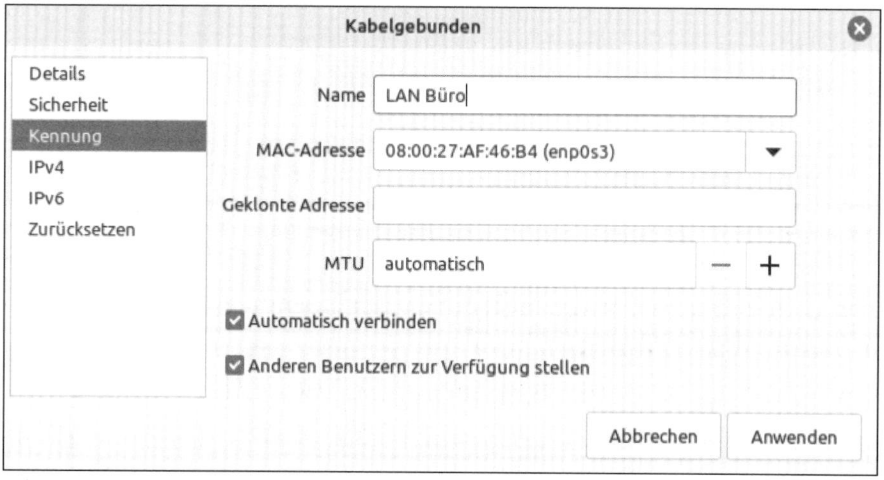

Abbildung 8.8 Ein neues Profil mit dem Namen »LAN Büro«

Unter IPv4 bzw. IPv6 vergeben Sie dann die Adressen (siehe Abbildung 8.9). IPv6-Adressen werden sicherlich im Privatbereich noch nicht (bewusst) eingesetzt.

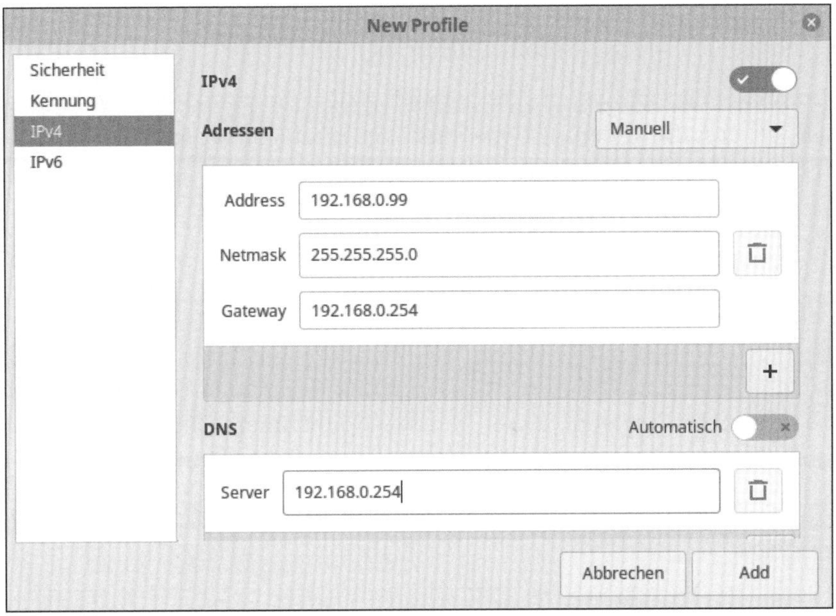

Abbildung 8.9 Hier wurde eine feste Netzwerkadresse vergeben.

Wenn das Profil eingerichtet ist, können Sie es mit einem Klick auf ADD (oder ANWENDEN) speichern. Danach ändert sich die Ansicht der Netzwerkeinstellungen.

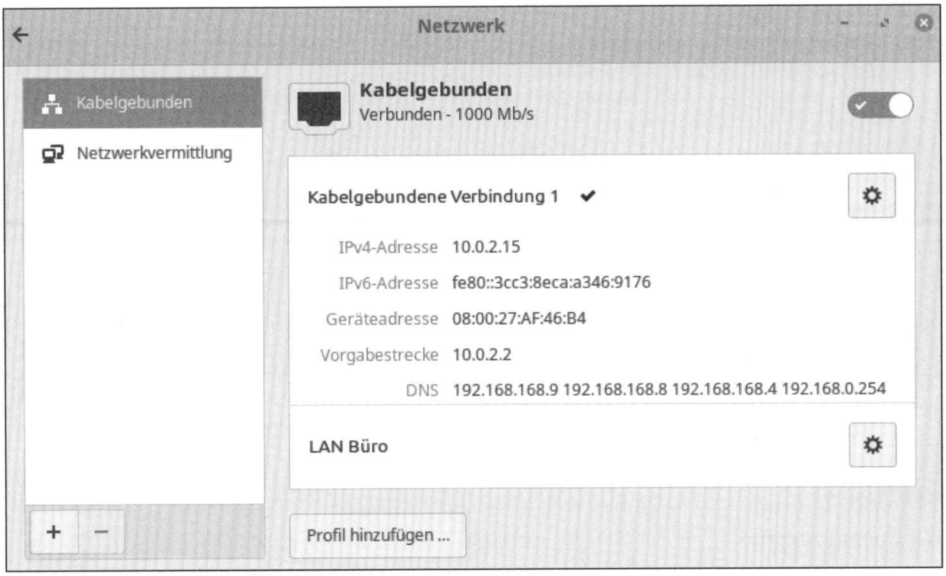

Abbildung 8.10 Die Profile »Kabelverbindung 1« und »LAN Büro«

Die bisherige Verbindung besitzt den Namen *Kabelgebundene Verbindung 1.* Diesen könnten Sie gegebenenfalls noch passend in *DHCP* abändern.

Um ein Profil zu verwenden, aktivieren Sie es einfach, indem Sie es anklicken. Ein wenig unpassend finde ich, dass die Änderung ohne Rückfrage geschieht. Bei einem ungewollten Aktivieren könnten hierdurch Netzwerkanwendungen abstürzen und Daten verloren gehen.

8.1.3 Eine Verbindung zu Windows-Freigaben herstellen

Viele von Ihnen haben sicherlich im Netzwerk weitere »Teilnehmer«, auf die zugegriffen werden soll. Dabei könnte es sich z. B. um Daten auf Windows-Rechnern oder Videos auf NAS-Geräten handeln. Die meisten dieser Netzwerkteilnehmer bieten sogenannte *Windows-Freigaben* an, die auch unter Linux Mint genutzt werden können.

Die Verbindung stellen Sie in Nemo über das Menü DATEI • MIT SERVER VERBINDEN her (siehe Abbildung 8.11).

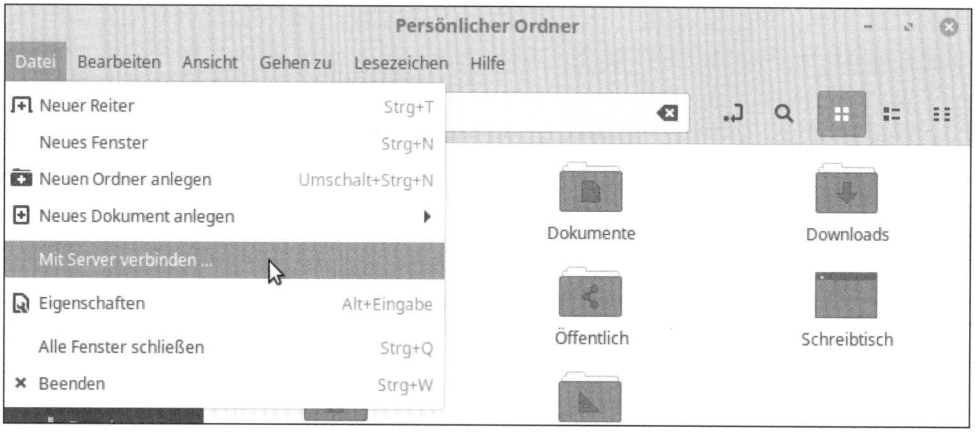

Abbildung 8.11 Eine Netzwerkverbindung herstellen

Danach öffnet sich ein Fenster, in dem Sie verschiedene Verbindungen aufbauen können. Dazu zählen u. a.:

- SSH
- FTP
- WebDAV
- Windows-Freigabe

Wir verwenden hier die WINDOWS-FREIGABE (siehe Abbildung 8.12). Wenn Sie eine der anderen Verbindungen herstellen wollen, ist der Ablauf ziemlich ähnlich.

Abbildung 8.12 Eine Verbindung zu einer Windows-Freigabe herstellen

Hier müssen Sie die korrekten Parameter eingeben (siehe Tabelle 8.1).

Parameter	Funktion des Parameters
Server	Der Netzwerkname des Gerätes, auf das Sie zugreifen möchten. Alternativ können Sie auch die Netzwerkadresse (IP-Adresse) verwenden. Mein NAS hat den Namen *multimedia*.
Typ	SSH, FTP usw. Wir verwenden im Beispiel die WINDOWS-FREIGABE. Je nach Auswahl ändert sich danach der Inhalt des Fensters.
Freigabe	Jede Freigabe besitzt einen *Freigabenamen*, der hier eingetragen werden muss.
Ordner	Meist können Sie es hier bei »/« belassen oder das Feld leer lassen. Wenn Sie in der Freigabe jedoch immer einen bestimmten Unterordner öffnen möchten, können Sie diesen hier bereits angeben.

Tabelle 8.1 Einstellungen im Fenster »Mit Server verbinden«

Parameter	Funktion des Parameters
Domäne	Die meisten Privatnutzer werden keine Domäne verwenden. Daher ist dieser Punkt häufig ein »Problem«. Geben Sie hier zunächst nichts oder WORKGROUP ein. Wenn die Verbindung dann nicht funktioniert, versuchen Sie es mit dem Netzwerknamen des Gerätes (hier *multimedia*).
Benutzername und Passwort	Diese Punkte dürften selbsterklärend sein.

Tabelle 8.1 Einstellungen im Fenster »Mit Server verbinden« (Forts.)

Abbildung 8.13 zeigt ein Beispiel mit einer Netzwerkadresse statt eines Netzwerknamens und einem Eintrag bei DOMÄNE.

Aufgrund von Anmeldeproblemen habe ich hier bei DOMÄNE den Netzwerknamen des NAS-Gerätes angegeben. Dadurch wird festgelegt, wo die Benutzerangaben überprüft werden sollen: auf dem NAS selbst (er hat den Netzwerknamen *multimedia*).

Abbildung 8.13 Zugriff über die Netzwerkadresse

Benutzerangaben

Die Benutzerangaben sind ein häufiges Problem bei solchen Verbindungen. Sie müssen die Benutzerangaben verwenden, die auf dem Ziel bzw. Server (dem NAS oder einem anderen Windows-Rechner) hinterlegt sind. Dies muss nicht der gleiche Benutzername wie unter Linux Mint sein. Auf einem NAS können Sie meist in einer Weboberfläche Benutzer anlegen. Bei Zugriff auf einen Windows-Rechner sollten Sie den gleichen Namen verwenden, mit dem Sie sich an diesem auch anmelden können. Sinnvoll ist es in einem privaten Netzwerk natürlich, überall die gleichen Benutzernamen und Passwörter zu nutzen oder an einem NAS einen Benutzer für alle einzurichten.

Nach der Herstellung der Verbindung öffnet Nemo diese in einem neuen Fenster. Nun sollten Sie umgehend ein *Lesezeichen* erstellen. Ansonsten müssen Sie die Verbindung mit dem Server immer wieder neu erstellen. Die Verbindung wird dann in der Seitenleiste und unter LESEZEICHEN angezeigt (siehe Abbildung 8.14).

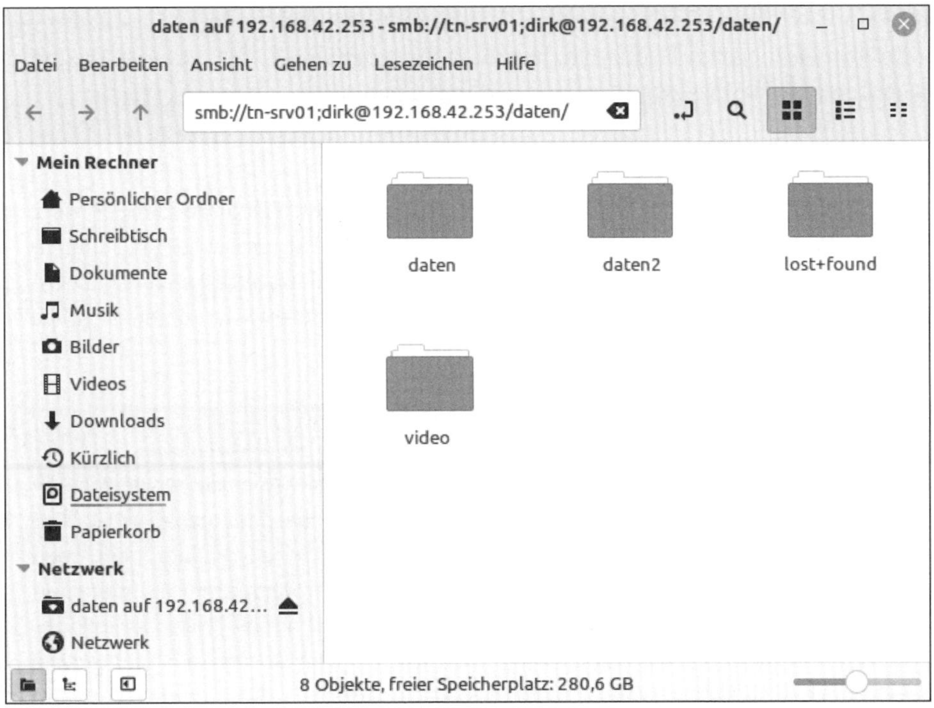

Abbildung 8.14 Eine Verbindung zu einem NAS

Eine Verbindung über die Adresszeile

Nutzer mit Netzwerkerfahrung können die Verbindung auch über die Adresszeile von Nemo aufbauen. Stellen Sie diese über das entsprechende Symbol in der Werkzeugleiste auf den *Eingabemodus* um, und geben Sie folgende Zeile ein (natürlich mit Ihren Daten):

```
smb://BENUTZER@SERVER/Freigabename
```

Beispiel:

```
smb://dirk@multimedia/daten
```

Die ersten Buchstaben bezeichnen hier den Verbindungstyp `smb` (oder `sftp` usw.), gefolgt von einem Doppelpunkt und zwei Schrägstrichen. Dann folgen der *Benutzername* und der *Server*, getrennt durch das @-Zeichen. Nach dem Schrägstrich hinter dem Server steht der *Freigabename*.

8.1.4 Anderen Benutzern im Netzwerk den Zugriff auf Ihre Daten erlauben

So wie Sie auf Windows-Freigaben zugreifen, können Sie auch anderen Benutzern bestimmte Ordner *freigeben*. Dadurch haben diese die Möglichkeit, von anderen Rechnern oder Geräten über das Netzwerk auf Ihre Daten zuzugreifen.

Passwörter und Gastzugang

Beachten Sie beim Freigeben Ihrer Daten, auf welchen Geräten dies vorgenommen wird. Bei mobilen Geräten (Notebook, Tablet-PC) sollte auf keinen Fall ein Gastzugang eingerichtet werden! Ansonsten hätten in offenen WLANs oder Hotelnetzwerken andere Teilnehmer ebenfalls die Möglichkeit, auf diese Daten zuzugreifen. Zusätzlich müssen natürlich sichere, komplizierte Passwörter zum Einsatz kommen.

Linux Mint unter VirtualBox

Wenn Sie Linux Mint in *VirtualBox* testen, wird dieser Tipp ohne Änderungen der virtuellen Maschine nicht funktionieren. Da ich jedoch davon ausgehe, dass man nicht auf Daten einer virtuellen Maschine zugreifen muss, gehe ich nicht im Detail darauf ein. Dazu also nur so viel: Sie müssen unter VirtualBox die Eigenschaften der Maschine ändern und in den Eigenschaften der Netzwerkkarte den Eintrag von NAT auf NETZWERKBRÜCKE ändern und dort zusätzlich die Netzwerkkarte auswählen, die Ihr Hostsystem auch gerade nutzt. Danach erhält Linux Mint eine Netzwerkadresse von Ihrem Router. Die zweite Möglichkeit besteht darin, ebenfalls in den Eigenschaften der Netzwerkkarte unter ERWEITERT eine PORT-WEITERLEITUNG einzurichten. Dies erfordert jedoch etwas mehr (Netzwerk-)Kenntnisse.

Bevor wir beginnen, müssen Sie das Paket *samba* über die Anwendungsverwaltung installieren. Dieses Paket ist dafür zuständig, dass Windows-Rechner auf Ihre Freigaben zugreifen können.

Im ersten Schritt müssen Sie dann eine *Freigabe* einrichten. Ich nutze in diesem Beispiel die Ordner *Videos* und *Öffentlich* in meinem persönlichen Ordner. Öffnen Sie als Erstes das Kontextmenü zu *Videos*, und wählen Sie dort FREIGABEOPTIONEN. Ein alternativer Weg führt über die EIGENSCHAFTEN des Ordners (ebenfalls im Kontextmenü). Aktivieren Sie hier zunächst den Schalter DIESEN ORDNER FREIGEBEN wie in Abbildung 8.15.

Auf die Videos darf jeder Teilnehmer im Netzwerk zugreifen – völlig ohne Anmeldung. Da die Videos nur abgespielt werden sollen, lasse ich den Punkt ANDEREN ERLAUBEN, DATEIEN IN DIESEM ORDNER ZU ERSTELLEN UND ZU LÖSCHEN deaktiviert. Durch die Aktivierung von GASTZUGRIFF können alle Benutzer ohne Kennwortabfrage darauf zugreifen. Aktiviert wird diese Freigabe durch einen Klick auf FREIGABE ERSTELLEN. Danach ändert sich auch das Symbol des Ordners *Videos*. Es erhält ein kleines Zusatzsymbol, an dem Sie erkennen, dass der Ordner im Netzwerk freigegeben ist.

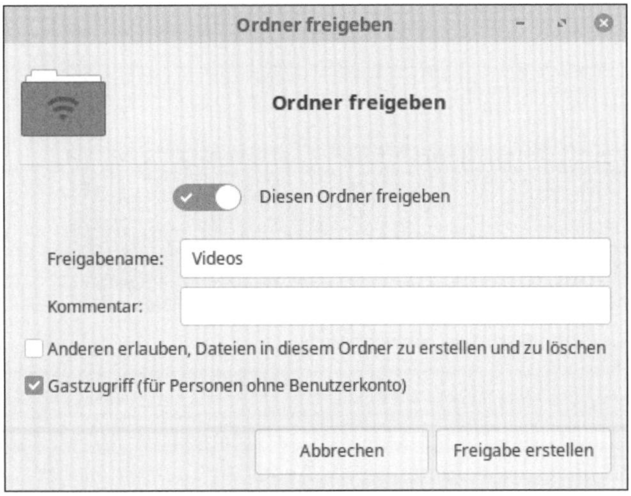

Abbildung 8.15 Den Ordner »Videos« freigeben

Nach der Erstellung dieser Freigabe wird noch darauf hingewiesen, dass die Zugriffsrechte auf den Ordner *Video* geändert werden müssen. Bestätigen Sie dies mit DIE ZUGRIFFSRECHTE AUTOMATISCH HINZUFÜGEN.

Wir haben nun eine Freigabe erstellt, auf die jeder im Netzwerk Zugriff erhält, und zwar ohne Passwortabfrage. Allerdings erhalten alle nur *Lesezugriff* – es kann nichts verändert oder gelöscht werden. Der Zugriff über Windows erfolgt mit den entsprechenden

Windows-Mitteln. Von einem Linux-Mint-System aus können Sie so vorgehen, wie in Abschnitt 8.1.3, »Eine Verbindung zu Windows-Freigaben herstellen«, beschrieben ist.

Für den Fall, dass Sie diese Freigabe auf einem mobilen Gerät eingerichtet haben, sollte der Gastzugang nach einem Test zur Sicherheit wieder deaktiviert werden.

Als Nächstes möchte ich nun eine Freigabe einrichten, auf die Benutzer auch *Schreibzugriff* erhalten sollen. Aus Sicherheitsgründen müssen diese sich daher jedoch anmelden. Der erste Schritt dazu ist, sie unter Benutzer und Gruppen anzulegen (falls noch nicht vorhanden; siehe Abschnitt 4.15.2, »Benutzer und Gruppen«). Danach müssen Sie ihnen noch den *Netzwerkzugriff* gewähren. Die Erlaubnis für den Netzwerkzugriff erteilen Sie im Terminal durch folgenden Befehl:

```
sudo smbpasswd -a heinz
```

Sie ersetzen natürlich `heinz` durch den entsprechenden Benutzernamen. Danach werden Sie, wie gewohnt, nach Ihrem Passwort gefragt (siehe Abbildung 8.16). Dann muss zweimal das Passwort des anderen Benutzers eingegeben werden (der Benutzer kann es ja auch selbst eingeben). Verwenden Sie hier am besten das gleiche Passwort wie unter Benutzer und Gruppen.

Abbildung 8.16 Netzwerkzugriff für einen Benutzer einrichten

Passwortänderung

Wenn ein Benutzer das Passwort ändern will, führen Sie die Änderung zuerst in Benutzer und Gruppen durch. Danach ändern Sie das Passwort für den Netzwerkzugriff:

```
sudo smbpasswd heinz
```

Den bei der Freigabe für den Netzwerkzugriff verwendeten Parameter `-a` können Sie weglassen. Sie müssen ihn nur beim Anlegen des Benutzers einsetzen (`-a` steht für *add*, auf Deutsch »hinzufügen«).

Nun kommen wir zu der Freigabe des Ordners *Öffentlich*. Öffnen Sie auch hier die Freigabeoptionen über sein Kontextmenü (siehe Abbildung 8.17).

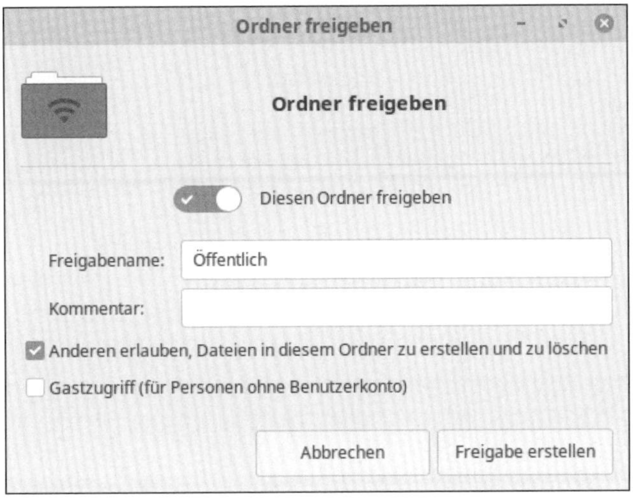

Abbildung 8.17 Die Benutzer erhalten Schreibzugriff.

Hier sind die Einstellungen natürlich anders als beim Ordner VIDEOS. Der Punkt ANDEREN ERLAUBEN, DATEIEN IN DIESEM ORDNER ZU ERSTELLEN UND ZU LÖSCHEN muss aktiviert werden, und GASTZUGRIFF bleibt deaktiviert. Dadurch muss ein Benutzer, um Zugriff zu erhalten, seinen Benutzernamen und das zugehörige Passwort eingeben, erhält dafür jedoch auch Schreibzugriff.

Nach der Erstellung dieser Freigabe wird ebenfalls auf die Zugriffsrechte hingewiesen. Bestätigen Sie auch diese Meldung mit DIE ZUGRIFFSRECHTE AUTOMATISCH HINZUFÜGEN.

Auf den Ordner *Videos* könnten die Benutzer ohne Passwortabfrage zugreifen, auf den Ordner *Öffentlich* nur die Benutzer, die mit `smbpasswd` erstellt wurden. Im Übrigen ist standardmäßig auch ein eventuell installierter Drucker im Netzwerk freigegeben (siehe Abbildung 8.18). Wenn dies nicht erwünscht ist, kann die Freigabe in der Systemverwaltung im Kontextmenü des Druckers aufgehoben werden.

Sie können natürlich auch den Schreibzugriff bei GASTZUGRIFF erlauben. Jedoch ist dies riskant. Denken Sie bei den Freigaben auch daran, auf welchem Rechner Sie Linux Mint einsetzen. Sie möchten sicherlich nicht allen Hotelgästen Gastzugriff auf Ihre Daten geben. Dies könnte aber geschehen, wenn Sie sich mit einer solchen Freigabe in einem offenen Hotelnetz anmelden!

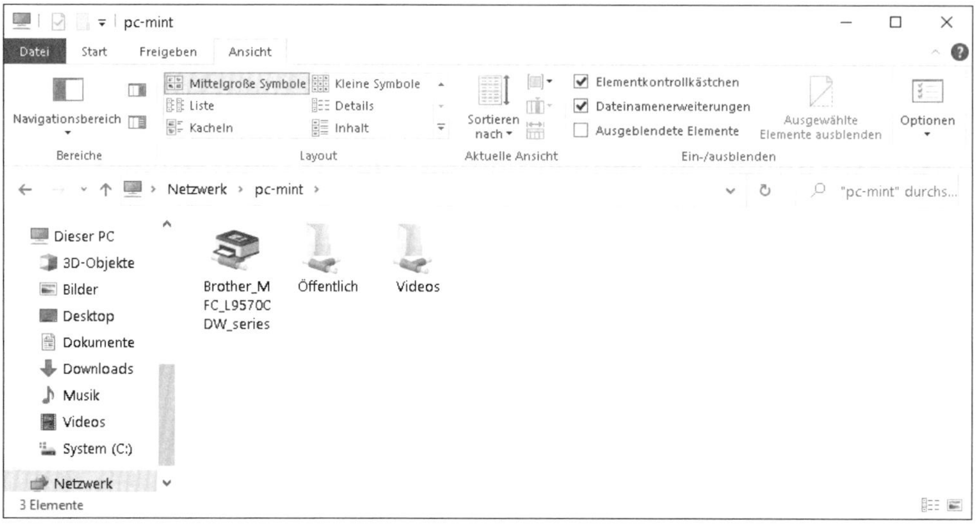

Abbildung 8.18 Zugriff von einem Windows-System auf die beiden Freigaben

Wenn Sie die Freigabe wieder entfernen und die ursprünglichen Zugriffsrechte wiederherstellen möchten, deaktivieren Sie einfach den Punkt DIESEN ORDNER FREIGEBEN in den Freigabeoptionen.

Um einem Benutzer den Netzwerkzugriff zu verweigern, nutzen Sie wieder den Befehl `smbpasswd` im Terminal:

```
sudo smbpasswd -x heinz
```

Erweiterte Freigaben

Ich habe Ihnen hier die simple Methode der Freigaben erklärt. Sie haben zwar nicht viele Möglichkeiten bei den Einstellungen, aber für den Privatbereich dürfte es ausreichend sein. Wer mehr Einstellmöglichkeiten benötigt, kann das Paket *smb4k* installieren. Dafür brauchen Sie jedoch auch entsprechend fortgeschrittene Kenntnisse.

8.2 Persönliche Firewall

In Abschnitt 5.23, »Eine Firewall und Schutz vor Viren«, habe ich Sie bereits darüber informiert, ob eine Firewall benötigt wird oder nicht. Für den Fall, dass bei Ihnen die installierte *Uncomplicated Firewall* (ufw) zum Einsatz kommen soll, folgen hier ein paar

Informationen über deren Einsatz. Ich erläutere Ihnen die Nutzung der Firewall anhand eines Beispiels. Die weitere Verwendung ist, ein wenig Netzwerkkenntnisse bzw. entsprechende Informationen vorausgesetzt, sehr einfach.

Windows-Firewalls

Vielleicht kennen Sie Firewall-Software, die sich meldet, wenn Programme versuchen, eine Verbindung zum Internet aufzubauen. Man kann den Verbindungsaufbau dann gezielt für einzelne Programme erlauben oder sperren. Diese Meldungen erscheinen bei dieser Firewall nicht.

Ich gehe im Folgenden davon aus, dass Sie die im vorangegangenen Abschnitt erläuterten Netzwerkfreigaben eingerichtet haben. Wenn nicht, richten Sie bitte die Freigabe auf einen der Ordner ein. Zusätzlich sollte ein anderer Netzwerkteilnehmer zur Verfügung stehen, um die Zugriffe zu testen.

VirtualBox

Falls Sie Linux Mint unter VirtualBox ausführen, müssen Sie die Netzwerkeinstellung der virtuellen Maschine ändern, falls Sie die Firewall testen wollen. Infos dazu finden Sie in Abschnitt 8.1.4, »Anderen Benutzern im Netzwerk den Zugriff auf Ihre Daten erlauben«.

8.2.1 Grundinformationen zur Firewall

Sie finden die Firewall in den SYSTEMEINSTELLUNGEN und dort im Bereich SYSTEMVERWALTUNG. Nach dem Start der Oberfläche (*Gufw*) ist sie noch nicht aktiviert, und der Bereich REGELN ist leer.

Die Oberfläche ist sehr simpel aufgebaut. Unter PROFIL werden drei Profile angeboten: ZUHAUSE, BÜRO und ÖFFENTLICH. Diese Profile unterscheiden sich am Anfang jedoch nicht besonders, da sie nur Standardregeln beinhalten. Unter EINGEHEND und AUSGEHEND kann festgelegt werden, was mit den entsprechenden Anfragen bzw. Netzwerkpaketen standardmäßig geschehen soll.

Die möglichen Einstellungen sind:

- ERLAUBEN – Anfragen werden nicht blockiert.
- VERWEIGERN – Alle Anfragen werden ignoriert bzw. blockiert.
- ABLEHNEN – Diese Einstellung hat die gleiche Funktion wie VERWEIGERN, der Sender wird jedoch darüber benachrichtigt.

Über den Schalter bei STATUS kann die Firewall aktiviert (AN) und beendet (AUS) werden. Dieser Schalter ist ein wenig »schwerfällig«. Nach einem Klick dauert es zwei bis drei Sekunden, bis er umschaltet. Aktuell ist die Firewall noch nicht aktiv.

Abbildung 8.19 Die Oberfläche der Firewall (Gufw)

8.2.2 Start der Firewall

Bevor wir nun starten, prüfe ich auf einem Windows-Rechner, ob ein Netzwerkzugriff möglich ist. Ich öffne dazu die *Eingabeaufforderung* und gebe folgenden Befehl ein:

```
net view \\pc-mint
```

Dieser Befehl überprüft den Rechner mit dem Netzwerknamen *pc-mint* auf Freigaben. Passen Sie den Namen entsprechend an, aber vergessen Sie die beiden Backslashes (umgekehrte Schrägstriche) nicht! Für den Fall, dass es mit dem Netzwerknamen nicht möglich ist, versuchen Sie es mit der *Netzwerkadresse*. Diese können Sie in den *Netzwerkeinstellungen* oder durch die Eingabe von `ip a` im Mint-Terminal ermitteln.

In Abbildung 8.20 sehen Sie die Ausgabe *Der Befehl wurde erfolgreich ausgeführt*. Zusätzlich werden die freigegebenen Ordner *Videos* und *Öffentlich* angezeigt.

Schalten Sie nun die Firewall ein, und stellen Sie den Eintrag unter EINGEHEND auf VERWEIGERN und unter AUSGEHEND auf ERLAUBEN (siehe Abbildung 8.21).

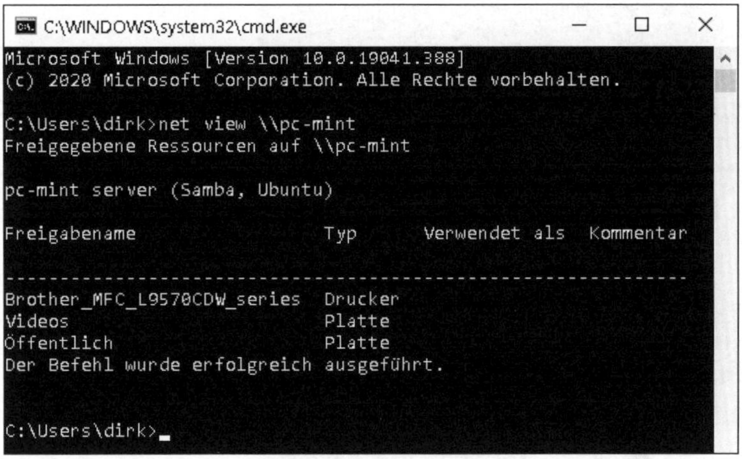

Abbildung 8.20 Ausgabe von »net view«

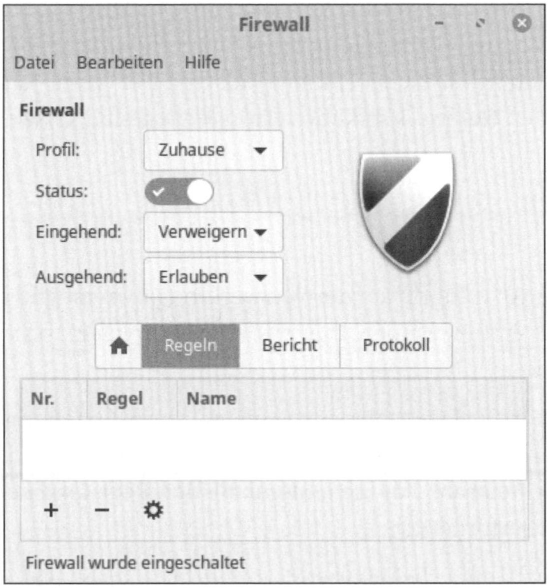

Abbildung 8.21 Die Firewall ist aktiviert – aber ohne Regeln.

Der Bereich REGELN ist leer, da noch keine festgelegt wurden. Das bedeutet, dass nun sämtliche eingehenden Anfragen verweigert werden – wodurch kein Zugriff auf die Freigaben mehr möglich ist. Nun führe ich auf dem Windows-Rechner nochmals den Befehl `net view` aus.

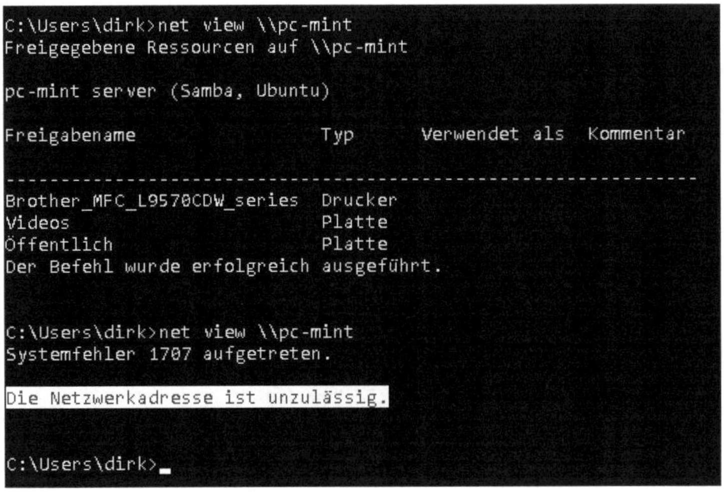

Abbildung 8.22 »net view« mit einer Fehlermeldung

Sie sehen, dass `net view` nun Systemfehler und die Meldung *Die Netzwerkadresse ist unzulässig* (eventuell auch *Der Netzwerkpfad wurde nicht gefunden*) ausgibt. Der Grund ist, dass die Firewall sämtlichen eingehenden Netzwerkverkehr verweigert – genau so, wie Sie es eingestellt haben.

8.2.3 Netzwerkfreigaben erlauben

Wir wollen natürlich, dass im Profil ZUHAUSE Zugriff auf die Netzwerkfreigaben möglich ist. Dazu muss eine entsprechende *Regel* erstellt werden. Dies erfolgt im Bereich REGELN über einen Klick auf das Plussymbol unten links.

Im darauf folgenden Fenster bietet die Firewall verschiedene Register für die Erstellung von Regeln an: VORKONFIGURIERT, EINFACH und ERWEITERT. Im Bereich VORKONFIGURIERT stehen Ihnen gängige Regeln zur Auswahl. Für die anderen beiden Register sind mehr oder weniger Netzwerkkenntnisse erforderlich.

Für den Zugriff auf Netzwerkfreigaben verwenden wir eine vorkonfigurierte Regel. Übernehmen Sie dazu die Angaben aus Abbildung 8.23.

Weitere Kategorien

Es ist möglich, dass Sie bei KATEGORIE »NETZWERK« und bei UNTERKATEGORIE »DATEIÜBERTRAGUNG« auswählen müssen, damit der Zugriff tatsächlich funktioniert.

Wie Sie sich erinnern, war für die Netzwerkfreigabe das Paket *samba* erforderlich. Für diese Anwendung muss auch der eingehende Zugriff erlaubt werden. Durch einen Klick auf HINZUFÜGEN wird die Regel erstellt, und das Fenster kann durch einen Klick auf SCHLIESSEN geschlossen werden. Insgesamt sind für den Zugriff auf die Netzwerkfreigabe vier Regeln notwendig. Diese werden nun im Bereich REGELN angezeigt. Ein erneuter Versuch mit `net view` zeigt mir nun wieder das erste Ergebnis an, und der Zugriff ist möglich.

Abbildung 8.23 Zugriff auf Netzwerkfreigaben erlauben

Löschen können Sie Regeln, indem Sie sie markieren und dann auf das Minussymbol klicken. Der Samba-Zugriff wäre dann nicht mehr möglich.

8.2.4 Fazit

Wir haben nun für das Profil ZUHAUSE eine Regel erstellt, die den Zugriff auf Netzwerkfreigaben erlaubt. Wenn Sie sich jetzt mit diesem Rechner in einem öffentlichen Netzwerk befinden, können Sie zum Profil ÖFFENTLICH wechseln, in dem keine eingehenden Zugriffe erlaubt sind. Ein Zugriff auf die Freigaben wäre dann nicht möglich. Testen Sie dies einfach in Ihrem privaten Netzwerk.

Aber Sie erkennen auch, dass eine persönliche Firewall nicht unbedingt notwendig ist. Ein Rechner, der sich nur im privaten Netzwerk befindet, benötigt sie nicht. Den (in unserem Beispiel) einzig möglichen Zugriff auf die Netzwerkfreigaben würden wir erlauben. Wenn Sie ein Mobilgerät verwenden, stellt sich die Frage, wo es sich befindet: bei einem Bekannten, der Zugriff erhalten soll? Dann bleibt das Profil ZUHAUSE aktiv. Nur in einem öffentlichen Netzwerk ist es sinnvoll, das Profil zu wechseln, damit niemand die Freigaben findet. Wenn Sie sich jedoch an meine Empfehlung gehalten haben, auf Mobilgeräten keine Gastzugriffe einzurichten, und komplizierte Passwörter verwenden, kommt auch ohne Firewall keiner an die Daten heran.

Zusätzlich dürfen Sie den Profilwechsel in einem Hotel nicht vergessen – sonst nutzen auch die eingerichteten Regeln nichts!

8.3 Drucken unter Linux Mint

Die Installation eines lokalen Druckers und das Druckmenü haben Sie bereits kennengelernt. In diesem Abschnitt erhalten Sie weitere Informationen über den Druck und zum Einrichten eines Druckers.

8.3.1 Papier sparen

Viele Anwender drucken mehrseitige Texte ohne Anpassungen auf DIN-A4-Papier. Ich habe mir schon seit Langem angewöhnt, diese zumindest im »Zwei Seiten pro Blatt«-Format zu drucken (siehe Abbildung 8.24). Dies spart Papier, und meist sind Texte sogar angenehmer zu lesen.

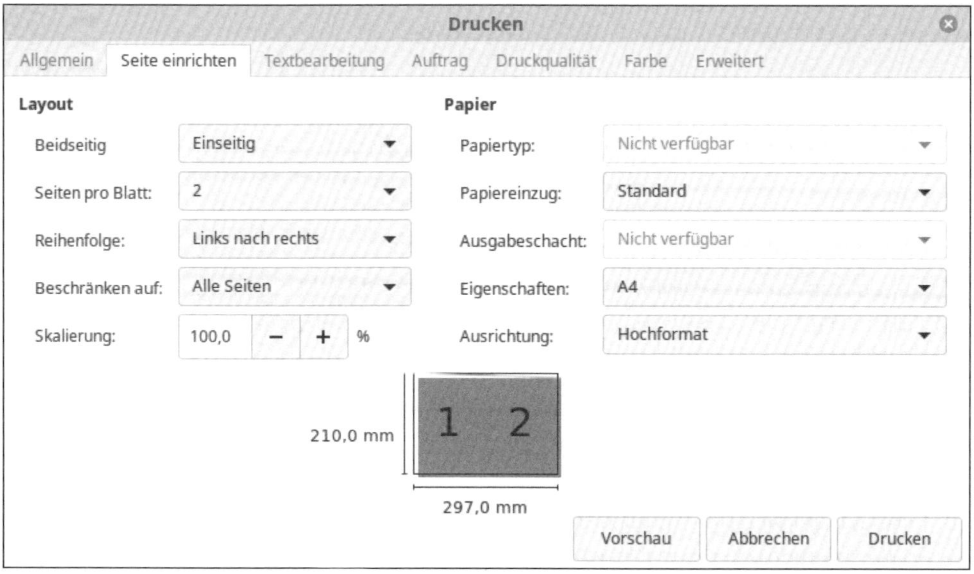

Abbildung 8.24 Zwei Seiten pro Blatt

In fast allen Anwendungen, die Dokumente drucken (LibreOffice, der Dokumentenbetrachter usw.), ist es möglich, dies in der Druckauswahl einzustellen. Die Einstellung erfolgt im Register SEITE EINRICHTEN unter dem Punkt SEITEN PRO BLATT.

8.3.2 Einen Netzwerkdrucker einrichten

Im Abschnitt über die Systemverwaltung wurde bereits »auf die Schnelle« ein (Netzwerk-)Drucker eingerichtet. Hier gehen wir nun ein wenig mehr in die Tiefe. Um einen Netzwerkdrucker zu installieren, öffnen Sie im Menü über SYSTEMVERWALTUNG • DRUCKER die Druckerumgebung. Nach dem Klick auf HINZUFÜGEN öffnet sich das Fenster, in dem Sie den Drucker auswählen können.

Wenn Sie einen Netzwerkdrucker im Einsatz haben, ist dieser nach kurzer Zeit unter NETZWERKDRUCKER aufgeführt (siehe Abbildung 8.25).

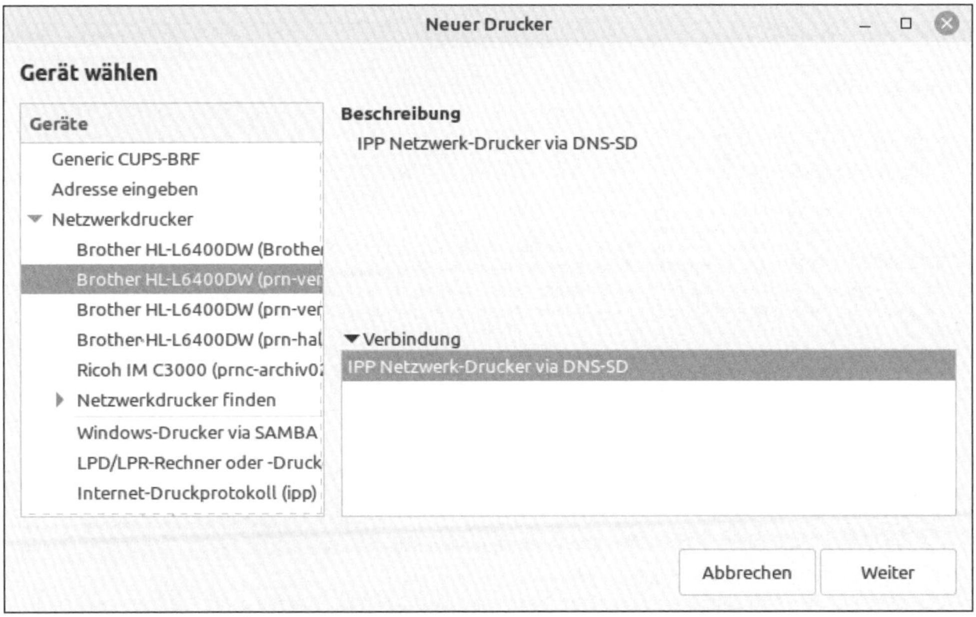

Abbildung 8.25 Verschiedene Drucker wurden im Netzwerk gefunden.

In diesem Beispiel existieren mehrere Netzwerkdrucker. Es ist möglich, dass manche Drucker aufgrund dessen, dass mehrere Anschlussmöglichkeiten bestehen, auch mehrfach angezeigt werden. Nutzen Sie als Verbindung am besten *IPP Netzwerk-Drucker* oder, wenn vorhanden, *AppSocket/HP JetDirect*.

Wenn der Drucker nicht gefunden wurde, können Sie auch unter NETZWERKDRUCKER FINDEN seinen Netzwerknamen oder seine Netzwerkadresse angeben und nach ihm suchen lassen. Die anderen Protokolle (ipps, LDP usw.) brauchen Sie nur einzusetzen, wenn die automatische Erkennung oder Suche nicht geholfen hat. In dem Fall sollten Sie jedoch vorab nach den entsprechenden Informationen in den Linux-Mint- oder Ubuntu-Foren suchen.

Über die Schaltfläche WEITER installieren Sie den Treiber. Bei gängigen Geräten hat Linux Mint den Hersteller erkannt und nutzt automatisch den korrekten Treiber. Wenn dies nicht der Fall ist oder der Hersteller nicht korrekt erkannt wird, können Sie ihn manuell auswählen (siehe Abbildung 8.26).

Zusätzlich ist es außerdem möglich, den Treiber über NACH EINEM HERUNTERLADBAREN DRUCKERTREIBER SUCHEN aus dem Internet herunterzuladen (dies funktionierte bei mir aber nur selten).

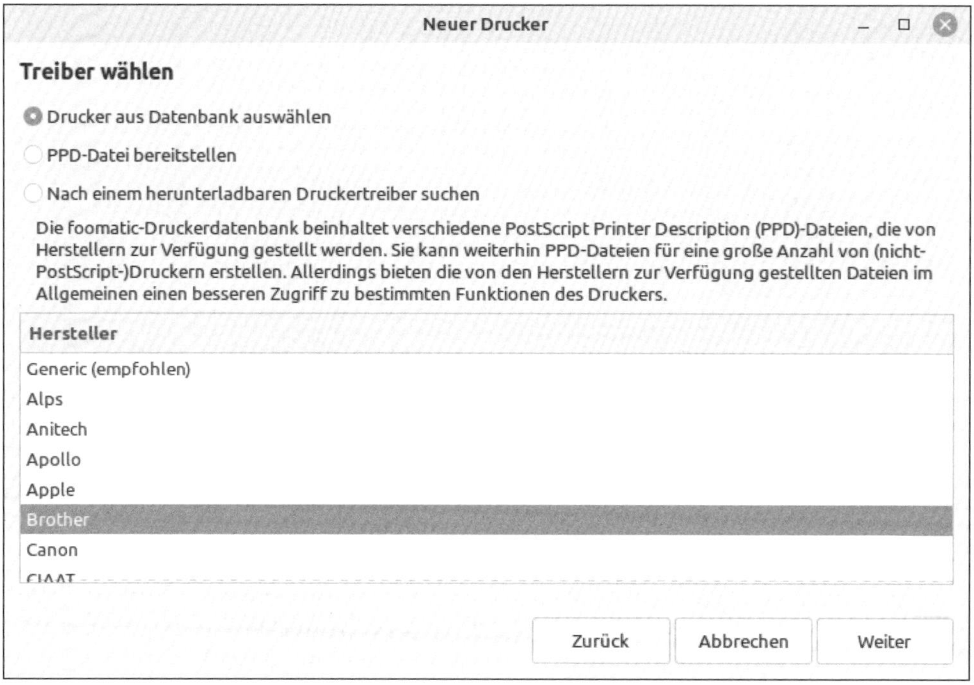

Abbildung 8.26 Der Treiber wurde nicht automatisch gefunden.

Im nächsten Schritt wählen Sie den Treiber. Hier kann es vorkommen, dass nicht das korrekte Modell ausgewählt wird. Dies liegt häufig daran, dass Hersteller Hunderte verschiedene Modelle anbieten, von denen jedoch viele mit demselben Druckertreiber lauffähig sind (siehe Abbildung 8.27). Im besten Fall ist der vorgeschlagene Treiber mit Ihrem Modell identisch. Prüfen Sie dennoch, ob nicht ein Treiber speziell für Ihr Druckermodell vorhanden ist.

Infos und Kompatibilitätsmodus

Wenn es nach der Installation zu Druckproblemen kommt, da nicht der Treiber Ihres Modells verwendet wurde, finden Sie im Internet schnell Hilfe. In Linux-Mint- oder Ubuntu-Foren wurde sicher schon darüber geschrieben, welcher Treiber verwendet werden soll. Es reicht meist eine einfache Suche nach dem Druckermodell und »Linux«.

Zusätzlich sind viele Drucker mit anderen kompatibel oder beherrschen einen sogenannten *Kompatibilitätsmodus*. Bei Letzterem kann der Drucker mit dem Treiber eines gängigen Modells, meist auch eines anderen Herstellers, betrieben werden. Infos dazu finden Sie im Handbuch oder auf der Webseite des Herstellers.

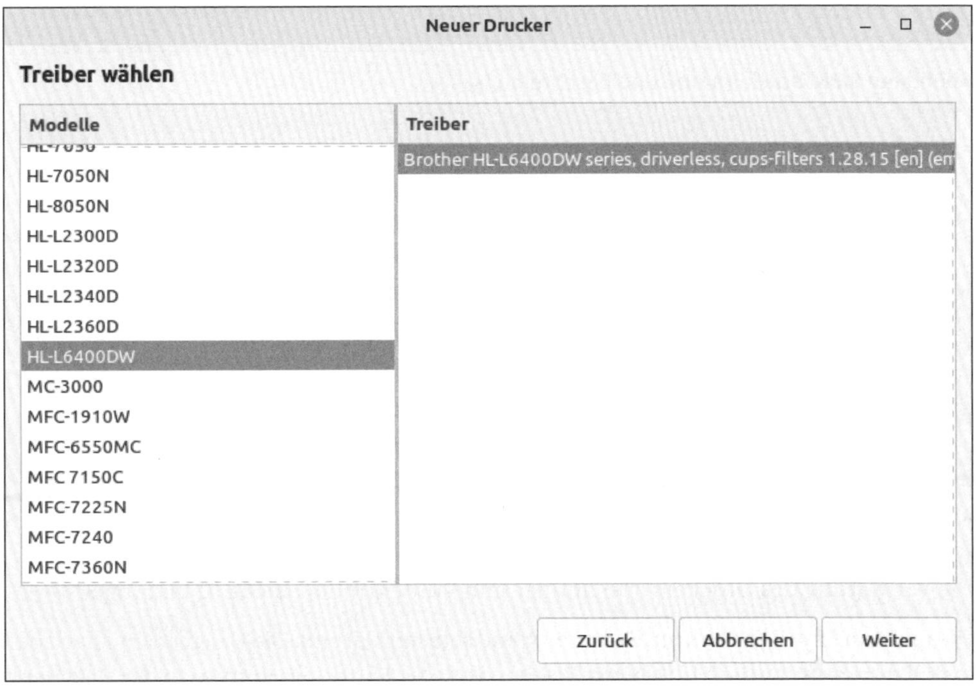

Abbildung 8.27 Ein Druckertreiber wurde manuell ausgewählt.

Im letzten Schritt können Sie den Drucker beschreiben (siehe Abbildung 8.28). Wie ich bereits in Abschnitt 4.14.3, »Drucker«, erwähnt habe, mag dies zunächst ein wenig unnötig erscheinen. Aber wenn im Büro mehrere installierte Drucker stehen, verlieren Sie ohne eine Beschreibung schnell den Überblick. Danach ist der Drucker installiert und einsatzbereit (siehe Abbildung 8.29).

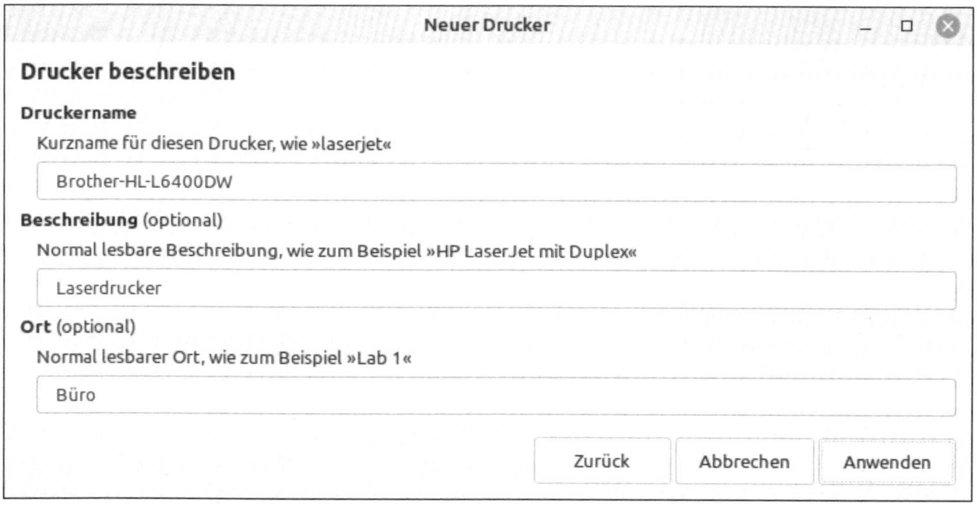

Abbildung 8.28 Druckername und Beschreibung

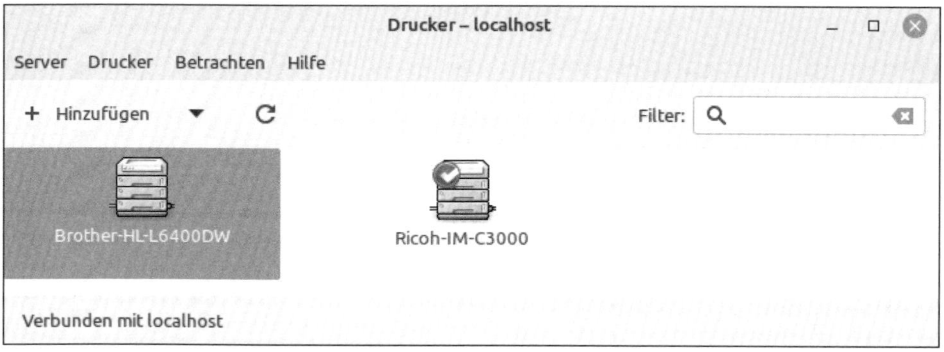

Abbildung 8.29 Der Drucker wurde erfolgreich eingerichtet.

Die Verwaltung des Druckers erfolgt über sein Kontextmenü (siehe Abbildung 8.30).

Die meisten Einträge des Kontextmenüs sind selbsterklärend. Die Drucker sind nach der Installation automatisch im Netzwerk FREIGEGEBEN. Durch das Entfernen des Häkchens heben Sie diese Freigabe auf. Über den Punkt EIGENSCHAFTEN gelangen Sie in die Konfiguration des Druckers. Diese unterscheidet sich natürlich je nach Drucker (siehe Abbildung 8.31).

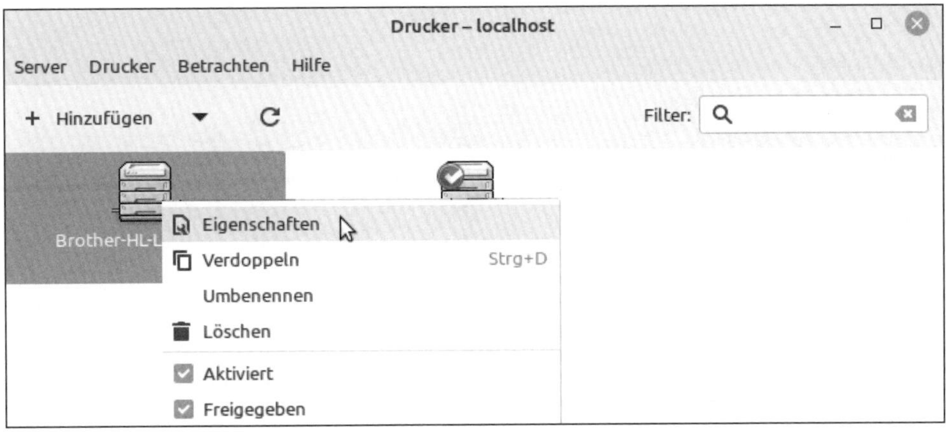

Abbildung 8.30 Drucker verwalten

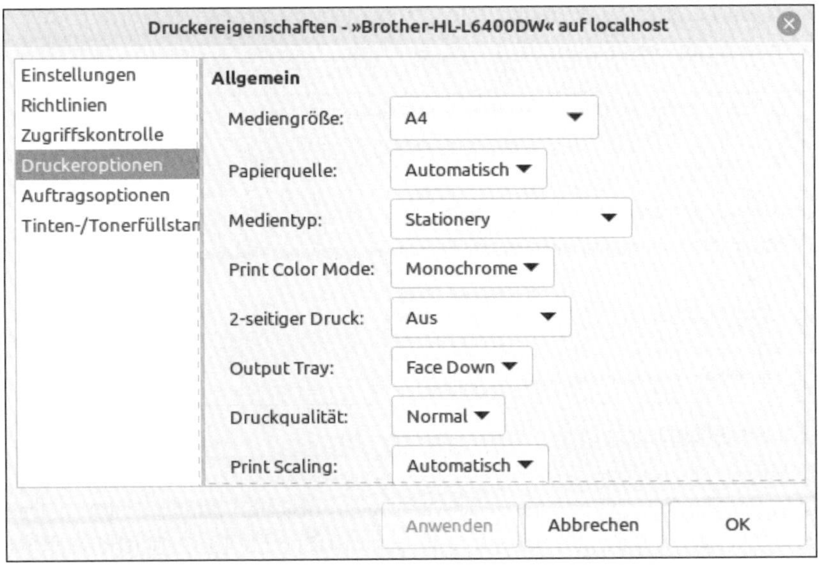

Abbildung 8.31 Die Eigenschaften des Druckers

8.3.3 Druckaufträge verwalten

Linux Mint bietet eine *Druckerwarteschlange*, in der Sie Druckaufträge verwalten können. Sie erreichen sie über das Kontextmenü des jeweiligen Druckers in der Systemverwaltung (siehe Abbildung 8.32).

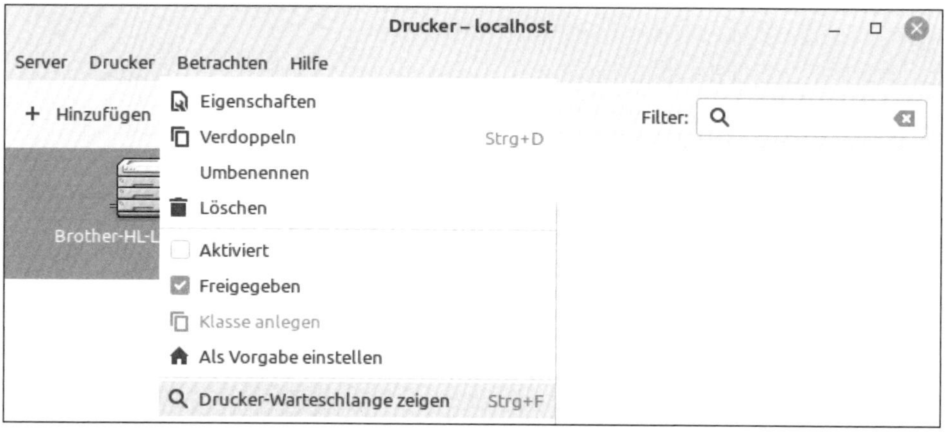

Abbildung 8.32 Die Druckerwarteschlange anzeigen

Hierbei öffnet sich ein Fenster, in dem aktuelle Druckaufträge angezeigt werden (siehe Abbildung 8.33). In den meisten Fällen dürfte es leer sein.

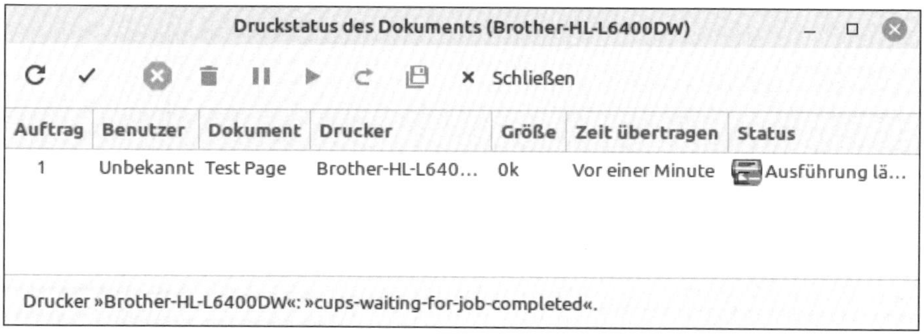

Abbildung 8.33 Ein aktueller Druckauftrag

Hier können Sie in der Werkzeugleiste aktuelle Aufträge abbrechen oder pausieren. Das Symbol mit dem Häkchen zeigt auch beendete Druckaufträge an. Im Privatbereich ist dies weniger interessant, aber in Büros lässt sich damit prüfen, ob ein bestimmtes Dokument bereits gedruckt wurde.

In meinem Beispiel wird eine Testseite gedruckt. Die Anzeige in der Druckerwarteschlange ist hier eventuell nicht korrekt. Der Benutzer ist *unbekannt*, und die Größe des Druckauftrags beträgt nur *0 k*. Schließen Sie in dem Fall das Fenster, und öffnen Sie es erneut. Dann werden der korrekte Benutzer und die entsprechende Größe des Auftrags angezeigt. Der Anzeigefehler wirkt sich nicht auf den Druck aus.

8.3.4 Eine PDF-Datei erstellen

Es gibt mehrere Gründe, eine PDF-Datei zu erstellen. Wenn Sie z. B. Dokumente an Dritte weitergeben müssen, ohne dass diejenigen sie bearbeiten können sollen, käme das Dateiformat PDF infrage. Ein zusätzlicher Grund sind Dokumente, die sich bequem auf einem Tablet-PC lesen lassen. Diese Geräte sind in den möglichen Dateiformaten eingeschränkt, können jedoch meist PDFs öffnen.

Unter Linux Mint können Sie aus allen Anwendungen, die eine Möglichkeit zum Druck anbieten, auch PDF-Dateien erstellen. Öffnen Sie dazu die Druckauswahl wie in Abbildung 8.34.

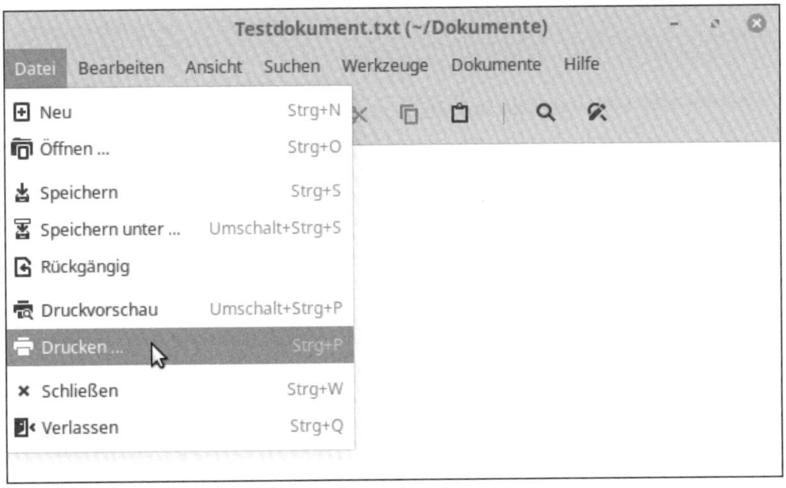

Abbildung 8.34 Die Druckauswahl öffnen

Dort kann nun IN DATEI DRUCKEN ausgewählt werden (siehe Abbildung 8.35). Dies bedeutet, dass die Ausgabe eben nicht auf den Drucker, sondern in eine Datei umgeleitet wird.

Beim Drucken in eine Datei stehen drei Formate zur Auswahl, von denen PDF für Sie das wichtigste ist. Sie können der PDF-Datei unter DATEI noch einen Namen geben und festlegen, in welchem Ordner sie gespeichert werden soll. Nach dem Klick auf DRUCKEN wird die Datei erstellt. Je nach Prozessor und Seitenzahl kann dies jedoch ein wenig dauern. Es erfolgt leider keine Meldung darüber, wann sie fertiggestellt ist.

Wie erwähnt, ist dies aus allen Anwendungen möglich, die eine Druckfunktion anbieten. Manche Anwendungen, wie z. B. LibreOffice, bieten jedoch eine eigene Möglichkeit, PDF-Dateien zu erzeugen. Diese eigenen Funktionen würde ich vorziehen, da sie meist besser auf das jeweilige Originaldokument abgestimmt sind.

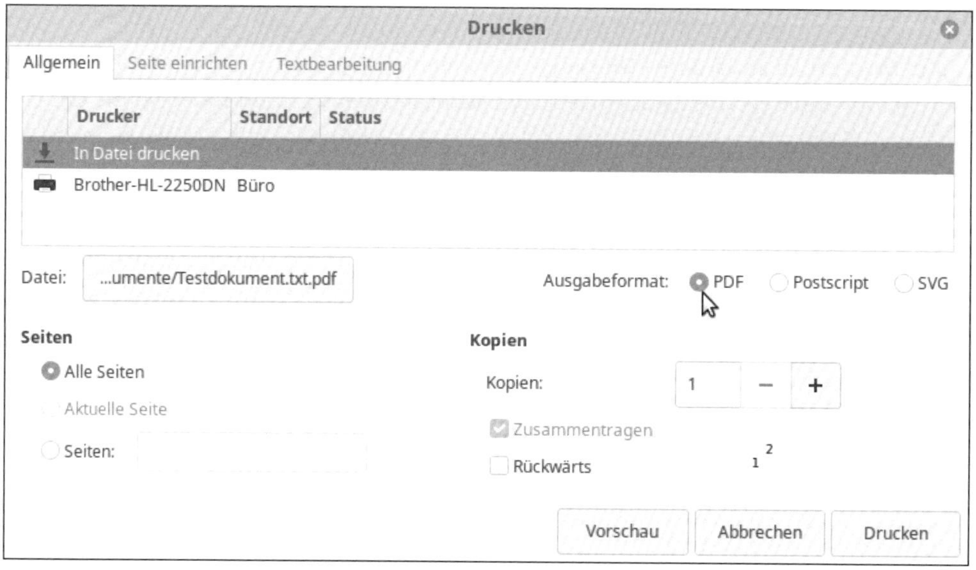

Abbildung 8.35 In eine Datei drucken

8.4 Die Standardanwendung zu einem Dateityp ändern

Den meisten Dateitypen ist bereits nach der Installation eine Standardanwendung zugeordnet. Dies können Sie manuell anpassen. Denken Sie vorher jedoch auch an die Möglichkeit, die *bevorzugten Anwendungen* in den *Einstellungen* festzulegen.

Im folgenden Beispiel will ich Videos im AVI-Format mit dem VLC Media Player öffnen. Alle anderen Videos sollen weiterhin mit Celluloid geöffnet werden, wodurch die Lösung in den Einstellungen nicht infrage kommt. Dazu öffne ich in Nemo zunächst das Kontextmenü und wähle dort ÖFFNEN MIT • ANDERE ANWENDUNG (siehe Abbildung 8.36).

»Öffnen mit« wird nicht angezeigt

Für den Fall, dass der Eintrag ÖFFNEN MIT nicht im Kontextmenü erscheint, ist keine weitere Anwendung vorhanden, die diesen Dateityp öffnen kann. Ich habe in diesem Beispiel ein Video verwendet, da wir den VLC Media Player bereits in einem vorherigen Abschnitt installiert haben. Falls Sie dies nicht getan haben, installieren Sie ihn nun nach – oder lesen Sie diesen Abschnitt einfach nur durch.

Abbildung 8.36 Die Standardanwendung über das Kontextmenü ändern

Auch wenn in dem Untermenü von ÖFFNEN MIT der VLC Media Player bereits angeboten wird, wählen Sie den Punkt ANDERE ANWENDUNG. Dadurch öffnet sich das Fenster, in dem Dateien bzw. Dateitypen dauerhaft einer anderen Anwendung zugeordnet werden können (siehe Abbildung 8.37).

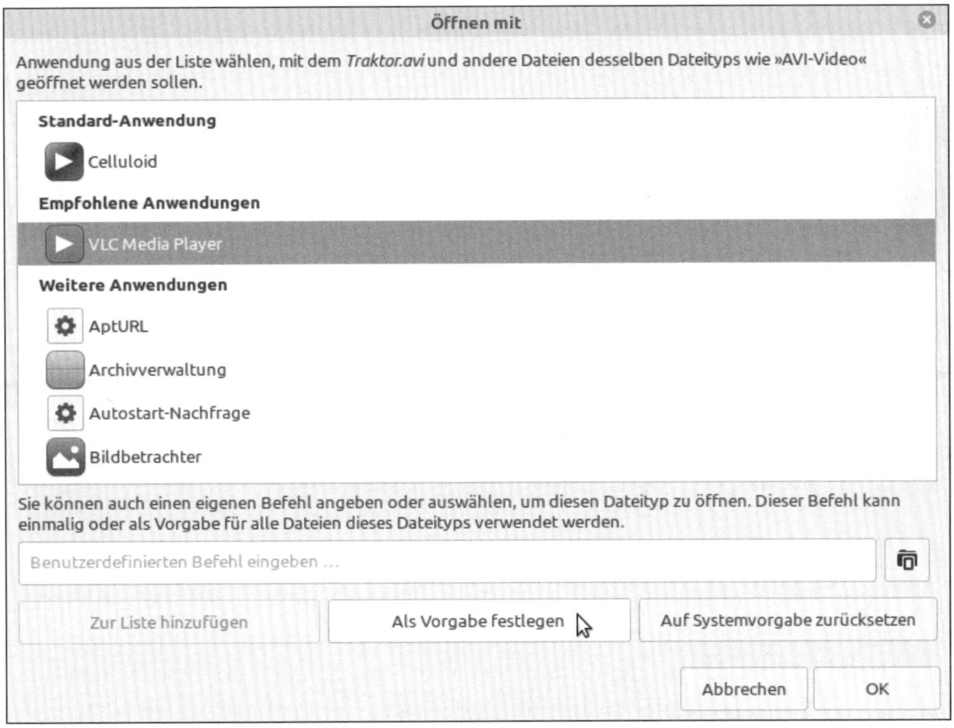

Abbildung 8.37 Den VLC Media Player als neue Vorgabe festlegen

Markieren Sie hier die neue Standardanwendung, und wählen Sie danach ALS VORGABE FESTLEGEN. Nach einer Bestätigung mit OK wird nun der VLC Media Player bei AVI-Dateien verwendet und für andere Videos (MP4, MKV usw.) weiterhin die Anwendung CELLULOID.

Auf die gleiche Weise können Sie natürlich auch für andere Dateitypen alternative Standardanwendungen festlegen.

8.5 Barrierefreiheit – Helfer bei Problemen

Ich habe inzwischen vermehrt Zuschriften von Lesern und Leserinnen erhalten, die aufgrund unterschiedlicher Behinderungen bei der Nutzung eines Computers beeinträchtigt sind. Diese wünschten sich einen Abschnitt, in dem ich auf Werkzeuge eingehe, die ihnen bei der Nutzung von Linux Mint weiterhelfen. Ich hatte das eigentlich schon seit der ersten Ausgabe vor (quasi »imm Auu gehatt«). Allerdings ist Linux Mint (und auch Ubuntu) erst seit den letzten Versionen in Sachen Barrierefreiheit wirklich »gut« geworden. Zu Zeiten der ersten Auflage meines Buches gab es z. B. noch keine Bildschirmtastatur bei der Anmeldung. Ohne angeschlossene Tastatur oder Eingriffe ins System war es daher kompliziert, sich anzumelden, wenn man eine Behinderung hat, die eine virtuelle Tastatur verlangt. Die Werkzeuge hierzu sind jedoch inzwischen ausgereift und wirklich einsatzfähig. Was leider immer noch fehlt, ist eine *Spracherkennung*, die Sie sicher bereits von Ihrem Smartphone gewohnt sind.

Ich erkläre Ihnen in diesem Abschnitt nun die unter Linux Mint bereitgestellten Standardwerkzeuge, wobei ich mich auch nach den Zuschriften der Leser und Leserinnen richte. Ich hoffe, dass ich hiermit die wichtigsten Punkte berücksichtigt habe. Wenn Ihnen jedoch noch etwas fehlt, schreiben Sie mich bitte einfach an.

Barrierefreiheit auf Tablet-PCs

Auch wenn Sie einen Tablet-PC nutzen, sind einige dieser Punkte für Sie interessant. Denn auch für Tablet-PCs ist u. a. eine Bildschirmtastatur wünschenswert. Manche der Werkzeuge wurden sogar ursprünglich für Tablet-PCs entwickelt.

Falls Sie zunächst kurz in das Buch eingestiegen und dann durch den Vermerk in Kapitel 3 direkt in diesen Abschnitt gewechselt sind, sollten Sie ihn nun vor der Installation und Nutzung von Linux Mint erst einmal komplett durchlesen. Dadurch haben Sie einen Überblick über die Möglichkeiten. Sicher ist danach auch ein Lesezeichen oder »Eselsohr« sinnvoll, da Sie hier bestimmt immer wieder einmal nachsehen wollen, wie die einzelnen Werkzeuge genau verwendet werden.

8.5.1 Xfce und Barrierefreiheit

Falls Sie Xfce nutzen, stehen Ihnen leider nicht alle im weiteren Verlauf dieses Abschnitts erläuterten Werkzeuge zur Verfügung. Die einzelnen Abbildungen im Buch unterscheiden sich daher natürlich auch von der Ansicht unter Xfce. Mausaktionen und die virtuelle Tastatur *Onboard* sind jedoch vorhanden. Auch der Bildschirmleser kann gestartet werden – dies werde ich im Folgenden noch erwähnen.

8.5.2 Die Anmeldung

Bereits bei der Anmeldung stehen Ihnen in der oberen Leiste, und zwar unter dem Symbol für *Barrierefreiheit*, mehrere Werkzeuge zur Verfügung:

- die *Bildschirmtastatur*
- *Starker Kontrast*
- der *Bildschirmleser*

Abbildung 8.38 Anmeldebildschirm mit allen aktivierten Werkzeugen

Die Punkte sind hierbei weitestgehend selbsterklärend und sollen Ihnen die Anmeldung erleichtern. Der Bildschirmleser ist allerdings noch nicht als »perfekt« zu bezeichnen. Er liest Ihnen Texte und Buchstaben vor, die mit der Maus markiert oder ausgewählt wurden oder die Sie per Tastatur eingegeben haben. Dabei kann er jedoch gelegentlich auch etwas »nerven«. Durch Betätigen der [Esc]-Taste kann ein Vorlesevorgang jederzeit abgebrochen werden.

Eine Alternative bestünde im Übrigen darin, dass Sie die *automatische Anmeldung* aktivieren. Hierauf gehe ich ja genauer bei der Installation und Benutzerverwaltung ein. Dies bedeutet allerdings natürlich auch ein Sicherheitsrisiko.

8.5.3 Barrierefreiheit

Im Punkt BARRIEREFREIHEIT in den Systemeinstellungen können Sie die meisten Werkzeuge aktivieren und konfigurieren, die Ihnen bei den verschiedensten Beeinträchtigungen weiterhelfen.

Abbildung 8.39 Die Einstellung »Barrierefreiheit« ist schnell und einfach in der Leiste zugänglich.

In den folgenden Abschnitten erläutere ich Ihnen die wichtigsten Punkte – aber, wie auch in den anderen Abschnitten, natürlich nicht alle. Sie können diese jedoch meist durch Aktivierung einfach selbst testen.

Wenn Sie die Einstellung *Barrierefreiheit* oft benötigen, heften Sie diese am besten an die Leiste bzw. das Startmenü an.

8.5.4 Der Bereich »Visuell« – besser sehen

Bei Problemen mit der Schriftgröße oder bei der Erkennung von Symbolen, Schaltflächen usw. können Sie die Darstellung im Bereich VISUELL verbessern.

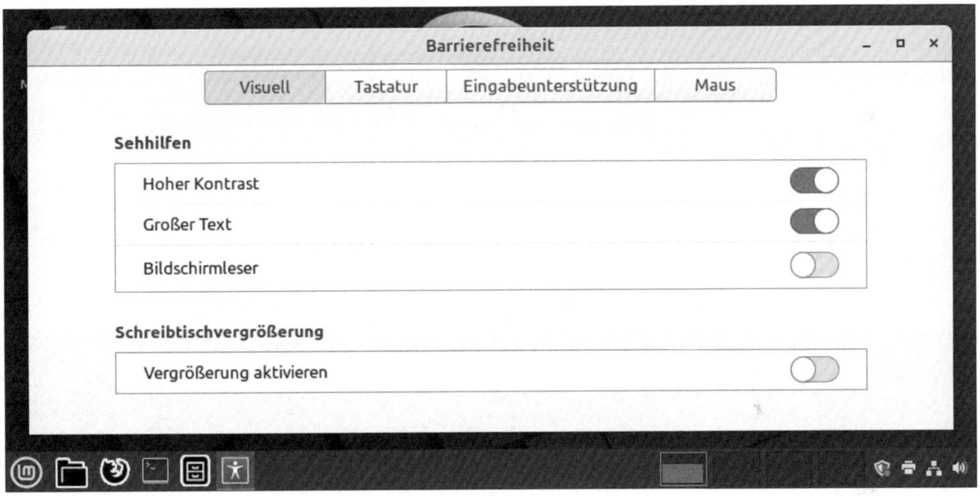

Abbildung 8.40 Der Bereich »Visuell« in der »Barrierefreiheit«

In Abbildung 8.40 sehen Sie Linux Mint mit den aktivierten (Sehhilfe-)Optionen HOHER KONTRAST und GROSSER TEXT. Auch der bei der Anmeldung bereits vorhandene BILDSCHIRMLESER kann hier aktiviert werden. Wenn Sie diesen unter Xfce nutzen wollen, geben Sie im Startmenü einfach »orca« ein. Dann kann der Bildschirmleser mit `orca starten` gestartet werden. Der Punkt SCHREIBTISCHVERGRÖSSERUNG macht aus der Oberfläche eine Lupe. Dann wird nur ein bestimmter Bereich stark vergrößert dargestellt. Die Lupe folgt dabei dem Mauszeiger.

8.5.5 Probleme bei Tastatureingaben

Die Bildschirmtastatur haben Sie ja bereits bei der Anmeldung kennengelernt. Bei dieser handelt es sich um die virtuelle Tastatur *Onboard*. Diese nutze ich bereits seit Jahren auf meinen Geräten mit Touchscreen, da sie sehr gut konfigurierbar ist und auch die Möglichkeit für fertige Textbausteine bietet. Bei der Nutzung platziert sich Onboard dabei im Vordergrund bzw. über den anderen Anwendungen und kann bei Bedarf auch verschoben werden. Sie ist allerdings nicht die *virtuelle Standardtastatur* unter Linux Mint.

Sie finden Onboard in der Leiste bzw. im Startmenü unter ZUBEHÖR. In die Konfiguration von Onboard kommen Sie über die Schaltfläche unten rechts und mit einem anschließenden Klick auf das rote Werkzeugsymbol (siehe Abbildung 8.41).

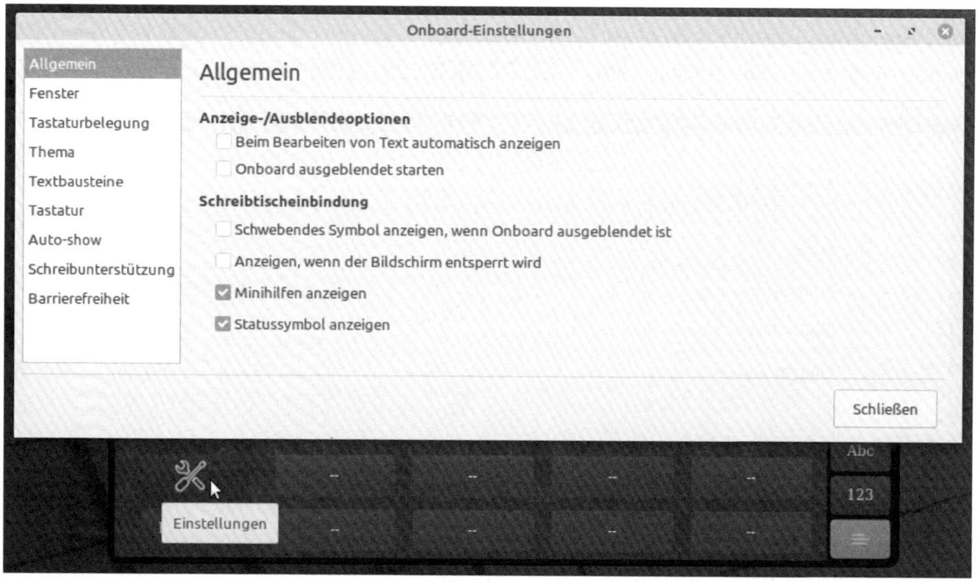

Abbildung 8.41 Die Einstellungen von Onboard

Hier können Sie die Tastatur nach Ihren Wünschen anpassen. Beim Schließen von Onboard verbleibt sie als Symbol im Infobereich der Startleiste und kann darüber wieder geöffnet werden. Wenn Ihnen dieses Symbol zu klein ist, können Sie sich auch ein SCHWEBENDES SYMBOL anzeigen lassen.

In Bereich TASTATUR kann über BILDSCHIRMTASTATUR EINSCHALTEN die virtuelle Standardtastatur aktiviert werden (siehe Abbildung 8.42). Diese nimmt, im Gegensatz zu Onboard, einen festen Bereich des Bildschirms für sich in Anspruch. Dies ist sowohl ein Vor- als auch ein Nachteil: Die Tastatur überdeckt dabei keine Texte oder Felder, aber andere Anwendungen haben jetzt weniger Platz.

Nach der Aktivierung können Sie die Platzierung und Größe verändern und unter AKTIVIERUNGSMODUS festlegen, wann die Tastatur erscheinen soll.

In den weiteren Punkten können visuelle oder akustische Meldungen beim Drücken verschiedener Tasten (per Mausklick) aktiviert werden.

Im Bereich EINGABEUNTERSTÜTZUNG kann die Nutzung der normalen Tastatur verbessert werden. Wenn Sie sich z. B. nur langsam bewegen können, ist die Aktivierung von EINRASTFUNKTION oder TASTENVERZÖGERUNG sinnvoll.

Tastenkombinationen werden durch Betätigen mehrerer Tasten gleichzeitig ausgelöst (z. B. [Strg] + [C] für Kopieren). Mithilfe der Einrastfunktion können Sie diese Tasten *nacheinander* drücken, und es wird dennoch die entsprechende Tastenkombination ausgelöst.

Abbildung 8.42 Die virtuelle Standardtastatur

Mit der Tastenverzögerung kann die Reaktionszeit und Wiederholung von Tasten beeinflusst werden. Die TASTENANSCHLAGFUNKTION verhindert ungewolltes mehrfaches Auslösen einer Taste bei zittrigen Bewegungen.

»Dasher«

Für besondere Eingabemöglichkeiten gibt es noch das Werkzeug *Dasher*, auf das ich hier jedoch nicht weiter eingehen werde. Es ermöglicht u. a. Eingaben, wenn man keine Hände hat. Die Nutzung ist dabei zunächst ein wenig kompliziert und benötigt eine entsprechende Lernphase. Standardmäßig ist es nicht installiert, was jedoch über die Anwendungsverwaltung nachgeholt werden kann. Es wird leider seit geraumer Zeit nicht mehr weiterentwickelt, kann jedoch immer noch hilfreich sein.

8.5.6 Mausaktionen

Im Bereich MAUS können Sie, falls Sie Probleme bei der Nutzung einer Computermaus haben, verschiedene Hilfen einstellen (siehe Abbildung 8.43). Die Funktion MAUSZEIGER MIT DEM NUMMERNBLOCK STEUERN dürfte vielen bekannt sein. Hierzu ist jedoch auch eine entsprechende Tastatur mit Nummernblock notwendig – an einem Notebook mit »normaler« Notebook-Tastatur ist dies nicht möglich. (Sie können natürlich eine entsprechende Tastatur anschließen.)

Abbildung 8.43 Der Bereich »Maus«

Der SIMULIERTE ZWEITE KLICK ermöglicht einen Rechtsklick auf ein Objekt bei länger gedrückter linker Maustaste. Dadurch kann mit dieser z. B. das Kontextmenü eingeblendet werden. Dies ist auch eine Funktion, die von Tablet-PCs bekannt ist.

Der DARÜBERBEWEGENKLICK (eigentlich der *Schwebeklick*) sorgt für eine entsprechende Aktion, wenn sich der Mauszeiger eine Zeit lang über einem Objekt befindet. Dazu wird noch ein separates Menü eingeblendet, in dem Sie zwischen den verschiedenen Klickaktionen auswählen können (siehe Abbildung 8.44). Sie brauchen hierbei nur noch die Maus zu bewegen und über dem entsprechenden Objekt zu verweilen.

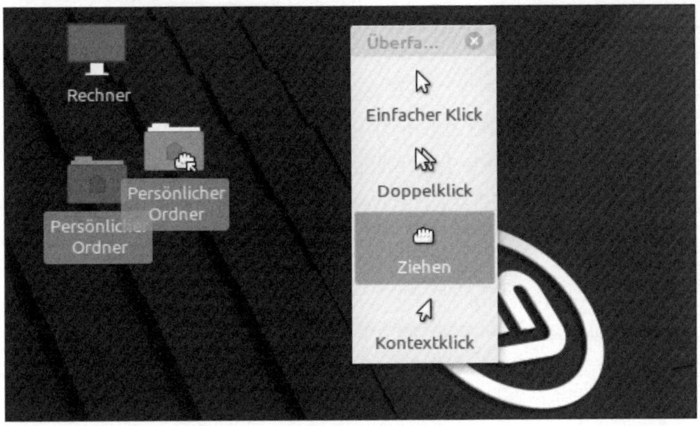

Abbildung 8.44 Der Darüberbewegenklick

8.5.7 Das Livesystem – Barrierefreiheit bei der Installation

Bereits während der Installation von Linux Mint stehen Ihnen die verschiedenen Werkzeuge direkt zur Verfügung – allerdings in englischer Sprache und die virtuellen Tastaturen erscheinen auch mit englischer Belegung. Ich denke jedoch, dass dies für die Installation ausreichend ist. Es gibt zwar die Möglichkeit (bei einer Onlineverbindung), die Sprachen nachzuinstallieren und das Livesystem dann auf Deutsch umzustellen, dies ist jedoch umfangreicher und aufwendiger, als direkt die englische Belegung der virtuellen Tastatur zu nutzen.

Die Einstellungen der Barrierefreiheit finden Sie im Startmenü unter PREFERENCES und ACCESSIBILITY. Hier können die gleichen Einstellungen wie in den vorherigen Abschnitten vorgenommen werden. Die Tastatur *Onboard* befindet sich unter ACCESSORIES.

8.6 Die »Magische S-Abf-Taste«

Linux ist bekanntermaßen ein sehr stabiles Betriebssystem. Anwendungen, die unter Linux laufen, können natürlich dennoch abstürzen und dabei das System blockieren. Doch für solche Fälle bietet Ihnen Linux eine Lösung: die Magische `S-Abf`-Taste (*Magic SysRequest Key*, die Systemabfrage-Taste). Der Kernel kennt verschiedene *Tastenkombinationen*, mit denen selbst ein nicht reagierendes System noch verschiedene Befehle ausführen kann.

8.6.1 Die »Magische S-Abf-Taste« aktivieren

Grundlegende Befehle für die Nutzung der [S-Abf]-Taste sind seit Linux Mint 18 standardmäßig aktiv. Allerdings fehlt u. a. die Funktion, um eine abgestürzte grafische Oberfläche zu beenden. Um alle Funktionen zu nutzen, ist ein wenig Vorarbeit notwendig. Öffnen Sie mit Nemo zunächst den Ordner */etc* als Superuser (wählen Sie im Kontextmenü den Punkt ALS SYSTEMVERWALTER ÖFFNEN). Dort suchen Sie die Datei *sysctl.conf* und öffnen diese per Doppelklick (nicht die Datei im Unterordner */etc/ufw*!). Daraufhin öffnet sich der Texteditor, ebenfalls mit den Rechten des Superusers. Suchen Sie wie in Abbildung 8.45 den Eintrag `#kernel.sysrq = 438`, entfernen Sie die Raute, und ändern Sie die `438` in `1`:

```
kernel.sysrq = 1
```

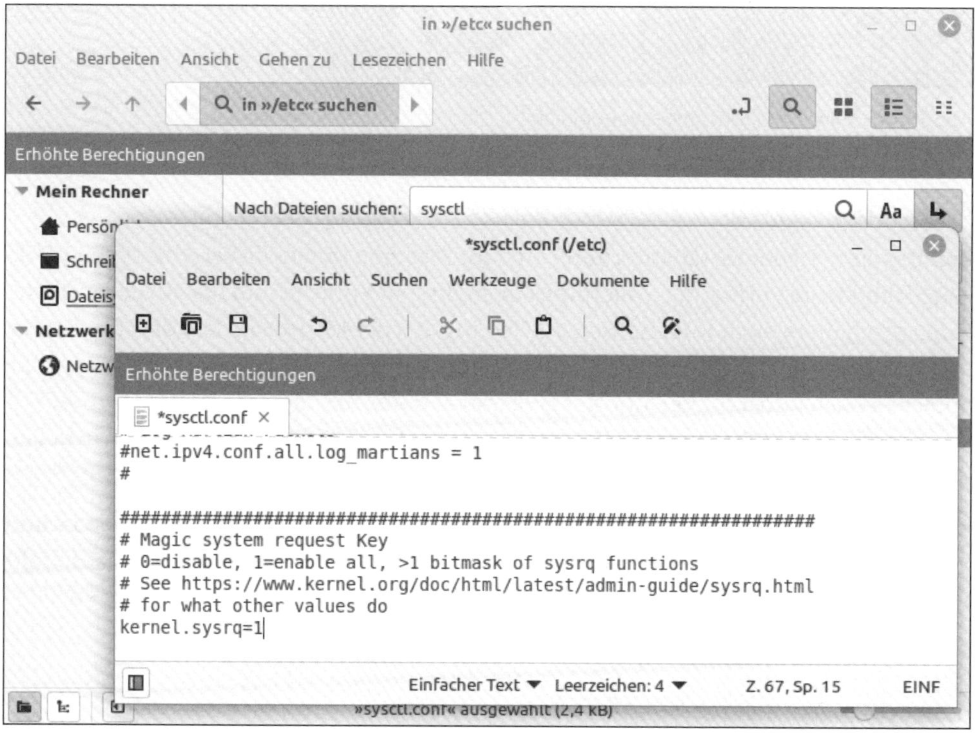

Abbildung 8.45 Die Änderung in »sysctl.conf«

Durch die Raute ist ein Befehl oder eine Einstellung auskommentiert und wird nicht genutzt. Für den Fall, dass der Eintrag überhaupt nicht vorhanden ist, fügen Sie ihn einfach am Ende der Datei an. Nach dem Speichern und Schließen des Texteditors ist ein Neustart notwendig, damit der Kernel diese Änderungen übernimmt.

8.6.2 Die Tastenkombinationen

Unter Linux Mint stehen Ihnen einige Tastenkombinationen zur Verfügung, die jedoch auch mit Vorsicht zu genießen sind. Sie können z. B. das System per Tastendruck rigoros beenden oder neu starten. Dabei gehen jedoch auch nicht gespeicherte Änderungen verloren – was bei einer nicht mehr reagierenden Oberfläche allerdings auch »egal« ist.

Bei einer Standardtastatur wird die Tastenkombination durch das Drücken der Tasten [Alt] und dann [Druck] eingeleitet (die [Druck]-Taste ist doppelt belegt: mit [Druck] und auch mit [S-Abf]). Halten Sie die beiden Tasten, und drücken Sie dann die entsprechende Taste für die gewünschte Funktion. Dabei können Sie auch mehrere Tasten nacheinander betätigen, ohne [Alt] und [Druck] loszulassen.

Gängige Funktionen sind:

- [B] – rigoroser Neustart (wie ein Reset)
- [K] – beendet alle Prozesse des aktuellen Terminals bzw. der grafischen Oberfläche
- [O] – beendet das System und schaltet den Rechner aus (wenn möglich)
- [S] – schreibt alle Daten, die sich im Cache befinden, auf die Festplatte
- [U] – hängt alle Laufwerke aus und anschließend schreibgeschützt wieder ein

Wenn Cinnamon nicht mehr reagiert, können Sie es mit [Alt] + [Druck] + [K] beenden. Nach einer kurzen Pause wird dann der Anmeldebildschirm neu geladen. Geöffnete und nicht gespeicherte Dokumente sind hiermit jedoch verloren.

Für absolute Notfälle sollten Sie sich folgende Tastenreihenfolge merken:

[R], [E], [I], [S], [U], [B]

Wenn Sie diese in der angegebenen Reihenfolge betätigen, natürlich zusammen mit den Tasten [Alt] und [Druck], wird das System sauber neu gestartet. Dabei sind nicht gespeicherte Daten einer »hängenden« Anwendung dennoch verloren. Wenn das System ausgeschaltet werden soll, nutzen Sie statt [B] die Taste [O].

Auf Notebooks oder Minitastaturen müssen Sie häufig noch eine [Fn]-Taste betätigen, um die [S-Abf]-Taste zu erreichen. Ausführliche Informationen und weitere Funktionen finden Sie hier:

- *https://de.wikipedia.org/wiki/Magische_S-Abf-Taste*
- *https://wiki.ubuntuusers.de/Magic_SysRQ*

8.7 Die Vorsorge – Rettungssysteme bereithalten

Es gibt viele Möglichkeiten, um ein Linux-System oder die darauf befindlichen Daten zu retten. Das Wichtigste ist hier: Bewahren Sie Ruhe. Wenn nicht gerade die Festplatte defekt ist, kann meist alles wieder in Ordnung gebracht werden. Und bei defekter Festplatte haben Sie hoffentlich regelmäßig die empfohlene System- und Datensicherung auf ein externes Medium durchgeführt.

Ein Helfer ist hierbei bereits das Livesystem von Linux Mint. Mit diesem können Sie auf die Daten zugreifen, den Bootmanager reparieren und vieles mehr. Ich empfehle Ihnen jedoch, für verschiedene Fälle weitere Rettungssysteme herunterzuladen und diese auch zu testen. Dadurch sind Sie im Notfall gerüstet. Rettungssysteme sind dabei nichts anderes als Linux-Livesysteme mit speziellen Anwendungen.

Und bei auftretenden Fehlern recherchieren Sie zunächst in Kapitel 9, »Fehlerbehebung und Problemlösungen«. Dort finden Sie einige Lösungen, die verschiedene dieser Rettungssysteme voraussetzen.

Auch das installierte Linux Mint bietet selbst ein Rettungssystem an (eigentlich den *Wiederherstellungsmodus* bzw. *recovery mode*). Informationen dazu finden Sie in Abschnitt 9.4, »Probleme mit Linux Mint – den Wiederherstellungsmodus nutzen«.

Achten Sie im Folgenden darauf, immer die *64-Bit-Version* des jeweiligen Rettungssystems zu nutzen, da ja auch Linux Mint im 64-Bit-Modus installiert ist.

8.7.1 Clonezilla

Eines der Rettungssysteme kennen Sie bereits: Clonezilla. Dieses sollten Sie bootfähig als CD oder auf einem USB-Stick bereithalten. Sichern Sie Linux Mint in regelmäßigen Abständen. Der Ablauf einer solchen Systemsicherung ist in Abschnitt 2.5, »Für alle Fälle: Eine Komplettsicherung des Systems«, beschrieben. Die Webseite von Clonezilla ist:

https://clonezilla.org

8.7.2 Super Grub2 Disk

Mit *Super Grub2 Disk* (*https://www.supergrubdisk.org*) kann ein Linux-System mit zerstörtem Bootmanager dennoch gestartet werden. Dieses Livesystem sucht nach verfügbaren Systemen und bietet sie in einem Menü zum Start an.

Nach dem Start können Sie im Hauptmenü (siehe Abbildung 8.46) verschiedene Punkte wählen. In LANGUAGES sollten Sie zunächst die Hilfe auf Deutsch umstellen (die Menüsprache ändert sich dabei nicht). Im Menü Detect and show boot methods werden nach kurzer Suche die vorhandenen Systeme aufgelistet.

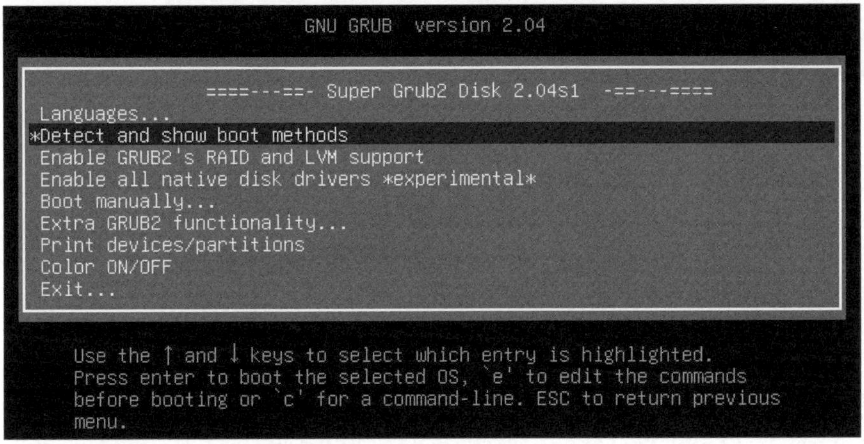

Abbildung 8.46 Das Menü von Super Grub2 Disk

Wählen Sie nun in der Bootauswahl den gewünschten Eintrag, und das System wird gestartet. Ich habe in Abbildung 8.47 die erweiterten Optionen von Linux Mint ausgewählt – dort befindet sich auch ein Rettungssystem (*recovery mode*).

Abbildung 8.47 Ein gefundenes Linux-Mint-System

Gerade bei UEFI-Systemen werden bei dieser Suche möglicherweise viele Einträge gefunden, und die Übersicht geht schnell verloren. Versuchen Sie in diesem Fall im ersten Menü den Eintrag Boot manually und dort grub.cfg – Extract entries. Hierdurch wird eine vorhandene GRUB-Konfiguration eingelesen, und nur deren Einträge werden angezeigt (siehe Abbildung 8.48). Je nach »Defekt« ist es jedoch möglich, dass diese Methode nicht funktioniert.

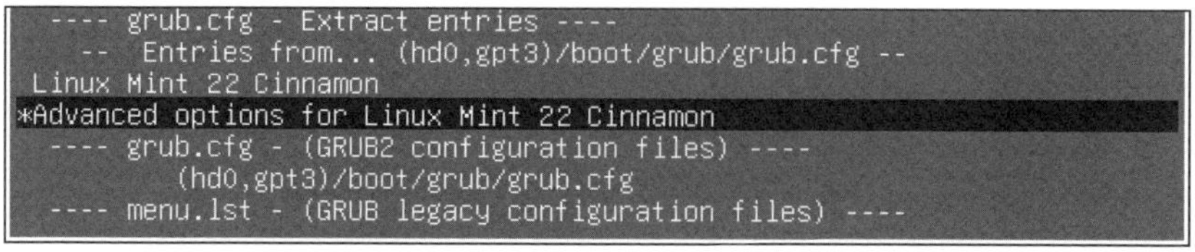

Abbildung 8.48 Ein (fast) gewohntes Menü

Laden Sie auf der Website von Super Grub2 Disk die entsprechende ISO-Datei herunter. Es gibt hier eine Version für 32- *und* 64-Bit-Systeme. In Kapitel 9, »Fehlerbehebung und Problemlösungen«, kommt Super Grub2 Disk bei Problemen noch zum Einsatz.

8.7.3 GNU Parted/GParted Live

GNU Parted (*GParted*) ist ein Programm, das speziell auf die Partitionierung von Festplatten ausgelegt ist. Es gibt dazu ein Livesystem, das ähnlich startet wie Clonezilla, und Sie können zunächst die Tastatur- und Landeseinstellungen durchführen.

Nach dem Start der grafischen Oberfläche wird umgehend das Partitionierungswerkzeug *GParted* gestartet. Mit ihm können Sie nun Festplatteneinstellungen und Partitionen bearbeiten. Unter anderem ist es möglich, Partitionen ohne Datenverlust zu verändern.

Die Live-CD von GNU Parted können Sie unter folgender Adresse herunterladen:

https://sourceforge.net/projects/gparted/files

GParted unter dem Linux-Mint-Livesystem

Das Partitionierungswerkzeug GParted ist auch auf dem Linux-Mint-Livesystem vorhanden. Allerdings ist die Live-CD von GParted natürlich meist aktueller. Wenn Sie also Funktionen in der Version von Linux Mint vermissen, versuchen Sie es mit dem aktuellen Livesystem von GParted.

8.8 Dual-Boot: Ein System entfernen

In diesem Abschnitt gehe ich davon aus, dass Sie sich bei der Installation für eine Dual-Boot-Lösung bzw. parallele Installation entschieden haben und nun eines der Systeme entfernen möchten.

Bevor Sie fortfahren, sollten Sie auf jeden Fall eine Systemsicherung der gesamten Festplatte mit Clonezilla erstellen, denn wenn Sie hier einen Fehler machen, können alle Systeme verloren gehen!

Diese Punkte beschreibe ich Ihnen in diesem Buch nicht so ausführlich wie andere, da auch dies den Umfang sprengen würde. Zusätzlich sind hier Kenntnisse des jeweiligen Betriebssystems und Rechners notwendig. Außerdem haben Sie viele der Punkte bereits gelesen, oder sie sind in Kapitel 9, »Fehlerbehebung und Problemlösungen«, beschrieben (Starten des Livesystems, Reparatur des Bootmanagers usw.). Falls Sie Laie sind, sollten Sie auch hier einen Fachmann zurate ziehen. Wenn mehrere Festplatten eingebaut sind oder je nachdem, wie Linux Mint installiert wurde, unterscheiden sich die Schritte oder Laufwerksangaben von meiner Beschreibung. Und um dies zu erkennen, müssen Sie entsprechende Kenntnisse haben!

8.8.1 Linux Mint beibehalten und ein Windows 7 (oder früher) entfernen

1. Starten Sie das Linux-Mint-Livesystem oder GParted Live.
2. Bei Nutzung des Linux-Mint-Livesystems starten Sie im Menü ADMINISTRATION die Anwendung *GParted*.
3. Löschen Sie mithilfe von GParted die Windows-Partitionen (bei Standardinstallation */dev/sda1* und */dev/sda2*).
4. Booten Sie Linux Mint im Wiederherstellungsmodus (*recovery mode*, bei Bedarf mit Super Grub2 Disk).
5. Reparieren Sie den Bootmanager GRUB. Dadurch wird der Eintrag für Windows aus dem Boot-Menü entfernt.
6. Starten Sie das System neu.
7. Wenn alles funktioniert, können Sie nun mithilfe von GParted Live die Partition von Linux Mint um den frei gewordenen Speicherplatz vergrößern.

8.8.2 Linux Mint beibehalten und ein Windows 10 unter UEFI entfernen

Wenn Sie zwar Windows 10 installiert haben, aber kein UEFI verwenden (also im BIOS-Emulationsmodus arbeiten), nutzen Sie die Anleitung in Abschnitt 8.8.1, »Linux Mint beibehalten und ein Windows 7 (oder früher) entfernen«. Ansonsten gehen Sie wie folgt vor:

1. Starten Sie das Linux-Mint-Livesystem.
2. Starten Sie im Menü ADMINISTRATION die Anwendung *GParted*.

3. Löschen Sie mithilfe von GParted die Windows-Partitionen (bei einer Standardinstallation */dev/sda1*, */dev/sda3* und */dev/sda4*).

Achtung! EFI-Partition auf keinen Fall löschen!

Die EFI-Partition darf auf keinen Fall gelöscht werden (meist ist dies */dev/sda2*)! Sie erkennen sie am Dateisystem FAT32 und an dem Flag »boot«.

4. Booten Sie Linux Mint (bei Bedarf mit Super Grub2 Disk).
5. Starten Sie Nemo als Superuser.
6. Löschen Sie unter */boot/efi/EFI/boot* alle Dateien (vermutlich liegt dort nur eine).
7. Löschen Sie den Ordner *Microsoft* unter */boot/efi/EFI/*.
8. Starten Sie das System im Wiederherstellungsmodus neu (bei Bedarf mit Super Grub2 Disk).
9. Reparieren Sie den Bootmanager GRUB. Dadurch wird der Eintrag für Windows aus dem Boot-Menü entfernt.
10. Starten Sie das System neu.
11. Wenn alles funktioniert, können Sie nun mithilfe von GParted Live die Partition von Linux Mint um den frei gewordenen Speicherplatz vergrößern.

Weitere Informationen finden Sie unter:

https://wiki.ubuntuusers.de/EFI_Deinstallieren

8.8.3 Windows 10 beibehalten und Linux Mint entfernen

Auch hier gilt: Wenn Sie zwar Windows 10 installiert haben, aber kein UEFI verwenden, nutzen Sie die Anleitung in Abschnitt 8.8.1 »Linux Mint beibehalten und ein Windows 7 (oder früher) entfernen«. Ansonsten gehen Sie so vor:

1. Starten Sie Linux Mint.
2. Starten Sie Nemo als Superuser.
3. Löschen Sie den Ordner *ubuntu* unter */boot/efi/EFI/*.
4. Öffnen Sie das Terminal.
5. Suchen Sie mithilfe des Befehls `sudo efibootmgr` den Eintrag mit der Bezeichnung *ubuntu*.
6. Löschen Sie diesen Eintrag mit dem Befehl `sudo efibootmgr -b NUMMER -B`, wobei `NUMMER` der Booteintrag von Ubuntu ist – nur ohne »Boot«.

   Beispiel: `sudo efibootmgr -b 0003 -B`.

7. Schließen Sie alle Fenster, und starten Sie das System neu.
8. Nun ist das Boot-Menü von Linux Mint entfernt, und Windows wird gestartet.
9. Wenn alles funktioniert, können Sie nun mithilfe des Linux-Mint-Livesystems oder des Partitionswerkzeugs GParted die Partitionen von Linux Mint (EXT4 und Swap) löschen und die Windows-Partition um den frei gewordenen Speicherplatz vergrößern.

Weitere Informationen finden Sie hier:

https://wiki.ubuntuusers.de/EFI_Deinstallieren

8.9 Linux Mint Xfce statt Cinnamon

Sie haben Probleme mit der Cinnamon-Version von Linux Mint und möchten daher die schlankere Xfce-Version einsetzen? Diese ist vor allem für Systeme mit »niedrigen« Hardwareressourcen geeignet (unter 2 GByte Hauptspeicher, ohne 3D-Grafikkarte usw.).

Die entsprechende Version finden Sie auf der gleichen Website wie auch die von Cinnamon, und Sie können dieses Buch lesen, als wenn Sie die Cinnamon-Version verwenden würden: Die Grundanwendungen sind bei Xfce fast alle mit denen von Cinnamon identisch, daher gelten die meisten Erläuterungen auch für Xfce-Benutzer. Das Mint-Team war außerdem sehr darum bemüht, die Versionen so ähnlich wie möglich einzurichten. Die Oberfläche ist allerdings natürlich etwas abgewandelt, und ihre Einstellungen entsprechen nicht genau denen von Cinnamon. Hier müssen Sie gelegentlich selbstständig agieren, da ich beim Schreiben nicht immer zwischen Xfce und Cinnamon unterscheiden kann – das würde den Lesefluss zerstören. Dennoch dürften Sie zufriedener sein, da Xfce, sollten Sie mit einem System mit weniger Hardwareressourcen arbeiten, besser geeignet ist als Cinnamon.

Ein wichtiger Punkt ist jedoch noch zu beachten: Installieren Sie zusätzlich den Dateimanager Nemo. Dieser wird im Buch häufig verwendet, und er weicht ein wenig von dem Dateimanager *Thunar* von Xfce ab. Wenn es so weit ist, werde ich Sie im Buch nochmals darauf hinweisen. Laden Sie nun also Xfce herunter, und fahren Sie dann dort im Buch fort, wo Sie aufgehört haben. Wiederholen müssen Sie jedoch zumindest Kapitel 3, »Linux Mint testen und installieren«.

8.9.1 Nemo unter Xfce

Sie setzen Xfce ein und sind nun auf den Hinweis gestoßen, Nemo zu installieren. Mit diesem ersetzen wir *Thunar*, der unter Xfce eigentlich der Standard für die Dateiverwaltung ist. Da Sie das Terminal noch nicht kennengelernt haben, müssen Sie ein wenig improvisieren. Öffnen Sie das XFCE-TERMINAL-Programm unter den FAVORITEN im Menü, und geben Sie dort folgenden einzeiligen Befehl ein:

```
sudo apt install nemo nemo-share nemo-fileroller cinnamon-l10n samba
```

Achten Sie unbedingt auf die korrekte Schreibweise. Nach der Bestätigung des Befehls mit der Eingabetaste werden Sie nach einem Passwort gefragt. Geben Sie Ihr Passwort ein, und bestätigen Sie es mit der Eingabetaste (die Eingabe des Passwortes erfolgt »blind« – es wird also nichts angezeigt). Nun werden Sie noch über verschiedene zusätzliche Pakete informiert. Nach der Bestätigung mit J (siehe Abbildung 8.49) startet die Installation von Nemo.

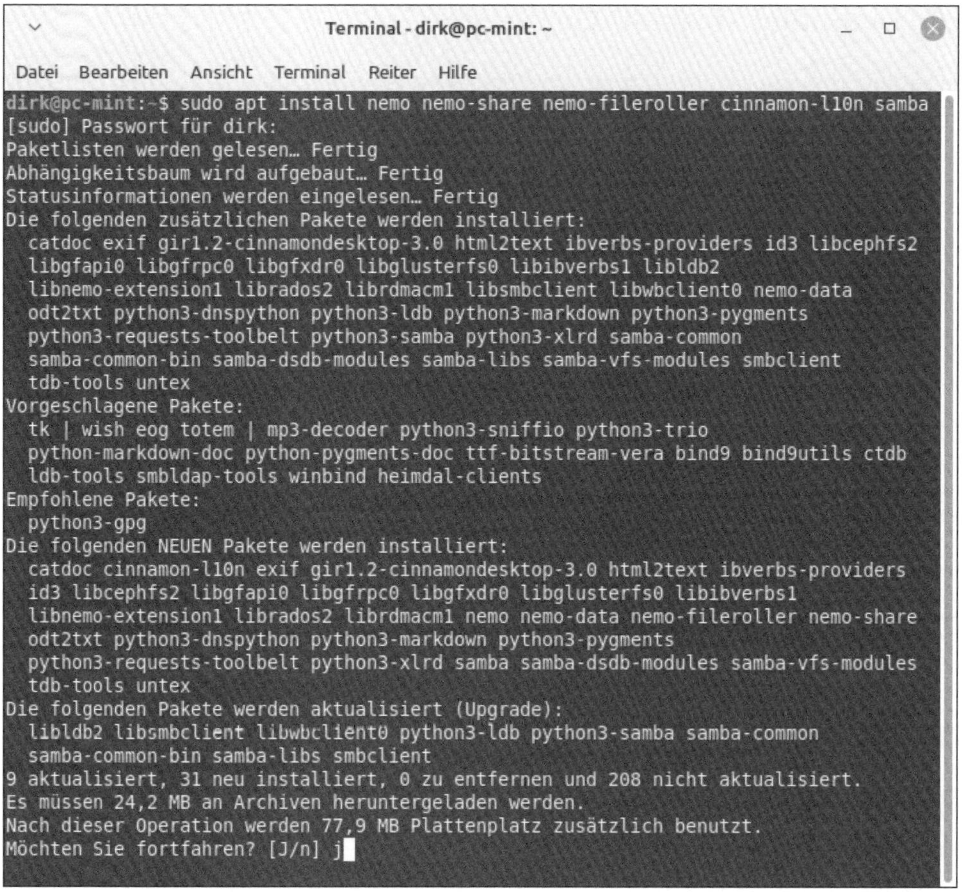

Abbildung 8.49 Nemo im Terminal installieren

Nach der Installation kann Nemo im Menü ZUBEHÖR gestartet werden. Der Name des Startsymbols von Nemo lautet dort jedoch *Dateien*. Zusätzlich sollten Sie Nemo noch als Standarddateimanager von Linux Mint einrichten, und zwar im Menü unter EINSTELLUNGEN • BEVORZUGTE ANWENDUNGEN (siehe Abbildung 8.50).

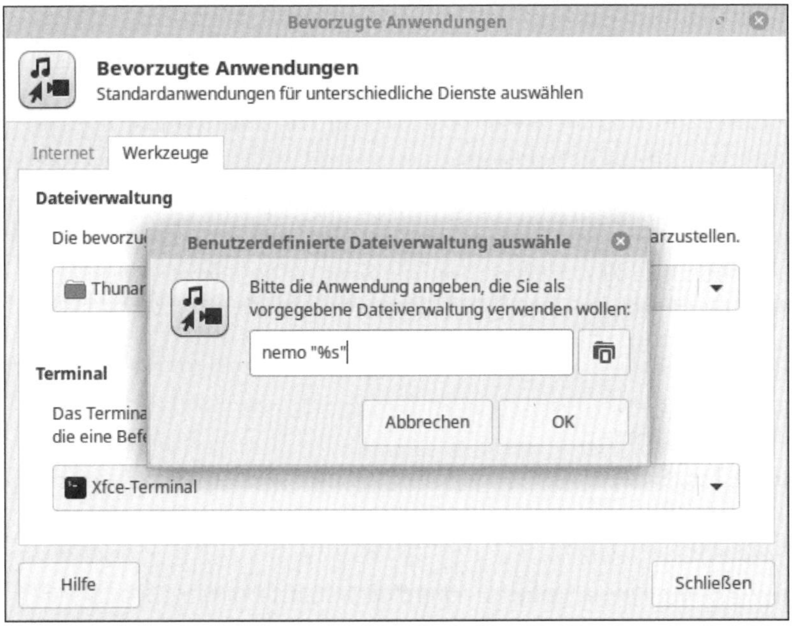

Abbildung 8.50 Nemo als bevorzugter Dateimanager

Damit Nemo der bevorzugte Dateimanager wird, tragen Sie ihn im Register WERKZEUGE über die Auswahl ANDERE wie folgt ein:

```
nemo "%s"
```

8.10 Linux Mint erneut installieren

Sie haben Linux Mint bereits installiert, das System ist jedoch »defekt«; oder Sie möchten es aufgrund einer neuen Version erneut installieren und die vorhandene Installation ersetzen. Dabei gehen alle Daten verloren! Sichern Sie diese daher, wie in Abschnitt 5.21, »Die Datensicherung«, beschrieben, und führen Sie eventuell zusätzlich eine Systemsicherung mit Clonezilla durch.

Neue Version von Linux Mint

Sie müssen bei einer neuen Version von Linux Mint keine vollständige Neuinstallation durchführen. Dies wäre schon ziemlich unkomfortabel und umständlich. Stattdessen können Sie ein Upgrade anwenden, das Ihr System auf den neuen Stand bringt. Alle Anwendungen werden dadurch aktualisiert und der Kernel des Betriebssystems wird erneuert. Das heißt also, dass nicht nur der Kern von Linux Mint auf die neuste Version gehoben wird, sondern auch Anwendungsprogramme wie Libre Office aktuell bleiben. Sie sollten daher gut planen, ob und wann Sie eine neue Version von Linux Mint nutzen wollen. Solange Ihr System noch mit Sicherheitsupdates versorgt wird, können Sie auch bei Mint 22 bleiben.

Wie Sie vorgehen, um ein Upgrade durchzuführen, erkläre ich Ihnen in Abschnitt 8.11. Eine Neuinstallation stünde in diesem Fall also nur an, wenn Sie die nächste Version von Linux Mint in ihrem Ausgangszustand ausprobieren möchten und wieder bei »null« beginnen möchten.

Das Datensicherungswerkzeug

Wenn es möglich ist, nutzen Sie vorher das Datensicherungswerkzeug. Sichern Sie mit ihm Ihre Daten und/oder die Programmauswahl. Dadurch ersparen Sie sich die nachträgliche Neueinrichtung Ihrer Umgebung.

Die Programmauswahl empfehle ich jedoch nur bei einer Neuinstallation von Linux Mint 22 Wilma. Bei der Installation einer neuen Version von Linux Mint sollten Sie nur die Daten sichern und später wiederherstellen. Auf die Konfigurationen der Anwendungen (in den verborgenen Ordnern) und die Programmauswahl würde ich hier verzichten, da dies aufgrund neuer Versionen zu Problemen führen kann.

Der Ablauf einer Neuinstallation ist natürlich abhängig von Ihrem aktuellen System. Ist Linux Mint als alleiniges System installiert? Oder haben Sie es parallel zu einem Windows installiert?

Wenn Linux Mint als alleiniges Betriebssystem installiert ist und Sie keine weiteren Partitionen oder Festplatten eingerichtet haben, können Sie es einfach, wie in Abschnitt 3.3, »Die Installation als alleiniges System«, beschrieben, neu installieren. Wählen Sie auch hier den Punkt LINUX MINT 22 WILMA (22) LÖSCHEN UND NEU INSTALLIEREN. Dabei werden alle vorhandenen Partitionen gelöscht und neu erstellt.

In anderen Fällen müssen Sie bei der Nachfrage der INSTALLATIONSART den Punkt ETWAS ANDERES wählen (siehe Abbildung 8.51). In diesem Fall müssen Sie nach dem Klick auf WEITER die Partitionen selbst einrichten.

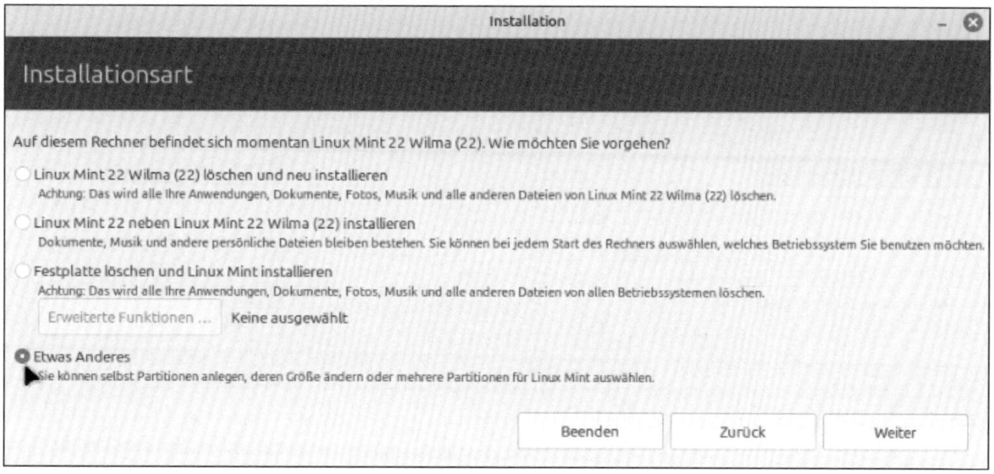

Abbildung 8.51 Die Frage nach der Installationsart

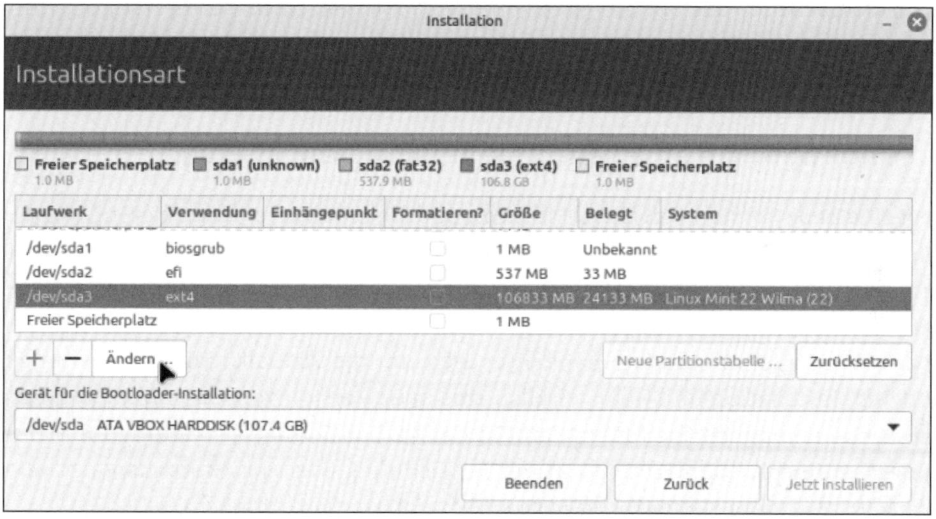

Abbildung 8.52 Die Partition »Linux Mint 22 Wilma (22)« wurde ausgewählt.

Suchen Sie nun die Linux-Mint-Partition (siehe Abbildung 8.52). Sie müsste leicht zu finden sein, da sie einen entsprechenden Namen besitzt (*Linux Mint 22 Wilma*). Nach der Auswahl öffnen Sie durch einen Klick auf die Schaltfläche ÄNDERN das Detailfenster, indem die Partition bearbeitet werden kann (siehe Abbildung 8.53).

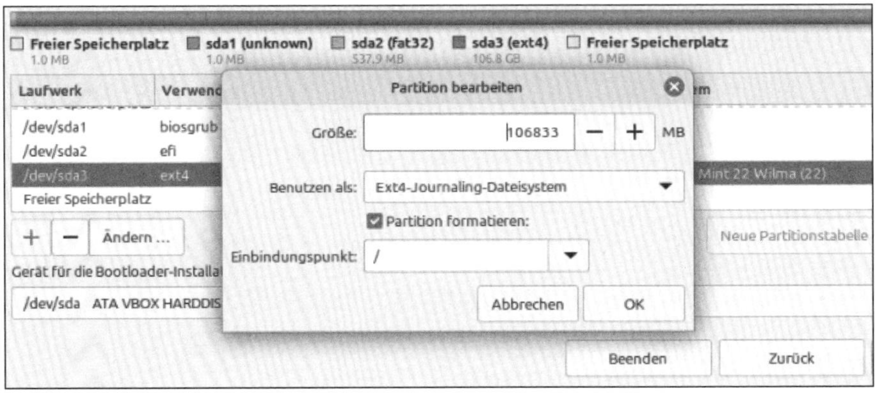

Abbildung 8.53 Die Partition bearbeiten

Hier ist es wichtig, unter BENUTZEN ALS das Dateisystem EXT4 auszuwählen und den Punkt PARTITION FORMATIEREN zu aktivieren. Zusätzlich müssen Sie unbedingt als EINBINDUNGSPUNKT das Stammverzeichnis (/) festlegen. Nach der Bestätigung mit OK können Sie über JETZT INSTALLIEREN die Installation wie gewohnt fortführen.

8.11 Linux Mint auf eine neue 23.x-Version aktualisieren

Es liegt eine neue Version von Linux Mint vor, und Sie möchten sie installieren? Wie die Zukunft aussieht, weiß ich natürlich nicht. Aber vermutlich wird eine solche Aktualisierung ähnlich wie der Wechsel bei vorherigen Versionen vonstattengehen. Meist wird zunächst in der Aktualisierungsverwaltung ein einzelnes Paket mit dem Namen *mintupdate* angezeigt. (Bei *mintupdate* handelt es sich um die Aktualisierungsverwaltung.) Nach seiner Installation und wenn wirklich eine neue Version von Linux Mint vorliegt, ist ein *Upgrade* möglich. Sie finden dann in der Aktualisierungsverwaltung im Menü BEARBEITEN einen neuen Eintrag mit der Bezeichnung SYSTEM AKTUALISIEREN AUF LINUX MINT 23.1 oder UPGRADE TO LINUX MINT 23.0 (oder so ähnlich).

Bevor Sie dieses Upgrade jedoch starten, sollten Sie noch fehlende Aktualisierungen installieren. (Dazu müssen Sie gegebenenfalls in der Aktualisierungsverwaltung das AUFFRISCHEN ausführen.) Nach deren Installation würde ich auch eine Systemsicherung mit Clonezilla und eine Datensicherung empfehlen. Wenn Sie Linux Mint in einer virtuellen Maschine nutzen, können Sie stattdessen einen Sicherheitspunkt erstellen.

Informationen über die Aktualisierung finden Sie auf der Website von Linux Mint. Diese sollten Sie bereits vor der Installation lesen und prüfen.

Um die Aktualisierung zu beginnen, wählen Sie den neuen Eintrag im Menü BEARBEITEN. Es wird ein Assistent gestartet, der Sie durch das Upgrade begleitet. Dabei werden Ihnen weitere Informationen über die Neuerungen angezeigt, die Sie unbedingt lesen sollten. Nach der Aktualisierung sollten Sie in den Einstellungen zunächst die *Sprachen* prüfen. Diese sind, wie bei der Neuinstallation, gelegentlich nicht komplett (siehe auch Abschnitt 4.4, »Sprachpakete«).

8.12 Kurze Befehlsübersicht

In den folgenden Tabellen finden Sie eine kurze tabellarische Auflistung von Linux-Befehlen, die häufig im Terminal eingesetzt werden:

Hilfe	
`man` *`Befehl`*	Zeigt das Handbuch eines Befehls. `man ls`
`Befehl` `--help`	Zeigt die Hilfe zu einem Befehl. `ls --help`

Tabelle 8.2 Befehle für Handbuch und Hilfe

Verzeichnisse, Dateien	
`cd` *`Name`*	Wechselt in ein Verzeichnis. `cd /media/disk`
`cd ..`	Bewegt sich ein Verzeichnis nach oben. `cd ..`
`cd /`	Wechselt in das Stammverzeichnis. `cd /`
`cd -`	Wechselt in das zuletzt besuchte Verzeichnis. `cd -`
`cp` *`Quelle Ziel`*	Kopiert eine Datei. `cp ~/test.txt /media/usb-stick/`

Tabelle 8.3 Befehle für Verzeichnisse und Dateien

Verzeichnisse, Dateien	

`mv` *Quelle Ziel*	Verschiebt eine Datei oder benennt sie um.
	`mv ~/test.txt /media/usb-stick/`
	`mv ~/test.txt ~/info.txt`

`rm` *Name*	Löscht eine Datei. `rm ~/test.txt`
`mkdir` *Name*	Erstellt ein Verzeichnis. `mkdir ~/Bilder/2018`
`rmdir` *Name*	Löscht ein *leeres* Verzeichnis. `rmdir ~/Bilder/2018`
`ls`	Zeigt alle Dateien in einem Ordner an. `ls /home/dirk`
`ls -l`	Zeigt eine ausführliche Liste. `ls -l /home/dirk`
`ls -la`	Zeigt auch versteckte Dateien an. `ls -la /home/dirk`
`pwd`	Zeigt den aktuellen Pfad. `pwd`
`cat` *Name*	Zeigt den Inhalt einer Textdatei an. `cat ~/test.txt`
`more` *Name*	Zeigt den Inhalt einer Textdatei seitenweise an. `more ~/test.txt`
`tail -f` *Name*	Zeigt die letzten Zeilen einer Datei. Durch den Parameter `-f` werden auch neue Zeilen angezeigt. `tail -f /var/log/syslog`
`touch` *Name*	Erstellt eine leere Datei. `touch ~/test.txt`

Tabelle 8.3 Befehle für Verzeichnisse und Dateien (Forts.)

System	
date	Gibt das aktuelle Datum mit Uhrzeit aus.
free	Zeigt Informationen zum Speicher an.
lspci	Listet die PCI-Komponenten auf.
lsusb	Listet USB-Geräte auf.
uptime	Zeigt an, wie lange das System bereits läuft.
uname	Zeigt wichtige Systeminformationen an (u. a. die Kernelversion). uname -a
shutdown -P now	Fährt Linux Mint herunter und beendet das System.
shutdown -r now	Startet das System neu.
whoami	Zeigt den Benutzernamen an.
xkill	Beendet eine grafische Anwendung.

Tabelle 8.4 Systembefehle

Medien	
df -h	Zeigt Informationen über den Speicherplatz an.
mount	Listet eingehängte Dateisysteme auf.

Tabelle 8.5 Befehle zu verwendeten Medien

Netzwerk	
ip a	Zeigt Informationen zu den Netzwerkgeräten an.
ifconfig	Zeigt Informationen zu Netzwerkverbindungen an.
iwconfig	Zeigt spezielle WLAN-Informationen an.
ping *IP/Rechner*	Prüft die Netzwerk- oder Internetverbindung. ping 192.168.0.254 ping www.google.de

Tabelle 8.6 Befehle zur Netzwerkverwaltung

Pakete	
`apt-get install` *Paket*	Installiert ein Paket.
`apt install` *Paket*	Installiert ebenfalls ein Paket. Es wird jedoch die alternative Anwendung *apt* verwendet.
`apt remove` *Paket*	Deinstalliert ein Paket.
`apt-get update`	Aktualisiert die Liste der verfügbaren Pakete.
`apt update`	Aktualisiert ebenfalls die Liste der verfügbaren Pakete. Es wird jedoch die alternative Anwendung *apt* verwendet.
`apt upgrade`	Aktualisiert das System.
`apt autoremove`	Entfernt nicht mehr benötigte Pakete.
`apt-cache search` *Text*	Sucht nach Paketen. `apt-cache search gimp`
`apt search` *Text*	Sucht ebenfalls nach Paketen. Es wird jedoch die alternative Anwendung *apt* verwendet. `apt search gimp`

Tabelle 8.7 Befehle zur Paketverwaltung

8.13 Weitere Informationen und Lösungen

Das Buch ist hiermit eigentlich zu Ende. Das folgende Kapitel 9 dient vorwiegend der Problemlösung bzw. Fehlersuche, und Sie müssen es nicht unbedingt lesen. Andererseits schadet es natürlich auch nicht und sorgt gegebenenfalls für den einen oder anderen »Aha-Effekt«.

Im Folgenden habe ich für Sie einige Wikiseiten und Foren zusammengefasst, auf denen Sie Hilfe bei Problemen, aber auch Anleitungen für spezielle Abläufe oder Anwendungen finden. Wenn Sie tiefer in Linux einsteigen wollen, werden Ihnen die Informationen dort sicher weiterhelfen. Obwohl Sie nun ein Linux-Anwender sind, gibt es noch sehr, sehr viel zu entdecken, und ich konnte natürlich nicht alles in diesem Buch unterbringen. Sie können zeitgesteuert Anwendungen starten (Cron), Daten verschlüsseln, von außerhalb auf Ihren Rechner zugreifen (xrdp oder VNC) und vieles mehr. Recherchieren Sie, und bilden Sie sich weiter.

8.13.1 Lösungen suchen

Eine wichtige Informationsquelle ist die Suche im Internet. Häufig ist dies sogar mein erster Schritt, da ich davon ausgehe, dass ich nicht der einzige Mensch auf der Welt mit diesen Fragen oder diesem Problem bin. Wenn dann noch Englischkenntnisse vorhanden sind, ist das Problem meist schnell beseitigt.

Ich verwende zur Suche die Suchmaschine *StartPage*. Diese führt eine anonymisierte Suche bei Google durch und zeigt deren Ergebnisse an. Genau genommen ist sie daher keine eigene Suchmaschine, aber Google bekommt nicht mit, was ich tue.

https://www.startpage.com

Um brauchbare Ergebnisse zu finden, ist es wichtig, wie Sie suchen. Eine Suche nach den Begriffen »Linux« und »WLAN« brächte mit Sicherheit nicht die gewünschten Ergebnisse bei Problemen mit der Anbindung eines Notebooks ans Funknetz. Hier müssen Sie präziser suchen, damit Sie nicht von Ergebnissen erschlagen werden.

Zunächst ist es wichtig, die Ergebnisse auf Ihr Linux-System einzugrenzen. Ergebnisse von Fedora oder Suse helfen Ihnen höchstens im Notfall oder bei allgemeinen Problemen weiter. Auf solche Tipps sollten Sie erst zurückgreifen, wenn Sie für Linux Mint oder Ubuntu keine Lösung gefunden haben. Fügen Sie daher entweder »Linux Mint« oder im zweiten Schritt »Ubuntu« zu der Suche hinzu. Zusätzlich sollten Sie eine Gerätebezeichnung und/oder den Hersteller angeben. Bei Fehlern müssen Sie natürlich die entsprechende Meldung hinzufügen.

Suchbeispiele:

- »linux mint intel ultimate-n 6300«
- »linux mint bootreihenfolge "windows 10"«
- »ubuntu thinkpad hybrid grafikkarte«
- »ubuntu ext4 ext_put_super«

Bei den Ergebnissen ist es wichtig, dass Sie auf das Veröffentlichungsdatum achten! Eine Lösung, die über zwei oder sogar drei Jahre alt ist, sollten Sie mit Bedacht wählen (es sei denn, Ihre Linux-Mint-Version ist ebenfalls schon älter). In Linux ändert sich viel, und es ist daher gut möglich, dass eine veraltete Lösung nicht funktioniert.

8.13.2 Videoanleitungen

Schauen Sie doch auch einmal bei *YouTube* (*https://www.youtube.com*) vorbei, und suchen Sie nach den entsprechenden Punkten. Häufig finden Sie dort neben Musik- und Humorvideos auch Videoanleitungen zu Anwendungen und Problemlösungen.

8.13.3 Hilfeseiten, Wiki und Foren

Hier nun eine Auswahl von Websites und Foren, auf bzw. in denen Sie bei Problemen nach Lösungen suchen oder Fragen stellen können. Zusätzlich sind einige der Websites sehr informativ – gerade für Linux-Neulinge.

Denken Sie beim Lesen oder Durchstöbern der Websites jedoch stets an Folgendes: Linux Mint stammt von Ubuntu ab und Cinnamon von GNOME 3. Wenn Sie daher Informationen suchen, lesen Sie auch entsprechende Artikel darüber. Das Einrichten eines Druckers unter GNOME 3 ist ähnlich wie unter Cinnamon, da es die gleichen oder ähnliche Werkzeuge sind. KDE ist jedoch nicht so aufgebaut wie Cinnamon – daher sind Informationen zu KDE usw. weniger interessant.

Wichtige Websites zu Linux Mint und Ubuntu

- *https://www.linuxmint.com*
- *https://www.linuxmintusers.de*
- *https://wiki.ubuntuusers.de/Startseite*
- *https://wiki.ubuntuusers.de/Notfall*
- *https://blog.linuxmint.com*
  (Nachrichten vom Linux-Mint-Team – allerdings in englischer Sprache)

Foren

Bei den Foren möchte ich Sie noch darauf hinweisen, dass Sie ein wenig vorsichtig sein sollten. Es gibt inzwischen viele »Möchtegernadmins«, die auf alles antworten und teilweise unsinnige Ratschläge geben, meist sogar ohne böse Absichten. Versuchen Sie, zu erkennen, wer fachlich versierte Antworten gibt, und vertrauen Sie nicht jedem.

- *https://forums.linuxmint.com* (mit deutschem Bereich)
- *https://www.linuxmintusers.de/index.php?action=forum*
- *https://forum.ubuntuusers.de*

Hardwareinformationen

- *https://wiki.ubuntuusers.de/Hardwaredatenbanken*
- *https://wiki.ubuntuusers.de/Hardware_blacklist*
  (Hardware, die nicht unter Linux läuft!)

Kapitel 9
Fehlerbehebung und Problemlösungen

Nett de Flemm krien, ach wenn nix me gett ...
Nur die Ruhe: Hier gibt es Hilfe im Fehlerfall und Lösungen für bekannte Problemchen.

Zu Beginn habe ich bereits erwähnt, dass ich beim Schreiben dieses Buches selbst mehrere Rechnersysteme eingesetzt habe. Zudem haben Schulungsteilnehmer die Installation und Konfiguration an ihren privaten Systemen durchgeführt. Wenn man bedenkt, wie viele verschiedene Rechnersysteme existieren, ist dies natürlich »ein Hauch von nichts«. Dennoch konnte ich mir ein Bild von verschiedenen Abläufen machen. Die Installation verlief überall ohne größere Probleme (außer typische UEFI-Probleme und ein älterer Rechner, der nur von einem bestimmten USB-CDROM-Laufwerk booten konnte). Auch die Hardware wurde durchweg erkannt. Die verschiedenen WLAN- und Grafikkarten machten ebenfalls keine wirklichen Schwierigkeiten. Es trat nur ein WLAN-Problem mit D-Link-Routern auf, das aber auch andere Linux-Benutzer bereits hatten.

Dennoch konnte ich einige Informationen sammeln und die passenden Lösungen dazu festhalten. Natürlich kann ich in diesem Kapitel nicht alle möglichen Linux-Mint-Probleme behandeln. Zunächst sind sie mir nicht alle bekannt, und es kommen durch Programmaktualisierungen oder neue Hardware gelegentlich weitere hinzu. Parallel beheben die Linux-Entwickler und -Entwicklerinnen ständig Probleme. Wenn ich nun beschreiben würde, wie eine exotische WLAN-Karte installiert wird, ist diese vielleicht bei der nächsten Kernelaktualisierung automatisch integriert.

Daher konzentriere ich mich hier auf die in den Tests aufgetretenen Probleme und auf typische Linux-Probleme. Da es sich hier nicht mehr um die erste Auflage des Buches handelt, habe ich auch einige Hinweise von Leserinnen und Lesern der vorherigen Auflagen mit aufgenommen. Weitere Lösungen finden Sie auf den Wikiseiten von Linux Mint und Ubuntu sowie in anderen Linux-Foren. Gute Quellen hierzu habe ich bereits in Abschnitt 8.13, »Weitere Informationen und Lösungen«, zusammengefasst.

Hier möchte ich noch eine Website nennen, die sich, wie auch dieses Kapitel, nur mit Problemen befasst:

https://wiki.ubuntuusers.de/Notfall

9.1 Bootprobleme von USB oder DVD

Im ersten Abschnitt der Fehlerbehebung geht es darum, Linux Mint und auch andere Linux-Systeme von einem USB-Stick oder einer DVD zu starten. Dies ist inzwischen, gerade auf neueren Rechnern, nicht immer so einfach wie noch vor ein paar Jahren.

Hierbei gibt es jedoch enorm viele Möglichkeiten, auf die ich natürlich nicht alle eingehen kann. Zusätzlich spielt es in manchen Fällen noch eine Rolle, wie Sie Linux Mint installieren möchten (als Dual-Boot oder als alleiniges System). Wenn Sie ein Handbuch über den PC oder die eingebaute Hauptplatine besitzen, sollte dies Ihre erste Anlaufstelle sein. Bei den meisten Herstellern finden Sie ein aktuelles Handbuch im PDF-Format auf deren Website.

9.1.1 Kurz und knapp: BIOS und UEFI

Jeder Rechner startet unmittelbar nach dem Einschalten eine Art Minibetriebssystem. Dieses prüft kurz die Hardware und macht sie startbereit. Danach sucht es nach einem Betriebssystem. Diese Suche erfolgt nach einem gewissen Schema, das jedoch auf jedem Rechner unterschiedlich sein und manuell verändert werden kann.

Diese Minibetriebssysteme nennt man *BIOS* (*Basic Input/Output System*) oder *UEFI* (*Unified Extensible Firmware Interface*). UEFI ist inzwischen auf fast allen aktuellen Rechnern anzutreffen (verstärkt seit 2012). Wenn Sie ein System mit vorinstalliertem Windows 8 oder neuer erworben haben, können Sie sicher sein, dass ein UEFI im Einsatz ist (dies ist eine Vorgabe von Microsoft). Je nachdem, ob Ihr Rechner über ein klassisches BIOS oder ein neueres UEFI verfügt, sind unterschiedliche Vorgehensweisen zum Booten notwendig.

Im Folgenden müssen Sie Menüs durch den Druck bestimmter Tasten(kombinationen) erreichen. Auf vielen Geräten werden Meldungen dazu oft durch ein Startlogo verdeckt. Ein solches Startlogo kann häufig mit der Taste [Esc] geschlossen werden. Dadurch sehen Sie auch eventuelle Meldungen zu Tastenkombinationen, mit denen Sie das Boot-Menü oder die Setup-Routine aufrufen. Alternativ dazu können Sie ein Logo auch in der Setup-Routine des BIOS oder UEFI komplett abschalten, damit es nicht mehr erscheint.

Weiterführende Informationen zu diesem Kapitel

Dieses Kapitel wird nicht dazu dienen, Ihnen detaillierte Kenntnisse über das BIOS oder UEFI zu vermitteln! Ich gebe Ihnen hier nur Tipps, um Livesysteme starten und Linux Mint installieren zu können.

Wenn Sie detaillierte Informationen zu BIOS oder UEFI und häufig auftretenden Problemen mit Linux suchen, werden Sie hier fündig:

- *https://de.wikipedia.org/wiki/BIOS*
- *https://de.wikipedia.org/wiki/Unified_Extensible_Firmware_Interface*
- *https://wiki.ubuntuusers.de/EFI_Bootmanagement*

9.1.2 UEFI: Windows 10/11 startet zu schnell

Es kann vorkommen, dass Windows sehr schnell nach dem Einschalten startet, wodurch eine Tastenkombination für ein Boot-Menü oder die Setup-Routine überhaupt nicht möglich ist. In diesem Fall können Sie aus Windows heraus die Setup-Routine des UEFI aufrufen.

Starten Sie dazu zunächst Windows. Nach der Anmeldung müssen Sie dieses nun in einem speziellen Modus neu starten. Wählen Sie dazu im Startmenü den Schalter EIN/AUS. Nach einem Klick auf EIN/AUS erscheint die Auswahl für HERUNTERFAHREN oder NEU STARTEN. Nun halten Sie die [⇧]-Taste gedrückt und wählen mit der Maus NEU STARTEN (siehe Abbildung 9.1).

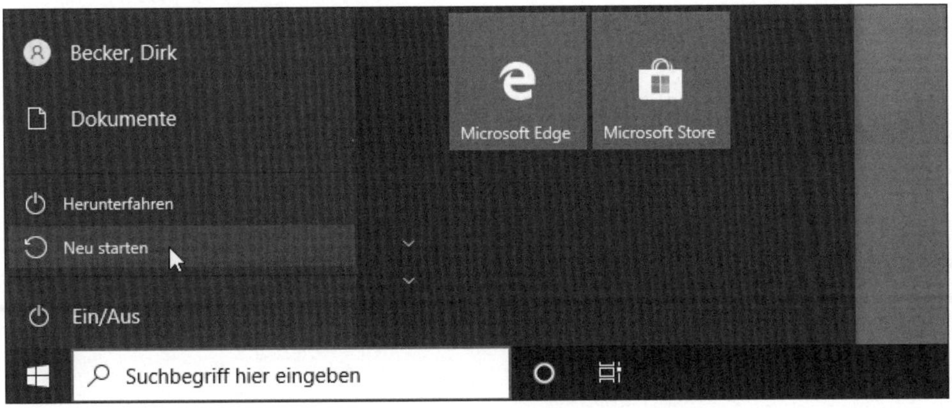

Abbildung 9.1 Mit gehaltener Umschalttaste »Neu starten«

Beim nächsten Neustart von Windows wird ein Menü angezeigt, in dem mehrere Startoptionen zur Auswahl stehen (siehe Abbildung 9.2).

Abbildung 9.2 kann, je nach Hardware und Windows-Version, von Ihrer Ansicht abweichen. Die drei Punkte FORTSETZEN, PROBLEMBEHANDLUNG und PC AUSSCHALTEN müssten jedoch vorhanden sein.

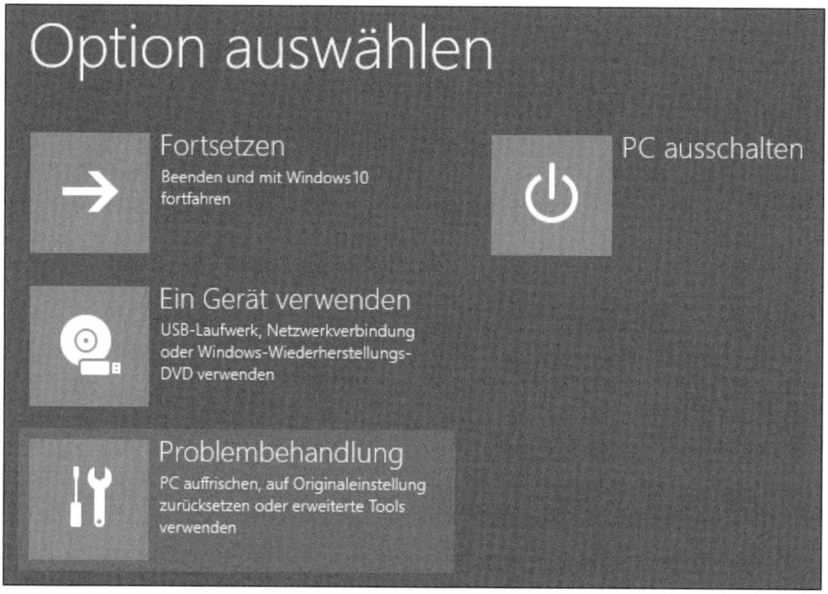

Abbildung 9.2 In die Problembehandlung wechseln

Klicken Sie in diesem Menü auf PROBLEMBEHANDLUNG, dann auf ERWEITERTE OPTIONEN, und dort wählen Sie UEFI-FIRMWAREEINSTELLUNGEN. Danach startet Ihr Rechner neu und wechselt von selbst in die Setup-Routine. Falls der Punkt UEFI-FIRMWAREEINSTELLUNGEN nicht angezeigt wird, ist Ihr Windows *nicht* im UEFI-Modus installiert worden. In diesem Fall müssen Sie es weiterhin mit den Tastenkombinationen nach dem Einschalten versuchen.

Wenn es nur darum geht, die Linux-Mint-DVD zu starten, bietet der Punkt EIN GERÄT VERWENDEN eine Möglichkeit (siehe Abbildung 9.2). Hier können Sie zwischen verschiedenen Geräten zum Starten auswählen.

9.1.3 »Schlechte« Vorabinformationen

Wenn Sie einen »günstigen« Rechner mit Windows oder ein Gerät von Microsoft erworben haben, ist es möglich, dass Sie die im Folgenden beschriebenen Einstellungen nicht durchführen können. Es gibt leider Anbieter, die die Funktionen ihrer Systeme extrem reduzieren, wodurch nur das bereits vorinstallierte Windows genutzt werden kann. Dies sind meist Geräte, die von Microsoft selbst (mit Windows RT), bei Lebensmitteldiscountern oder in »Ramschläden« verkauft werden. Mit ein wenig Glück hilft in diesem Fall noch ein UEFI-Update, das die fehlenden Funktionen mitbringt.

9.1.4 USB-Stick und DVD

Stellen Sie für die folgenden Punkte sicher, dass der USB-Stick eingesteckt bzw. die DVD eingelegt ist. Viele BIOS- oder UEFI-Versionen zeigen keine Möglichkeiten an, die Bootsequenz so zu ändern, dass das System von einem USB-Stick startet, wenn kein Stick eingesteckt ist. Bei DVDs ist dies normalerweise jedoch nicht der Fall.

9.1.5 BIOS und UEFI: Ein Boot-Menü beim Start

Der einfachste Weg, um die Bootreihenfolge temporär zu ändern, ist der Versuch, ob beim Einschalten ein sogenanntes *Boot-Menü* geöffnet werden kann. Dies ist unabhängig davon, ob ein BIOS oder ein UEFI im Einsatz ist.

Ein Boot-Menü erreichen Sie, indem Sie kurz nach dem Einschalten eine entsprechende Taste betätigen (häufig [F8], [F9], [F10] oder [F12] – testen Sie eine nach der anderen durch, und betätigen Sie die Taste am besten jeweils mehrmals). Gelegentlich erscheint auf dem Bildschirm dazu auch eine Meldung wie z. B. `Press F8 for Boot-Sequence` oder `F8 for Popup BBS Menu`. Wenn dann das Boot-Menü erscheint, wählen Sie dort den USB-Stick bzw. das DVD-Laufwerk.

9.1.6 BIOS: Die Bootreihenfolge ändern

Für den Fall, dass Ihr Rechner mit einem BIOS arbeitet und Sie kein Boot-Menü öffnen konnten, müssen Sie das BIOS konfigurieren. Die dazu notwendige Setup-Routine erreichen Sie auch wieder auf unterschiedliche Art und Weise. Auch hier müssen Sie unmittelbar nach dem Einschalten eine Taste drücken. Die gängigsten Tasten sind dabei [Entf], [Esc], [F1], [F2], [F10] oder auch die Tastenkombination [Strg] + [Alt] + [S]. Hier helfen eventuell eine Deaktivierung des Startlogos ([Esc]-Taste), um Meldungen zu lesen, und natürlich ein Blick in das (Online-) Handbuch. Die Einstellungen für die Bootreihenfolge befinden sich meist in Menüs mit der Bezeichnung:

- ADVANCED BIOS FEATURES
- BOOT SEQUENCE
- BOOT OPTION PRIORITIES
- BOOT UP SEQUENCE

In einigen Fällen muss das Booten von USB bzw. externen Datenträgern in gesonderten Menüs aktiviert bzw. erlaubt werden. Nach einer Änderung müssen Sie diese speichern. Dazu ist in fast allen Fällen die Taste [F10] zuständig. Dies dürfte aber auf dem Bildschirm angezeigt werden.

9.1.7 UEFI: Secure Boot und der BIOS-Emulationsmodus

Um Änderungen am Secure Boot vorzunehmen oder den BIOS-Emulationsmodus einzurichten, rufen Sie die Setup-Routine des UEFI auf. Die gängigsten Tasten dazu sind meist die gleichen wie beim BIOS. Versuchen Sie es mit [Entf], [Esc], [F1], [F2], [F10] oder auch mit der Tastenkombination [Strg] + [Alt] + [S]. In manchen UEFI-Versionen müssen Sie danach noch in einen erweiterten Modus (auch *Advanced Mode* genannt) wechseln.

Linux Mint und UEFI

Linux Mint kann im UEFI-Modus gestartet und installiert werden. Dies ist mit Ubuntu seit der Version 12.04 möglich, und Linux Mint baut ja auf Ubuntu auf. Ich habe es auf mehreren Systemen erfolgreich getestet.

Die folgenden Einstellungen benötigen Sie daher nur bei einer alleinigen Installation im BIOS-Emulationsmodus oder bei Systemen, die UEFI nicht unterstützen. Sollte es jedoch auch bei Linux Mint und einer parallelen Installation zu Problemen kommen, testen Sie ebenfalls die folgenden Punkte.

Ich gehe hier von folgenden Szenarien aus:

1. Linux Mint wurde bzw. wird parallel zu Windows 10 bzw. Windows 11 installiert, und es sollen »Nicht-UEFI-Systeme« gestartet werden. Dazu müssen Einstellungen temporär geändert und danach wieder zurückgesetzt werden.
2. Auf dem Rechner ist Windows im UEFI-Modus installiert. Dieses soll durch Linux Mint als *alleiniges* Betriebssystem ersetzt werden. Sie wollen auf den Secure Boot verzichten, und Linux Mint soll im BIOS-Emulationsmodus installiert werden. Allerdings empfehle ich Laien diese Installation nicht.

Secure Boot

Seit der Einführung von Windows 8 wird eine Funktion mit dem Namen *Secure Boot* eingesetzt. Diese soll u. a. verhindern, dass von unsignierten und eventuell virenverseuchten USB-Sticks o. Ä. gebootet wird. Dadurch wird jedoch auch das Starten mancher Systeme behindert. Kritiker sehen in diesem »Sicherheitsmechanismus« nur den Sinn, die Vormachtstellung von Microsoft zu festigen (Microsoft war an der Entwicklung beteiligt), denn eine notwendige Signatur ist mit Kosten verbunden, die natürlich nicht alle Linux-Anbieter bezahlen wollen. Zusätzlich ist dieser Sicherheitsmechanismus inzwischen aufgrund von Fehlern in einer Aktualisierungsfunktion nicht mehr wirklich sicher. Windows 8/10/11 kann übrigens auch mit deaktiviertem Secure Boot verwendet werden!

Um ein System ohne »gültige« Signatur zu starten, muss die Einstellung SECURE BOOT geändert bzw. ausgeschaltet werden. Suchen Sie daher in der Setup-Routine nach einem entsprechenden Eintrag. Er befindet sich meist in einem Hauptmenü mit der Bezeichnung BOOT oder SECURITY. Die Bezeichnung des Eintrags kann dabei u. a. wie folgt lauten:

- SECURE BOOT
- SECURE BOOT CONTROL
- SECURE BOOT CONFIGURATION
- OS SUPPORT (und dort wieder SECURE BOOT in einem Untermenü)

Abbildung 9.3 Der Secure Boot in einem UEFI von Asus

Die Deaktivierung erfolgt, wieder je nach UEFI, indem Sie die Einstellung auf DISABLED setzen, oder es öffnet sich ein weiteres Untermenü. Darin befinden sich weitere Punkte (wie OS TYPE). Hier sollte einer der folgenden Werte zur Deaktivierung passen:

- von ENABLED auf DISABLED
- von WINDOWS UEFI MODE auf OTHER OS
- von UEFI WIN8 auf LEGACY ONLY

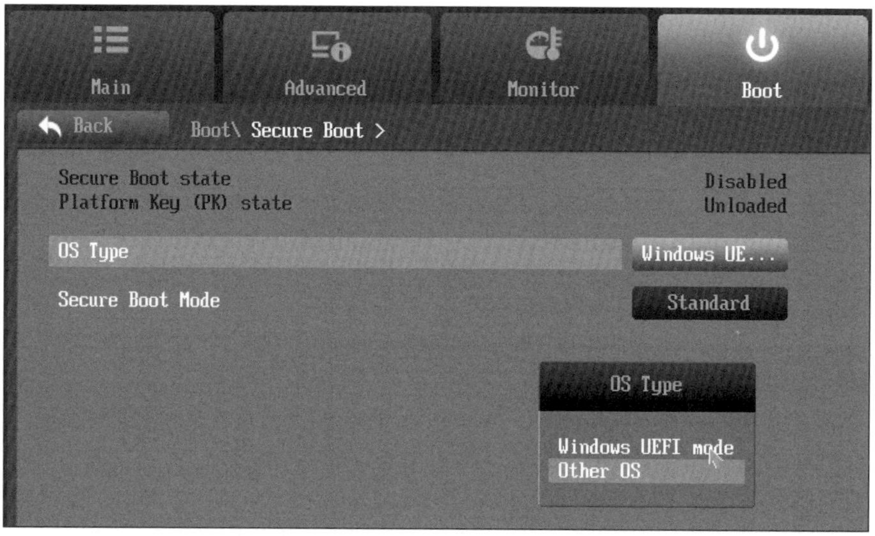

Abbildung 9.4 Hier ändere ich Secure Boot von »Windows UEFI mode« in »Other OS« und deaktiviere es damit.

Auf manchen Systemen ist kein Eintrag für die Deaktivierung des Secure Boot vorhanden. Versuchen Sie in dem Fall, wie im Folgenden beschrieben, den BIOS-Emulationsmodus zu aktivieren (CSM). Dabei wird der Secure Boot vielleicht automatisch deaktiviert.

Wenn Sie diesen Abschnitt nur wegen Problemen beim Start eines Rettungssystems oder bei der parallelen Installation von Linux Mint lesen, können Sie nun einen erneuten Start versuchen. Erst wenn dieser nicht funktioniert, sollten Sie auch den BIOS-Emulationsmodus ausprobieren.

Compatibility Support Module (BIOS-Emulationsmodus)

Um auch Systeme zu starten, die UEFI nicht oder nicht korrekt unterstützen, müssen Sie in einen BIOS-Emulationsmodus umschalten. Dazu gibt es ebenfalls wieder viele unterschiedliche Möglichkeiten. Suchen Sie im UEFI-Menü zunächst nach COMPATIBILITY SUPPORT MODULE (CSM), und aktivieren Sie diesen Eintrag (auf ENABLED stellen).

In Abbildung 9.5 sehen Sie wieder ein Beispiel zu einem UEFI der Firma Asus. In einem darauf folgenden Untermenü kann das CSM nun aktiviert oder deaktiviert werden (siehe Abbildung 9.6).

Abbildung 9.5 Das Menü für das Compatibility Support Module (CSM)

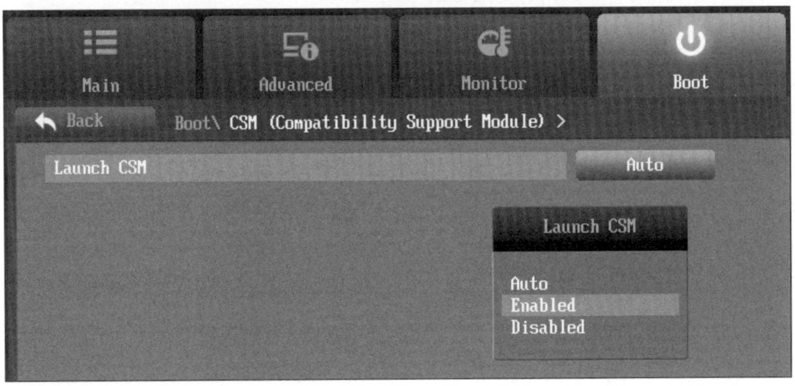

Abbildung 9.6 CSM aktivieren

Statt *Compatibility Support Module (CSM)* kann die Bezeichnung auch wie folgt lauten:

- BIOS-MODE
- LEGACY-MODE
- LAUNCH STORAGE OPROM POLICY

Dabei können die Auswahlmöglichkeiten statt DISABLED und ENABLED auch UEFI ONLY und LEGACY lauten. Das Ziel ist es, ein »Legacy-System« starten zu können. Daher müssen Sie von UEFI auf LEGACY wechseln bzw. LEGACY aktivieren.

Achten Sie nach der Aktivierung auf neue Untermenüs oder neu eingeblendete Einstellungen (siehe Abbildung 9.7). Hier kann festgelegt werden, dass auch von »Nicht-UEFI-Geräten« gebootet werden darf.

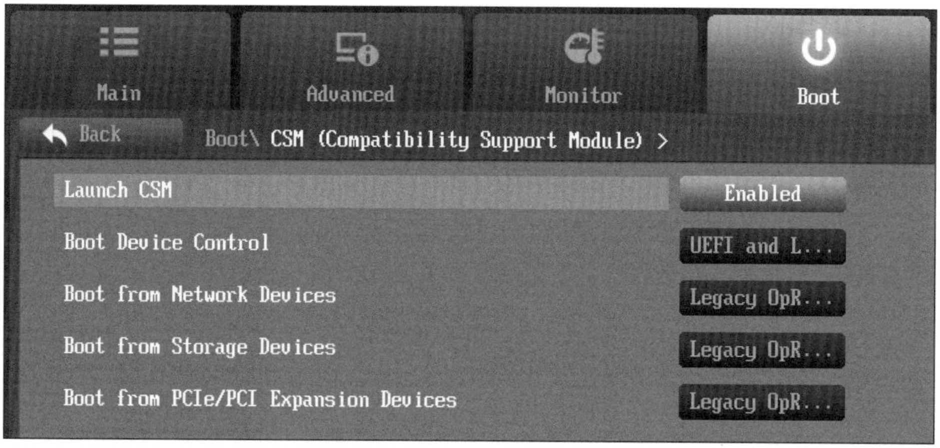

Abbildung 9.7 Detailangaben zu verschiedenen Bootmedien wurden neu eingeblendet.

Alle obigen Bootmedien lassen nun Legacy-Geräte zu.

Sehen wir uns noch ein Beispiel mit einem UEFI von American Megatrends, Inc. (AMI), auf einem Rechner von Hewlett Packard an. Dieses Layout erinnert stark an ein klassisches BIOS. Hier finden Sie die Konfiguration im Menü SECURITY (siehe Abbildung 9.8).

Bei Auswahl von SECURE BOOT CONFIGURATION öffnet sich ein weiteres Fenster, in dem der LEGACY SUPPORT (BIOS-Emulationsmodus), SECURE BOOT und FAST BOOT eingestellt werden können (siehe Abbildung 9.9).

Im UEFI in Abbildung 9.9 ist der BIOS-Emulationsmodus aktiviert (LEGACY SUPPORT); SECURE BOOT und FAST BOOT sind deaktiviert. Nun könnte ein »Nicht-UEFI«-Livesystem gestartet oder Linux Mint als alleiniges System ohne UEFI installiert werden.

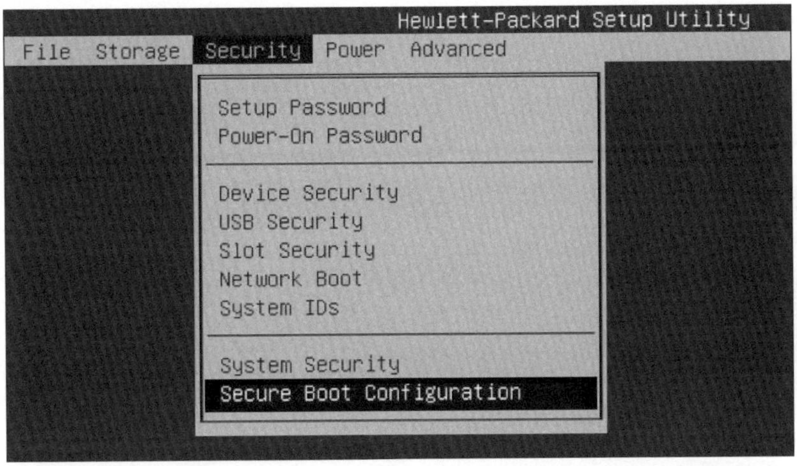

Abbildung 9.8 Die Konfiguration für Secure Boot unter einem AMI-UEFI

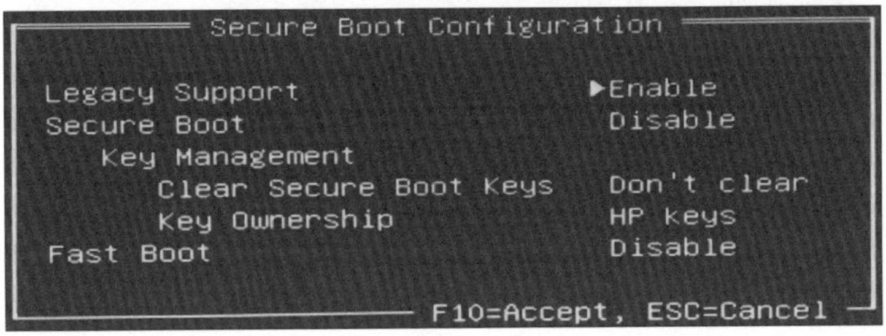

Abbildung 9.9 Alles auf einen Blick

Merken Sie sich die hier durchgeführten Änderungen, falls Sie die Konfiguration nach der Nutzung eines anderen Systems wieder auf ihre ursprünglichen Werte einstellen müssen. Wenn Sie jedoch Linux Mint ohne Secure Boot und im BIOS-Emulationsmodus installieren, belassen Sie die Einstellungen natürlich.

Detaillierte Informationen zur Installation mit UEFI finden Sie hier:

- *https://wiki.ubuntuusers.de/EFI_Grundlagen*
- *https://wiki.ubuntuusers.de/EFI_Installieren*

Wichtige Informationen bei einer Installation im BIOS-Emulationsmodus finden Sie unter:

- *https://wiki.ubuntuusers.de/EFI_Installieren#Installation-im-BIOS-Modus*

9.1.8 UEFI: Bootreihenfolge

Bei UEFI-Systemen kann die Reihenfolge meist mit einem UEFI-Boot-Menü verändert werden. Auch nach dem Aufruf der Setup-Routine ist dort häufig eine direkte Bootauswahl möglich (siehe Abbildung 9.10).

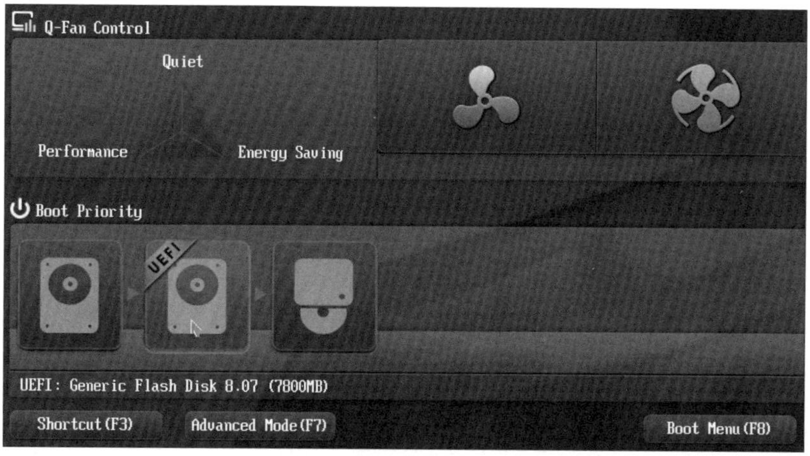

Abbildung 9.10 Die Bootauswahl des Asus-Rechners

Bei anderen UEFI-Versionen ist es ähnlich wie beim normalen BIOS (siehe auch Abschnitt 9.1.6, »BIOS: Die Bootreihenfolge ändern«). Schauen Sie dort ebenfalls nach Booteinstellungen.

Achten Sie nach einer parallelen Installation darauf, dass der Windows Boot Manager keine höhere Priorität hat als Linux Mint (bzw. Ubuntu). Ansonsten wird umgehend Windows gestartet und das Boot-Menü von Linux Mint erscheint nicht.

9.2 Probleme beim Starten des Livesystems

Neben den eigentlichen Bootproblemen kann es zu weiteren Problemen kommen, die einen Start des Livesystems verhindern.

9.2.1 x86-64 CPU – falsche Version

Sie haben sich beim Herunterladen für eine 64-Bit-Version entschieden und erhalten beim Booten der Live-CD folgende Fehlermeldung:

```
This kernel requires an x86-64 CPU, but only detected an i686 CPU.
Unable to boot - please use a kernel appropriate for your CPU
```

In diesem Fall kann Linux Mint leider nicht bei Ihnen installiert werden, da Ihr System nur 32 Bit unterstützt.

9.2.2 Das Livesystem startet nicht

Falls Sie einen USB-Stick verwenden und das Livesystem nicht startet, kann dies an dem Stick liegen. Es ist möglich, dass das Boot-Menü erscheint und der Bootvorgang beginnt, aber »hängen bleibt«. Es ist sogar möglich, dass der Cinnamon-Schreibtisch gestartet wird, aber Anwendungen abstürzen, dass die Installation Fehler meldet o. Ä. Meist ist dann das Dateisystem (FAT32) des USB-Sticks nicht in Ordnung.

Ich hatte beim Testen mehrere gleiche USB-Sticks für das Schulungsteam formatiert und mit Rufus Linux Mint darauf kopiert. Dabei kam es bei einigen der Sticks zu diesen Problemen. Erst nach einer Formatierung und dem erneuten Einsatz von Rufus funktionierten sie wieder – warum auch immer (ich habe sie definitiv nicht »unsauber« entfernt bzw. herausgezogen). Die Alternative ist, einen anderen USB-Stick zu verwenden.

9.2.3 Das Livesystem startet Cinnamon nicht

Wenn der Bootvorgang zwar beginnt, aber Cinnamon nicht gestartet wird, sollten Sie einen Start im Kompatibilitätsmodus (*compatibility mode*) versuchen. Drücken Sie in diesem Fall beim Erscheinen des Boot-Menüs die ↑- oder ↓-Taste. Dadurch wird der Startvorgang angehalten. Im Boot-Menü können Sie nun den entsprechenden Eintrag für den Kompatibilitätsmodus auswählen.

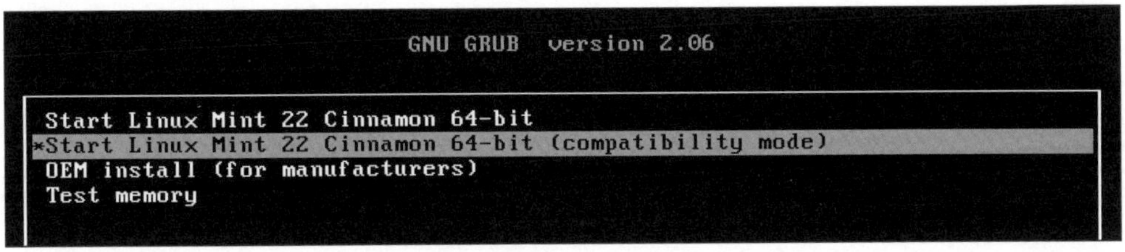

Abbildung 9.11 Das Boot-Menü des Livesystems

9.2.4 Die Bootparameter bearbeiten

Bei besonderen Problemen kann es sein, dass Ihnen in Foren empfohlen wird, spezielle *Bootparameter* zu verwenden. Um diese einzugeben, wählen Sie einen Eintrag im Boot-Menü (siehe dazu auch Abschnitt 9.2.3, »Das Livesystem startet Cinnamon nicht«) und betätigen dann die Taste E (für *Edit;* in einem BIOS-Modus müssen Sie die ↹-Taste verwenden). Jeder dieser Einträge besitzt eigene Bootparameter.

Um bei Problemen spezielle Bootparameter zu verwenden, wählen Sie am besten den Eintrag für den Kompatibilitätsmodus (*compatibility mode*).

Hier sehen Sie nun die aktuellen Parameter und können sie bearbeiten. Die in Foren häufig empfohlenen Einträge *noapic, noacpi, nosplash* und *irqpoll* sind im Kompatibilitätsmodus bereits vorhanden! Denken Sie daran, dass der *Backslash* (\) am Zeilenende bei einer Befehlszeile einen Zeilenwechsel signalisiert. Hier wird er automatisch gesetzt – lassen Sie sich also bei der Eingabe nicht von ihm irritieren.

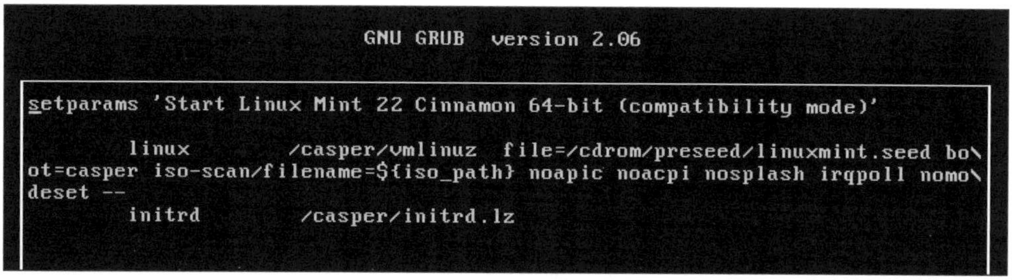

Abbildung 9.12 Die Bootparameter des Kompatibilitätsmodus

Mit der Taste [F10] (bzw. der Eingabetaste bei BIOS) wird die Änderung übernommen und das System samt Änderung gestartet. Um die Änderungen zu verwerfen und wieder in das Boot-Menü zurückzukehren, betätigen Sie [Esc].

Wenn Sie nur einen einzelnen Parameter »testen« möchten, verwenden Sie den Eintrag Start Linux Mint im »normalen« Modus und fügen den Parameter dort an.

9.2.5 Linux Mint Cinnamon startet nicht oder ist extrem langsam

Wenn ein schwächeres System zum Einsatz kommt, das mit wenig Hauptspeicher ausgestattet ist und/oder keine 3D-Grafikkarte besitzt, sollten Sie überlegen, nicht die Cinnamon-Version zu verwenden. Laden Sie in diesem Fall Linux Mint Xfce herunter, und testen Sie es als Livesystem. Falls es besser läuft, verwenden Sie es auch zur Installation. Weitere Details zu Linux Mint Xfce finden Sie in Abschnitt 8.9, »Linux Mint Xfce statt Cinnamon«.

9.3 Installationsprobleme

In diesem Abschnitt gehe ich auf typische Probleme bei der Installation ein.

9.3.1 Parallele Installation: Die Windows-Partition kann nicht verkleinert werden

Wenn der freie Speicherplatz nicht ausreicht, sollten Sie zunächst unter Windows nicht benötigte Anwendungen deinstallieren und gegebenenfalls das System aufräumen. Aufräumen können Sie es mit der *Datenträgerbereinigung* von Windows. Um weiteren Speicherplatz zu erhalten, können Sie Multimediadateien auch auf einen externen Datenträger auslagern.

Nach dem Aufräumen oder wenn es nicht am freien Speicherplatz liegt, müssen Sie zudem eine *Defragmentierung* durchführen.

Alternativ wäre der Einbau einer weiteren Festplatte speziell für Linux Mint zu überlegen. Bei der Auswahl der Installationsart müssten Sie diese Festplatte dann natürlich auch verwenden.

9.3.2 Parallele Installation: Die zweite Festplatte zeigt keinen freien Speicherplatz

Wenn Sie eine zweite Festplatte für die Installation verwenden, sollte sie leer und initialisiert sein. Wenn es sich um eine neue Festplatte handelt, ist es möglich, dass Letzteres noch durchgeführt werden muss und daher bei der Installationsart kein freier Speicherplatz angezeigt wird.

Markieren Sie in diesem Fall die Festplatte (meist */dev/sdb*), und wählen Sie die Schaltfläche NEUE PARTITIONSTABELLE. Nun wird sie initialisiert. Wenn sich doch bereits Partitionen darauf befinden, werden auf diese Art alle gelöscht, zusammen mit eventuell enthaltenen Daten!

9.3.3 Die Installation kann nicht durchgeführt werden

Wenn Sie einen USB-Stick verwenden und die Installation mit einer Fehlermeldung abbricht, vor allem beim Kopieren der Dateien, kann dies am USB-Stick liegen. Dann sollten Sie den Stick neu formatieren und erneut mit Rufus einrichten oder einen anderen USB-Stick verwenden (siehe auch Abschnitt 9.2.2, »Das Livesystem startet nicht«).

9.3.4 Fehlermeldung kurz vor dem Ende der Installation (GRUB)

Kurz vor dem Ende der Installation kam es bei der vorherigen Version von Linux Mint auf verschiedenen Systemen zu der folgenden Fehlermeldung. Mir ist diese bei Version 22 noch nicht aufgefallen, aber ich habe die Problemlösung zur Sicherheit nicht aus dem Buch entfernt:

```
Das Paket "grub-efi-amd64-signed" konnte nicht installiert werden.
```

Diese Meldung erscheint nur bei Installationen auf UEFI-Systemen und nur dann, wenn Sie bei der Installation die Internetverbindung nutzen. Der genaue Fehler ist mir nicht bekannt, jedoch gibt es offensichtlich auf manchen UEFI-Systemen Probleme mit den aktualisierten Paketen, die während der Installation heruntergeladen werden. In diesem Fall sollten Sie die Installation am besten wiederholen. Dabei muss Linux Mint *ohne* Internetverbindung installiert werden und erst danach die Aktualisierung erfolgen. Auf diese Weise kann dieser Fehler umgangen werden.

Da die erneute Installation ein wenig anders verläuft (es ist ja bereits ein System vorhanden), lesen Sie auch Abschnitt 8.10, »Linux Mint erneut installieren«. Die dort vorhandenen Hinweise zur Datensicherung und zur Linux Mint-Version können Sie natürlich ignorieren, da das vorhandene Linux Mint-System ja noch unvollständig ist.

9.4 Probleme mit Linux Mint – den Wiederherstellungsmodus nutzen

Fast alle Linux-Distributionen bieten eine Art *Wiederherstellungsmodus* (*recovery mode*, auch *Rettungssystem* genannt) an, mit dem Sie verschiedene Systemprobleme beheben können. Auch Linux Mint besitzt einen solchen Modus.

9.4.1 Den Wiederherstellungsmodus starten

Den Wiederherstellungsmodus starten Sie im Boot-Menü von Linux Mint. Allerdings wird dieses Menü normalerweise nur auf Systemen mit Dual-Boot-Installationen angezeigt. Auf »reinen« Linux-Mint-Systemen müssen Sie das Boot-Menü manuell einblenden, und zwar durch Betätigen der [⇧]-Taste nach dem Einschalten.

Dort befinden sich, je nach System nun mehrere Einträge: u. a. zwei für Linux Mint. Einer der Einträge von Linux Mint beginnt mit ERWEITERTE OPTIONEN oder auch ADVANCED OPTIONS. Nach diesem folgt ein Untermenü, in dem sich mindestens ein Eintrag mit dem Zusatz RECOVERY MODE befindet.

Wählen Sie in den ERWEITERTEN OPTIONEN möglichst den Eintrag mit dem Zusatz RECOVERY MODE, der zum aktuellsten Kernel gehört, und bestätigen Sie dies mit der Eingabetaste. Wenn es jedoch Kernelprobleme gibt, sollten Sie hier eine vorherige Version auswählen. Nun wird Linux Mint in einem speziellen Modus gestartet und öffnet das *Wiederherstellungsmenü* bzw. *Recovery Menu* (siehe Abbildung 9.14). Das Menü kann, je nachdem, wo es aufgerufen wird, in Deutsch oder Englisch erscheinen.

Das Boot-Menü von Linux Mint

Das Boot-Menü von Linux Mint ist eigentlich das Menü des Bootmanagers GRUB. Verwechseln Sie den Begriff *Boot-Menü* nicht mit dem Boot-Menü des BIOS oder UEFI, bei denen das Bootmedium jeweils ausgewählt werden kann.

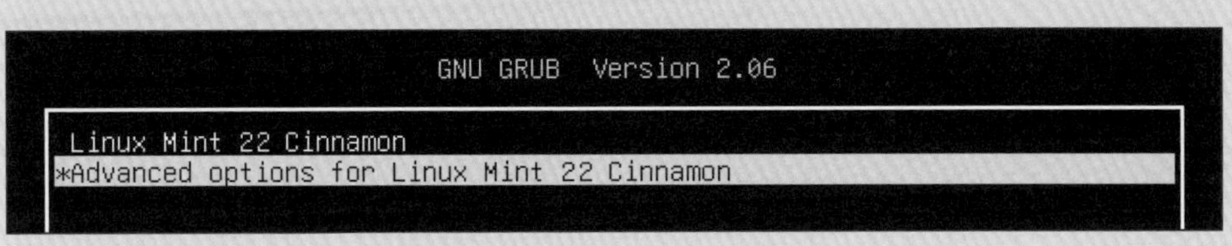

Abbildung 9.13 Das Boot-Menü des Bootmanagers GRUB

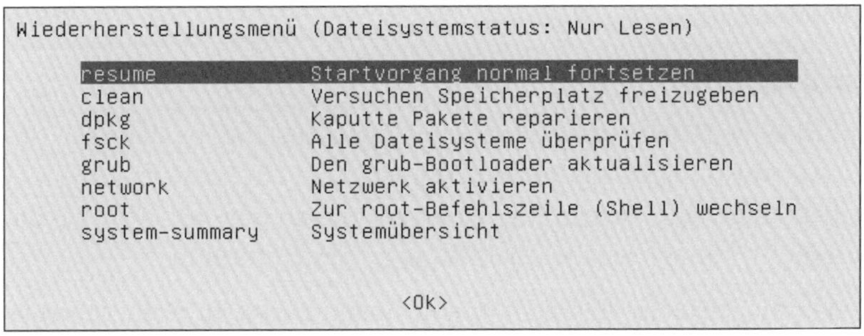

Abbildung 9.14 Das Wiederherstellungsmenü (Recovery Menu)

Wenn Sie das Wiederherstellungsmenü nicht mehr benötigen, wählen Sie RESUME – STARTVORGANG NORMAL FORTSETZEN. Danach wird Linux Mint wie gewohnt gestartet.

9.4.2 Kein freier Speicherplatz mehr vorhanden

Falls Ihr System durch Installationen, Downloads o. Ä. keinen Speicherplatz mehr zur Verfügung hat, ist es auch nicht mehr lauffähig. In diesem Fall wählen Sie im Wiederherstellungsmenü den Punkt CLEAN. Dieser entfernt von APT heruntergeladene Debian-Pakete und versucht, mit `autoremove` nicht mehr benötigte Pakete zu entfernen.

Danach dürfte wieder genügend Platz für einen normalen Systemstart vorhanden sein. Allerdings müssen Sie nun entweder Anwendungen und Daten entfernen oder den Speicherplatz erweitern (gegebenenfalls durch eine neue Festplatte).

9.4.3 Pakete reparieren

Wenn eine Aktualisierung oder Installation abgebrochen wurde, meldet die Paketverwaltung eventuell Fehler und weitere Installationen sind nicht möglich. Der Punkt DPKG – KAPUTTE PAKETE REPARIEREN hilft Ihnen hier weiter. Vor seiner Verwendung sollten Sie jedoch das Netzwerk mit dem Menüpunkt NETWORK – NETZWERK AKTIVIEREN starten. Dadurch können bei Problemen Pakete erneut heruntergeladen werden.

Wenn Sie nun DPKG auswählen, werden mehrere Reparaturoptionen durchgeführt, die Paketliste wird aktualisiert, und gegebenenfalls werden Aktualisierungen heruntergeladen. Danach sollte die Paketverwaltung wieder funktionieren.

Bei Problemen mit Anwendungen lesen Sie auch Abschnitt 9.7.3, »Fehlersuche bei Anwendungen«.

9.4.4 Dateisystem überprüfen

Ein Linux-System prüft seine Dateisysteme in regelmäßigen Abständen oder nach Abstürzen selbst. Diese Überprüfung erfolgt beim Systemstart, da ein Dateisystem dabei nicht zum Beschreiben eingehängt sein sollte. Wenn Sie jedoch den Verdacht haben, dass etwas nicht korrekt ist, können Sie die Überprüfung manuell starten.

Wählen Sie dazu den Eintrag FSCK (»Alle Dateisysteme überprüfen«) im Wiederherstellungsmenü. Allerdings werden trotz der Beschreibung nicht alle Dateisysteme geprüft. Windows-Partitionen werden hierbei ausgelassen.

9.5 Linux Mint bootet nicht (mehr)

9.5.1 UEFI: Windows startet, aber es erscheint kein Boot-Menü mehr

Vielleicht haben Sie im UEFI die Bootreihenfolge geändert, und der Windows Boot Manager hat eine höhere Priorität als Linux Mint. Achten Sie bei einem UEFI darauf, dass die Linux Mint-Einträge (im UEFI als UBUNTU angezeigt) *vor* dem WINDOWS BOOT MANAGER stehen. Dadurch wird das Boot-Menü von GRUB angezeigt.

Eine weitere Möglichkeit ist, dass der Windows-Schnellstart (*Fast Boot*) aktiviert wurde. Schauen Sie dazu in Abschnitt 9.1.2, »UEFI: Windows 10/11 startet zu schnell«, und Abschnitt 3.4, »Parallele Installation mit Windows 10 im UEFI-Modus«. Dort ist beschrieben, wie Sie in die Setup-Routine gelangen und wie Sie den Schnellstart deaktivieren.

9.5.2 Es wird kein System oder aber nur Windows gestartet

Falls der Bootmanager GRUB entfernt wurde oder defekt ist, kann Linux Mint auch nicht starten. Dies kann gegebenenfalls durch eine Systemwiederherstellung oder Windows-Reparatur (bei Dual-Boot-Systemen) geschehen. Dabei ist es möglich, dass eine Meldung wie `Missing operation system` oder `No bootsystem found` erscheint. Bei Dual-Boot-Systemen ist es auch möglich, dass die Bootauswahl nicht mehr angezeigt wird und umgehend Windows startet.

Ich habe einen Rechner, auf dem Windows parallel installiert ist. Der Bootmanager wurde von Windows überschrieben, wodurch nur noch Windows startet. Ein Boot-Menü von Linux erscheint nicht mehr. In dem Fall muss GRUB neu installiert werden.

Starten Sie dazu zunächst Super Grub2 Disk (siehe Abschnitt 8.7.2, »Super Grub2 Disk«), und wählen Sie in den gefundenen Systemen den erweiterten Modus (ADVANCED OPTIONS, siehe Abbildung 9.15) und im Folgenden den Wiederherstellungsmodus (*recovery mode*).

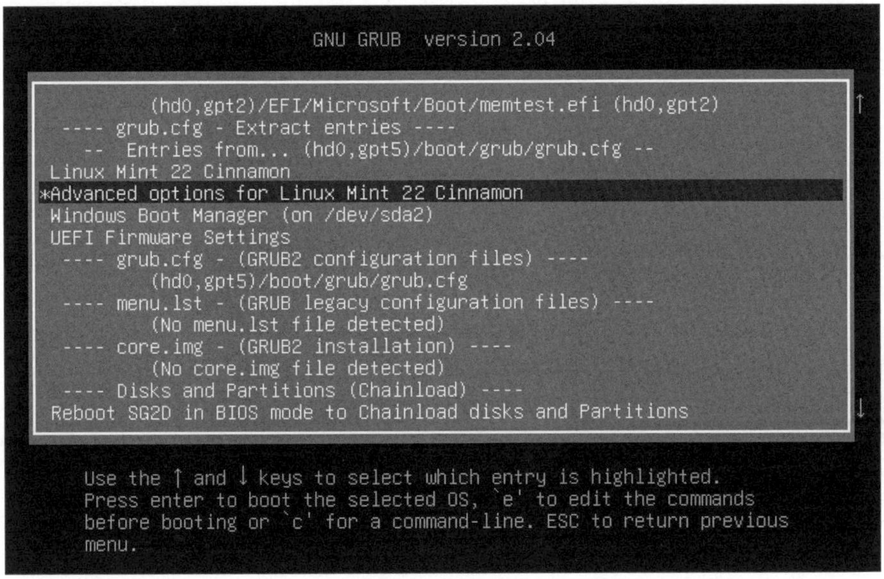

Abbildung 9.15 Den erweiterten Modus mithilfe von »Super Grub2 Disk« starten

Merken Sie sich hier noch den Eintrag der Partition, da in den meisten Fällen auf der dazugehörigen Festplatte GRUB installiert werden muss (meist in */dev/sdaX*). Bei Dual-Boot und mehreren Festplatten ist dies vermutlich die Partition des WINDOWS BOOT MANAGERS (hier ebenfalls */dev/sdaX* – Ihre Ansicht kann sich, je nach Installationsvariante, von der Abbildung 9.16 unterscheiden).

Im darauf erscheinenden Wiederherstellungsmenü wählen Sie zunächst den Eintrag GRUB. Dabei wird die Festplatte beschreibbar eingehängt, und GRUB schreibt verschiedene Daten neu (siehe Abbildung 9.16).

```
Sourcing file `/etc/default/grub'
Sourcing file `/etc/default/grub.d/50_linuxmint.cfg'
Sourcing file `/etc/default/grub.d/init-select.cfg'
Generating grub configuration file ...
Found linux image: /boot/vmlinuz-5.15.0-39-generic
Found initrd image: /boot/initrd.img-5.15.0-39-generic
Warning: os-prober will be executed to detect other bootable partitions.
Its output will be used to detect bootable binaries on them and create new boot entries.
Found Windows Boot Manager on /dev/sda2@/EFI/Microsoft/Boot/bootmgfw.efi
Adding boot menu entry for UEFI Firmware Settings ...
done

Abgeschlossen, bitte drücken Sie EINGABE
```

Abbildung 9.16 Der Bootmanager wurde neu geschrieben.

Nachdem Sie diesen Schritt mit der Eingabetaste beendet haben, wählen Sie im Wiederherstellungsmenü noch den Eintrag ROOT (»Zur root-Befehlszeile (Shell) wechseln«). Hier wird gegebenenfalls nach Ihrem Kennwort gefragt (denken Sie daran, dass bei der Eingabe keine Zeichen erscheinen). Nun müssen Sie GRUB mit der folgenden Befehlszeile neu installieren (siehe Abbildung 9.17):

```
grub-install /dev/sda
```

Dabei muss `sda` die Festplatte sein, von der gestartet werden soll. Auf den meisten aktuellen privaten Systemen ist dieser Eintrag korrekt. Er entspricht der Partition, die Sie sich merken sollten, nur ohne die Zahl.

```
Drücken Sie die Eingabetaste für Wartungsarbeiten
(oder drücken Sie Strg+D, um fortzufahren):
root@pc-mint:~# grub-install /dev/sda
x86_64-efi wird für Ihre Plattform installiert.
Installation beendet. Keine Fehler aufgetreten.
root@pc-mint:~#
root@pc-mint:~# _
```

Abbildung 9.17 GRUB wird neu installiert.

Nach der Installation können Sie das System mit `shutdown -P now` beenden und danach den Stick oder die CD von Super Grub2 Disk entfernen. Nach einem Neustart startet nun Linux Mint oder es erscheint das bei Dual-Boot-Systemen gewohnte Linux-Mint-Boot-Menü.

Weitere Informationen finden Sie unter:

https://wiki.ubuntuusers.de/GRUB_2/Reparatur

9.6 Funknetze (WLAN) und Internet

Bei kabelgebundenen Netzwerken kommt es praktisch zu überhaupt keinen Problemen mehr – vorausgesetzt, sie sind allgemein korrekt eingerichtet. Bei Funknetzen verhält es sich ein wenig anders. Hier kam es auch in den Tests zu einzelnen, teilweise eigenartigen Vorfällen.

Wie schon bei der Installation erwähnt, gehe ich davon aus, dass Sie DHCP einsetzen. Wenn nicht, sollten die entsprechenden Kenntnisse über Netzwerkadressen vorhanden sein.

Ausführliche Informationen und weitere Problemlösungen zur Einrichtung von WLAN-Karten finden Sie hier:

https://wiki.ubuntuusers.de/WLAN

9.6.1 Habe ich eine Verbindung?

In manchen Fällen kann es vorkommen, dass Sie nicht genau wissen, ob eine Netzwerkverbindung hergestellt wurde oder nicht. In den Details der Netzwerkeigenschaften können Sie feststellen, ob Ihnen eine Netzwerkadresse zugewiesen wurde. Es gibt aber auch einfache Befehle, die Sie im Terminal ausführen können.

Mit dem folgenden Befehl werden Ihnen die Daten aller Netzwerkkarten angezeigt. Interessant sind für Sie Einträge, die mit `wl` (bei Funk) oder `en` (bei Kabelverbindung) beginnen:

```
ifconfig
```

Eine ähnlich informative Ausgabe erhalten Sie mit dem folgenden Befehl:

```
ip a
```

Eine weitere Möglichkeit besteht darin, eine Nachricht an Ihren Router oder ins Internet zu senden:

```
ping -c 5 8.8.8.8

ping -c 5 www.linuxmint.com

ping -c 5 <ROUTER>
```

Bei einer bestehenden Internetverbindung müssten die ersten beiden Pings eine Antwort erhalten. Bei DNS-Problemen erhält nur der erste eine Antwort, aber nicht der zweite. Mit `ping <ROUTER>` (wobei Sie `<ROUTER>` durch die Netzwerkadresse Ihres Routers ersetzen müssen) stellen Sie fest, ob das lokale Netzwerk überhaupt funktioniert. Wenn nur der letzte Ping eine Antwort erhält, könnte es auch DSL- oder Router-Probleme geben.

9.6.2 Die WLAN-Karte wird nicht erkannt oder es kommt zu ständigen Verbindungsabbrüchen

Je nachdem, was für ein Gerät im Einsatz ist, und für den Fall, dass die folgenden Lösungen nicht helfen, sollten Sie einen Austausch gegen eine alternative, gängige WLAN-Karte in Betracht ziehen. Dies gilt vor allem bei alten WLAN-Karten. Diese bereiten, gerade bei (für diese Karten) neuen Verschlüsselungsmethoden, mitunter Schwierigkeiten. Es kommt dabei auch häufig zu unerwarteten Verbindungsabbrüchen – unabhängig vom Betriebssystem. Dies gilt auch für billige No-Name-Karten.

Es gibt inzwischen gute WLAN-Karten zum Einbauen oder als kaum störende Mini-USB-Lösung »für kleines Geld«. Allerdings ist bei Mini-USB-Lösungen der Empfang aufgrund der ebenfalls kleinen Antenne natürlich eingeschränkt.

In Abschnitt 8.13.3, »Hilfeseiten, Wiki und Foren«, finden Sie dazu Websites mit Hardwarekompatibilitätslisten.

9.6.3 Das WLAN wird erkannt, aber es kann keine Verbindung aufgebaut werden

Dieses Problem trat bei Tests mit einem »alten« Notebook auf. Das Funknetz wurde angezeigt, jedoch brach die Verbindung nach Eingabe des WLAN-Schlüssels sofort wieder ab. Dabei waren im WLAN-Schlüssel Sonderzeichen enthalten (u. a. Doppelpunkte und Fragezeichen).

Offensichtlich gibt es bei manchen WLAN-Karten oder -Treibern Probleme mit Sonderzeichen. Hier half eine Umstellung des Schlüssels auf Groß- und Kleinschreibung sowie Zahlen. Testen Sie es einfach einmal ...

9.6.4 Das WLAN ist verbunden, aber es ist kein Internetzugang möglich

Bei der Verbindung mit Routern von *D-Link* ist es zu folgendem Problem gekommen: Die WLAN-Verbindung wird aufgebaut, und eine Aktualisierung oder die Installation von Paketen ist möglich. Allerdings zeigen Browser überhaupt keine oder nur sehr langsam Webseiten an (getestet mit Firefox und Chromium). DNS-Anfragen der Aktualisierungs- und Anwendungsverwaltung funktionieren also offensichtlich. Dennoch handelt es sich hier um ein spezielles DNS-Problem.

Es gibt mehrere Lösungsansätze. Als Erstes sollten Sie prüfen, ob auf Ihrem Router die Funktion *DNS-Relay* aktiviert ist. Wenn ja, sollten Sie sie deaktivieren (siehe Abbildung 9.18) und den Router neu starten.

Wenn der Router neu gestartet ist, prüfen Sie noch, ob die Einstellung übernommen wurde und DNS-Relay auch wirklich deaktiviert ist. Starten Sie nun noch den Rechner neu, stellen Sie die WLAN-Verbindung wieder her, und prüfen Sie, ob das Problem hiermit beseitigt wurde.

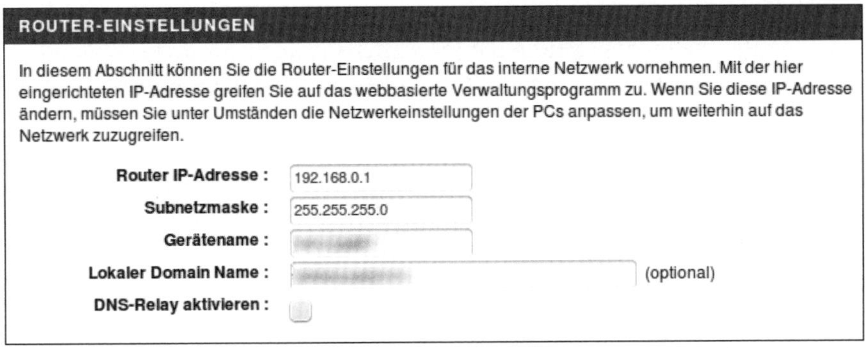

Abbildung 9.18 DNS-Relay wurde bei dem D-Link-Router deaktiviert.

Wenn die Deaktivierung von DNS-Relay nicht möglich ist oder nicht weitergeholfen hat, versuchen Sie die zweite Lösung: Tragen Sie in den Eigenschaften der WLAN-Verbindung den DNS-Server Ihres Providers manuell ein. Zusätzlich müssen Sie die automatische Übermittlung bei DNS deaktivieren (und zwar nur bei DNS!).

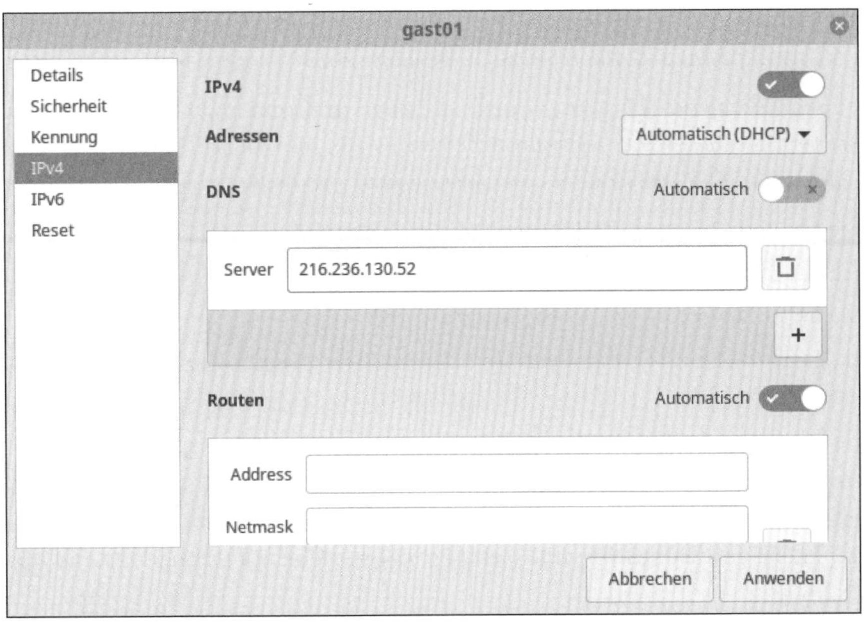

Abbildung 9.19 Manueller Eintrag beim DNS-Server

Wie Sie in Abbildung 9.19 erkennen, ist die automatische Übermittlung bei DNS auf AUS gestellt und es wurde die IP-Adresse eines DNS-Servers eingetragen. Falls Sie die Adresse Ihres Anbieters nicht kennen, versuchen Sie es mit der 8.8.8.8 von Google. Wenn diese funktioniert, sollten Sie jedoch im Internet nach der Adresse Ihres Providers suchen und die 8.8.8.8 wieder ersetzen.

Wenn diese beiden Punkte nicht geholfen haben, prüfen Sie noch, ob ein Firmware-Update für den Router vorhanden ist. Als letzte Lösung bleibt nur der Austausch des Routers.

Weitere Informationen:

https://wiki.ubuntuusers.de/Archiv/DNS_Problembehebung

9.7 Allgemeine Probleme

Abschließend befassen wir uns noch mit ein paar allgemeinen Problemen, die im Alltag immer wieder auftauchen können.

9.7.1 Sie haben Ihr Passwort vergessen

Wenn andere Benutzer ihr Passwort vergessen haben, können Sie als Systemverwalter dieses jederzeit unter BENUTZER UND GRUPPEN ändern. Falls es sich um einen Benutzer mit Netzwerkzugriff handelt, denken Sie auch an `smbpasswd`.

Wenn Sie jedoch Ihr eigenes Passwort vergessen haben und kein anderer Benutzer ein Systemverwalter ist, müssen Sie ein wenig arbeiten. Es gibt hier mehrere Lösungen, von denen ich jedoch nur eine beschreibe:

1. Starten Sie auf dem Rechner das Linux-Mint-Livesystem.
2. Öffnen Sie das Symbol COMPUTER.
3. Binden Sie unter DEVICES Ihre Linux-Mint-Partition ein.
4. Öffnen Sie das Verzeichnis */etc* als Systemverwalter (hier ist das Kontextmenü in Englisch: OPEN AS ROOT).
5. Suchen Sie die Datei *shadow*, und öffnen Sie sie per Doppelklick.
6. Darin befindet sich eine Zeile, die mit Ihrem Benutzernamen beginnt. Löschen Sie die alphanumerische Zeichenkette hinter dem ersten Doppelpunkt bis zum nächsten Doppelpunkt (sie enthält das verschlüsselte Passwort; siehe Abbildung 9.20 und Abbildung 9.21).
7. Speichern (über FILE • SAVE) und schließen Sie die Datei *shadow*.

8. Führen Sie einen Neustart durch.
9. Nach dem Neustart können Sie sich ohne Passwort anmelden.

Sie sollten danach umgehend in BENUTZER UND GRUPPEN ein neues Passwort vergeben. Das Vergeben eines neuen Passwortes in BENUTZER UND GRUPPEN kann jedoch ein wenig irritierend sein. Wenn Sie ein Passwort eingeben und auf ÄNDERN klicken, tut sich zunächst nichts. Schließen Sie dann sowohl das Passwortfenster durch ABBRECHEN als auch BENUTZER UND GRUPPEN. Nun ist das Passwort übernommen.

In Abbildung 9.20 sehen Sie, dass die Zeichenkette mit dem verschlüsselten Passwort markiert ist. Nach dem Löschen der Zeichenkette sollte die Zeile in etwa so aussehen wie in Abbildung 9.21.

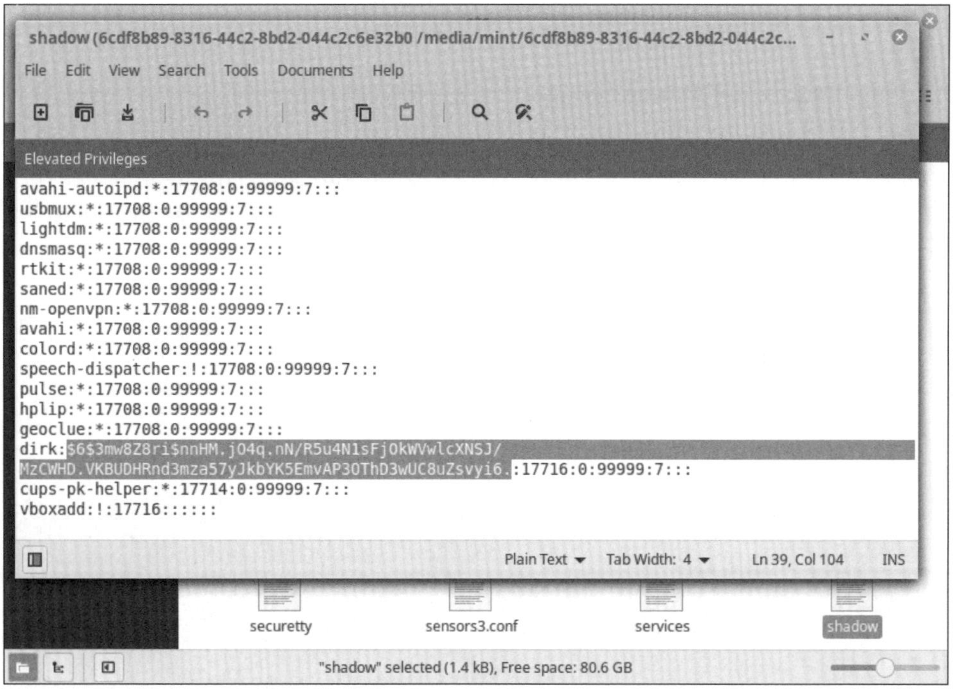

Abbildung 9.20 Die alphanumerische Zeichenkette, die das Passwort enthält

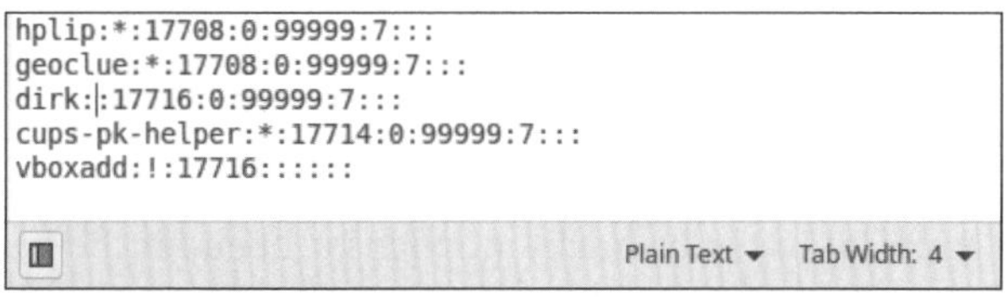

Abbildung 9.21 Der Benutzer »dirk« ohne Passwort

9.7.2 Ein kurzes Passwort nutzen

Sie möchten Ihr Passwort in den Systemeinstellungen unter BENUTZER UND GRUPPEN verändern und (entgegen meinem Rat) ein kurzes Passwort verwenden. Die Schaltfläche ÄNDERN, die zur Übernahme des Passwortes dient, erscheint jedoch erst bei der Eingabe von mindestens acht Zeichen (und wenn das Passwort zur Bestätigung übereinstimmt). In diesem Fall nutzen Sie das Terminal und den Befehl `passwd`:

```
sudo passwd dirk
```

Sie ersetzen natürlich *dirk* durch Ihren Benutzernamen. Zunächst werden Sie nun nach dem aktuellen Passwort gefragt (wegen `sudo`). Danach muss zweimal das neue, kurze Passwort eingegeben werden. Da dies durch `sudo` mit den Rechten des Superusers *root* geschieht, wird auch ein zu kurzes Passwort akzeptiert.

9.7.3 Fehlersuche bei Anwendungen

Wenn Anwendungen nicht starten oder es zu Abstürzen kommt, hilft in vielen Fällen das Terminal weiter. Sie können unter Linux eine Anwendung über die Befehlszeile starten (siehe Abbildung 9.22). Wichtig ist, dass der Name der Anwendung bekannt ist (siehe Abschnitt 4.13.2, »Applets«).

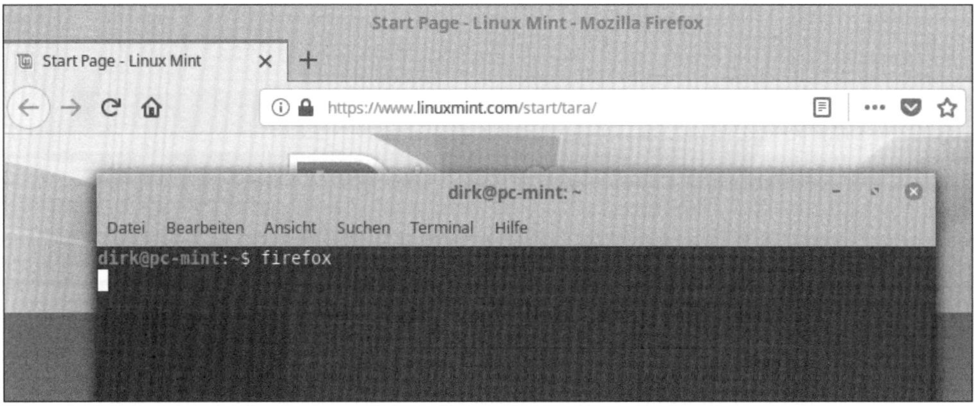

Abbildung 9.22 Firefox wurde im Terminal gestartet.

Bei vielen Anwendungen erscheinen hier bei Problemen sogenannte *Debugmeldungen*. Bei einem Absturz wird dann meist auch der Grund ausgegeben, und Sie haben damit einen Ansatz zur Fehlersuche.

Falls das normale Beenden über die Anwendung selbst nicht möglich ist, beenden Sie sie durch das Schließen des Terminals oder über die Tastenkombination [Strg] + [C].

9.7.4 Fehlersuche in den Logbüchern

Wenn es zu Systemproblemen kommt, gibt es einige Möglichkeiten, den Fehler zu suchen (und hoffentlich zu finden). Viele Anwendungen und der Kernel schreiben Informationen in *Logbücher*. Daher sollten diese Ihre erste Anlaufstelle sein.

Die Logbücher befinden sich vorwiegend in dem Ordner */var/log* und in seinen Unterordnern. Das Systemlogbuch hat den Namen *syslog*. Die meisten Logbücher werden in einem bestimmten Intervall gesichert und geleert. Durch diese Rotation werden übergroße Logbücher vermieden.

Linux Mint bringt ein praktisches Werkzeug mit, um die Logbücher einzusehen: den *Systemprotokollbetrachter*. Sie finden ihn im Menü SYSTEMVERWALTUNG unter dem Namen PROTOKOLLE. Nach seinem Start hat er automatisch einige Logbücher geöffnet (u. a. *Xorg.log* – das Logbuch der grafischen Oberfläche – und die *syslog*).

Aber auch im Terminal können Sie Logbücher »beobachten«. Mit dem folgenden Befehl erhalten Sie eine Übersicht über aktuelle Meldungen:

```
tail -n 40 -f /var/log/syslog
```

Hiermit erfolgt eine Ausgabe der letzten 40 Zeilen des Systemlogbuchs. Neue Zeilen werden automatisch angezeigt. Eine neuere Version, um Systemlogbücher zu überwachen, ist der folgende Befehl:

```
journalctl -f
```

Dieser hat bereits bei einigen Linux-Systemen die klassischen textbasierten Logbücher komplett ersetzt. Ich denke, dass dies in naher Zukunft auch bei Linux Mint der Fall sein wird. Details zu journalctl finden Sie unter:

https://wiki.ubuntuusers.de/systemd/journalctl/

Beendet werden beide Ausgaben mit der Tastenkombination `Strg` + `C`.

Aktuelle Kernelmeldungen geben Sie mit dem folgenden Befehl aus:

```
dmesg
```

Fehlermeldungen erkennen Sie meist an dem Zusatz »error«. Dazu folgen weitere Meldungen, und häufig gibt es vor dem Fehler Hinweise dazu. Die genaue Analyse erfordert dennoch Kenntnisse über ein Linux-System. Aber anhand einer solchen Fehlermeldung können Sie auch als Laie eine Recherche im Internet durchführen, und Sie werden dabei häufig eine Lösung finden.

9.7.5 Anzeigeprobleme mit HDMI

Sie verwenden einen HDMI-Ausgang und haben Probleme bei der Anzeige bzw. Auflösung auf Ihrem Monitor?

Wechseln Sie zunächst in die Bildschirmeinstellungen (auch DISPLAY). Obwohl nur ein Monitor (über HDMI) angeschlossen war, gab es bei diesem Problemfall die Möglichkeit, die Funktion BILDSCHIRME SPIEGELN zu aktivieren. Danach war das Problem beseitigt, und Sie können die Auflösung korrekt einstellen.

9.7.6 Eine Anwendung ist defekt oder startet nicht mehr

In seltenen Fällen ist eine Anwendung defekt und startet nicht mehr. Meist geschieht dies durch einen Stromausfall oder Absturz während der Aktualisierung. Dies ist jedoch nicht wirklich problematisch, da Sie in der Synaptic-Paketverwaltung das Paket reparieren können.

Öffnen Sie dazu die Synaptic-Paketverwaltung, und suchen Sie dort nach dem Paket der Anwendung.

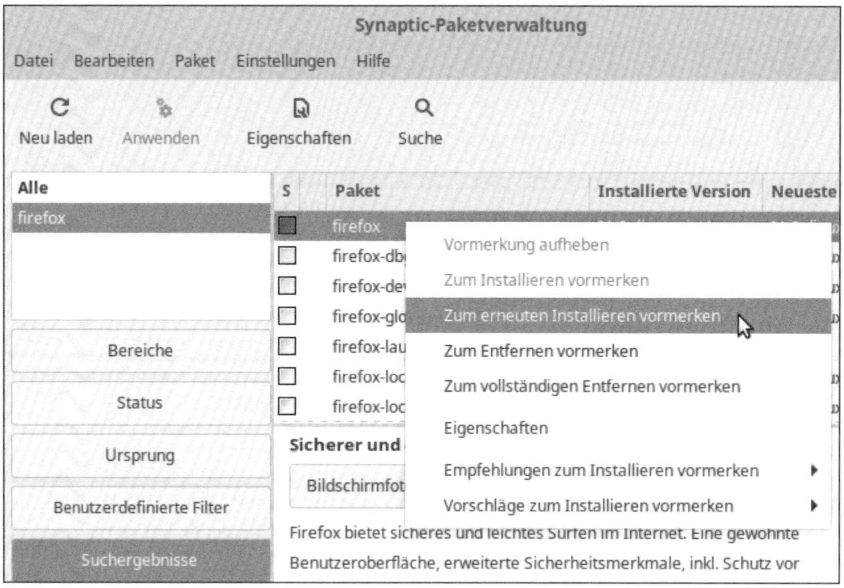

Abbildung 9.23 Das Paket erneut installieren

Wenn Sie das Paket gefunden haben, wählen Sie im Kontextmenü ZUM ERNEUTEN INSTALLIEREN VORMERKEN (siehe Abbildung 9.23). Nach einem Klick auf ANWENDEN wird das Paket erneut installiert.

Wenn dies nicht ausreichend war, bleibt noch die Möglichkeit, die Funktion ZUM VOLLSTÄNDIGEN ENTFERNEN VORMERKEN zu verwenden. Hierbei werden jedoch auch zentrale Einstellungen der Anwendung entfernt, und Sie müssen sie gegebenenfalls neu konfigurieren. Nach dem Entfernen können Sie im Terminal prüfen, ob mit `autoremove` unnötige Bibliotheken entfernt werden können:

```
sudo apt autoremove
```

Danach installieren Sie das Paket neu.

Aber Vorsicht: Diese zweite Lösung mit dem vollständigen Entfernen kann nicht für Anwendungen genutzt werden, von denen andere wichtige Pakete abhängig sind! Zum Beispiel ist Cinnamon abhängig von Nemo. Nemo könnte daher nicht komplett entfernt werden – auch nicht kurzfristig!

9.7.7 Eine grafische Anwendung »hängt«

Wenn eine grafische Anwendung abgestürzt ist, wird sie normalerweise auch geschlossen, oder Sie können sie über die Systemüberwachung beenden (siehe Abschnitt 5.17, »Das System überwachen«). In seltenen Fällen ist es jedoch möglich, dass ein Fenster nicht geschlossen werden kann. Dann hilft Ihnen jedoch der Befehl `xkill` weiter. Öffnen Sie dazu das Terminal, und geben Sie dort `xkill` ein (siehe Abbildung 9.24).

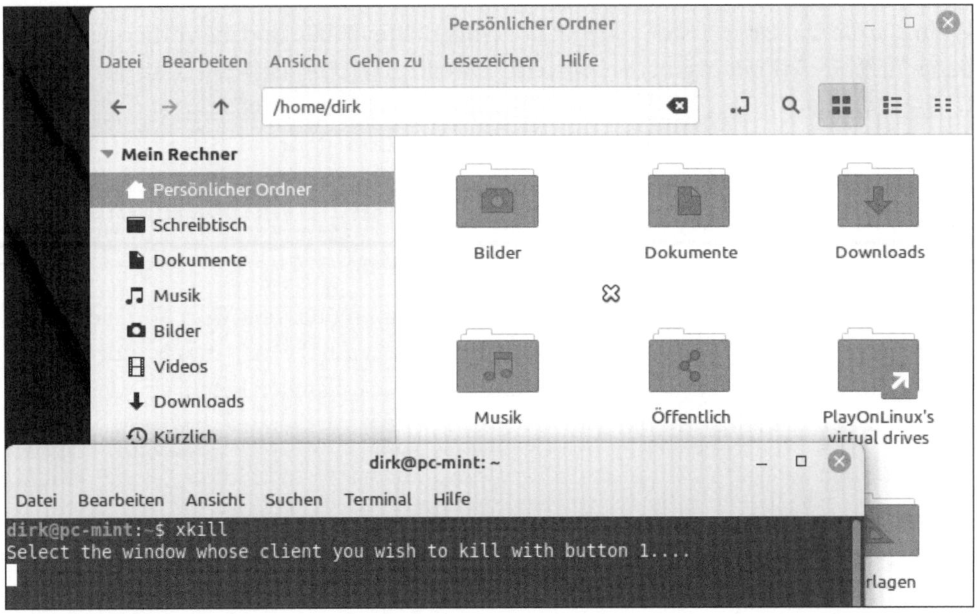

Abbildung 9.24 Nemo mit »xkill« beenden

Nach der Bestätigung mit der Eingabetaste ändert sich die Maus in ein ×, und Sie können die abgestürzte Anwendung anklicken.

Die Anwendung wird hierdurch garantiert beendet.

9.7.8 Cinnamon reagiert nicht mehr – die Erste

Linux ist ein sehr stabiles Betriebssystem. Dennoch können Anwendungen natürlich Abstürze verursachen. In den meisten Fällen ist das System selbst nicht betroffen. Bevor Sie reagieren, sollten Sie noch zwei bis drei Minuten warten. Je nach Auslastung des Systems und Geschwindigkeit des Rechners kann es sein, dass eine Anwendung plötzlich wieder reagiert.

Angenommen, Cinnamon reagiert wirklich nicht mehr und kann daher auch nicht sauber beendet werden. Falls Sie die Magische Taste `S-Abf` (*Magic SysRequest Key*) eingerichtet haben, können Sie Cinnamon mit der Tastenkombination `Alt` + `Druck` + `K` beenden.

Da hierzu Vorarbeit nötig ist, habe ich diese Lösung bereits in Abschnitt 8.6, »Die ›Magische S-Abf-Taste‹«, beschrieben.

9.7.9 Cinnamon reagiert nicht mehr – die Zweite

Wenn Sie die Magische Taste `S-Abf` nicht eingerichtet haben und die vorherige Lösung daher nicht funktioniert, gibt es eine weitere Möglichkeit: Drücken Sie zunächst die Tastenkombination `Strg` + `Alt` + `F2`. Dadurch wechselt Linux von der grafischen Oberfläche auf die Konsole (mit der Tastenkombination `Strg` + `Alt` + `F7` kommen Sie wieder zu Cinnamon zurück).

Versuchen Sie es nun mit der Tastenkombination `Strg` + `Alt` + `Entf`. Normalerweise müsste Linux Mint jetzt einen Neustart beginnen.

Wenn nicht, müssen Sie sich mit Ihrem Benutzernamen und Kennwort anmelden. (Bei der Eingabe des Kennworts erscheint auch hier kein Symbol o. Ä. – dies ist normal, tippen Sie einfach weiter.) Nach der Anmeldung geben Sie folgenden Befehl ein (denken Sie an die Groß- und Kleinschreibung!):

```
sudo shutdown -P now
```

Nach einer erneuten Eingabe Ihres Passwortes wird das System heruntergefahren. Dabei kann es vorkommen, dass es sich nicht ausschaltet, sondern am Ende »nur« eine Meldung SYSTEM HALTED erscheint.

Wenn Sie lieber einen Neustart durchführen wollen, verwenden Sie statt des `-P` (*Poweroff*) den Parameter `-r` (*reboot*). Auch hier ist Groß- und Kleinschreibung wichtig.

9.7.10 Nemo (oder eine andere Anwendung) hat kein Menü mehr

Manche Anwendungen (wie z. B. *Nemo*) lassen es zu, dass die *Menüleiste* ausgeblendet wird. Sie haben dies über das Menü ANSICHT veranlasst, benötigen sie nun jedoch wieder. Meist kann die Menüleiste über das Kontextmenü in der Status- oder Symbolleiste eingeblendet werden. Falls dies nicht möglich ist, aktivieren Sie die Anwendung und betätigen dann die `Alt`-Taste. Spätestens jetzt erscheint die Menüleiste und kann unter ANSICHT wieder dauerhaft aktiviert werden.

9.7.11 Beim Auffrischen der Paketlisten bzw. Erneuern des Zwischenspeichers werden Fehler gemeldet

Es kann vorkommen, dass beim Auffrischen in der Aktualisierungsverwaltung bzw. beim Erneuern des Zwischenspeichers Fehler gemeldet werden. Gelegentlich dauert es sehr lange, und dann erscheint eine Fehlermeldung mit dem Text »Fehlschlag beim Holen...«. Bei dieser Fehlermeldung ist auch der betroffene Server aufgeführt.

Stellen Sie hier zunächst sicher, dass die Internetverbindung besteht. Wenn diese in Ordnung ist, wechseln Sie in den Anwendungspaketquellen die betroffenen *Spiegelserver*. Falls es eine *Fremdquelle* betrifft, können Sie auch ein paar Tage abwarten, ob es sich nur um einen kurzzeitigen Serverausfall handelt. Wenn nicht, müssen Sie auch hier den Server der Fremdquelle ändern oder entfernen.

Detaillierte Informationen finden Sie in Abschnitt 6.3, »Paketquellen im Detail«.

9.7.12 Es werden defekte Pakete gemeldet

Wenn Sie eine Installation durchführen möchten und dabei die Meldung erscheint, dass zunächst »fehlerhafte Pakete repariert« werden müssen, führen Sie im Terminal folgende Befehle aus:

```
sudo apt update
sudo apt-get -f install
```

In den meisten Fällen reicht bereits die Aktualisierung der Pakete.

9.7.13 Sie können keine Pakete mehr installieren

Es kann vorkommen, dass bei einer Installation eine Fehlermeldung erscheint – zum Beispiel bei einer Installation im Terminal:

```
dirk@pc-mint ~ $ sudo apt install gimp-help-de
[sudo] password for dirk:
E: Konnte Sperre /var/lib/dpkg/lock nicht bekommen - open (11: Die Ressource
ist zur Zeit nicht verfügbar)
E: Sperren des Administrationsverzeichnisses (/var/lib/dpkg/) nicht möglich,
wird es von einem anderen Prozess verwendet?
```

Oder auch unter Cinnamon, so wie in Abbildung 9.25 dargestellt.

In diesem Fall ist eine weitere Paket- oder Aktualisierungsverwaltung aktiv (die Anwendungsverwaltung oder die Synaptic-Paketverwaltung sind die wahrscheinlichsten Kandidaten). Um Konflikte zu vermeiden, dürfen Sie nicht mehrere Paketverwaltungen parallel nutzen. Schließen Sie daher die andere(n). Für den Fall, dass keine weitere Paketverwaltung geöffnet ist und der Fehler immer noch besteht, führen Sie zur Sicherheit einen Neustart durch.

Wenn der Neustart nicht hilft, können Sie als »Profi« folgenden Trick versuchen: Falls Sie absolut sicher sind, dass keine Paketverwaltung aktiv ist, geben Sie im Terminal folgende Befehlszeile ein, um die Sperrung aufzuheben:

```
sudo rm /var/lib/dpkg/lock
```

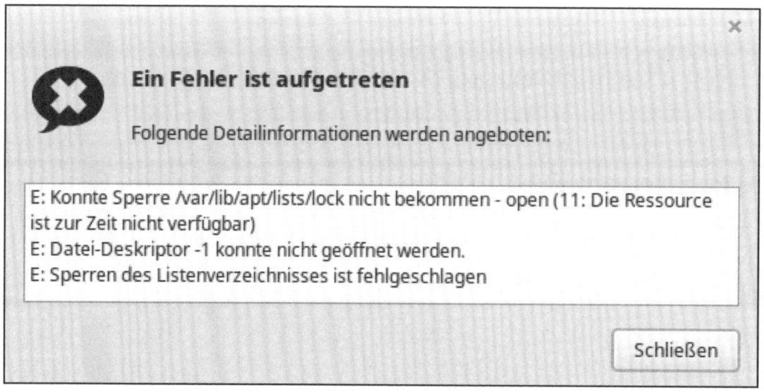

Abbildung 9.25 Die Ressource ist nicht verfügbar.

Als letzte Möglichkeit testen Sie die Lösung in Abschnitt 9.4.3, »Pakete reparieren«. Hiermit wird die Paketverwaltung repariert.

9.7.14 Ein Paket wurde nicht oder nur unvollständig installiert

Es kann aufgrund von Problemen bei der Internetverbindung oder bei der Installation von Fremdpaketen zu Fehlern oder unerfüllten Abhängigkeiten kommen. Häufig tritt dies bei der Nutzung des *Paket-Installationsprogramms* (GDebi) bzw. des Befehls `dpkg` auf; vor allem, wenn versucht wurde, ein »falsches« Paket zu installieren (z. B. eines für eine ältere Ubuntu-Version oder ein 32-Bit-Paket auf dem 64-Bit-System).

In diesen Fällen hilft meist eine Reparatur mit *apt-get* im Terminal. Geben Sie dazu folgenden Befehl ein:

```
sudo apt-get -f install
```

Hierdurch werden fehlerhafte Pakete wieder entfernt und/oder notwendige Abhängigkeiten installiert. Danach kann das Paket meist installiert werden, vorausgesetzt, es ist das korrekte.

9.7.15 Zugriff auf die Daten, wenn Linux Mint nicht mehr startet

Linux Mint startet nicht, und Sie möchten Ihre Daten sichern? Ich habe es zwar an verschiedenen Punkten des Buches bereits (eher nebensächlich) erwähnt, aber bei Problemen suchen Sie sicher eher in diesem Abschnitt nach einer Antwort auf die Frage »Wie komme ich an meine Daten?«.

Wenn das Dateisystem bzw. die Festplatte nicht zerstört ist, sondern es nur Bootprobleme o. Ä. gibt, ist es kein Problem. Starten Sie das System einfach mit dem Linux-Mint-Livesystem. Unter Nemo können Sie hier auf die Dateisysteme zugreifen und Daten z. B. auf eine USB-Festplatte kopieren.

9.7.16 Einen anderen Kernel installieren

Gerade auf neuen Rechnersystemen ist es möglich, dass bestimmte Geräte nicht funktionieren. Hier kann es helfen, den von Linux Mint verwendeten Kernel durch einen neueren Kernel auszutauschen (der gegebenenfalls den neuen Treiber enthält). Oder aber Sie haben nach einer Kernelaktualisierung Probleme und möchten einen vorherigen Kernel wieder installieren.

Diese Lösung empfehle ich Ihnen jedoch nur, wenn die Hardware nicht getauscht werden kann bzw. Sie bei einer Suche nach Problemlösungen in seriösen Foren auf entsprechende Hinweise gestoßen sind. Einen anderen Kernel zu installieren bedeutet einen tiefen Eingriff in das System. Denken Sie daher an ein Backup, und sichern Sie Ihre Daten.

Starten Sie dazu die Aktualisierungsverwaltung, und rufen Sie dort den Menüpunkt ANSICHT • LINUX-KERNEL auf. Im sich daraufhin öffnenden Fenster werden Sie noch gewarnt, und danach sehen Sie, welcher Kernel in Verwendung ist. Außerdem wird eine Liste der verfügbaren Kernel angezeigt (siehe Abbildung 9.26).

Anmerkung des Autors

Meine Auflistung der Kernel ist hier noch recht überschaubar, da Linux Mint noch sehr »frisch« ist. Daher nutzt es auch den aktuellsten Kernel, und ich kann nur einen vorherigen auswählen. Nach einer gewissen Zeit wird die Auswahl der Kernel jedoch sicher wachsen. Es wird irgendwann ein Kernel angeboten werden, der nicht automatisch verwendet wird. Diesen werden Sie dann allerdings, wenn es so weit ist, manuell installieren können.

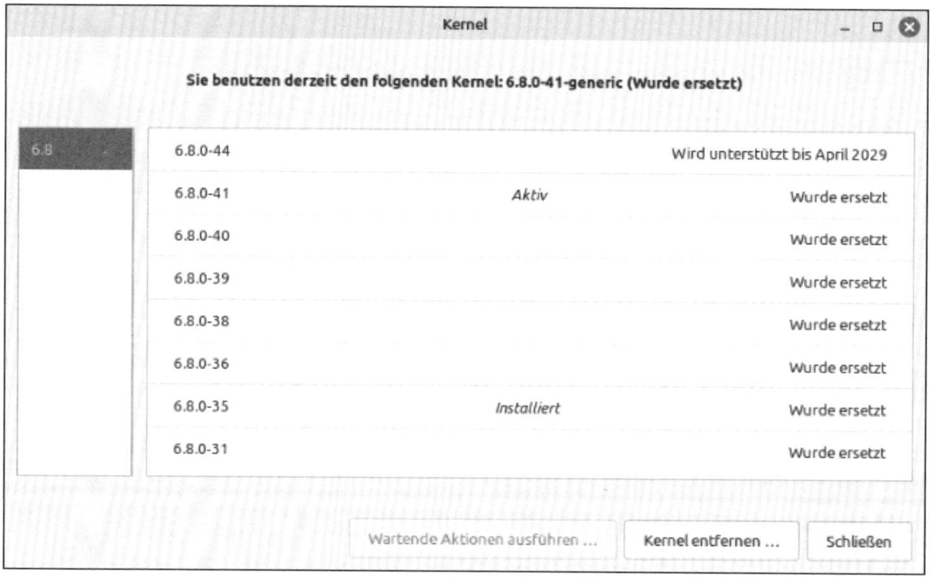

Abbildung 9.26 Der Kernel 6.8.0-41 ist in Verwendung.

Falls (aus Sicherheits- oder Stabilitätsgründen) nicht der neueste oder gewünschte Kernel verwendet werden soll, können Sie hier einen anderen auswählen und installieren (siehe Abbildung 9.27).

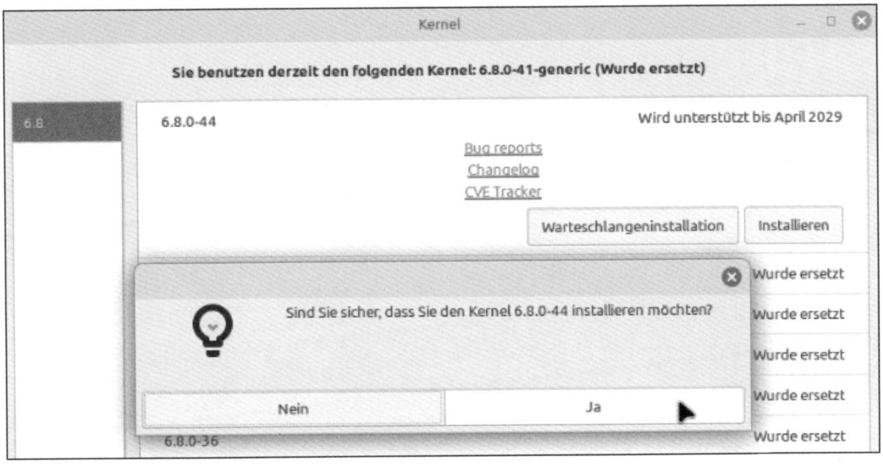

Abbildung 9.27 Der Kernel 6.8.0-44 wird installiert.

Den installierten Kernel müssen Sie in diesem Beispiel im Boot-Menü auswählen, da Linux Mint standardmäßig den aktuellsten Kernel beim Starten verwendet. Wenn Sie einen neueren als den vorher verwendeten Kernel installiert haben, ist dies natürlich nicht notwendig. Ob der neu installierte Kernel verwendet wird, können Sie in den Systeminformationen überprüfen.

Falls es bei einem neueren Kernel zu Startproblemen kommt, können Sie im Boot-Menü von Linux Mint unter den vorherigen Kerneln auswählen und das System damit starten. Dies gilt auch bei der Installation eines älteren Kernels. (Denken Sie daran, dass das Boot-Menü auf manchen Systemen mit der [⇧]-Taste eingeblendet werden muss. Infos dazu finden Sie in Abschnitt 9.4.1, »Den Wiederherstellungsmodus starten« – nur wählen Sie hier den gewünschten älteren Kernel statt des Wiederherstellungsmodus.)

9.7.17 Alte Kernel entfernen

Durch Aktualisierungen können sich einige alte Kernel auf dem System befinden, die eigentlich nicht mehr benötigt werden. Auf ähnliche Weise wie die im vorherigen Abschnitt beschriebene Installation können Sie vorhandene Kernel auch deinstallieren. In der Auflistung erkennen Sie ja, welche Kernel INSTALLIERT und AKTIV sind. Wenn es sich nur um einen Kernel handelt, kann dieser in der Auflistung markiert und über die Schaltfläche ENTFERNEN deinstalliert werden. Um mehrere Kernel auf einmal zu deinstallieren, nutzen Sie allerdings besser die Schaltfläche KERNEL ENTFERNEN. Hier öffnet sich ein Fenster, in dem die zu entfernenden Kernel markiert sind und über ANWENDEN deinstalliert werden.

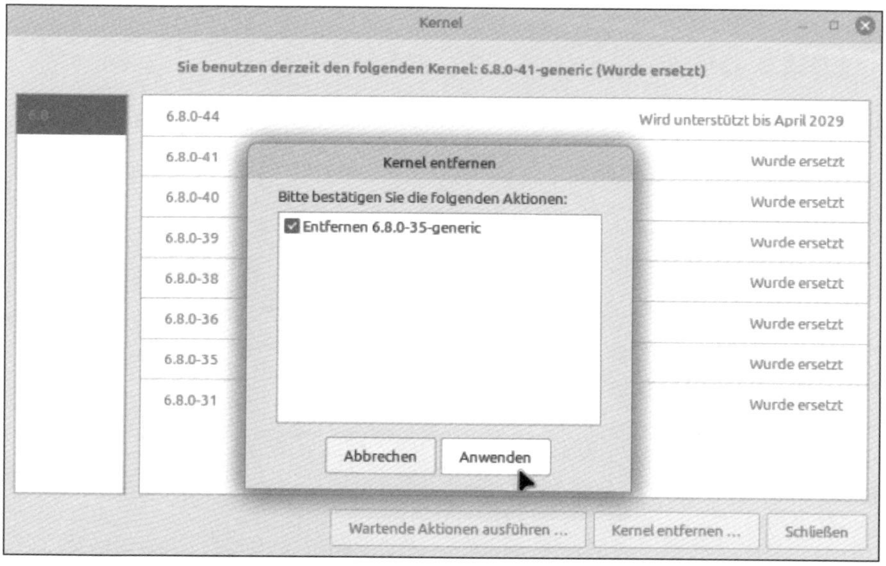

Abbildung 9.28 Kernel 6.8.0-35 soll deinstalliert werden.

In Abbildung 9.28 sehen Sie das Fenster, um mehrere Kernel zu deinstallieren, und im Hintergrund die Auflistung, in der auch einzelne Kernel entfernt werden können.

Der *aktive Kernel* kann übrigens nicht deinstalliert werden. In dem Fall müsste Linux Mint zunächst mit einem anderen Kernel gestartet werden.

Alte Kernel automatisch entfernen

In den Einstellungen der Aktualisierungsverwaltung können Sie im Bereich *Automatisierung* den Punkt VERALTETE KERNEL UND ABHÄNGIGKEITEN ENTFERNEN aktivieren. Dadurch werden in Zukunft unnötige Kernel und Pakete automatisch entfernt (siehe Abschnitt 4.5.4, »Die Aktualisierungen einrichten«).

Schlussbemerkung

Ich hoffe, mein Buch hat Ihnen so weit geholfen, dass Linux Mint nun zu Ihrem »Hauptbetriebssystem« geworden ist und Sie Windows überhaupt nicht mehr oder nur für spezielle Fälle benötigen. Die Fragen eines »Anfängers« dürften weitgehend beantwortet sein, und nun beginnt für Sie die Phase, in der Sie zu einem professionellen Linux-Anwender werden. Ich wünsche Ihnen viel Erfolg und Spaß beim Einsatz von Linux Mint.

Für den Fall, dass Sie nun tiefer in Linux einsteigen, verzweifeln Sie bitte nicht bei neuen Problemen. Auch ich hatte anfangs zu kämpfen, aber in praktisch allen Fällen wurde mir auf Webseiten oder in Foren über Linux weitergeholfen. Und dies war noch zu einer Zeit, als nur wenige Informationen vorhanden waren. Denken Sie dabei auch daran, dass andere Betriebssysteme ebenfalls nicht so einfach laufen, wie es die Werbung gerne verspricht.

Mein Anliegen war und ist, Ihnen mit diesem Buch einen guten Einstieg zu ermöglichen; doch jeder Leser bzw. jede Leserin hat individuelle Bedürfnisse. Sollten Sie für eine zukünftige Auflage spezielle Themenwünsche haben, können Sie mir diese gerne mitteilen. Sie sollten natürlich möglichst mit Linux Mint und dem Einsatz im privaten Umfeld oder an Arbeitsplätzen zu tun haben. Auch Verbesserungsvorschläge für dieses Buch sind jederzeit willkommen.

Dirk Becker

linuxmint@64-bit.de

Index

B

C

D

E

F

I

K

L

M

N

O

P

Q

R

S

T

U

V

W

X

Z